PUBLICATION

SSC GD

कांस्टेबल भर्ती परीक्षा

नवीनतम संस्करण
अभ्यास किट

10 टेस्ट्स
07 मॉक टेस्ट्स
03 गतवर्षीय प्रश्न पत्र

वास्तविक परीक्षा प्रारूप पर आधारित टेस्ट

✓ पूर्णतः संशोधित और अद्यतन

✓ सभी बहुविकल्पीय प्रश्नो का विस्तृत विश्लेषण

शीर्षक	: SSC GD कांस्टेबल भर्ती परीक्षा
लेखक का नाम	: Mr. Rohit Manglik
प्रकाशक	: EduGorilla Community Pvt. Ltd.
प्रकाशक का पता	: 12/651 प्रथम तल, अरविन्दो पार्क के सामने, निकट जामा मस्जिद, इंदिरा नगर लखनऊ, उत्तर प्रदेश, 226016, भारत।

कॉपीराइट EduGorilla

अस्वीकरण EduGorilla

Compiled and created by EduGorilla Community Pvt. Ltd

EduGorilla Community Pvt. Ltd. द्वारा मुद्रित

रोहित मांगलिक
सीईओ, EduGorilla

प्रिय छात्रों,

एक बहुत ही प्रचलित कहावत है कि "सफलता उन्हीं को मिलती है जो उसके लिए कड़ी मेहनत करते हैं।" लेकिन मैंने लोगों को उनकी परीक्षाओं के लिए दिन-रात एक करके मेहनत करते हुए देखा है, पर फिर भी वे सफल नहीं हो पाते। तो वहीं दूसरी ओर, कुछ लोग बस आधी मेहनत करके परीक्षा में सफलता प्राप्त करते हैं। तो, क्या वे किस्मत वाले हैं? नहीं मेरा मानना है, कि ऐसा इसलिए है क्योंकि वे सिर्फ कड़ी नहीं बल्कि कुशल तरीके से अपनी तैयारी करते हैं। इसी तरह आपको भी अपनी परीक्षाओं की तैयारी के लिए अपनी योजना बनानी चाहिए, ताकि आपकी भी सफलता की संभावना बढ़ सके। तो तैयार हो जाइये EduGorilla के साथ अपनी परीक्षा में चयन होने की संभावना को 16 गुना बढ़ाने के लिए।

EduGorilla आपको न केवल कड़ी मेहनत करने में मदद करता है, बल्कि एक स्मार्ट और योजनाबद्ध तरीके से तैयारी करने में भी सहायता प्रदान करता है। EduGorilla की तैयारी पैकेज के साथ आप अपने परीक्षा में चयन होने के रास्ते को सहज और मनोरंजक बना सकते हैं। अपनी तैयारी के लिए सही रास्ता खोजना मुश्किल हो सकता है, यदि आप ये नहीं जानते कि आपको किस दिशा में जाना है। चिंता न करें हम आपके साथ खड़े हैं! EduGorilla आपकी सफलता में आपका मार्गदर्शक बनेगा। हमारे तैयारी पैकेज के साथ आप रणनीतिक रूप से तैयारी कर, अपनी परीक्षा में सिर्फ एक ही प्रयास में सफल हो सकते हैं।

EduGorilla के तैयारी पैकेज में शामिल हैं-

- टेस्ट सीरीज़
- किताबें

हमारे तैयारी पैकेज को सभी तरह के नये बदलवों, विशेषज्ञों की राय एवं छात्रों के प्रतिक्रिया के अनुसार तैयार किया गया है। जो आपको परीक्षा के प्रत्येक चरण की चयन प्रक्रिया को पार करने के योग्य बनाता है।

हमारी किताबें शिक्षकों और विशेषज्ञों द्वारा आपकी परीक्षा के लिए तैयार की गई हैं, 150+ वर्षों के अनुभव के साथ; ताकि आपको आसान, कुशल और प्रभावी शिक्षण प्रदान किया जा सके। हमारी स्मार्ट किताबें न सिर्फ आपको प्रश्नों के उत्तर देने की समझ देती हैं, अपितु आपके अभ्यास के लिए समान रूप के प्रश्न भी प्रदान करती हैं।

EduGorilla की सक्षम टेस्ट सीरीज आपको वास्तविक अनुभव और आत्मविश्वास प्रदान करती हैं, जिसके माध्यम से आप केवल एक प्रयास में अपनी ऑफलाइन अथवा ऑनलाइन परीक्षा पास कर सकते हैं। वर्तमान में हम 83,000+ मॉक टेस्ट्स और 1,440+ प्रतियोगी एवं शैक्षणिक परीक्षाओं की तैयारी कराते हैं।

अर्थात, EduGorilla आपकी तैयारी में आपकी सहायता करने का कोई भी मौका नहीं छोड़ता है और परीक्षा के सभी चरणों को कवर करता है, ताकि परीक्षा की तैयारी के लिए आपको कहीं और भटकना ना पड़े।

हम आपको डिफेन्स, बैंकिंग, टीचिंग और अन्य राष्ट्रीय एवं राज्य स्तरीय परीक्षाओं के लिए सम्पूर्ण तैयारी पैकेज प्रदान करते हैं। अतः इससे कोई फर्क नहीं पड़ता कि आप किस परीक्षा के लिए तैयारी कर रहे हैं, क्योंकि आप सफलता हासिल करेंगे।

आपको परीक्षा की शुभकामनाएं!

रोहित मांगलिक,
संस्थापक और मुख्य कार्यकारी अधिकारी, EduGorilla

प्रस्तावना

EduGorilla छात्रों को उनकी परीक्षा में सफल होने के लिए मार्गदर्शन प्रदान करता है। जिसको ध्यान में रखते हुए हमारे कुल 150+ वर्षों का अनुभव रखने वाले प्रतिष्ठित विशेषज्ञों ने कड़े प्रयासों के द्वारा "SSC GD : कांस्टेबल भर्ती परीक्षा" को तैयार किया है। इस किताब के प्रश्नों को हाल ही में परीक्षा के पाठ्यक्रम और पैटर्न में हुए सभी बदलावों को ध्यान में रखकर बनाया गया है। वो प्रश्न जिनकी SSC GD कांस्टेबल भर्ती परीक्षा परीक्षा में आने कि संभवना काफी प्रबल है, उनको इस किताब मे रखा गया है। आप EduGorilla की "SSC GD : कांस्टेबल भर्ती परीक्षा" के माध्यम से अपनी सफलता की संभावना को 16 गुना बढ़ा सकते हैं।

EduGorilla ये अपनी संपूर्ण तैयारी पैकेज के माध्यम से साकार करता है। इस किट में आपको प्रश्न अच्छी तरह अवधारित एवं संरचित रूप मे मिलेंगे जिन्हे आपकी जरूरतों के अनुसार बनाया गया है। इसके माध्यम से आपको स्मार्ट तरीके से परीक्षा के लिए अभ्यास करने में मदद मिलेगी। साथ ही आपको सहायक, समाधान और स्मार्ट उत्तर पत्रिका भी प्रदान की जायेंगी। जिससे आप अपना मूल्यांकन स्वयं कर सकते हैं। आप स्वयं की समीक्षा कर, उन सभी बिन्दुओं पर खुद को बेहतर तरीके से तैयार कर सकते हैं।

EduGorilla आपको अपनी परीक्षा में सफ़लता दिलाने और आपके लक्ष्य को हासिल करने में आपकी सहायता करने का वादा करता हैं। हम अपने प्रतिभागियों पर पूरा भरोसा करते हैं और उन्हें मेरिट सूची के शीर्ष पर देखते हैं। शीर्ष स्थान की ओर आपका पहला कदम है हमारे साथ तैयारी शुरू करना। EduGorilla की "SSC GD : कांस्टेबल भर्ती परीक्षा" की विशेषताएं कुछ इस प्रकार हैं।

➤ अच्छी तरह से शोध किया हुआ पाठ्यक्रम

➤ उच्च गुणवत्ता

➤ विस्तृत उत्तर और विश्लेषण

➤ स्मार्ट उत्तर पत्रिका

➤ परीक्षा सुसंगत प्रश्न

इस प्रकार EduGorilla आपकी तैयारी को मजबूत और आपको परीक्षा में सफल होने के योग्य बनाता है।

SSC GD कांस्टेबल भर्ती परीक्षा
परीक्षा की योग्यता, परीक्षा पैटर्न, विषय को जानने
के लिए QR कोड को स्कैन करें।

Book ID: 0733

विषय-सूची

General Intelligence and Reasoning

Q.1 पांच व्यक्ति एक पंक्ति में खड़े हैं। अमन करन के समीप खड़ा है जो तनुज के निकटतम नहीं है। राधिका प्रियंका के समीप खड़ी है जो सबसे बाईं ओर खड़ी है और तनुज राधिका के समीप में नहीं खड़ा है। अमन के निकट कौन खड़ा है?

A. राधिका और करन
B. करन और तनुज
C. करन और प्रियंका
D. राधिका और तनुज

Q.2 निर्देश: निम्नलिखित प्रश्न में एक लुप्त पद के साथ एक संख्या श्रृंखला दी गई है। उस सही विकल्प का चयन कीजिए जो समान स्वरूप को जारी रखेगा।

225, 336, 447, 558, ___ 780

[Territorial Army Officer, 2019]

A. 690
B. 660
C. 689
D. 669

Q.3 निर्देश: कागज के एक टुकड़े को नीचे प्रश्न आकृति में दर्शाये गये अनुसार मोड़ा और काटा जाता है। दी गई उत्तर आकृतियों में से, इंगित कीजिए कि खोलने पर वह किस प्रकार दिखाई देगा।

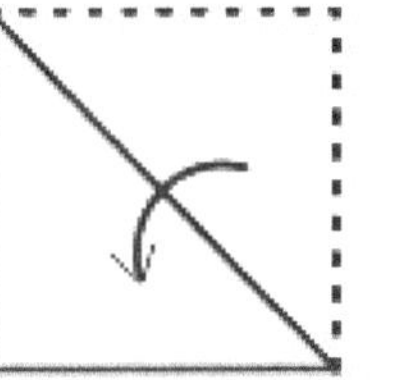  

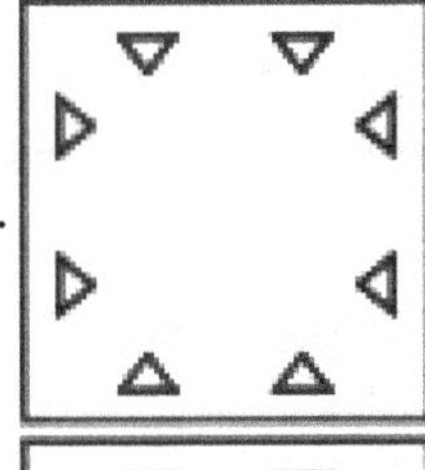
A.

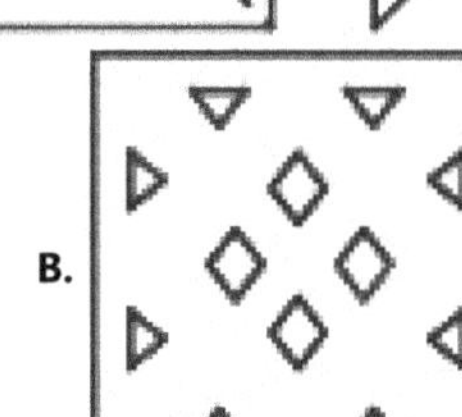
B.

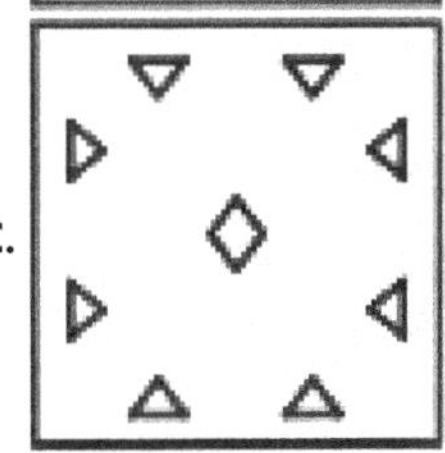
C.

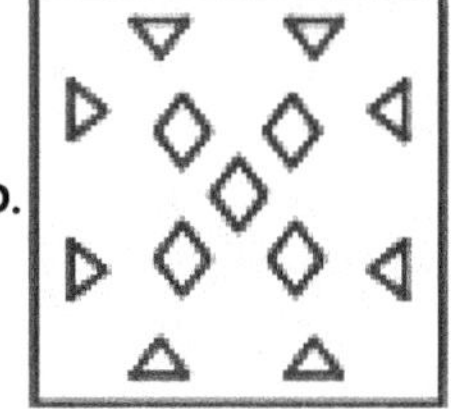
D.

Q.4 निर्देश: दिए गए विकल्पों में से विषम शब्द/ अक्षर संख्या /संख्या युग्म चुनिए।

A. 85431
B. 23870
C. 99300
D. 11559

Q.5 निर्देश: उस विकल्प का चयन कीजिए जिसमें दी गई आकृति निहित है। (आकृति को घुमाने की अनुमति नहीं है)

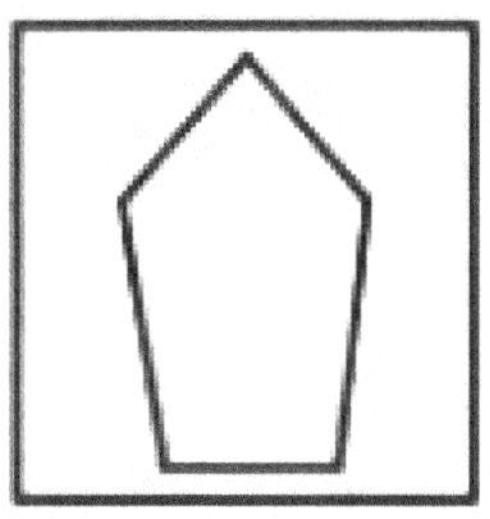

[SSC CHSL (Combined Higher Secondary Level), 2020]

A.

 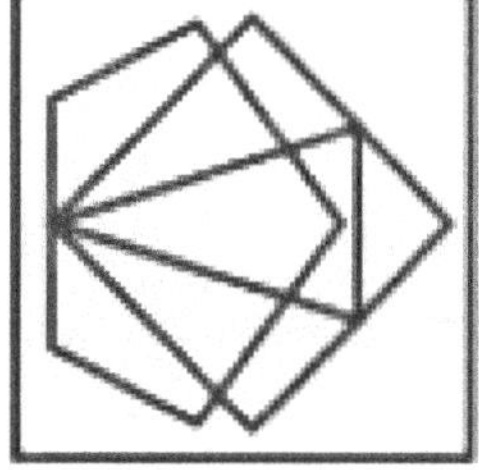
B.

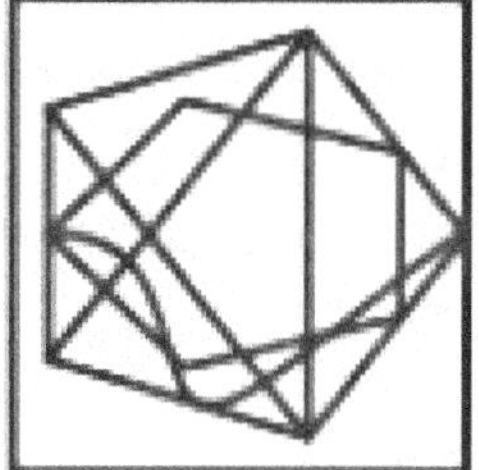
C.

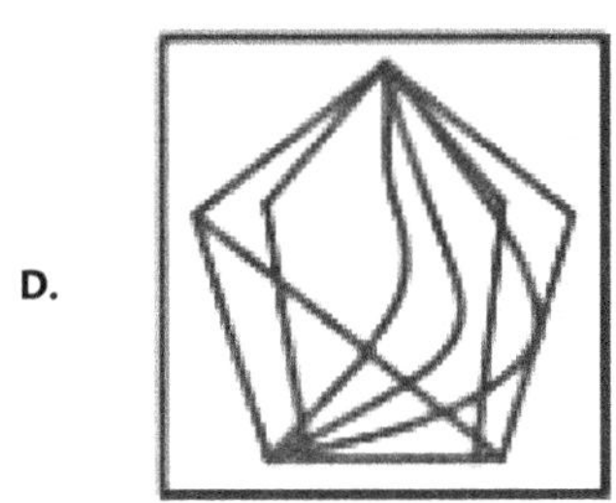

D.

Q.6 निर्देश: निम्नलिखित वेन आरेख में, त्रिभुज डॉक्टरों का प्रतिनिधित्व करता है, वृत्त खिलाड़ियों का प्रतिनिधित्व करता है और आयत कलाकारों का प्रतिनिधित्व करता है।

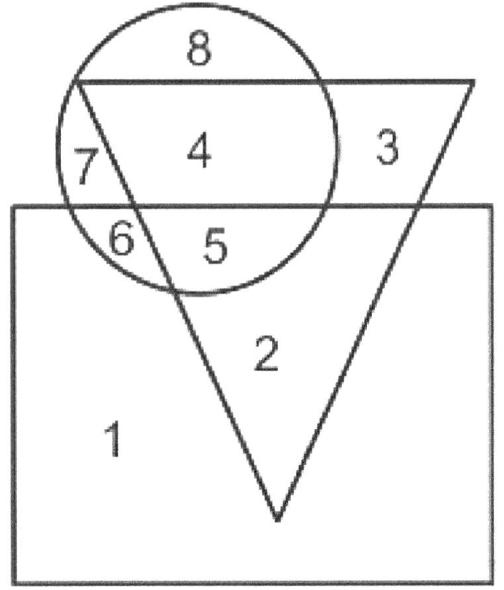

कौन-सी संख्या उन कलाकारों का प्रतिनिधित्व करती है जो केवल खिलाड़ी हैं?

A. 4   **B.** 6   **C.** 7   **D.** 8

Q.7 यदि ' $+$ ', ' $\div$ ' बन जाता है और ' $\times$ ', ' $+$ ' बन जाता है, तो $\{(36 + 6) + 6\} \times 12$ का मान क्या है?

[RRB/RRC Group D, 2018]

A. 12   **B.** 6   **C.** 13   **D.** 21

Q.8 निर्देश: यदि एक दर्पण रेखा AB पर रखा जाता है, तो कौन-सी उत्तर आकृति दी गई आकृति का सही प्रतिबिम्ब है?

INCUBATOR
A ///////////////////// B

A. ꟼOTABUↃИІ

B. ꟼOTABↃUИІ

C. ꟼOTABUꟁↃІ

D. ꟼOTABUↃИІ

Q.9 निर्देश: विकल्प आकृतियों में से उस एक आकृति को ज्ञात करें जो प्रश्न आकृतियों में से प्रश्न चिन्ह को प्रतिस्थापित करेगा।

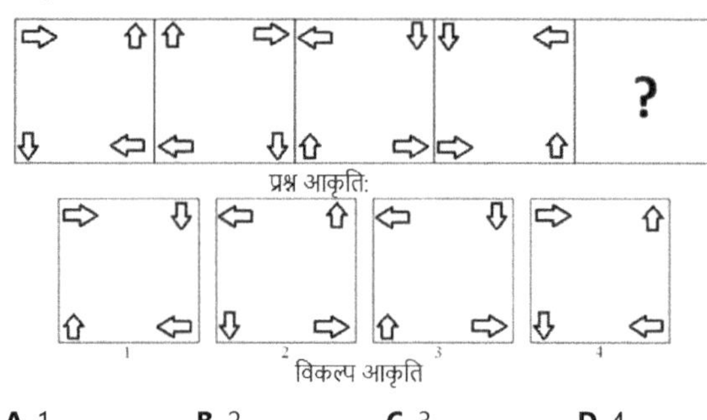

प्रश्न आकृति:

विकल्प आकृति

A. 1   **B.** 2   **C.** 3   **D.** 4

Q.10 निर्देश: प्रश्नवाचक चिन्ह (?) के स्थान पर आने वाली संख्या का चयन कीजिए।

24	20	36
15	11	18
55	40	?

A. 45   **B.** 65   **C.** 70   **D.** 80

Q.11 निर्देश: दिए गए शब्दों को उनके शब्दकोश के विपरीत क्रम में व्यवस्थित कीजिए।

1. Resign
2. Respect
3. Response
4. Resonance
5. Resolve

A. 1, 5, 4, 2, 3   **B.** 3, 2, 4, 5, 1
C. 5, 4, 3, 2, 1   **D.** 1, 2, 3, 4, 5

Q.12 एक अंक को दोगुना करने पर और उसी अंक के व्युत्क्रम संख्या को तिगुना करके जोड़ने पर $\dfrac{25}{2}$ होता है तो वह संख्या क्या होगी?

[Territorial Army Officer, 2021]

A. 7   **B.** 6   **C.** 5   **D.** 4

Q.13 निर्देश : उस समूह का चयन कीजिए जिसमें संख्याएं उसी प्रकार से संबंधित हैं, जिस प्रकार निम्नलिखित समूह में संख्याएं संबंधित है।

$(3, 9, 27)$

A. (5, 25, 125)   **B.** (6, 36, 215)
C. (8, 16, 512)   **D.** (11, 121, 110)

Q.14 निर्देश: निम्न आकृति में से उस बॉक्स के उचित विकल्प का चयन कीजिये जिसे दी गई आकृति को मोड़कर बनाया जा सकता है।

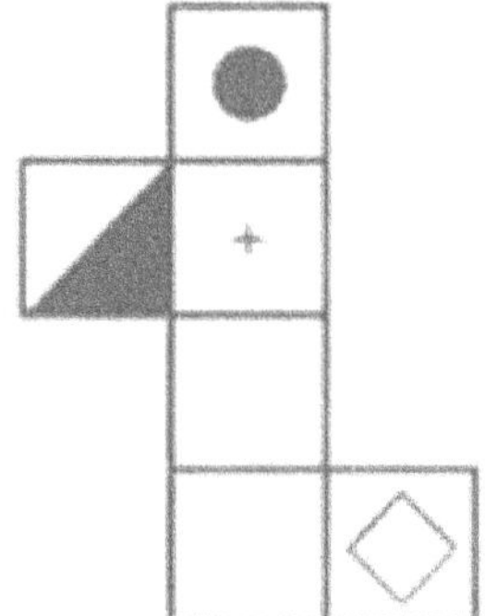

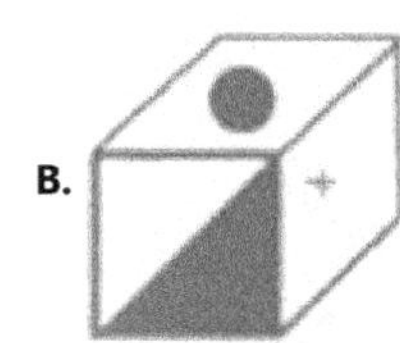

A.

B.

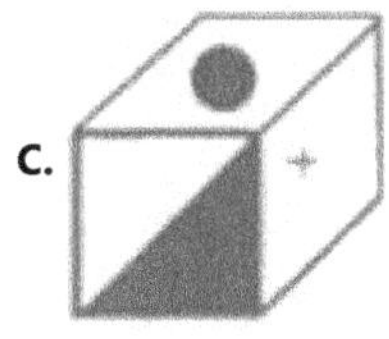

C.

D.

Q.15 निर्देश: दिए गए कथन (कथनों) और निष्कर्षों को ध्यानपूर्वक पढ़िये और चयन कीजिए कि कौन से निष्कर्ष दिए गये कथनों का तार्किक रूप से अनुसरण करता है।

कथन:

I. सभी बोतल प्लास्टिक हैं

II. कुछ बैग प्लास्टिक हैं

निष्कर्ष:

I. कुछ बैग बोतल नहीं हैं

II. कुछ प्लास्टिक बैग नहीं हैं

A. केवल निष्कर्ष I. अनुसरण करता है

B. केवल निष्कर्ष II. अनुसरण करता है

C. कोई भी अनुसरण नहीं करता है

D. सभी अनुसरण करते हैं

Q.16 एक निश्चित कोड भाषा में, BUTTER को UVCSFU के रूप में कोडबद्ध किया जाता है, तो उसी भाषा में LETTER को कैसे कोडबद्ध किया जाएगा?

A. UFMSFU

B. UFMSTU

C. UFNSTV

D. इनमें से कोई नहीं

Q.17 निर्देश: निम्नलिखित प्रश्न में, दिए गए अक्षरों से संबंधित विकल्प का चयन करें।

HI : RS : : EF : ?

A. OQ   **B.** OO   **C.** UV   **D.** VU

Q.18 निर्देश: नीचे दिए गए प्रश्न का उत्तर देने के लिए निम्नलिखित जानकारी को ध्यान से पढ़िए।

I. 'A + B' का अर्थ है 'A, B का पिता है'

II. 'A - B' का अर्थ है 'A, B की पत्नी है'

III. 'A × B' का अर्थ है 'A, B का भाई है'

IV. 'A ÷ B' का अर्थ है 'A, B की पुत्री है'

यदि P ÷ R + S + Q है, तो निम्नलिखित में से कौन-सा सत्य है?

A. P, Q की माता है।

B. Q, P की आंटी है।

C. P, Q की पुत्री है।

D. P, Q की आंटी है।

Q.19 निर्देश: उस विकल्प का चयन करें जो प्रश्नवाचक चिन्ह (?) के स्थान पर आएगा।

729 : 324 : : 512 : ?

A. 144   **B.** 196   **C.** 64   **D.** 49

Q.20 निर्देश: अक्षरों के उस संयोजन का चयन कीजिये जिसे जब क्रमिक रूप से रिक्त स्थान में रखा जायेगा तो एक दोहराव वाला स्वरूप बन जायेगा।

a_bc_a_bcda_ccd_bcd_

A. a, a, b, c, c, d

B. a, c, b, d, b, d

C. a, d, b, b, a, d

D. a, d, b, b, d, d

General Knowledge and General Awareness

Q.21 'दल बदल विरोधी कानून' किस अनुसूची में वर्णित है?

A. संविधान की दसवीं अनुसूची

B. संविधान की ग्यारहवीं अनुसूची

C. संविधान की सातवीं अनुसूची

D. संविधान की बारहवीं अनुसूची

Q.22 भारत के संविधान के किस अनुच्छेद के अनुसार राज्य के राज्यपाल के द्वारा मुख्यमंत्री को नियुक्त किया जाता है?

[Uttarakhand Public Service Commission (UKPSC), 2016]

A. अनुच्छेद 163   **B.** अनुच्छेद 164

C. अनुच्छेद 165   **D.** अनुच्छेद 166

Q.23 मार्च 2022 में, किसने TEJAS (ट्रेनिंग फॉर एमिरेट्स जॉब्स एंड स्किल्स) कार्यक्रम शुरू किया है?

A. प्रेम कुमार धूमल   **B.** जय राम ठाकुर

C. ज्योतिरादित्य सिंधिया   **D.** अनुराग ठाकुर

Q.24 जनवरी 2022 में, निम्नलिखित में से कौन सा देश अंतर्राष्ट्रीय सौर गठबंधन में शामिल होने वाला 102वां देश बन गया है?

A. सेंट विंसेंट और ग्रेनाडाइन्स

B. सेंट किट्स और नेविस

C. एंटीगुआ और बारबुडा

D. ग्रेनाडा

Q.25 अगस्त 2022 में छोटे उद्योगों के लिए ई-कॉमर्स में तेजी लाने के लिए किस कंपनी ने सिडबी के साथ समझौता ज्ञापन (एमओयू) पर हस्ताक्षर किए हैं?

A. फ्लिपकार्ट   **B.** ज़ोमैटो

C. मिंत्रा   **D.** ओएनडीसी

Q.26 2022 में संयुक्त राष्ट्र महिला कोर बजट में भारत का क्या योगदान है?

[Delhi Forest Guard, 2021], [HSSC Canal Patwari, 2021]

A. यूएसडी 10,000   **B.** यूएसडी 50,000

C. यूएसडी 100,000   **D.** यूएसडी 500,000

Q.27 भारत के सबसे लंबे रेल सह सड़क पुल का नाम बताइए।

[Territorial Army Officer, 2019]

A. माकुम   **B.** अभरपुरी   **C.** बोगीबील   **D.** नलबाड़ी

Q.28 भारतीय क्षेत्र में दो ज्वालामुखी द्वीप कौन से हैं?

[Territorial Army Officer, 2019]

A. कावारत्ती और न्यू मूर   **B.** बितरा और कावारत्ती

C. पम्बन और बैरेन   **D.** नारकोंडम और बैरेन

Q.29 निम्नलिखित में से किसने जनवरी 2022 में ऑस्ट्रेलियन ओपन महिला एकल का खिताब जीता है?

A. एशले बार्टी   **B.** डेनिएल कोलिन्स

C. नाओमी ओसाका   **D.** सेरेना विलियम्स

Q.30 किस वंश के हार ने मौर्य वंश की स्थापना का मार्ग प्रशस्त किया?

A. हर्यक वंश   **B.** होयसल वंश

C. नंद वंश   **D.** चंदेल वंश

Q.31 समुद्रगुप्त का दरबारी कवि कौन था?

A. बाणभट्ट　　**B.** हरिषेण　　**C.** चांदबरदाई　　**D.** भवभूति

Q.32 मंगलोर संधि सें इस युद्ध की समाप्ति हुई:

A. प्रथम आंग्ल मैसूर युद्ध　　**B.** द्वितीय आंग्ल मैसूर युद्ध
C. तृतीय आंग्ल मैसूर युद्ध　　**D.** चौथा आंग्ल मैसूर युद्ध

Q.33 विश्व में कांगसुंग की तरफ से माउण्ट एवरेस्ट पर सफलतापूर्वक चढ़ने वाली प्रथम महिला कौन हैं?

[Rajasthan Teachers Eligibility Test - Level 1 Primary Level (RTET), 2021]

A. बछेंद्री पाल　　　　　　**B.** संतोष यादव
C. प्रेमलता अग्रवाल　　　　**D.** अरुणिमा सिन्हा

Q.34 निम्नलिखित में से कौन एक गैर-भारतीय धर्म है?

[Allahabad High Court ARO, 2020]

A. बौद्ध धर्म　　**B.** जैन धर्म　　**C.** यहूदी धर्म　　**D.** हिन्दू धर्म

Q.35 निम्नलिखित में से किसने चिकित्सा थर्मामीटर का आविष्कार किया था?

A. थॉमस ऑलबट　　　　　**B.** राल्फ बेयर
C. जेम्स चामर्स　　　　　　**D.** हंस जानसेन

Q.36 राजकोषीय नीति से तात्पर्य है:

[Territorial Army Officer, 2019]

A. कृषि उर्वरक नीति
B. ग्रामीण ऋण नीति
C. ब्याज नीति
D. सरकार की राजस्व और व्यय नीति से संबंधित

Q.37 निम्नलिखित में से किसने जुलाई 2022 में अपना निफ्टी 50 ईटीएफ फंड ऑफ फंड लॉन्च किया है?

A. एक्सिस म्यूचुअल फंड
B. आईसीआईसीआई प्रूडेंशियल म्यूचुअल फंड
C. क्वांटम म्यूचुअल फंड
D. एसबीआई म्यूचुअल फंड

Q.38 निम्नलिखित में से किसने चेचक के टीके का आविष्कार किया था?

A. रॉबर्ट कोच　　　　　　**B.** एडवर्ड जेनर
C. रॉबर्ट हुक　　　　　　　**D.** लुई पास्चर

Q.39 किस संवैधानिक संशोधन अधिनियम में "शहरी स्थानीय शासन" से संबंधित संवैधानिक प्रावधान किए गए थे?

[UP Police Sub Inspector, 2021]

A. 74वां संवैधानिक संशोधन अधिनियम, 1992
B. 31वां संवैधानिक संशोधन अधिनियम, 1951
C. 44वां संवैधानिक संशोधन अधिनियम, 1976
D. 51वां संवैधानिक संशोधन अधिनियम, 1984

Q.40 केंद्रीय मंत्री नितिन गडकरी ने किस शहर में 18 अगस्त 2022 को भारत की पहली इलेक्ट्रिक डबल डेकर बस का अनावरण किया है?

A. बेंगलुरु　　**B.** भोपाल　　**C.** मुंबई　　**D.** नागपुर

Elementary Mathematics

Q.41 $3 \div 18$ का $3 \times 6 + 21 \times 6 \div 18 - 3 \div 2 + 3 - 3 \div 9$ का 3×9 का मान है:

[SSC CGL, 2020]

A. $\frac{29}{6}$　　**B.** $\frac{41}{9}$　　**C.** $\frac{47}{6}$　　**D.** $\frac{35}{9}$

Q.42 निर्देश: निम्नलिखित प्रश्न में, प्रश्न चिन्ह '?' के स्थान पर क्या आएगा?

$240 \div 6 + \sqrt{529} \times 17 = ? + 80$ का 150%

A. 311　　**B.** 310　　**C.** 309　　**D.** 312

Q.43 यदि 4A3164B, 88 से विभाज्य है, तो 2A × B का अधिकतम संभावित मान क्या है ?

A. 50　　**B.** 70　　**C.** 60　　**D.** 80

Q.44 एक संख्या और उसके $\frac{2}{7}$ वें भाग के बीच का अंतर 100 है। संख्या क्या है?

A. 130　　**B.** 140　　**C.** 150　　**D.** 160

Q.45 दिए गए अंशों के लिए सही आरोही क्रम क्या है?

A. $\frac{22}{7}, \frac{13}{17}, \frac{11}{19}, \frac{2}{3}$　　**B.** $\frac{11}{19}, \frac{2}{3}, \frac{13}{17}, \frac{22}{7}$

C. $\frac{2}{3}, \frac{11}{19}, \frac{13}{17}, \frac{22}{7}$　　**D.** $\frac{2}{3}, \frac{13}{17}, \frac{11}{19}, \frac{22}{7}$

Q.46 एक कस्बे की कुल जनसंख्या 2800 है जहाँ पुरुषों की संख्या महिलाओं की संख्या से 720 अधिक है। यदि पुरुषों की संख्या में 40% की कमी होती है और महिलाओं की संख्या में 20% की वृद्धि होती है, तो शहर की नई जनसंख्या ज्ञात कीजिए।

[IBPS Clerk, 2021]

A. 2236　　**B.** 2440　　**C.** 2304　　**D.** 2316

Q.47 एक यौगिक में, कार्बन और ऑक्सीजन का अनुपात $1:4$ है। यौगिक में कार्बन का प्रतिशत ज्ञात कीजिए।

A. 20%　　**B.** 10%　　**C.** 5%　　**D.** 80%

Q.48 यदि $x, 12.8$ और 64.8 का मध्यानुपातिक है और यदि $y, 38.4$ और 57.6 का तीसरा आनुपातिक है, तो $2x : y$ बराबर है:

A. $3:4$　　**B.** $1:2$　　**C.** $2:3$　　**D.** $4:5$

Q.49 पाँच क्रमागत विषम संख्याओं का औसत 51 है। सबसे बड़ी और सबसे छोटी संख्या में क्या अंतर है?

A. 3　　**B.** 7　　**C.** 8　　**D.** 11

Q.50 2 साल की अवधि के बाद 10% की दर से 7790 रुपये की मूल राशि पर एकत्रित चक्रवृद्धि ब्याज क्या होगा?

A. 3,332.78 रुपये　　　　**B.** 3,335.35 रुपये
C. 3,333.27 रुपये　　　　**D.** इनमे से कोई नहीं

Q.51 48,000 रुपये की राशि साधारण ब्याज पर उधार दी गई थी तथा 2 वर्ष और 3 महीने के अंत में कुल राशि 55,560 रुपये थी। वार्षिक ब्याज दर ज्ञात कीजिए।

[IBPS Clerk, 2021]

A. 7%　　**B.** 8%　　**C.** 9%　　**D.** 10%

Q.52 अगर कोई आदमी अपनी कुर्सी 720 रु. में बेचता है, तो उसे 25% की हानि होगी। 25% लाभ प्राप्त करने के लिए उसे इसे बेचना चाहिए:

A. 1200 रु.　　**B.** 1000 रु.　　**C.** 960 रु.　　**D.** 900 रु.

Q.53 एक दुकानदार एक वस्तु के अंकित मूल्य पर 10% की छूट देता है और फिर भी 8% का लाभ अर्जित करता है। यदि अंकित मूल्य 480 रु. है, तो वस्तु का क्रय मूल्य (रु. में) क्या है?

[SSC MTS, 2019]

A. 350　　**B.** 400　　**C.** 360　　**D.** 420

Q.54 किसी वस्तु पर क्रमशः 15%, 20% और 25% की छूट निम्नलिखित में से किस छूट के बराबर होगी?

A. 60%   B. 47%   C. 49%   D. 40%

Q.55 एक ठोस घनाभ की लंबाई, चौड़ाई और ऊंचाई क्रमशः 14 सेमी, 12 सेमी और 8 सेमी है। यदि घनाभ को पिघलाकर 2 सेमी भुजा वाले समान घन बनाये जाते हैं, तो समान घनों की संख्या क्या होगी?

A. 168   B. 144   C. 156   D. 128

Q.56 एक त्रिभुज की भुजाएँ 6.5 सेमी, 10 सेमी और x सेमी हैं, जहाँ x एक धनात्मक संख्या है। निम्नलिखित में से x का सबसे छोटा संभव मान क्या है?

[CTET Paper-II (Science & Mathematics), 2015]

A. 4.5   B. 2.8   C. 3.5   D. 4

Q.57 तीन संख्याएँ 1: 2: 3 के अनुपात में हैं और म.स.प. 12 है। संख्याएँ हैं:

A. 12, 24, 36   B. 11, 22, 33
C. 12, 24, 32   D. 5, 10, 15

Q.58 A, B, C मिलकर एक व्यवसाय के लिए 50,000 एक रुपये लगाते हैं। A, B से 4000 रु. अधिक और B, C से 5000 रु. अधिक लगाता है। 35000 रु. के कुल लाभ में से A प्राप्त करता है:

A. रु. 8400   B. रु. 11,900
C. रु. 13,600   D. रु. 14,700

Q.59 एक ट्रेन 70 किमी/घंटा की गति से P से Q की दूरी तय करती है और Q से P तक 30 किमी/घंटा की गति से लौटती है। ट्रेन की औसत गति ज्ञात कीजिए।

A. 50 किमी/घंटा   B. 42 किमी/घंटा
C. 100 किमी/घंटा   D. 40 किमी/घंटा

Q.60 गणेश और भीम 6 दिनों में एक काम पूरा कर सकते हैं। यदि गणेश अकेले इसे 10 दिनों में पूरा कर सकते हैं, तो भीम कितने दिनों में काम पूरा कर सकता है?

A. 18   B. 14   C. 12   D. 15

Hindi

Q.61 दिए गए विकल्पों में से सही का चयन कर रिक्त स्थान भरें-
इस ग्रंथ को इतिहास की ______ से भी एक महत्तवपूर्ण रचना माना गया है।

[UP Police Sub Inspector, 2017]

A. दृष्टि   B. तुलना   C. पत्रे   D. ओर

Q.62 व्याकरण की दृष्टि से निम्न में से कौन सा शुद्ध वाक्य है?

A. मैं केवल इतना चाहता हूँ
B. हाथी चलती है।
C. मेरी घड़ी में चार बजा है।
D. मैं तेरे से बात नहीं करूँगा।

Q.63 निर्देश: दिए गए वाक्यांश के लिए एक शब्द बताएं।
'लुब्ध' शब्द के लिए वाक्यांश उपयुक्त है

A. जो लकड़ी काटकर जीवन बिताता हो
B. जिसका वंश लुप्त हो गया हो
C. लोभी स्वभाव वाला
D. जिसे देखकर रोंगटे खड़े हो जाएँ

Q.64 दिए गए वाक्य के लिए एक शब्द का चयन कीजिए।
'जो परिणय सूत्र में न बँधा हो'

A. अज्ञ   B. अभियोगी
C. सद्यःपरिणीत   D. अपरिणीत

Q.65 निचे दिए गए शब्दों में शुद्ध शब्द की वर्तनी का चयन कीजिए।

A. आशीर्वाद   B. ओघोगिक
C. आधीन   D. अनाधिकार

Ques (66-69):निर्देश: दिए गए गद्यांश को ध्यानपूर्वक पढ़िए तथा पूछे गए प्रश्नों के उत्तर दीजिए।

किसी भी उपहार की सार्थकता तभी है जब वह हृदय से किसी सही व्यक्ति को सही समय और सही जगह पर दिया जाए। उपहार देने वाला व्यक्ति दिल में उस उपहार के बदले कुछ पाने की उम्मीद न रखता हो। हमें इस जीवन में जो भी करना चाहिए, सत्य से प्रेरित कृत्य के अनुसार करना चाहिए। हमें समय और दूसरे लोगों, दोनों को सम्मान देना चाहिए। इस तरह का कृत्य व्यक्ति के भाग्य को बदल कर रख देता है। गीता में भी कहा गया है कि ऐसा कोई नहीं जिसने इस संसार में अच्छा काम किया हो और उसका अंत बुरा हुआ हो। कहा जाता है कि कर्म ही धर्म है, इसलिए हमें काम करते जाना चाहिए फल अपने आप हमें मिलेगा। कार्य करते समय कार्य के उद्देश्य पर भी ध्यान देना होगा। यदि हमारे कार्य का उद्देश्य समाज के हित में है तो वह कार्य हमें आनन्द की अनुभूति करवाएगा। कर्म करना परन्तु केवल अपने हित के लिए कर्म करना सार्थक नहीं कहलाएगा।

Q.66 उपहार की सार्थकता कब होती है?
A. जब उपहार दिल से सही समय पर सही व्यक्ति को दिया जाए।
B. जब उपहार देते समय बदले में कुछ पाने की आशा हो।
C. जब उपहार अपने वैभव के प्रदर्शन के लिए दिया जाए।
D. जब उपहार बहुत ही मजबूरी में दिया जाए।

Q.67 जीवन में कर्म प्रेरित होने चाहिए:
A. परिणाम से   B. सत्य से   C. उपहार से   D. भाग्य से

Q.68 'समय को सम्मान' देने से तात्पर्य है:
A. समय का सदुपयोग करना।
B. समय के आगे विवश हो जाना।
C. समय का दुरुपयोग करना।
D. समय को व्यर्थ गँवाना।

Q.69 'ऐसा कोई नहीं, जिसने इस संसार में अच्छा किया हो, और उसका अंत बुरा हो' के सन्दर्भ में कौन सा वाक्य सही है?
A. बुरे कार्य का परिणाम सही नहीं होता है।
B. अच्छे कार्य का फल कैसा होगा, पता नहीं।
C. अच्छे कार्य का फल सदैव अच्छा होता है।
D. बुरे कार्य का भी फल अच्छा हो सकता है।

Q.70 'दर्प' किसका पर्यायवाची शब्द है:
A. तिरस्कार   B. स्वाभिमान   C. अहंकार   D. खतरा

Q.71 'मृगेंद्र' का पर्यायवाची शब्द है:
A. कुरंग   B. अहि   C. कुंजर   D. शार्दुल

Q.72 'आठ बार नौ त्यौहार'- मुहावरे का सही अर्थ होगाः
A. समाप्त कर देना   B. मौज-मस्ती का जीवन
C. बेईमानी करना   D. इनमें से कोई नहीं

Q.73 निम्नलिखित में से उस विकल्प का चयन करें जो 'आँखों का पानी ढल जाना' मुहावरे का अर्थ व्यक्त करता है।
A. धोखा देना   B. लज्जारहित हो जाना
C. सजग होना   D. आसानी से बचना

Ques (74-75):निर्देश: निम्नलिखित प्रश्न में चार विकल्पों में से उस विकल्प को चुनिए जिसे दिए गए शब्द/वाक्य के स्थान पर प्रतिस्थापित किया जा सके।

Q.74 ईश्वर का <u>कोई आकार नहीं</u> होता है।
A. सरोकार   B. साकार

C. निराकार **D.** इनमें से कोई नहीं

Q.75 आँखों के सामने घटित घटना पर विश्वास तो करना ही पड़ेगा।
A. प्रत्यक्ष **B.** परोक्ष **C.** प्रारूपतः **D.** प्रत्येक

Q.76 निर्देश: दिए गये वाक्यों में से कुछ में त्रुटियाँ हैं। त्रुटि वाले वाक्य के जिस भाग में त्रुटियाँ हों, उसके अनुरूप विकल्प (A, B, C) चुने। यदि वाक्य में कोई त्रुटि न हो, तो विकल्प (D) चुने।
मुझे कल/दो किलो/लीची खरीदने हैं/कोई त्रुटि नहीं।
A. मुझे कल **B.** दो किलो
C. लीची खरीदने हैं **D.** कोई त्रुटि नहीं

Q.77 निर्देश: दिए गये वाक्यों में से कुछ में त्रुटियाँ हैं। त्रुटि वाले वाक्य के जिस भाग में त्रुटियाँ हों, उसके अनुरूप विकल्प (A, B, C) चुने। यदि वाक्य में कोई त्रुटि न हो, तो विकल्प (D) चुने।
अपने-अपने किताबें/बस्ते में/डाल लो/कोई त्रुटि नहीं।
A. अपने-अपने किताबें **B.** बस्ते में
C. डाल लो **D.** कोई त्रुटि नहीं

Q.78 'अम्बु' का समानार्थी शब्द है:
A. समीर **B.** नीर **C.** धरा **D.** पादप

Q.79 निर्देश: दिए गए विकल्पों में से रिक्त स्थान की पूर्ति कीजिए।
हिंदी हमारी मातृभाषा है जिस पर हमें_____है।
A. संतोष **B.** आनंद **C.** गर्व **D.** रोष

Q.80 निर्देश: रिक्त स्थान को भरने के लिए उपयुक्त शब्द का चयन करें।
भगत सिंह वीरता की मूर्ति थे, और .... उनके अंग- अंग से झलकती थी।
A. स्फूर्ति **B.** हँसी **C.** वेदना **D.** कल्पना

// स्मार्ट उत्तर पुस्तिका //

सही उत्तर — उन छात्रों का प्रतिशत जिन्होंने प्रश्नों का सही उत्तर दिया था। **छोड़ दिया** — उन छात्रों का प्रतिशत जिन्होंने प्रश्नों को छोड़ दिया था।

प्रश्न संख्या	उत्तर	सही उत्तर	छोड़ दिया
1	B	23.77 %	21.2 %
2	D	58.89 %	16.48 %
3	B	53.53 %	11.99 %
4	B	39.83 %	14.99 %
5	D	52.68 %	13.49 %
6	B	47.97 %	17.55 %
7	C	44.97 %	16.49 %
8	A	54.82 %	15.84 %
9	D	38.33 %	14.13 %
10	B	27.62 %	12.64 %
11	B	23.34 %	12.85 %
12	B	16.92 %	17.56 %
13	A	67.45 %	15.21 %
14	B	33.19 %	16.49 %
15	C	24.2 %	20.77 %
16	A	36.62 %	16.27 %

प्रश्न संख्या	उत्तर	सही उत्तर	छोड़ दिया
17	C	44.11 %	23.13 %
18	D	22.06 %	23.34 %
19	C	20.56 %	24.41 %
20	C	34.05 %	22.7 %
21	A	25.05 %	29.34 %
22	B	18.84 %	27.63 %
23	D	16.92 %	24.62 %
24	C	16.27 %	25.27 %
25	D	11.13 %	27.63 %
26	D	7.28 %	25.27 %
27	C	22.06 %	26.33 %
28	D	20.56 %	26.12 %
29	A	13.92 %	28.05 %
30	C	31.26 %	23.77 %
31	B	23.77 %	26.98 %
32	B	22.27 %	25.05 %

प्रश्न संख्या	उत्तर	सही उत्तर	छोड़ दिया
33	B	13.49 %	26.77 %
34	C	56.1 %	27.63 %
35	A	25.27 %	27.83 %
36	D	34.48 %	27.19 %
37	C	5.57 %	28.26 %
38	B	31.69 %	28.91 %
39	A	20.99 %	32.11 %
40	C	20.56 %	33.62 %
41	C	11.56 %	34.26 %
42	A	20.13 %	32.33 %
43	D	11.13 %	34.27 %
44	B	33.4 %	33.62 %
45	B	10.49 %	37.48 %
46	C	16.06 %	33.19 %
47	A	32.55 %	34.47 %
48	C	12.63 %	38.12 %

प्रश्न संख्या	उत्तर	सही उत्तर	छोड़ दिया
49	C	23.55 %	35.98 %
50	D	18.2 %	37.9 %
51	A	16.49 %	34.9 %
52	A	26.77 %	32.54 %
53	B	22.27 %	34.9 %
54	C	24.63 %	29.97 %
55	A	11.99 %	35.98 %
56	D	4.28 %	29.98 %
57	A	43.9 %	34.69 %
58	D	12.21 %	36.18 %
59	B	20.77 %	35.98 %
60	D	32.98 %	30.83 %
61	A	39.4 %	43.68 %
62	A	36.62 %	45.39 %
63	C	20.34 %	42.83 %
64	D	30.84 %	43.46 %

प्रश्न संख्या	उत्तर	सही उत्तर	छोड़ दिया
65	A	29.12 %	44.97 %
66	A	33.62 %	45.61 %
67	B	31.05 %	45.18 %
68	A	38.76 %	45.61 %
69	C	34.48 %	43.89 %
70	C	18.2 %	45.4 %
71	D	17.34 %	45.83 %
72	B	37.9 %	43.47 %
73	B	39.19 %	45.39 %
74	C	32.98 %	43.68 %
75	A	40.9 %	43.9 %
76	C	38.97 %	46.25 %
77	A	40.26 %	43.47 %
78	B	25.48 %	45.83 %
79	C	47.32 %	47.54 %
80	A	32.55 %	49.68 %

//संकेत और समाधान//

1. पांच व्यक्ति: अमन, करन, तनुज, राधिका और प्रियंका

1) राधिका प्रियंका के समीप खड़ी है जो सबसे बाईं ओर खड़ी है।

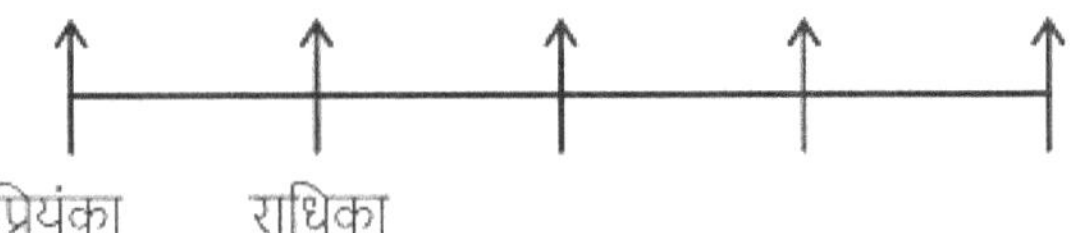

2) अमन करन के समीप खड़ा है जो तनुज के निकट नहीं है।

3) तनुज राधिका के समीप नहीं खड़ा है।

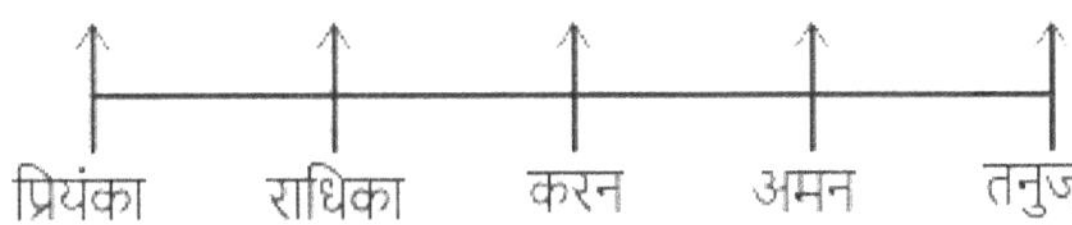

इसलिए, करण और तनुज अमन के निकट खड़े हैं।

अतः विकल्प (B) सही है।

2. दी गई श्रृंखला,

$$225, 336, 447, 558, \_\_\_ \; 780$$

यहाँ अनुसरण किया गया स्वरूप इस प्रकार है:

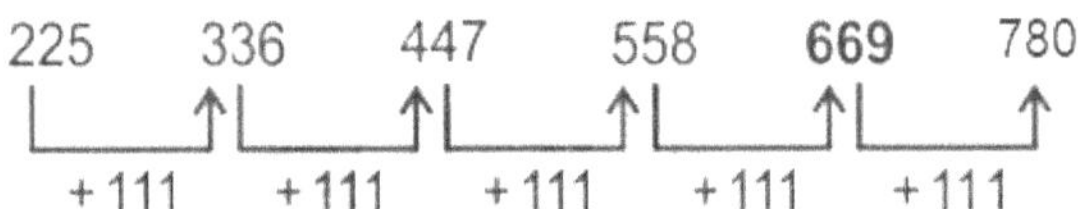

अगले पद को पिछले पद में 111 को जोड़कर निर्धारित किया गया है।

इसलिए, 669 लुप्त पद है।

अतः विकल्प (D) सही है।

3. जब कागज को खोला जायेगा तो वह इस प्रकार दिखाई देगा:

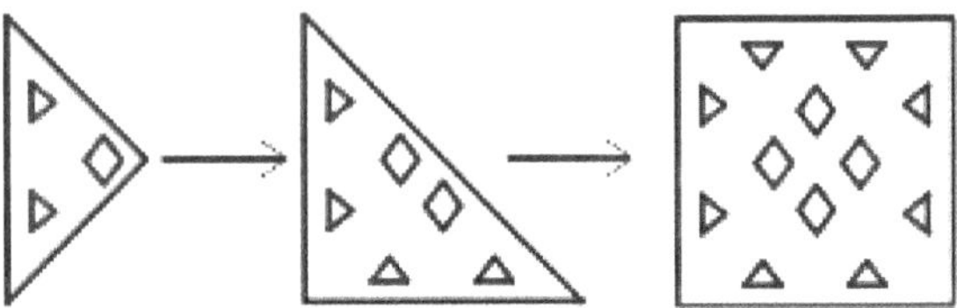

इसलिए, उत्तर नीचे दी गई आकृति है:

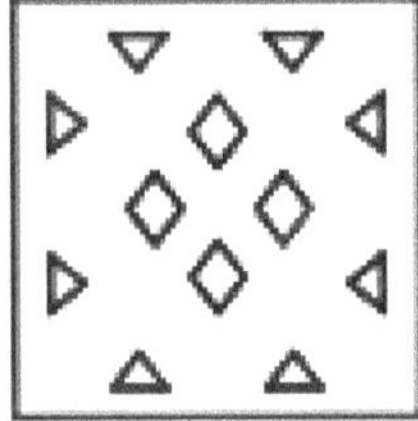

अतः विकल्प (B) सही है।

4. दिए गए प्रश्न में, विकल्प (B) को छोड़कर सभी विकल्पों का योग 21 है।

$8 + 5 + 4 + 3 + 1 = 21$

$2 + 3 + 8 + 7 + 0 = \mathbf{20}$

$9 + 9 + 3 + 0 + 0 = 21$

$1 + 1 + 5 + 5 + 9 = 21$

अतः विकल्प (B) सही है।

5. दी गई आकृति निम्न आकृति में निहित है:

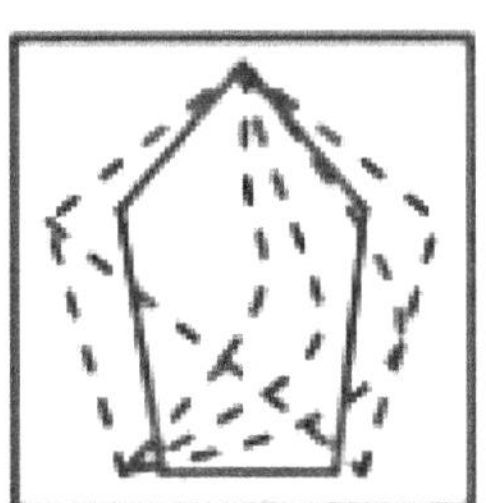

अतः विकल्प (D) सही है।

6. संख्या जो उन कलाकारों का प्रतिनिधित्व करती है जो केवल खिलाड़ी हैं उसे छायांकित भाग द्वारा नीचे दिखाया गया है:

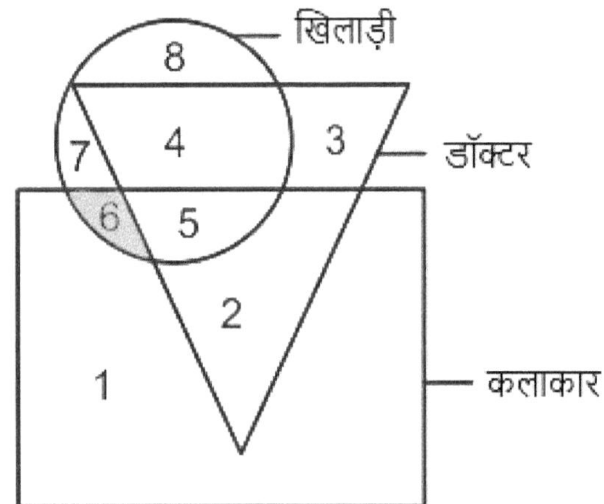

इसलिए, सही उत्तर '6' है।

अतः विकल्प (B) सही है।

7.

चिह्न	+	×
अर्थ	÷	+

दिया गया व्यंजक: $\{(36 + 6) + 6\} \times 12$

चिह्नों को बदलने के बाद:

$$\{(36 \div 6) \div 6\} + 12$$

$$= \{6 \div 6\} + 12$$

$$= 1 + 12$$

$$= 13$$

इसलिए, " 13 " सही उत्तर है।

अतः विकल्प (C) सही है।

8. दर्पण प्रतिबिम्ब होगा:

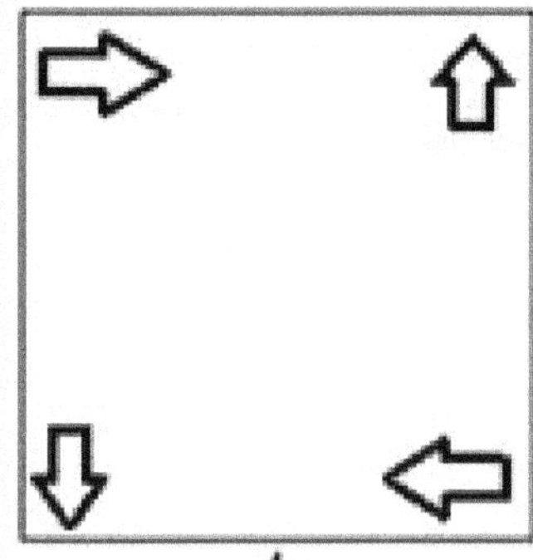

अत: विकल्प (A) सही है।

9. तीर के दक्षिणावर्त आवर्तन से हमें निम्न आकृति मिलती है:

अतः विकल्प (D) सही है।

10. यहां जिस स्वरूप का अनुसरण किया जा रहा है, वह इस प्रकार है,

एक पंक्ति की पहली और तीसरी संख्या का योग ÷ 3 = उसी पंक्ति की दूसरी संख्या

इसलिए,

$$\Rightarrow \frac{(24+36)}{3} = \frac{60}{3} = 20$$

$$\Rightarrow \frac{(15+18)}{3} = \frac{33}{3} = 11$$

इसी तरह,

$$\frac{(55+?)}{3} = 40$$

$$\Rightarrow 55+? = 120$$

$$\Rightarrow ? = 120 - 55 = 65$$

अत: विकल्प (B) सही है।

11. शब्दकोश के विपरीत क्रम में व्यवस्थित करने पर,

3) Response

2) Respect

4) Resonance

5) Resolve

1) Resign

इसलिए, शब्दकोश के अनुसार सही विपरीत क्रम "3, 2, 4, 5, 1" है।

अतः विकल्प (B) सही है।

12. माना संख्या x है तो इसका व्युत्क्रम $\frac{1}{x}$ है।

प्रश्न के अनुसार,

$$2x + \frac{3}{x} = \frac{25}{2}$$

$$\Rightarrow 2x^2 + 3 = \frac{25x}{2}$$

$$\Rightarrow 4x^2 + 6 = 25x$$

$$\Rightarrow 4x^2 - 25x + 6 = 0$$

$$\Rightarrow (4x - 1)(x - 6) = 0$$

$$\Rightarrow x = 6, \frac{1}{4}$$

संख्या का मान भिन्न नहीं हो सकता।

इसलिए, संख्या 6 है।

अत: विकल्प (B) सही है।

13. यहाँ अनुसरण किया गया स्वरूप निम्न प्रकार है:

$$(3, 9, 27) \rightarrow (3, 3^2, 3^3)$$

इसी प्रकार,

$$(5, 25, 125) \rightarrow (5, 5^2, 5^3)$$

अत: विकल्प (A) सही है।

14. हम जानते हैं कि आधा छायांकित फलक वर्ग के फलक के विपरीत होगा। तो, विकल्प (A) और (D) गलत है।

अब, पासे की मोड़ने की व्यवस्था को ध्यान में रखते हुए विकल्प (C) भी गलत है।

दी गई आकृति को मोड़कर बनाया जा सकता है:

अत: विकल्प (B) सही है।

15. दिए गए कथनों के लिए न्यूनतम संभावित वेन आरेख इस प्रकार होगा:

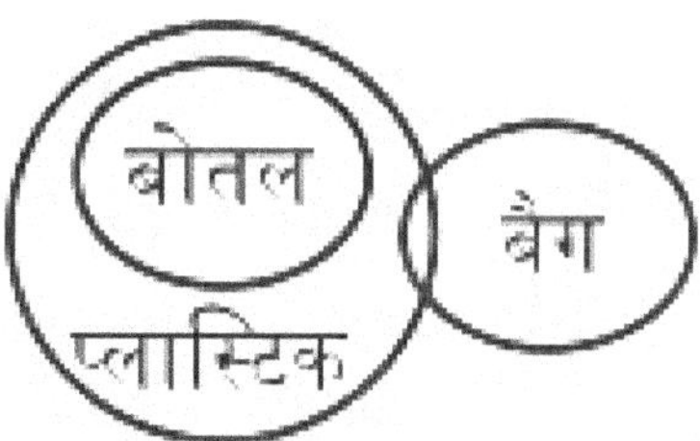

I. कुछ बैग बोतल नहीं हैं → असत्य (बोतल और बैग के बीच कोई सीधा संबंध नहीं है इसलिए यह संभव हो सकता है लेकिन निश्चित नहीं है, इसलिए, गलत))

II. कुछ प्लास्टिक बैग नहीं हैं → असत्य (जैसा कि "कुछ बैग प्लास्टिक हैं" इसलिए कुछ प्लास्टिक बैग हो सकते हैं जो संभव हो सकते हैं लेकिन कुछ प्लास्टिक बैग नहीं हैं यह निश्चित नहीं है, इसलिए, गलत)

इसलिए,कोई भी अनुसरण नहीं करता है।

अत: विकल्प (C) सही है।

16. कोड के लिए पैटर्न इस प्रकार है,

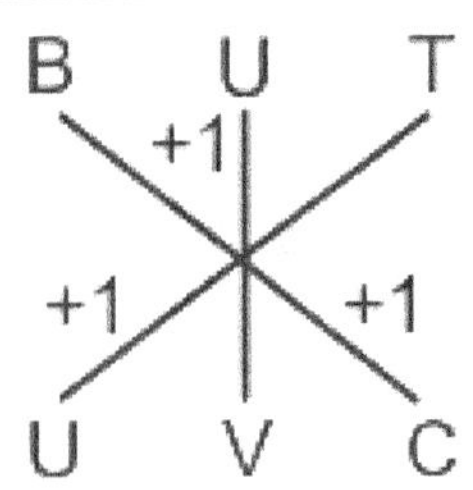
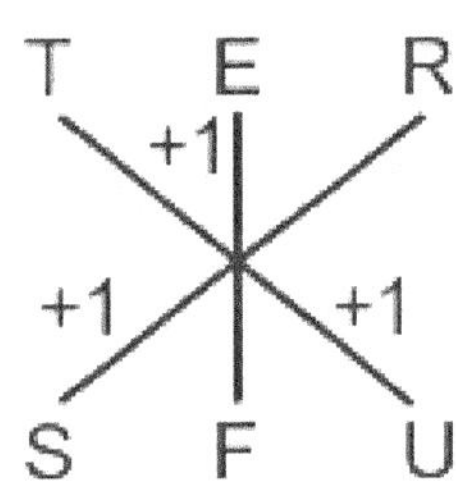

इसी प्रकार,

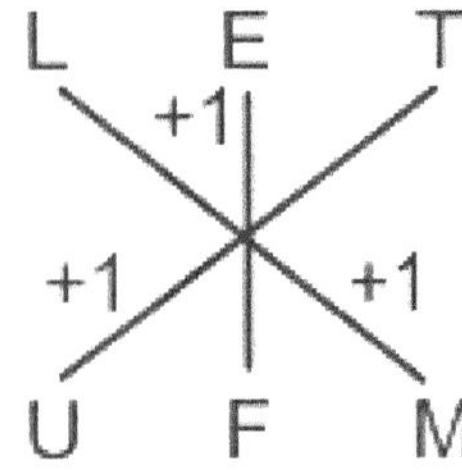
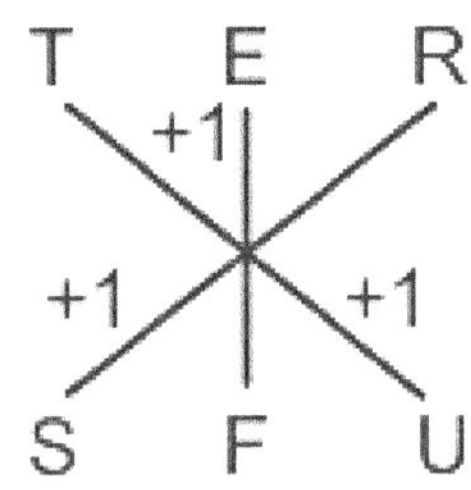

इसलिए, LETTER को UFMSFU के रूप में कोडबद्ध किया जाएगा।

अतः विकल्प (A) सही है।

17. यदि हम अक्षरों को उनके विपरीत अक्षरों के साथ रखते हैं जैसा कि नीचे दिखाया गया है, हम अनुसरित स्वरूप देख सकते हैं:

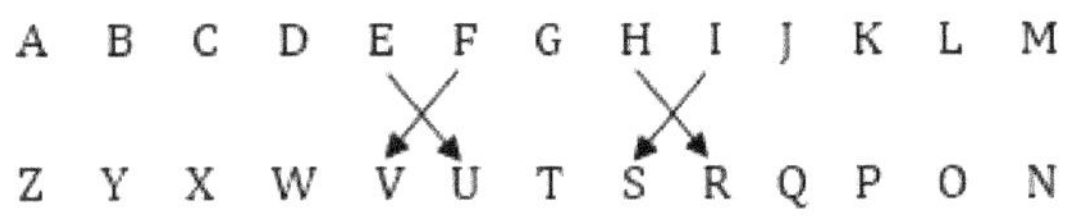

इस प्रकार, EF, UV से संबंधित है।

अतः विकल्प (C) सही है।

18. दी गयी जानकारी से हम निम्न वंश वृक्ष बना सकते हैं:

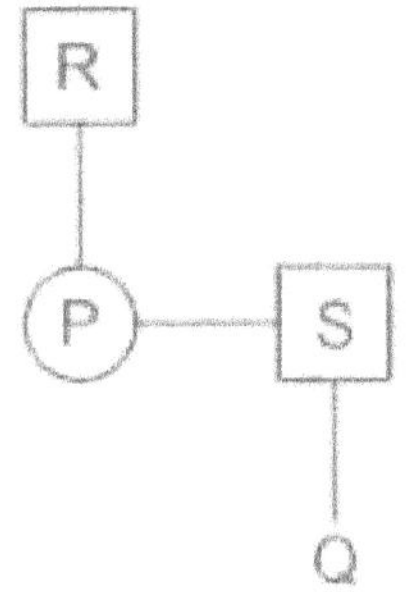

विकल्पों का अवलोकन करने पर:

(A) P, Q की माता है→ असत्य

(B) Q, P की आंटी है → असत्य

(C) P, Q की पुत्री है → असत्य

(D) P, Q की आंटी है → सत्य

इसलिए , सही उत्तर है P, Q की आंटी है।

अतः विकल्प (D) सही है।

19. यहां जिस स्वरुप का अनुसरण किया जा रहा है, वह इस प्रकार है,

$$729 \rightarrow 7 + 2 + 9 = 18^2 = 324$$

इसी तरह, 512 को निम्न रूप में लिखा जा सकता है,

$$512 \rightarrow 5 + 1 + 2 = 8^2 = 64$$

अतः विकल्प (C) सही है।

20. दिया है :-

a_bc_a_bcda_ccd_bcd_

विकल्पों की जाँच करके और तदनुसार प्रतिस्थापित करने पर

(A). a, a, b, c, c, d → a **a** b c **a** - a **b** b c d - a c c c - **c** b c d **d**

(B). a, c, b, d, b, d → a **a** b c **c** - a **b** b c d - a **d** c c d - **b** b c d **d**

(C). **a, d, b, b, a, d** → a a b c **d** - a **b** b c d - a **b** c c d - a b c d **d**

(D). a, d, b, b, d, d → a a b c **d** - a **b** b c d - a **b** c c d - **d** b c d **d**

विकल्प (C) **aa**bcd - **abb**cd - abc**cd** - abc**dd** का स्वरुप देता है।

इसलिए, 'a, d, b, b, a, d' सही उत्तर है।

अतः विकल्प (C) सही है।

21. भारतीय संविधान की दसवीं अनुसूची जिसे लोकप्रिय रूप से 'दल बदल विरोधी कानून' कहा जाता है, वर्ष 1985 में 52वें संविधान संशोधन के द्वारा लाया गया है।

- दल-बदल करने वाले सदस्यों को अयोग्य ठहराने संबंधी प्रावधानों को परिभाषित करता है।

- इसका उद्देश्य राजनीतिक लाभ और पद के लालच में दल बदल करने वाले जन-प्रतिनिधियों को अयोग्य करार देना है, ताकि संसद की स्थिरता बनी रहे।

अतः विकल्प (A) सही है।

22. भारत के संविधान के अनुच्छेद 164 के अनुसार, मुख्यमंत्री की नियुक्ति किसी राज्य के राज्यपाल द्वारा की जाती है।

अनुच्छेद 164:

मुख्यमंत्री की नियुक्ति राज्यपाल द्वारा की जाएगी और अन्य मंत्रियों की नियुक्ति राज्यपाल द्वारा मुख्यमंत्री की सलाह पर की जाएगी और मंत्री राज्यपाल के प्रसाद पर्यंत अपने पद पर बने रहेंगे।

अतः विकल्प (B) सही है।

23. केंद्रीय मंत्री श्री अनुराग ठाकुर ने 27 मार्च'22 को TEJAS (ट्रेनिंग फॉर एमिरेट्स जॉब्स एंड स्किल्स) कार्यक्रम शुरू किया है। यह प्रवासी भारतीयों को प्रशिक्षित करने के लिए एक स्किल इंडिया इंटरनेशनल परियोजना है।

इस परियोजना का उद्देश्य भारतीयों को कौशल, प्रमाण और विदेशों में रोजगार देना है। तेजस का उद्देश्य भारतीय कार्यबल को UAE में कौशल और बाजार की आवश्यकताओं के लिए सक्षम बनाने के लिए मार्ग बनाना है।

अतः विकल्प (D) सही है।

24. कैरेबियाई राष्ट्र एंटीगुआ और बारबुडा अंतर्राष्ट्रीय सौर गठबंधन में शामिल होने वाला 102वां देश बन गया है। एंटीगुआ और बारबुडा के प्रधानमंत्री, गैस्टन ब्राउन ने 4 जनवरी 2022 को भारतीय उच्चायुक्त डॉ. के. जे. श्रीनिवास की उपस्थिति में अंतर्राष्ट्रीय सौर गठबंधन फ्रेमवर्क समझौते पर हस्ताक्षर किए।

अतः विकल्प (C) सही है।

25. ओएनडीसी ने अगस्त 2022 में इसी तरह की गतिविधियों में लगे संस्थानों के कार्यों के समन्वय के लिए सिडबी के साथ एक समझौता ज्ञापन (एमओयू) पर हस्ताक्षर किए हैं।

- साझेदारी का उद्देश्य एमएसएमई को ओएनडीसी नेटवर्क में लाकर और ई-कॉमर्स में उनकी भागीदारी में तेजी लाकर उनके परिदृश्य को बदलना है।
- समझौता ज्ञापन पर सिडबी के अध्यक्ष और एमडी शिवसुब्रमण्यम रमन और ओएनडीसी के एमडी और सीईओ टी कोशी ने हस्ताक्षर किए।

अतः विकल्प (D) सही है।

26. भारत ने अपने मुख्य बजट के लिए संयुक्त राष्ट्र महिला, लैंगिक समानता और महिला सशक्तिकरण के लिए संयुक्त राष्ट्र एजेंसी के लिए 500,000 अमरीकी डालर का योगदान दिया है।

संयुक्त राष्ट्र में भारत के स्थायी प्रतिनिधि टी.एस.तिरुमूर्ति ने घोषणा की कि भारत ने महिलाओं के नेतृत्व वाले विकास और लैंगिक समानता की अपनी साझेदारी की पुष्टि की है। संयुक्त राष्ट्र महिला कार्यकारी निदेशक, सीमा बहौस ने भारत को इसके योगदान के लिए धन्यवाद दिया।

अतः विकल्प (D) सही है।

27. भारत के सबसे लंबे रेल सह सड़क पुल का नाम बोगीबील है।

- बोगीबील ब्रिज पूर्वोत्तर भारतीय राज्य असम के डिब्रूगढ़ जिले में एक संयुक्त सड़क और रेल पुल है।
- इसके पूरा होने पर यह भारत में अपनी तरह का सबसे लंबा और ब्रह्मपुत्र नदी का सबसे लंबा पुल बन जाएगा।
- यह एशिया का दूसरा सबसे लंबा रेल-सह-सड़क पुल है और इसका उद्घाटन 25 दिसंबर 2018 को प्रधानमंत्री नरेंद्र मोदी ने किया था।
- पुल द्वारा यह दूरी 100 किमी तक कम हो जाएगी।
- 22 जनवरी, 1997 को तत्कालीन प्रधान मंत्री एच. डी. देवेगौड़ा द्वारा इस परियोजना की आधारशिला रखी गई थी और फिर काम ठप हो गया था। 21 अप्रैल, 2002 को अटल बिहारी वाजपेयी द्वारा यह काम फिर से शुरू किया गया।

अत: विकल्प (C) सही है।

28. भारतीय क्षेत्र में दो ज्वालामुखी द्वीप नारकोंडम और बैरेन हैं।

- नारकोंडम: यह अंडमान सागर में स्थित एक छोटा सा ज्वालामुखी द्वीप है। इस द्वीप का शिखर समुद्र तल से 710 मीटर ऊपर है, और यह ऐंडेसाइट से बना है।
- बैरेन द्वीप: यह अंडमान सागर में स्थित एक द्वीप है, जो दक्षिण एशिया में एकमात्र पुष्टिकृत सक्रिय ज्वालामुखी, और सुमात्रा से म्यांमार तक ज्वालामुखियों की श्रृंखला के साथ सक्रिय ज्वालामुखी बैरेन ज्वालामुखी के वर्चस्व में है।

अतः विकल्प (D) सही है।

29. ऑस्ट्रेलियाई टेनिस खिलाड़ी एशले बार्टी ने अमेरिकी डेनियल कोलिन्स को हराकर 29 जनवरी 2022 को ऑस्ट्रेलियन ओपन महिला खिताब जीता। बार्टी 1978 के बाद से ऑस्ट्रेलियन ओपन एकल चैंपियनशिप जीतने वाली पहली ऑस्ट्रेलियाई खिलाड़ी हैं। उसने 2019 में फ्रेंच ओपन और 2021 में विंबलडन जीता और वह 100 हफ्तों से दुनिया में नंबर 1 रैंक वाली महिला खिलाड़ी रही है।

अत: विकल्प (A) सही है।

30. नंद वंश को उखाड़ फेंकने के बाद चंद्रगुप्त मौर्य ने 322 ईसा पूर्व में मौर्य वंश की स्थापना की थी।

- उन्होंने आगे अपनी शक्तियों को भारत के मध्य और पश्चिमी हिस्सों में भी विस्तारित किया
- मौर्य साम्राज्य को भारतीय इतिहास में सबसे बड़े साम्राज्यों में से एक माना जाता है।

अतः विकल्प (C) सही है।

31. हरिषेण गुप्त सम्राट समुद्रगुप्त के दरबारी कवि थे।

- समुद्रगुप्त कई कवियों और विद्वानों का संरक्षक था, जिनमें से एक हरिषेण था। समुद्रगुप्त चंद्रगुप्त प्रथम का पुत्र और उत्तराधिकारी था और गुप्त वंश का सबसे बड़ा शासक था। उन्हें वीए स्मिथ द्वारा भारत का नेपोलियन करार दिया गया था।
- इलाहाबाद स्तंभ शिलालेख को प्रयाग प्रशस्ति के नाम से भी जाना जाता है, जिसमें हरिषेना द्वारा रचित 33 पंक्तियाँ हैं।

अत: विकल्प (B) सही है।

32. मैंगलोर की संधि द्वितीय आंग्ल मैसूर युद्ध में समाप्त हुई।

11 मार्च 1784 को टीपू सुल्तान और ब्रिटिश ईस्ट इंडिया कंपनी के बीच मैंगलोर की संधि पर हस्ताक्षर किए गए थे। इस पर मैंगलोर में हस्ताक्षर किए गए थे।

अत: विकल्प (B) सही है।

33. कांगसुंग की ओर से माउंट एवरेस्ट पर सफलतापूर्वक चढ़ाई करने वाली विश्व की पहली महिला संतोष यादव है।

संतोष यादव:

- संतोष यादव भारत की एक महिला पर्वतारोही हैं।
- उनका जन्म 1967 में हरियाणा के रेवाड़ी जिले में हुआ था।
- वह दो बार माउंट एवरेस्ट पर चढ़ने वाली दुनिया की पहली महिला हैं। उन्हें पद्म श्री से सम्मानित किया गया है। कांगसुंग की ओर से माउंट एवरेस्ट पर चढ़ने वाली पहली महिला (माउंट एवरेस्ट का पूर्वी फ़ेसिंग पक्ष)।
- वह दो बार एवरेस्ट पर चढ़ने वाली पहली भारतीय महिला थीं।
- वह मई 1992 में पहले चोटी पर चढ़ गई और फिर मई 1993 में फिर से एक इंडो-नेपाली समूह के साथ चोटी पर चढ़ गई।
- उन्हें 1994 में तेनजिंग नोर्गे राष्ट्रीय साहसिक पुरस्कार से भी सम्मानित किया गया।

अतः विकल्प (B) सही है।

34. सही उत्तर यहूदी धर्म है।

यहूदी धर्म

- यहूदी धर्म एक इब्राहीम, एकेश्वरवादी और जातीय धर्म है जिसमें सामूहिक धार्मिक, सांस्कृतिक और कानूनी परंपरा और यहूदी लोगों की सभ्यता शामिल है, जिसे कभी-कभी इज़राइली भी कहा जाता है।
- यहूदी धर्म को धार्मिक यहूदियों द्वारा उस वाचा की अभिव्यक्ति के रूप में माना जाता है जो ईश्वर इज़राइल के बच्चों के साथ अभिव्यक्ति करता है।
- इसमें ग्रंथों, प्रथाओं, धार्मिक पदों और संगठन के रूपों का एक विस्तृत निकाय शामिल है।
- यहूदी धर्म दुनिया का दसवां सबसे बड़ा धर्म है।

अतः विकल्प (C) सही है।

35. सर थॉमस क्लिफोर्ड ऑलबट एक ब्रिटिश चिकित्सक थे और उन्होंने 1867 में चिकित्सा थर्मामीटर का आविष्कार किया था।

मानव या पशु शरीर के तापमान को मापने के लिए एक चिकित्सा थर्मामीटर का उपयोग किया जाता है।

थर्मामीटर का उपयोग तापमान उतार-चढ़ाव को मापने के लिए किया जाता है। केल्विन, फ़ारेनहाइट और सेल्सियस तापमान के लिए सामान्य इकाइयाँ हैं। पहले थर्मामीटर के आविष्कार का श्रेय गैलीलियो गैलीली को दिया गया था।

अतः विकल्प (A) सही है।

36. राजकोषीय नीति से तात्पर्य सरकार की राजस्व और व्यय नीति है।

- राजकोषीय नीति वह साधन है जिसके द्वारा सरकार देश की अर्थव्यवस्था की निगरानी और उसे प्रभावित करने के लिए अपने खर्च के स्तर और कर की दरों को समायोजित करती है। यह मौद्रिक नीति के लिए वहन की रणनीति है जिसके माध्यम से एक केंद्रीय बैंक देश की मुद्रा आपूर्ति को प्रभावित करता है।

- राजकोषीय नीति सरकार के कराधान और व्यय निर्णयों से संबंधित है। राजकोषीय नीति के कुछ प्रमुख साधन इस प्रकार हैं: बजट, कराधान, सार्वजनिक व्यय, सार्वजनिक राजस्व, सार्वजनिक ऋण, और अर्थव्यवस्था में राजकोषीय घाटा।

अतः विकल्प (D) सही है।

37. क्वांटम म्यूचुअल फंड (एमएफ) ने जुलाई 2022 में क्वांटम निफ्टी 50 ईटीएफ फंड ऑफ फंड लॉन्च किया है।

यह क्वांटम निफ्टी 50 ईटीएफ की इकाइयों में निवेश करने वाली फंड स्कीम का एक ओपन-एंडेड फंड है। यह भारत का अपनी तरह का पहला निफ्टी 50 ईटीएफ फंड ऑफ फंड (एफओएफ) है। न्यू फंड ऑफर (एनएफओ) जुलाई 18, 2022 को खुलेगा और अगस्त 1, 2022 को बंद होगा।

अतः विकल्प (C) सही है।

38. एडवर्ड जेनर ने चेचक के टीके का आविष्कार किया था।

1796 में एडवर्ड जेनर द्वारा पेश किया गया चेचक का टीका विकसित होने वाला पहला सफल टीका था। उन्होंने देखा कि जिन दूधियों को पहले चेचक हुआ था, उन्हें चेचक नहीं हुआ और उन्होंने दिखाया कि टीका लगाया हुआ वैक्सीनिया इनोक्युलेटेड वेरियोला वायरस से सुरक्षित है।

अतः विकल्प (B) सही है।

39. 74वां संविधान संशोधन अधिनियम, 1992 में "शहरी स्थानीय शासन" से संबंधित संवैधानिक प्रावधान किए गए थे।

शहरी स्थानीय स्वशासन के प्रावधान के लिए दिया गया 74वां संविधान संशोधन अधिनियम, 1992 दिया गया है। नगर निगम दस लाख से अधिक आबादी वाले क्षेत्र का प्रशासन करता है। व्यक्तियों को सीधे वार्डों से चुना जाता है जिन्हें पार्षद कहा जाता है और मुखिया को मेयर कहा जाता है।

अतः विकल्प (A) सही है।

40. राजमार्ग और सड़क परिवहन मंत्री नितिन गडकरी ने 18 अगस्त 2022 को मुंबई में भारत की पहली इलेक्ट्रिक डबल डेकर बस का अनावरण किया।

अशोक लेलैंड की सहायक कंपनी स्विच मोबिलिटी लिमिटेड ने 'स्विच ईआईवी 22' नामक इस अनूठी इलेक्ट्रिक डबल डेकर बस का निर्माण किया है।

स्विच इलेक्ट्रिक डबल-डेकर सिंगल-डेकर, बस की तुलना में लगभग दोगुने यात्रियों को ले जा सकती है।

अतः विकल्प (C) सही है।

41. दिया गया है:

$$3 \div 18 \text{ का } 3 \times 6 + 21 \times 6 \div 18 - 3 \div 2 + 3 - 3 \div 9 \text{ का } 3 \times 9$$

BODMAS नियम का प्रयोग करने पर, हम प्राप्त करते हैं,

$$= 3 \div 54 \times 6 + 21 \times 6 \div 18 - 3 \div 2 + 3 - 3 \div 27 \times 9$$

$$= \frac{3}{54} \times 6 + 21 \times \frac{1}{3} - \frac{3}{2} + 3 - \frac{3}{27} \times 9$$

$$= \frac{1}{18} \times 6 + 21 \times \frac{1}{3} - \frac{3}{2} + 3 - \frac{1}{9} \times 9$$

$$= \frac{1}{3} + 7 - \frac{3}{2} + 3 - 1$$

$$= \left(\frac{1}{3} - \frac{3}{2}\right) + 9$$

$$= \frac{(54 + 2 - 9)}{6}$$

$$= \frac{47}{6}$$

अतः विकल्प (C) सही है।

42. दिया गया है:

$$240 \div 6 + \sqrt{529} \times 17 = ? + 80 \text{ का } 150\%$$

$$\Rightarrow 40 + 23 \times 17 = ? + 120$$

$$\Rightarrow 40 + 391 = ? + 120$$

$$\Rightarrow 431 - 120 = ?$$

$$\Rightarrow ? = 311$$

∴ ? का मान 311 है।

अतः विकल्प (A) सही है।

43. दिया गया है:

अज्ञात अंक वाली एक संख्या जो 88 से विभाज्य है।

11 का विभाज्यता नियम: यदि किसी संख्या के विषम स्थानों पर अंकों के योग और सम स्थानों पर अंकों के योग का अंतर 0 या 11 है, तो वह संख्या 11 से विभाज्य होगी।

8 का विभाज्यता नियम: यदि किसी संख्या के अंतिम तीन अंक 8 से विभाज्य हैं, तो संख्या 8 से विभाज्य होगी।

दी गई संख्या 4A3164B को ध्यान में रखते हुए,

विभाज्यता के नियम के अनुसार B का मान = 0 और 8,

अधिकतम मान 8 है

648, 8 का गुणज है।

अब संख्या होगी 4A31648

इस प्रकार, (4 + 3 + 6 + 8) − (A + 1 + 4) = 11

$$\Rightarrow 21 - 5 - A = 11$$

$$\Rightarrow A = 5$$

संख्या होगी 4531648

इसलिए, A = 5, B = 8

2A × B का मान = 2 × 5 × 8 = 80

∴ अभीष्ट उत्तर 80 है।

अतः विकल्प (D) सही है।

44. माना संख्या x है।

$\Rightarrow X - \dfrac{2X}{7} = 100$

$\Rightarrow \dfrac{7X - 2X}{7} = 100$

$\Rightarrow X = 140$

अतः विकल्प (B) सही है।

45. दिए गए अंशों के लिए विकल्प (B) सही आरोही क्रम है।

सिद्धांत:

अंश को हर से विभाजित करने पर

$\dfrac{11}{19} = 0.57$

$\dfrac{2}{3} = 0.66$

$\dfrac{13}{17} = 0.76$

$\dfrac{22}{7} = 3.14$

$\Rightarrow 0.57 < 0.66 < 0.76 < 3.14$

$\therefore \dfrac{11}{19} < \dfrac{2}{3} < \dfrac{13}{17} < \dfrac{22}{7}$

अत: विकल्प (B) सही है।

46. दिया गया है,

एक कस्बे की कुल जनसंख्या $= 2800$

पुरुषों की संख्या $= 720 +$ महिलाओं की संख्या

माना महिलाओं और पुरुषों की संख्या क्रमशः x और $(x + 720)$ है।

प्रश्न के अनुसार,

$x + x + 720 = 2800$

$\Rightarrow 2x + 720 = 2800$

$\Rightarrow 2x = 2080$

$\Rightarrow x = 1040$

पुरुषों की संख्या $= (1040 + 720) = 1760$

अब, 40% की कमी के बाद पुरुषों की नई संख्या $= 1760 \times 60\%$
$= 1056$

20% वृद्धि के बाद महिलाओं की नई संख्या $= 1040 \times 120\%$
$= 1248$

शहर की नई जनसंख्या $= (1056 + 1248) = 2304$

$\therefore$ शहर की नई जनसंख्या 2304 है।

अत: विकल्प (C) सही है।

47. दिया गया है:

कार्बन और ऑक्सीजन का अनुपात $= 1:4$

जैसा कि हम जानते हैं,

कार्बन का प्रतिशत $=$ (कार्बन का मान / अनुपात का योग) $\times 100$

अनुपात का योग $= 1 + 4 = 5$

कार्बन का प्रतिशत $= \left(\dfrac{1}{5}\right) \times 100$

$= 20\%$

कार्बन का प्रतिशत 20% है।

अत: विकल्प (A) सही है।

48. यदि x, 12.8 और 64.8 का मध्यानुपातिक है, तो

$12.8 : x :: x : 64.8$

$\Rightarrow \dfrac{12.8}{x} = \dfrac{x}{64.8}$

$\Rightarrow x^2 = 12.8 \times 64.8$

$\Rightarrow x = \sqrt{[16 \times 0.8 \times 0.8 \times 81]}$

$\Rightarrow x = 4 \times 0.8 \times 9$

यदि y, 38.4 और 57.6 का तीसरा आनुपातिक है, तो

$38.4 : 57.6 :: 57.6 : y$

$\Rightarrow \dfrac{38.4}{57.6} = \dfrac{57.6}{y}$

$\Rightarrow y = \dfrac{(57.6 \times 57.6)}{38.4}$

$\Rightarrow y = 86.4$

अब,

$2x : y = 2 \times 4 \times 0.8 \times 9 : 86.4 = 2 : 3$

अत: विकल्प (C) सही है।

49. माना संख्याएँ x, $x + 2$, $x + 4$, $x + 6$ और $x + 8$ हैं।

प्रश्न के अनुसार,

$\dfrac{[x + (x+2) + (x+4) + (x+6) + (x+8)]}{5} = 51$

$\Rightarrow 5x + 20 = 255$

$\Rightarrow x = 47$

इसलिए, आवश्यक अंतर $= (47 + 8) - 47 = 8$

अत: विकल्प (C) सही है।

50. दिया गया है,

मूलधन, P $= 7790$ रुपये

दर, R $= 10\%$

समय, T $= 2$ साल

चक्रवृद्धि ब्याज $= P\left[\left(1 + \dfrac{R}{100}\right)^T - 1\right]$

$$= 7790\left[\left(1 + \frac{10}{100}\right)^2 - 1\right]$$

$$= 7790\left(\frac{121}{100} - 1\right)$$

$$= \frac{7790 \times 21}{100}$$

$$= 1635.9 \text{ रुपये}$$

अत: विकल्प (D) सही है।

51. दिया गया है,

मूलधन $= 48000$ रुपये

मिश्रधन $= 55560$ रुपये

समय $= 2$ वर्ष और 3 माह

जैसा कि हम जानते है,

$$S.I = A - P$$

$$S.I = \frac{(P \times R \times T)}{100}$$

$$S.I = 55560 - 48000 \Rightarrow 7560$$

$$समय = 2\frac{1}{4} = \frac{9}{4} \text{ वर्ष}$$

$$S.I = \frac{\left(48000 \times R \times \frac{9}{4}\right)}{100}$$

$$\Rightarrow 7560 = \frac{\left(48000 \times R \times \frac{9}{4}\right)}{100}$$

$$\Rightarrow 756000 = 108000 \times R$$

$$\Rightarrow R = \frac{756}{108} = 7\%$$

$\therefore$ वार्षिक ब्याज दर 7% है।

अत: विकल्प (A) सही है।

52. माना कि कुर्सी का मूल्य x है।

$$SP = x - 25\% \text{ का } x$$

$$\Rightarrow 720 = 0.75x$$

$$\Rightarrow x = 960$$

$$CP = 960 \text{ रु}$$

इसलिए, 25% लाभ प्राप्त करने के लिए, SP होगा:

$$= 960 + 960 \text{ का } 25\% = 1200 \text{ रु}$$

अतः विकल्प (A) सही है।

53. दिया गया है:

छूट $= 10\%$

लाभ $= 8\%$

वस्तु का अंकित मूल्य $= 480$ रु.

वस्तु का विक्रय मूल्य $=$ वस्तु का अंकित मूल्य $\times$ [[अंकित मूल्य - छूट] / 100]

वस्तु का विक्रय मूल्य $= 480 \times \frac{90}{100}$

$$= 432 \text{ रु.}$$

वस्तु का क्रय मूल्य $=$ वस्तु का विक्रय मूल्य $\times$ [100 / { $100 \pm$ लाभ/हानि}]

वस्तु का क्रय मूल्य $= 432 \times \frac{100}{108}$

$$= 400 \text{ रु.}$$

अतः विकल्प (B) सही है।

54. प्रभावी छूट प्रतिशत $= x + y - \frac{(xy)}{100}$

जहां, x और y क्रमिक छूट की दर हैं

इसलिए,

15% और 20% पर प्रभावी छूट $= 15 + 20 - \frac{(15 \times 20)}{100} = 32\%$

अब इसे 25% और 32% पर लागू करने पर

25% और 32% पर प्रभावी छूट $= 25 + 32 - \frac{(25 \times 32)}{100} = 49\%$

अतः विकल्प (C) सही है।

55. दिया है:

घनाभ की भुजाएँ $= 14$ सेमी, 12 सेमी और 8 सेमी।

घन की भुजा $= 2$ सेमी

जैसा कि हम जानते हैं,

पिघलाने और पुनर्निर्माण के बाद आयतन समान रहेगा।

घनाभ का आयतन $= l \times b \times h$

घन का आयतन $=$ भुजा^{3}

प्रश्नानुसार,

घनाभ का आयतन $= 14 \times 12 \times 8$

घन का आयतन $= 2 \times 2 \times 2$

घनों की संख्या $= \frac{(14 \times 12 \times 8)}{(2 \times 2 \times 2)}$

$$= 7 \times 6 \times 4$$

$$= 168$$

अत: विकल्प (A) सही है।

56. एक त्रिभुज के लिए किसी भी दो भुजाओं का योग तीसरी भुजा से अधिक होना चाहिए।

यह नियम प्रयुक्त करने पर,

(1) 4.5

⇒ यदि तीसरी भुजा 4.5 सेमी है, तो 6.5 + 4.5 > 10 सही। लेकिन क्या 4.5 सबसे छोटा संभव मान है।

अधिक जांच करते हैं।

(2) 2.8

⇒ 2.8 + 6.5 = 9.3 < 10. एक त्रिभुज नहीं

(3) 3.5

⇒ 6.5 + 3.5 = 10 = 10. एक त्रिभुज नहीं

(4) 4

⇒ 4 + 6.5 = 10.5 >10. सही और चूंकि 4 < 4.5 यह विकल्पों में से सबसे छोटी संख्या है और इसलिए यह सही उत्तर है।

अत: विकल्प (D) सही है।

57. चूँकि संख्याएँ एक अनुपात के रूप में दी गई हैं, जिसका अर्थ है कि उनके उभय गुणनखंड हटा दिए गए हैं।

प्रत्येक का उभयनिष्ठ गुणनखंड म.स.प. है।

और यहां म.स.प. = 12

इसलिए, संख्याएँ 12, 24 और 36 हैं।

अतः विकल्प (A) सही है।

58. मान लीजिए C = x

फिर, B = x + 5000 और A = x + 5000 + 4000 = x + 9000

इसलिए, x + x + 5000 + x + 9000 = 50000

⇒ 3x = 36000

⇒ x = 12000

A : B : C = 21000 : 17000 : 12000 = 21 : 17 : 12

इसलिए, A का शेयर

$$= रु. \ 35000 \times \frac{21}{50}$$

$$= रु. \ 14700$$

अतः विकल्प (D) सही है।

59. दिया गया है:

P से Q तक ट्रेन की गति $= 70$ किमी/घंटा Q से P तक ट्रेन की गति $= 30$ किमी/घंटा जंहा,

S औसत $=$ ट्रेन औसत गति

$S_1 = P$ से Q तक ट्रेन की गति

$S_2 = Q$ से P तक ट्रेन की गति

(S) औसत $= \dfrac{(2S_1 S_2)}{(S_1 + S_2)}$

$\Rightarrow (S)$ औसत $= \dfrac{(2 \times 70 \times 30)}{(70 + 30)}$

$\Rightarrow (S)$ औसत $= \dfrac{4200}{100}$

$\Rightarrow (S)$ औसत $= 42$ किमी/घंटा

∴ ट्रेन की औसत गति 42 किमी/घंटा है।

अतः विकल्प (B) सही है।

60. जैसा कि हम जानते हैं,

यदि कोई व्यक्ति 'n' दिनों में काम पूरा करता है, तो एक दिन का काम, काम का $\dfrac{1}{n}$ हिस्सा होगा।

गणेश और भीम द्वारा एक काम को पूरा करने में लिया गया समय $= 6$ दिन

काम का वह भाग जो गणेश और भीम द्वारा 1 दिन में पूरा किया जाता हैं $= \dfrac{1}{6}$

गणेश द्वारा किसी काम को पूरा करने में लगने वाला समय $= 10$ दिन

गणेश द्वारा 1 दिन में पूरा किया जाने वाला काम $= \dfrac{1}{10}$

अब, हम 1 दिन में भीम द्वारा पूरा किए गए काम का हिस्सा निकालेंगे $=$

$\dfrac{1}{6} - \dfrac{1}{10}$

$= \dfrac{(10-6)}{60}$

$= \dfrac{4}{60}$

$= \dfrac{1}{15}$

∴ भीम पूरे काम को 15 दिनों में पूरा करता है।

अत: विकल्प (D) सही है।

61. दृष्टि का अर्थ होता है नजर, जो इस वाक्य को सही अर्थ प्रदान करता है। इसलिए, वाक्य होगा-

इस ग्रंथ को इतिहास की दृष्टि से भी एक महत्वपूर्ण रचना माना गया है।

अन्य विकल्प दिए गए वाक्य को पूर्ण अर्थ प्रदान नहीं करते।

अत: विकल्प (A) सही है।

62. मैं केवल इतना चाहता हूँ - शुद्ध वाक्य है क्योंकि इसमें कोई त्रुटि नहीं है।

अन्य विकल्प:

अशुद्ध वाक्य	शुद्ध वाक्य
हाथी चलती है।	हाथी चलता है।
मेरी घड़ी में चार बजा है।	मेरी घड़ी में चार बजे हैं।
मैं तेरे से बात नहीं करूँगा।	मैं तुझसे बात नहीं करूँगा।

अत: विकल्प (A) सही है।

63. 'लुब्ध' शब्द के लिए वाक्यांश 'लोभी स्वभाव वाला' है। अन्य विकल्प अनुपयुक्त हैं।

लकड़हारा - जो लकड़ी काटकर जीवन बिताता हो

लुप्तवंश - जिसका वंश लुप्त हो गया हो

लोमहर्ष - जिसे देखकर रोंगटे खड़े हों जाएं

अत: विकल्प (C) सही है।

64. यहाँ दिए गये विकल्पों में 'अपरिणीत' उपयुक्त शब्द है। अन्य विकल्प उपयुक्त नहीं हैं।

'अपरिणीत' अर्थत 'जो परिणय सूत्र में न बँधा हो।

अतः विकल्प (D) सही है।

65. उपरोक्त विकल्पों में 'आशीर्वाद' शब्द वर्तनीगत शुद्ध है। **'आशीर्वाद'** शब्द का अर्थ है आशीष ; बड़ों का छोटों के लिए शुभ उद्गार ; कल्याण एवं मंगलकामना ; दुआ।

अन्य विकल्प:

अशुद्ध शब्द	शुद्ध शब्द	अर्थ
ओघोगिक	औघोगिक	वस्तुएँ तैयार करने के काम से संबंध रखनेवाला।
आधीन	अधीन	जो किसी के अधिकार शासन या वश में हो।
अनाधिकार	अनधिकार	अधिकार या योग्यता एवं पात्रता का अभाव।

अतः विकल्प (A) सही है।

66. उपहार की सार्थकता तब होती है जब उपहार दिल से सही समय पर सही व्यक्ति को दिया जाए।

गद्यांश के अनुसार, किसी भी उपहार की सार्थकता तभी है जब वह हृदय से किसी सही व्यक्ति को सही समय और सही जगह पर दिया जाए उपहार देने वाला व्यक्ति दिल में उस उपहार के बदले कुछ पाने की उम्मीद न रखता हो।

अतः विकल्प (A) सही है।

67. जीवन में कर्म सत्य से प्रेरित होने चाहिए।

गद्यांश के अनुसार, हमें इस जीवन में जो भी करना चाहिए, सत्य से प्रेरित कृत्य के अनुसार करना चाहिए। हमें समय और दूसरे लोगों, दोनों को सम्मान देना चाहिए। इस तरह का कृत्य व्यक्ति के भाग्य को बदल कर रख देता है।

अतः विकल्प (B) सही है।

68. 'समय को सम्मान' देने से तात्पर्य समय का सदुपयोग करने से है।

गद्यांश के अनुसार, हमें समय और दूसरे लोगों, दोनों को सम्मान देना चाहिए। इस तरह का कृत्य व्यक्ति के भाग्य को बदल कर रख देता है।

अतः विकल्प (A) सही है।

69. ऐसा कोई नहीं, जिसने इस संसार में अच्छा किया हो, और उसका अंत बुरा हो' के सन्दर्भ में यह वाक्य सही है:- अच्छे कार्य का फल सदैव अच्छा होता है।

गद्यांश के अनुसार, ऐसा कोई नहीं जिसने इस संसार में अच्छा काम किया हो और उसका अंत बुरा हुआ हो। कहा जाता है कि कर्म ही धर्म है, इसलिए हमें काम करते जाना चाहिए फल अपने आप हमें मिलेगा।

अतः विकल्प (C) सही है।

70. 'दर्प' का पर्यायवाची शब्द 'अहंकार' है।

'दर्प' के पर्यायवाची शब्द- घमंड, अहंकार, अभिमान, गर्व, ताव, इत्यादि है।

अतः विकल्प (C) सही है।

71. 'मृगेन्द्र' का पर्यायवाची शब्द 'शार्दुल' है।

मृगेन्द्र का पर्यायवाची शब्द- शेर-हरि, मृगराज, व्याघ्र, मृगेन्द्र, केहरि, केशरी, वनराज, सिंह, शार्दूल, हरि, मृगराज इत्यादि है।

अतः विकल्प (D) सही है।

72. 'आठ बार नौ त्यौहार'- मुहावरे का सही अर्थ 'मौज-मस्ती का जीवन' होगा।

वाक्य प्रयोग - तीन साल से साझे की सरकार चल रही है लेकिन वर्तमान समय में उनके आपस की बयानबाजी को देख कर तो ऐसा लगता है जैसे अब उनके बीच आठ बार नौ त्यौहार वाली स्थिति हो गई है।

अतः विकल्प (B) सही है।

73. "आँखों का पानी ढल जाना" मुहावरे का अर्थ 'लज्जारहित हो जाना' है।

वाक्य प्रयोग – अब तो वह लड़की किसी की नहीं सुनती लगता है, उसकी आँखों का पानी ढल गया है।

अतः विकल्प (B) सही है।

74. रेखांकित वाक्यांश कोई आकार नहीं के लिए एक शब्द 'निराकार' है।

इस प्रकार वाक्य 'ईश्वर निराकार होता है।' होगा।

अतः विकल्प (C) सही है।

75. रेखांकित वाक्यांश आँखों के सामने के लिए एक शब्द 'प्रत्यक्ष' है।

इस प्रकार वाक्य 'प्रत्यक्ष घटित घटना पर विश्वास तो करना ही पड़ेगा।' होगा।

अतः विकल्प (A) सही है।

76. दिए गये वाक्य में वचन सम्बन्धी त्रुटि है। यहाँ 'खरीदने हैं' लिखा गया है जबकि 'खरीदना है' सही प्रयोग है। इस आधार पर "मुझे कल दो किलो लीची खरीदना है" सही वाक्य है।

इसलिए, 'लीची खरीदने हैं' सही विकल्प है।

अतः विकल्प (C) सही है।

77. दिए गये वाक्य में शब्द सम्बन्धी त्रुटि है। यहाँ 'अपने- अपने किताबें' लिखा गया है जबकि किताबें स्त्रीलिंग शब्द है इसीलिए यहाँ 'अपनी-अपनी' का प्रयोग उचित है। इस आधार पर "अपनी-अपनी किताबें बस्ते में डाल लो" सही वाक्य है।

इसलिए, 'अपने-अपने किताबें' सही विकल्प है।

अतः विकल्प (A) सही है।

78. 'अम्बु' का समानार्थी शब्द 'नीर' है।

'अम्बु' के समानार्थी शब्द - जल, पानी, नीर, क्षीर, सलिल, वारि इत्यादि है।

अतः विकल्प (B) सही है।

79. हिंदी हमारी मातृभाषा है जिस पर हमें **गर्व** है।

- 'गर्व' शब्द का अर्थ: अभिमान
- वाक्य प्रयोग: हमे अपनी सेना पे गर्व है।
- हिन्दी ने हमें विश्व में एक नई पहचान दिलाई है। हिन्दी दिवस भारत में हर वर्ष '14 सितंबर' को मनाया जाता है। हिन्दी विश्व में बोली जाने वाली प्रमुख भाषाओं में से एक है। विश्व की प्राचीन, समृद्ध और सरल भाषा होने के साथ-साथ हिन्दी हमारी 'राष्ट्रभाषा' भी है। वह दुनियाभर में हमें सम्मान भी दिलाती है।
- अन्य विकल्प असंगत है।

अतः विकल्प (C) सही है।

80. पूरा वाक्य - भगत सिंह वीरता की मूर्ति थे, और स्फूर्ति उनके अंग- अंग से झलकती थी।

- रिक्त स्थान को भरने के लिए उपयुक्त शब्द स्फूर्ति है। अन्य विकल्प असंगत है ।
- स्फूर्ति- फुरती ; तेज़ी

अतः विकल्प (A) सही है।

General Intelligence and Reasoning

Q.1 आठ मित्र A, B, C, D, E, F, G और H मध्याह्न भोजन के लिए एक दूसरे के सम्मुख गोलाकार टेबल पर बैठे हैं। A, F के विपरीत है और B के दायीं ओर तीसरे स्थान पर है। G, F और D के मध्य में है। H, D के बायीं ओर है। E, C और A के मध्य में है। C के बायीं ओर दूसरे स्थान पर कौन बैठा है?

A. D   **B.** F   **C.** B   **D.** A

Q.2 निर्देश: निम्नलिखित संख्या श्रृंखला में प्रश्नवाचक चिन्ह के स्थान पर क्या आना चाहिए?

12,15,75,?,738,749

A. 259   **B.** 155   **C.** 90   **D.** 82

Q.3 एक आकृति चुनें जो आकृति (Z) के समान रूप से सबसे निकट से मिलता जुलता हो।

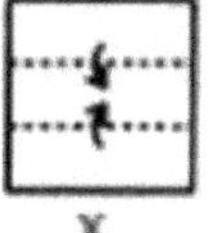 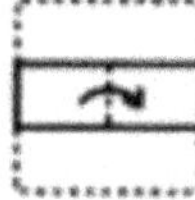 

A. (1)   **B.** (2)   **C.** (3)   **D.** (4)

Q.4 व्यक्तियों के एक समूह में S, T का भाई है, X, S की बहन है, B, H का भाई है और H, T का पुत्र है। B का अंकल कौन है?

[UP Police Sub Inspector, 2017]

A. T   **B.** H   **C.** S   **D.** X

Q.5 निर्देश: उस बिकल्प का चयन करे, जो नीचे दी गई आकृति में अंतर्निहित है ? (घूर्णन (रोटेशन) की अनुमति नहीं है)

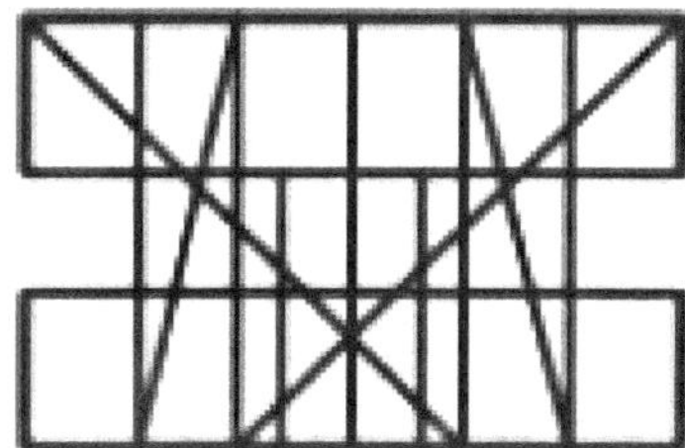

[SSC Sub Inspector (CPO), 2020]

Q.6 निर्देश: उस वेन आरेख को चुनिए जो इन शब्दों को सबसे बेहतर ढंग से दर्शाता है:

भारत, तेलंगाना, हैदराबाद।

[RRB/RRC Group D, 2018]

A. 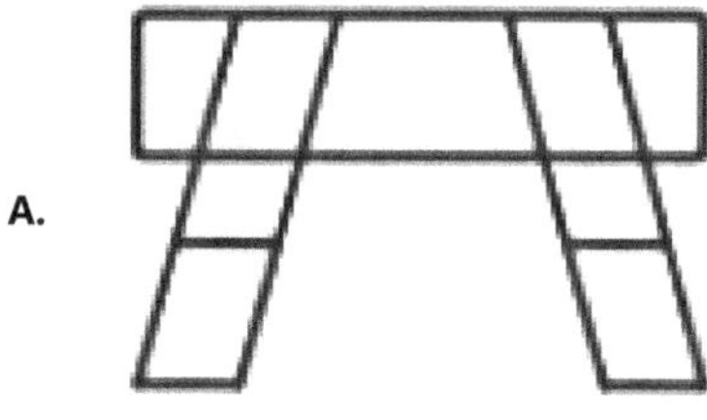

B. 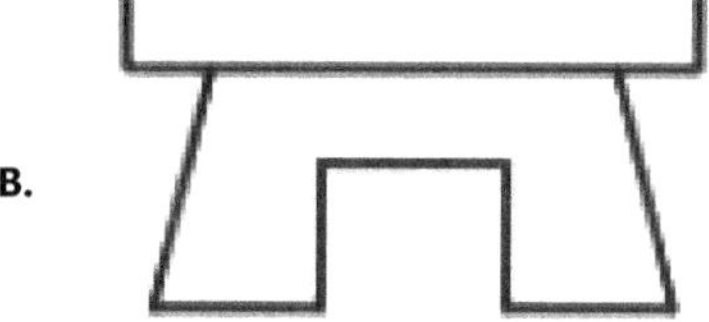

C. 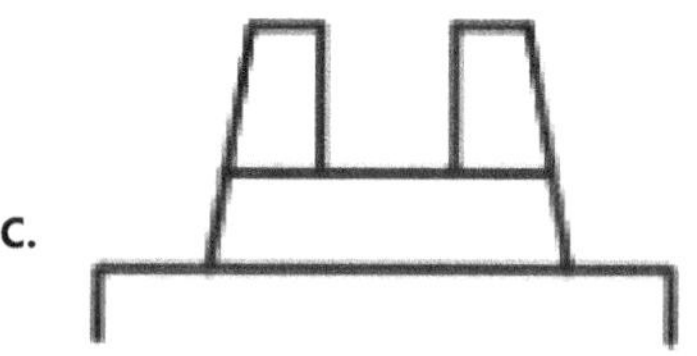

D. 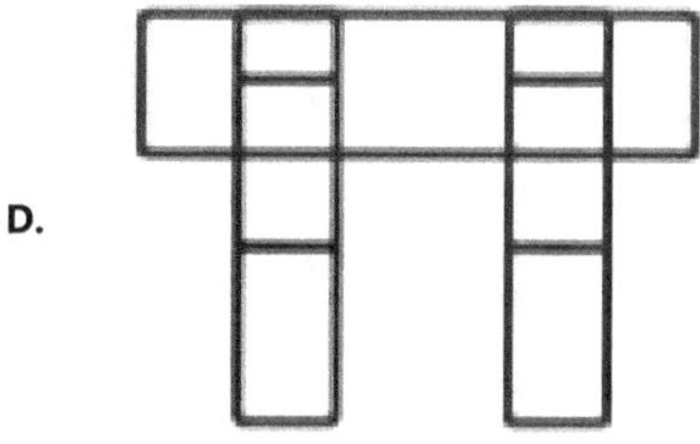

A. 

B. 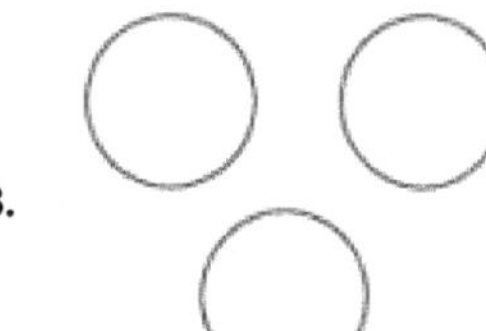

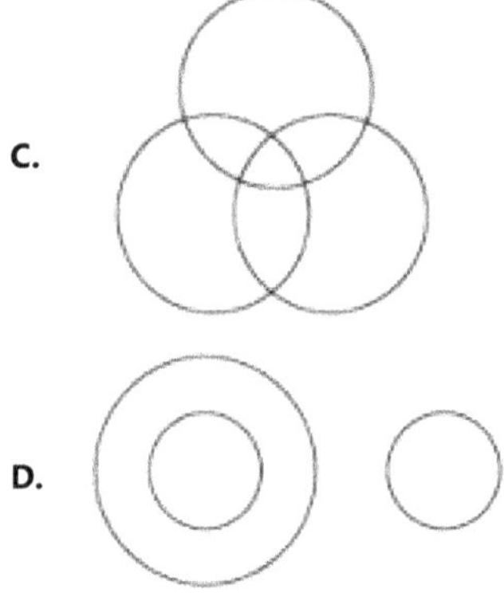

C.

D.

Q.7 यदि, '÷' को 'L', '+' को 'M', '-' को 'N' और '×' को 'P' के रूप में कोडित किया गया है, तो 38 L 2 M 7 P 4 N 22 का मान क्या है?

A. 33   **B.** 25   **C.** 28   **D.** 21

Q.8 निर्देश: आकृति का ध्यानपूर्वक अध्ययन करें और सही दर्पण प्रतिबिम्ब का चयन करें।

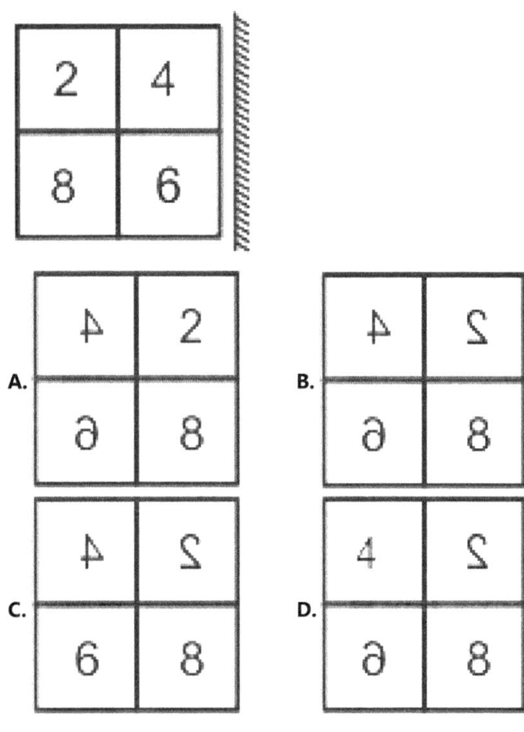

Q.9 निम्नलिखित आकृति श्रृंखला में प्रश्न चिह्न [?] के स्थान पर आने वाली संख्या का चयन कीजिये।

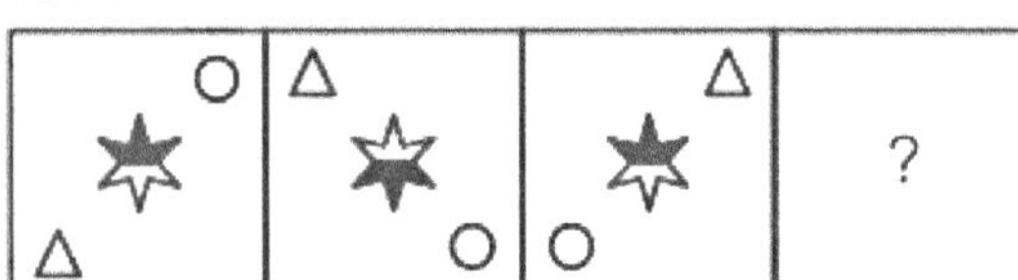

[SSC Selection Post Phase IX, 2020]

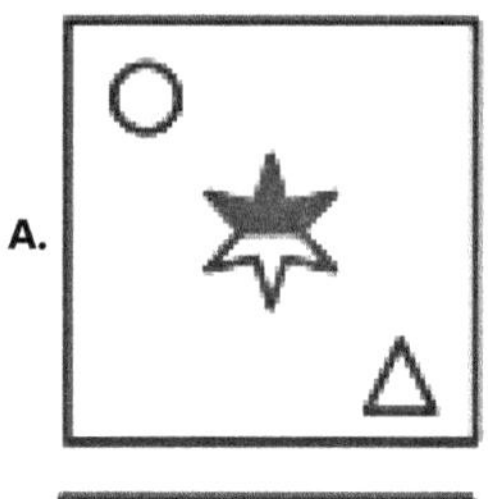

A.

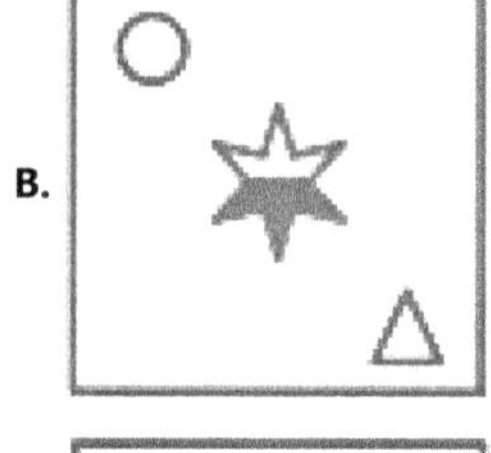

B.

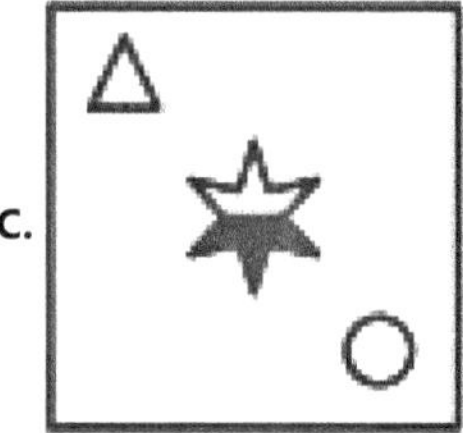

C.

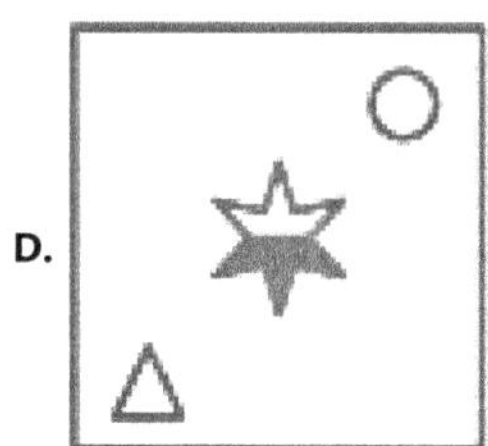

D.

Q.10 निर्देश: निम्नलिखित प्रश्न में, दिए गये विकल्पों में से वह संख्या चुनिए जिसे प्रश्न चिह्न (?) के स्थान पर रखा जा सकता है।

5	6	31
7	7	51
8	6	51
4	4	?

A. 22   **B.** 20   **C.** 27   **D.** 34

Q.11 दिए गए शब्दों को उनके शब्दकोश क्रम के अनुसार व्यवस्थित कीजिये।

1. Decisive
2. Dethrone
3. Decision
4. Demand
5. Dearth

A. 5 1 4 3 2   **B.** 1 5 4 2 3   **C.** 5 3 1 4 2   **D.** 1 5 3 2 4

Q.12 निर्देश: दिए गए कथन (कथनों) और निष्कर्षों को ध्यानपूर्वक पढ़िये और चयन कीजिए कि कौन से निष्कर्ष दिए गये कथनों का तार्किक रूप से अनुसरण करता है।

कथन:

सभी अंधेरा रात हैं।

कुछ अंधेरा काला हैं।

निष्कर्ष:

I. सभी काली रात हैं।

II. कुछ काली रात नहीं हैं।

A. केवल I अनुसरण करता है

B. केवल II अनुसरण करता है

C. या तो I या II अनुसरण करता है

D. न तो I और न ही II अनुसरण करता है

Q.13 यदि TOUR को 1234, CLEAR को 56784 और SPARE को 90847 लिखा जाता है, तो CARE का कूट ज्ञात कीजिए।

[Intelligence Bureau Security Assistant, 2017]

A. 1247   **B.** 4847   **C.** 5247   **D.** 5847

Q.14 उस विकल्प का चयन कीजिए जो तीसरी संख्या से उसी प्रकार संबंधित है जैसे दूसरी संख्या, पहली संख्या से संबंधित है और छठवीं संख्या, पाँचवीं संख्या से संबंधित है।

72 : 108 :: 88 : ? :: 112 : 168

A. 138 **B.** 132 **C.** 142 **D.** 128

Q.15 निम्नलिखित प्रश्न में, दिए गए विकल्पों में से संबंधित अक्षरों को चुनिए।

SLING : GNILS :: HINGE : ? DRINK :: KNIRD

A. NGIHE **B.** INEHG **C.** HGEHI **D.** EGNIH

Q.16 दिए गए विकल्पों में से तीन एक निश्चित प्रकार से समान हैं। यद्यपि, एक विकल्प अन्य तीन के समान नहीं है। उस विकल्प का चयन कीजिये जो शेष से भिन्न है।

A. 225 : 3375
B. 49 : 280
C. 64 : 512
D. 25 : 125

Q.17 दिए गए विकल्पों में से बेजोड़ संख्या ज्ञात कीजिए।

A. 9613 **B.** 3823 **C.** 7855 **D.** 235

Q.18 अक्षरों के उस संयोजन का चयन कीजिए जिसे दी गई श्रृंखला के रिक्त स्थानों में क्रमिक रूप से रखने पर श्रृंखला पूरी हो जाएगी।

d _ m c _ z _ h _ c s _ d _ m _ _ z

A. h s d z c h c s
B. h s d m z h c s
C. h s d m z h d s
D. h d s m z h c s

Q.19 उस आकृति का चयन कीजिए जो घन के खुले जाल को घन बनाने के लिए अंदर की ओर मोड़ने के बाद बनेगी।

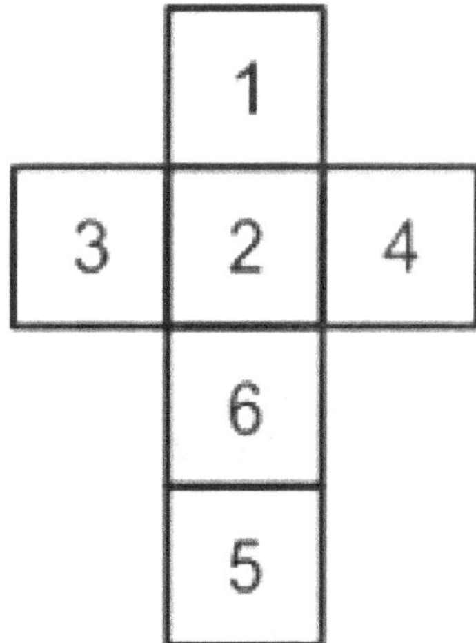

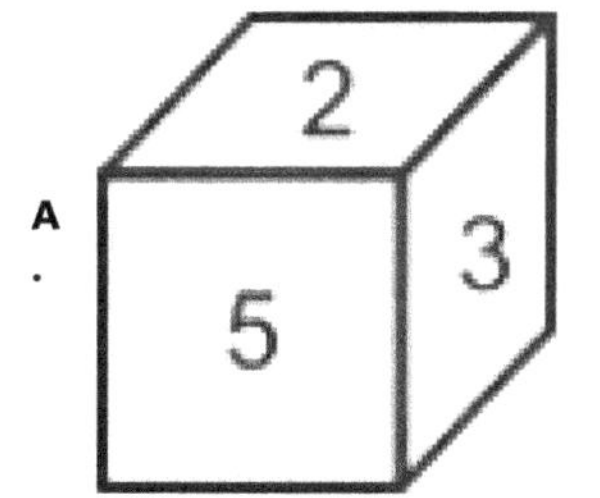

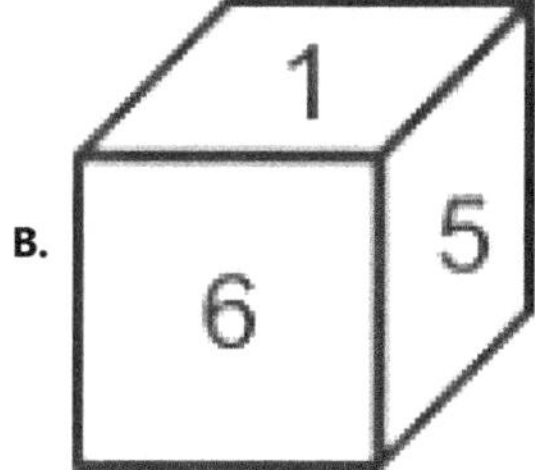

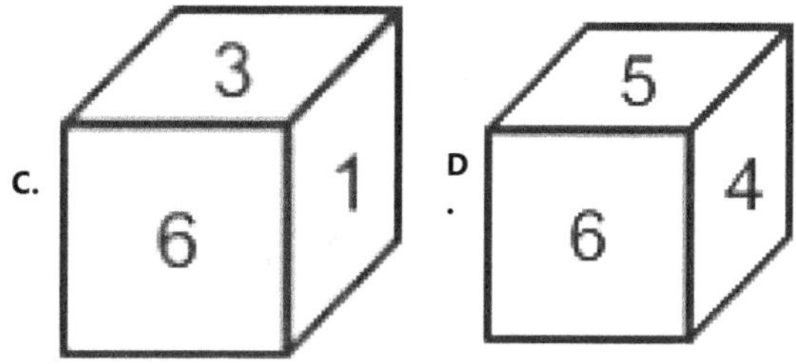

Q.20 2010 में, शालू की उम्र स्तुति की उम्र से छह गुना थी, जबकि 2018 में, शालू की उम्र स्तुति की उम्र से दो गुना थी। शालू का जन्म वर्ष क्या है?

A. 1998 **B.** 2002 **C.** 1996 **D.** 2000

General Knowledge and General Awareness

Q.21 भारत में महिलाओं के लिये आरक्षण की व्यवस्था कहाँ है?

[UPTET Paper - I, 2019]

A. लोक सभा में
B. मंत्रिमंडल में
C. विधान सभा में
D. पंचायती राज संस्थाओं में

Q.22 किसी राज्य के राज्यपाल की नियुक्ति के लिए कम से कम क्या उम्र होनी चाहिए?

[UPTET Paper - I, 2019]

A. 35 वर्ष **B.** 50 वर्ष **C.** 45 वर्ष **D.** 30 वर्ष

Q.23 किस संवैधानिक संशोधन द्वारा शहरी स्थानीय शासन को संवैधानिक दर्जा दिया गया?

[Uttarakhand Public Service Commission (UKPSC), 2014]

A. 72वां **B.** 73वां **C.** 74वां **D.** 71वां

Q.24 5 जून, 2022 को नॉर्वेजियन कैस्पर रूड को हराकर 14वां फ्रेंच ओपन खिताब किसने जीता है?

A. नोवाक जोकोविच **B.** राफेल नडाल
C. माइकल चांग **D.** मैक्स डिकुगिस

Q.25 किस देश ने 44वें FIDE शतरंज ओलंपियाड 2022 की मेजबानी की थी?

A. रूस **B.** फ्रांस **C.** इटली **D.** भारत

Q.26 निम्नलिखित में से किस राज्य ने हाल ही में चिराग योजना शुरू की है?

A. उत्तर प्रदेश **B.** हरियाणा
C. असम **D.** झारखंड

Q.27 होयसलेश्वर मंदिर विश्व विरासत स्थल की संभावित सूची में शामिल है, निम्नलिखित में से किस राज्य में स्थित है?

A. हिमाचल प्रदेश **B.** कर्नाटक
C. उड़ीसा **D.** महाराष्ट्र

Q.28 अगस्त 2022 में रक्षा प्रौद्योगिकी विकसित करने के लिए किस भारतीय प्रौद्योगिकी संस्थान (आईआईटी) ने डीआरडीओ के साथ सहयोग किया?

A. आईआईटी मद्रास **B.** आईआईटी धनबाद
C. आईआईटी रुड़की **D.** आईआईटी मुंबई

Q.29 चारकुला कहाँ का प्रसिद्ध लोक नृत्य है?

A. बुंदेलखंड

B. ब्रजभूमि

C. अवध

D. उपरोक्त में से कोई भी नहीं

Q.30 भारतीय चिकित्सा अनुसंधान परिषद (ICMR) द्वारा विकसित किए जाने वाले संभावित कोविड-19 वैक्सीन का नाम क्या है?

A. कोविडिन   B. कोवैक्सिन   C. कॉमेडिन   D. कोर खोज

Q.31 दक्षिणतम हिमालय को _____ के रूप में जाना जाता है।

A. शिवालिक   B. हिमाद्री   C. हिमाचल   D. गढ़वाल

Q.32 भारत में निम्नलिखित में से कौन-सी खनिज पट्टी लौह अयस्क और कोयले के उत्पादन के लिए प्रसिद्ध है?

A. हिमालय पट्टी   B. छोटानागपुर पट्टी

C. दक्षिणी पट्टी   D. उत्तर-पश्चिमी क्षेत्र

Q.33 पैलियोलिथिक (पुराने पाषाण युग) लोगों का मुख्य व्यवसाय क्या था?

A. शिकार करना   B. कृषि

C. पशुपालन   D. मछली पकड़ना

Q.34 निम्नलिखित में से किसे अकबर ने 'खान-ए-खाना' की उपाधि दी थी?

A. अबुल फजल   B. फैजी

C. तानसेन   D. मिर्जा अब्दुल रहीम खान

Q.35 'पूना पैक्ट' पर हस्ताक्षर कब किए गए?

A. अगस्त, 1932   B. अक्टूबर, 1932

C. सितम्बर, 1932   D. नवंबर, 1932

Q.36 वर्ष _____ में NIP (नई औद्योगिक नीति) में संशोधन के माध्यम से उद्योगों की एक छोटी सूची को छोड़कर सभी परियोजनाओं के लिए औद्योगिक लाइसेंसिंग को समाप्त कर दिया गया था।

A. 1956   B. 1969   C. 1987   D. 1991

Q.37 निम्नलिखित में से कौन सा मापक यंत्र आर्थिक विकास में वृद्धि दर्शाता है?

A. सकल घरेलू उत्पाद में वृद्धि

B. राष्ट्रीय आय में वृद्धि

C. गरीबी में वृद्धि

D. जीवन प्रत्याशा में वृद्धि

Q.38 वनस्पति तेल से वनस्पती घी के निर्माण में प्रयुक्त निम्नलिखित में से कौन सी गैस है?

A. हाइड्रोजन   B. हीलियम

C. ऑक्सीजन   D. नाइट्रोजन

Q.39 मार्च 2022 में, 2021 के लिए BBC इंडियन स्पोर्ट्सवुमन ऑफ द ईयर का पुरस्कार किसने जीता है?

A. लवलीना बोरगोहेन   B. पी.वी. सिंधु

C. मैरी कॉम   D. मीराबाई चानू

Q.40 25 अगस्त 2022 को 31वें व्यास सम्मान से किसे सम्मानित किया गया है?

A. डॉ. असगर वजाहत   B. सुधा मूर्ति

C. देवदत्त पटनायक   D. आर.के. नारायण

Elementary Mathematics

Q.41 $\left[\frac{4}{7} \text{ का } 2\frac{4}{5} \times 1\frac{2}{3} - \left(3\frac{1}{2} - 2\frac{1}{6}\right)\right] \div \left(3\frac{1}{5} \div 4\frac{1}{2} \text{ का } 5\frac{1}{3}\right)$ का मान है:

[SSC CGL, 2020]

A. 10   B. $7\frac{1}{2}$ C. $1\frac{1}{3}$ D. 15

Q.42 निम्नलिखित प्रश्न में, प्रश्न चिन्ह '?' के स्थान पर क्या आएगा?

$$1456 \div 16 \times 14 + 22 = (?)^4$$

A. 6   B. 4   C. 16   D. 36

Q.43 दो अंकों की एक संख्या में, इकाई के स्थान पर अंक दहाई के अंक के दोगुने से 1 कम है। यदि इकाई और दहाई के अंकों को आपस में बदल दिया जाता है, तो नई और मूल संख्या के बीच का अंतर मूल संख्या से 20 कम है। मूल संख्या है:

A. 23   B. 35   C. 47   D. 59

Q.44 एक भिन्न का अंश उसके हर से 4 कम है। यदि अंश 2 से घटाया जाता है और हर 1 से बढ़ाया जाता है, तो हर अंश का आठ गुना हो जाता है। भिन्न ज्ञात कीजिए।

A. $\frac{3}{7}$ B. $\frac{4}{8}$ C. $\frac{2}{7}$ D. $\frac{3}{8}$

Q.45 $\frac{5}{8}$ को दशमलव में बदलिए।

A. 0.58   B. 0.625   C. 0.875   D. 0.058

Q.46 C के अंक A से 25% कम हैं और B के अंक C से 30% अधिक हैं। B के अंक A के अंकों से कितने प्रतिशत कम/अधिक हैं?

A. 2.5%   B. 3.5%   C. 4.5%   D. 5.5%

Q.47 साधारण ब्याज पर निवेश की गई राशि 5% प्रति वर्ष की दर से स्वयं का 6 गुना हो जाती है। समय अवधि ज्ञात कीजिए।

A. 50 वर्ष   B. 100 वर्ष   C. 125 वर्ष   D. 150 वर्ष

Q.48 30000 रुपये पर 7% प्रति वर्ष की दर से एक निश्चित समय अवधि के लिए चक्रवृद्धि ब्याज 4347 रुपये है। निवेश की समय अवधि ज्ञात कीजिए।

A. 2 वर्ष   B. 3 वर्ष   C. 5 वर्ष   D. 7 वर्ष

Q.49 एक विक्रेता 8200 रूपये के अंकित मूल्य वाले मिनी-रेफ्रिजरेटर पर 11% की छूट देता है। यदि वह फिर भी 600 रूपये लाभ अर्जित करता है। तो रेफ्रिजरेटर का क्रय मूल्य क्या है?

A. 6698 रूपये   B. 7600 रूपये

C. 7350 रूपये   D. 4960 रूपये

Q.50 $7.5, 3.2, 11.3, 20.5$ और x का औसत 10 है। x का मान ज्ञात कीजिये।

A. 7.5   B. 4.5   C. 3.5   D. 6.5

Q.51 एक वस्तु की अंकित मूल्य 500 रुपये है और प्रत्येक पर 10% की तीन क्रमिक छूट दी गई है। लागत मूल्य 350 होने पर लाभ/हानि क्या होगी?

A. 14.5 रु   B. 12.5 रु   C. 13.5 रु   D. 11.5 रु

Q.52 तीन लोहे की गेंदों की त्रिज्या का अनुपात 1 : 2 : 3 है, इन्हें पिघलाकर 6 सेमी त्रिज्या वाले एक बड़े लोहे की गेंद में ढाला जाता है। सबसे छोटी गेंद का व्यास क्या है?

A. $\sqrt[3]{6}$ B. $\sqrt[3]{3}$ C. $2\sqrt[3]{6}$ D. $2\sqrt[3]{4}$

Q.53 एक व्यक्ति 1200 मीटर लंबी सड़क को 10 मिनट में पार करता है। व्यक्ति की गति क्या है?

A. 3 किमी/घंटा
B. 5 किमी/घंटा
C. 8.5 किमी/घंटा
D. 7.2 किमी/घंटा

Q.54 A 10 दिनों में एक काम कर सकता है और B इसे 15 दिनों में कर सकता है। यदि वे एक साथ काम करते हैं तो काम पूरा करने के लिए दिनों की संख्या है:

A. 6 दिन
B. 9 दिन
C. 7 दिन
D. 5 दिन

Q.55 3 पुरुष या 5 महिलाएं एक काम को 12 दिनों में पूरा कर सकते हैं तो 3 पुरुष और 7 महिलाएं उसी काम को कितने दिनों में पूरा करेंगे?

A. 5 दिन
B. 8 दिन
C. 10 दिन
D. 15 दिन

Q.56 तीन मित्र A, B और C एक कैफे गए और अंत में 260 रूपये का भुगतान किया। यदि A द्वारा किये गए भूगतान की राशि से B के भुगतान की राशि का अनुपात $1:2$ है और B से C का अनुपात $3:2$ है, तब A द्वारा की गयी भुगतान की राशि कितनी थी? (रूपये में)

A. 60
B. 65
C. 70
D. 75

Q.57 42 संख्याओं का औसत 102 है। गणना में, यदि राहुल ने गलती से 28, 30 और 50 के बजाय 40,86 और 24 जोड़ दिए, तो सही औसत ज्ञात कीजिए।

A. 101
B. 102
C. 103
D. 104

Q.58 यदि दो संख्याओं का गुणनफल 3360 है और उनका ल.स.प. 96 है, तो उनका म.स.प. ज्ञात कीजिए।

[RRB (NTPC), 2017]

A. 35
B. 33
C. 34
D. 29

Q.59 मनीष एक व्यवसाय में 4 महीने के लिए 450 रुपये का निवेश करता है और महावीर 3 महीने के लिए 600 रुपये का निवेश करता है। 400 रुपये के कुल लाभ में महावीर का हिस्सा कितना है?

A. 200
B. 100
C. 300
D. 150

Q.60 एक तीर्थयात्री ने 7.5 घंटे में 50 किमी की दूरी तय की। उसने आंशिक रूप से 4 किमी/घंटा की यात्रा पैदल की और आंशिक रूप से 12 किमी/ घंटा की यात्रा बैलगाड़ी पर की। पैदल यात्रा द्वारा तय दूरी किमी है।

A. 20
B. 30
C. 26
D. 24

Hindi

Q.61 निर्देश: रिक्त स्थान को भरने के लिए उपयुक्त शब्द का चयन करें।
यक्ष देवों की एक________होती है।

A. प्रकार
B. जाति
C. कोटी
D. रूप

Q.62 'जिसके हाथ में चक्र हो' के लिए एक शब्द क्या है?

[Super TET Paper - I, 2018]

A. वीणापाणि
B. वज्रपाणि
C. चक्रपाणि
D. पारदर्शक

Q.63 'जिसके पास तुरंत सोचने की शक्ति हो' - के लिए सही एक शब्द क्या होगा।

[Super TET Paper - I, 2018]

A. प्रत्युत्पन्नमति
B. अगणनीय
C. हाजिर जवाब
D. दुष्कर

Q.64 दिए गए विकल्पों में से 'उग्र' शब्द का विलोम क्या होगा?

A. उदात्त
B. अनुपमा
C. सौम्य
D. विरत

Q.65 निर्देश: निम्नलिखित मुहावरे का अर्थ बताइये।

आँख का काजल चुराना

A. सफाई के साथ चोरी करना
B. अत्यधिक प्रशंसा करना
C. अत्यधिक क्रोधित होना
D. इनमें से कोई नहीं

Ques (66-67):निर्देश: निम्नलिखित प्रश्न में चार विकल्पों में से उस विकल्प को चुनिए जिसे दिए गए शब्द/वाक्य के स्थान पर प्रतिस्थापित किया जा सके।

Q.66 भारतीयों की <u>बुरी दशा</u> देखकर गांधीजी का मन द्रवित हो गया।

A. दुर्व्यवहार
B. दीनता
C. दुर्दशा
D. दुर्दिन

Q.67 <u>दोपहर के समय</u> में शालू आराम कर रही थी।

A. पूर्वाह्न
B. मध्याह्न
C. कालिग्रह
D. अपराह्न

Q.68 'बादल' का समानार्थी शब्द नही है:

A. जलद
B. नीरद
C. वारिधि
D. मेघ

Q.69 'त्रिपथगा' शब्द किसका पर्यायवाची है?

A. भागीरथी
B. कुंभी
C. कल्याणी
D. स्थलकमल

Q.70 'तू डाल-डाल मैं पात-पात' लोकोक्ति का सही अर्थ है:

A. डाल के पत्ते तोड़ना
B. एक से बढ़कर दूसरा चालाक (दूसरा पहले से ज्यादा चालाक)
C. ऊंची कल्पना करना
D. जमीन पर न रहना

Ques (71-74):निर्देश : नीचे दिए गद्यांश को पढ़कर पूछे गए प्रश्नों के सबसे उचित उत्तर वाले विकल्प चुनिए ।

क्यों ? एक ऐसा सवाल है, जिसका जवाब देने का प्रयास हम माता-पिता हमेशा से करते आए हैं। यह अच्छी बात है कि बच्चे सवाल पूछते हैं। सीखने का इससे बढ़िया कोई और तरीका नहीं हो सकता । सभी बच्चों के पास सीखने के दो स्रोत होते हैं - कल्पनाशीलता और उत्सुकता। माता-पिता के रूप में आप अपने बच्चे की कल्पनाशीलता व उत्सुकता को बढ़ावा देकर उसे सीखने के आनंद से सराबोर कर सकते हैं। शिक्षण और सीखना महज स्कूल की चारदीवारी के भीतर संपन्न होने वाली रहस्यमय गतिविधियाँ नहीं हैं। वे तब भी होती हैं, जब माता-पिता और बच्चे बेहद आसान चीजों को साथ-साथ करते हैं। उदाहरण के लिए, धुलने वाले कपड़ों के ढेर से मोजों को उनके जोड़ों के हिसाब से छांटकर गणित और विज्ञान की गुत्थियाँ सुलझा सकते हैं । साथ मिलकर खाना बना सकते हैं, क्योंकि खाना बनाने से गणित और विज्ञान के अलावा अच्छी सेहत की भी सीख मिलती है। एक-दूसरे को कहानियाँ सुना सकते हैं। कहानी सुनाना पढ़ने और लिखने का आधार है। उछल-कूद वाले खेलों से बच्चे गिनती सीखते हैं और जीवन-पर्यंत अच्छी सेहत का पाठ भी पढ़ते हैं। बच्चों के साथ मिलकर कुछ करने से आप समझ जाएँगे कि सीखना मनोरंजक और बेहद महत्त्वपूर्ण क्रियाकलाप है।

Q.71 सीखना तब भी होता है, जब माता-पिता और बच्चे:

A. साथ मिलकर काम करे
B. गृहकार्य मिलकर करें
C. मिलकर खाना बनाना सीखें
D. केवल छोटे और आसान काम करें

Q.72 गद्यांश के आधार पर कहा जा सकता है कि:

[CTET Paper - I, 2015]

A. सीखना स्कूल के भीतर ही संभव है।
B. माता-पिता को बच्चों के सवालों के जवाब नहीं देने चाहिए।
C. बच्चे रोजमर्रा के कार्यों से भी बहुत कुछ सीख सकते हैं।

D. कहानी सुनाना ही सीखने का एकमात्र आधार है।

Q.73 कल्पनाशीलता और उत्सुकता को बढ़ावा देने से बच्चा:
A. स्वयं कहानियाँ बनाकर सुनाता है।
B. सीखने के आनंद में डूब जाता है।
C. अच्छी बहस कर सकता है।
D. अच्छा नागरिक बन सकता है।

Q.74 'मनोरंजक' शब्द है:

[CTET Paper - I, 2015]

A. क्रिया   **B.** विशेषण   **C.** सर्वनाम   **D.** संज्ञा

Q.75 दिए गए वाक्य का वह भाग ज्ञात करें जिसमें कोई त्रुटि है। यदि कोई त्रुटि नहीं है, तो 'कोई त्रुटि नहीं है' चुनें।
आज यह बहस होने लगी कि सोनालिका और मोनाली में सब से सुन्दर कौन है।
A. में सब से सुन्दर कौन है
B. कोई त्रुटि नहीं है
C. आज यह बहस होने लगी
D. कि सोनालिका और मोनाली

Q.76 दिए गए वाक्य का वह भाग ज्ञात करें जिसमें कोई त्रुटि है। यदि कोई त्रुटि नहीं है, तो 'कोई त्रुटि नहीं है' चुनें।
तुम अपने घर वापिस चले जाओ।
A. तुम अपने   **B.** घर वापिस
C. चले जाओ   **D.** कोई त्रुटि नहीं

Q.77 निर्देश: रिक्त स्थान को भरने के लिए उपयुक्त शब्द का चयन करें।

रूस में एक बार ______ हुई।
A. कांति   **B.** क्लांति   **C.** क्रांति   **D.** कृन्ति

Q.78 वाक्य में इंगित अशुद्धि का शुद्ध रूप होगा:
आपकी बातों का कोई अर्थ नहीं है।
A. कोई   **B.** सबका
C. कुछ भी   **D.** इनमें से कोई नही

Q.79 शुद्ध वर्तनी का चयन कीजिए।

[UPSSSC Preliminary Eligibility Test, 2021]

A. बहीष्कार   **B.** बाहिष्कार   **C.** बहिष्कार   **D.** बइष्कार

Q.80 निर्देश: रिक्त स्थान को भरने के लिए उपयुक्त शब्द का चयन करें।
मनुष्य को चाहिए कि वह ______ व्यवहार से किसी को अपमानित न करें।
A. निज   **B.** किसी   **C.** अपने   **D.** स्वयं

// स्मार्ट उत्तर पुस्तिका //

सही उत्तर — उन छात्रों का प्रतिशत जिन्होंने प्रश्नों का सही उत्तर दिया था। **छोड़ दिया** — उन छात्रों का प्रतिशत जिन्होंने प्रश्नों को छोड़ दिया था।

प्रश्न संख्या	उत्तर	सही उत्तर / छोड़ दिया
1	B	85.32 % / 14.14 %
2	D	76.6 % / 14.56 %
3	B	57.63 % / 37.64 %
4	C	87.56 % / 12.01 %
5	B	85.39 % / 12.21 %
6	A	80.27 % / 17.33 %
7	B	77.21 % / 19.48 %
8	B	89.61 % / 10.17 %
9	B	65.35 % / 34.34 %
10	B	78.95 % / 20.2 %
11	C	28.82 % / 67.31 %
12	C	83.5 % / 15.81 %
13	D	76.34 % / 16.04 %
14	B	58.72 % / 32.9 %
15	C	49.03 % / 41.4 %
16	B	56.98 % / 39.2 %

प्रश्न संख्या	उत्तर	सही उत्तर / छोड़ दिया
17	A	54.45 % / 31.3 %
18	B	47.03 % / 39.87 %
19	D	66.62 % / 30.03 %
20	A	54.89 % / 43.4 %
21	D	84.45 % / 12.24 %
22	A	54.12 % / 45.2 %
23	C	57.53 % / 40.68 %
24	B	42.7 % / 31.59 %
25	D	41.06 % / 50.9 %
26	B	54.93 % / 34.19 %
27	B	43.43 % / 54.46 %
28	C	60.13 % / 38.69 %
29	B	76.29 % / 13.73 %
30	B	81.33 % / 15.99 %
31	A	60.66 % / 36.74 %
32	B	66.55 % / 31.75 %

प्रश्न संख्या	उत्तर	सही उत्तर / छोड़ दिया
33	A	56.23 % / 42.83 %
34	D	81.24 % / 13.65 %
35	C	58.89 % / 37.94 %
36	D	44.17 % / 43.38 %
37	D	47.28 % / 38.68 %
38	A	86.12 % / 10.27 %
39	D	79.97 % / 13.8 %
40	A	56.59 % / 32.06 %
41	A	80.32 % / 12.85 %
42	A	83.43 % / 12.95 %
43	C	25.5 % / 73.04 %
44	A	58.77 % / 37.88 %
45	B	51.5 % / 45.04 %
46	A	61.43 % / 31.9 %
47	B	43.97 % / 35.84 %
48	A	49.55 % / 46.07 %

प्रश्न संख्या	उत्तर	सही उत्तर / छोड़ दिया
49	A	84.9 % / 11.93 %
50	A	81.89 % / 15.31 %
51	A	81.33 % / 14.6 %
52	C	84.3 % / 12.19 %
53	D	79.72 % / 11.49 %
54	A	87.88 % / 12.0 %
55	A	76.62 % / 16.28 %
56	A	18.04 % / 68.35 %
57	A	69.58 % / 30.41 %
58	A	57.74 % / 38.11 %
59	A	46.26 % / 52.88 %
60	A	60.88 % / 38.41 %
61	B	47.68 % / 38.44 %
62	C	53.12 % / 34.15 %
63	A	51.5 % / 35.78 %
64	C	62.41 % / 37.47 %

प्रश्न संख्या	उत्तर	सही उत्तर / छोड़ दिया
65	A	63.7 % / 36.06 %
66	C	54.41 % / 37.52 %
67	B	44.24 % / 45.64 %
68	C	46.3 % / 42.72 %
69	A	53.29 % / 46.19 %
70	B	50.23 % / 49.59 %
71	A	67.05 % / 31.98 %
72	C	82.14 % / 15.48 %
73	B	56.09 % / 34.5 %
74	B	49.97 % / 49.9 %
75	A	76.62 % / 15.41 %
76	B	87.58 % / 11.62 %
77	C	78.96 % / 11.1 %
78	C	55.0 % / 31.26 %
79	C	65.59 % / 32.92 %
80	C	47.47 % / 47.1 %

//संकेत और समाधान//

1. 1. आठ मित्र A, B, C, D, E, F, G और H मध्याह्न भोजन के लिए एक दूसरे के सम्मुख गोलाकार टेबल पर बैठे हैं।

2. A, F के विपरीत है और B के दायीं ओर तीसरे स्थान पर है।

3. G, F और D के मध्य में है।

4. H, D के बायीं ओर है।

5. E, C और A के मध्य में है।

अंतिम व्यवस्था नीचे दर्शाये अनुसार होगी:

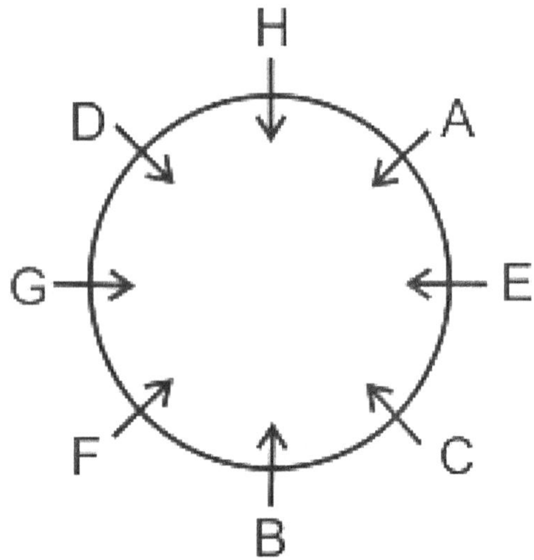

इसलिए, C के बायीं ओर दूसरे स्थान पर 'F' है।

अतः विकल्प (B) सही है।

2. तर्क है:

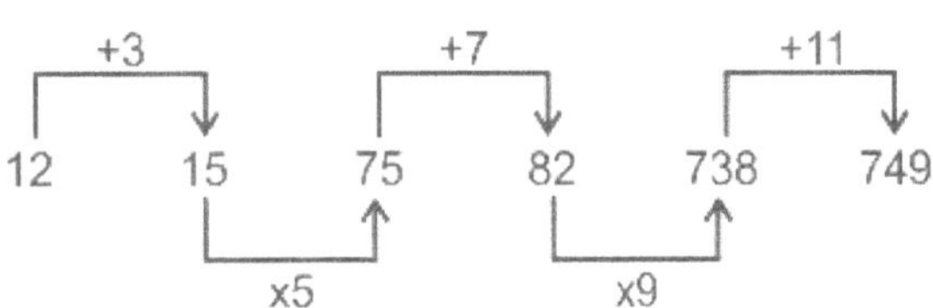

इसलिए, सही उत्तर ' 82' है।

अतः विकल्प (D) सही है।

3.

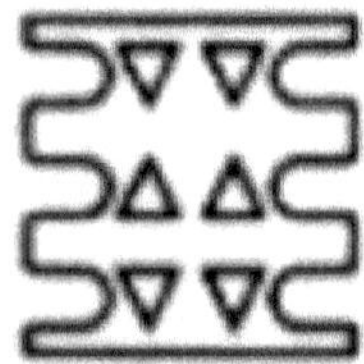

आकृति (2), आकृति (Z) के समान रूप से सबसे निकट से मिलता जुलता है।

अतः विकल्प (B) सही है।

4. S, T का भाई है। इसलिए,

X, S की बहन है। इसलिए,

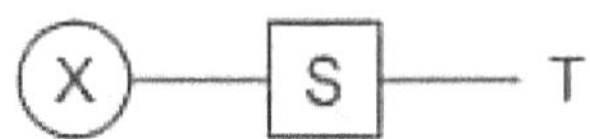

B, H का भाई है और H, T का पुत्र है। इसलिए,

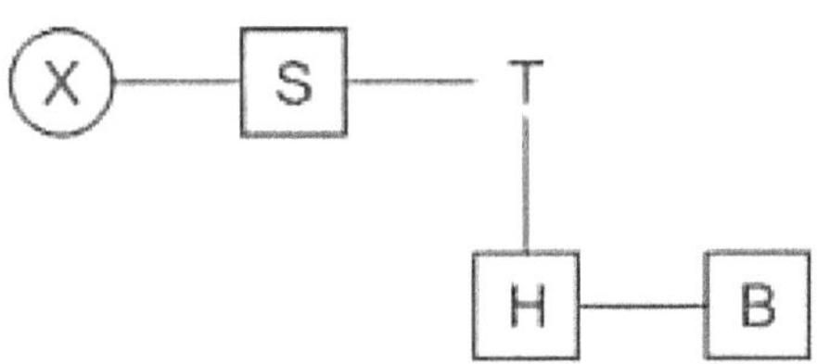

इसलिए, 'S', 'B' का अंकल है।

अतः विकल्प (C) सही है।

5. दी गयी आकृति में अंतर्निहित आकृति नीचे दर्शायी गयी है:

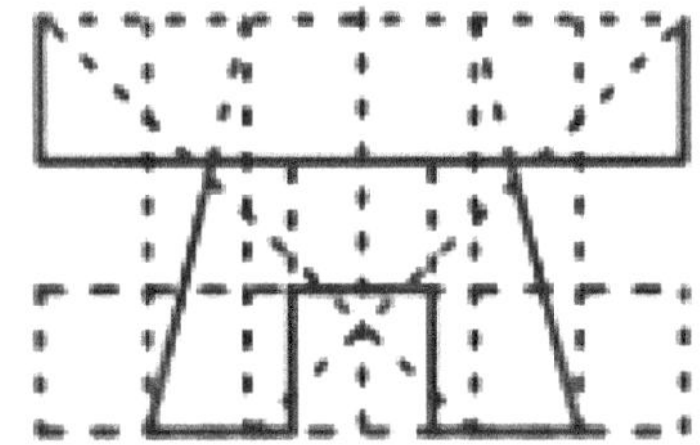

अतः विकल्प (B) सही है।

6. भारत एक देश है।

तेलंगाना भारत का एक राज्य है।

और,

हैदराबाद तेलंगाना की राजधानी है।

सही वेन आरेख निरूपण है,

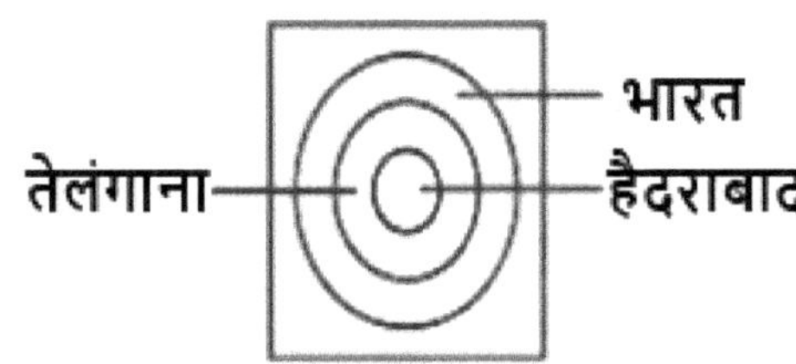

अतः विकल्प (A) सही है।

7. दिया है:

38 L 2 M 7 P 4 N 22

प्रश्नानुसार चिन्हों को बदलने के बाद,

38 ÷ 2 + 7 × 4 - 22

BODMAS का उपयोग करके,

= 19 + 28 - 22

= 25

अतः विकल्प (B) सही है।

8. दर्पण प्रतिबिम्ब होगा:

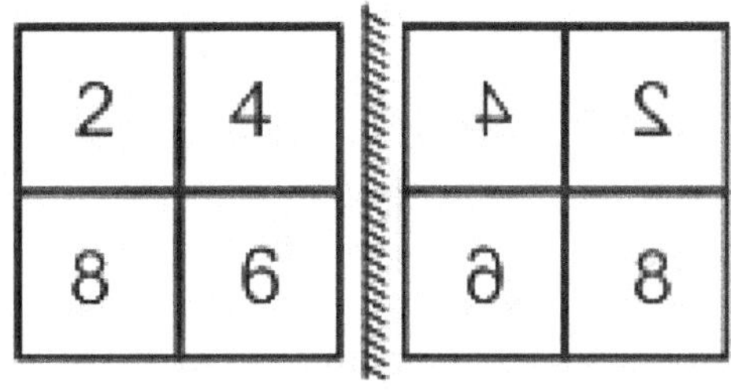

अत: विकल्प (B) सही है।

9. यहाँ, स्वरूप इस प्रकार है:

(1) वृत्त की स्थिति एक कोने से दूसरे तक दक्षिणावर्त बदल रही है। → इसलिए, श्रृंखला के अगले आकृति में वृत्त ऊपरी-बाएँ कोने में होगा।

(2) त्रिकोण की स्थिति एक कोने से दूसरे कोने तक दक्षिणावर्त बदल रही है। → इसलिए, त्रिकोण श्रृंखला के अगले आकृति में निचले-दाएं कोने पर होगा।

(3) दिए गए आकृतियों में केंद्र तारे का छायांकन स्वरूप है- ऊपरी आधा, निचला आधा, ऊपरी आधा। → इसलिए, श्रृंखला के अगले आकृति में, तारे के निचले हिस्से को छायांकित किया जाएगा।

तो, इस स्वरूप के आधार पर यह आकृति जो दी गई श्रृंखला को पूरा कर सकती है-

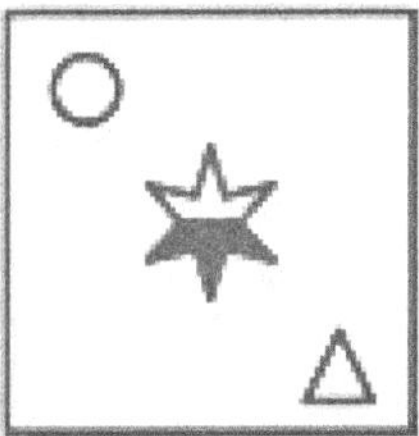

इस प्रकार, दिए गए विकल्पों में से विकल्प आकृति (B) प्रश्न आकृति को पूरा करेगा।

अत: विकल्प (B) सही है।

10. यहाँ दिया गया स्वरूप यह है,

पहला बॉक्स × दूसरा बॉक्स + पंक्ति की संख्या = तीसरा बॉक्स

$5 × 6 + 1 = 31$

$7 × 7 + 2 = 51$

$8 × 6 + 3 = 51$

$4 × 4 + 4 = 20$

अतः विकल्प (B) सही है।

11. शब्दकोश के अनुक्रम के अनुसार:

5. Dearth

3. Decision

1. Decisive

4. Demand

2. Dethrone

इसलिए, "5 3 1 4 2" सही उत्तर है।

अत: विकल्प (C) सही है।

12. दिए गए कथनों के लिए न्यूनतम संभावित वेन आरेख इस प्रकार होगा:

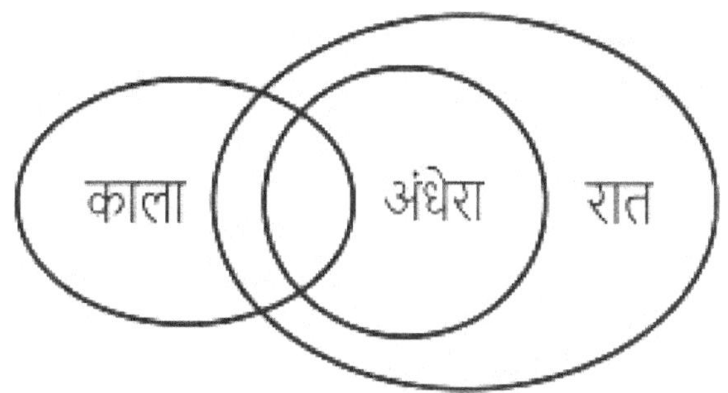

I. सभी काली रात हैं→ असत्य (यह संभव है लेकिन निश्चित नहीं है)

II. कुछ काली रात नहीं हैं→ असत्य (यह संभव है लेकिन निश्चित नहीं है)

इसलिए, या तो I या II अनुसरण करता है।

अत: विकल्प (C) सही है।

13. TOUR के लिए कोड है:

T	O	U	R
1	2	3	4

CLEAR के लिए कोड है:

C	L	E	A	R
5	6	7	8	4

SPARE के लिए कोड है:

S	P	A	R	E
9	0	8	4	7

इसी तरह,

CARE के लिए कोड है:

C	A	R	E
5	8	4	7

इसलिए, '5847' सही उत्तर है।

अत: विकल्प (D) सही हैं।

14. यहाँ अनुसरण किया गया स्वरूप है:

पहली संख्या × 1.5 = दूसरी संख्या

अब चरणों का अनुसरण कीजिए:

72 : 108

$= 72 × 1.5$

$= 108 =$ दूसरी संख्या

और,

112 : 168

$= 112 × 1.5$

$= 168 =$ दूसरी संख्या

इसी प्रकार,

88 : ?

= 88 × 1.5

= 132 = दूसरी संख्या

इसलिए, सही उत्तर "**132**" है।

अतः विकल्प (B) सही है।

15. यहाँ प्रतिरूप इस प्रकार है,

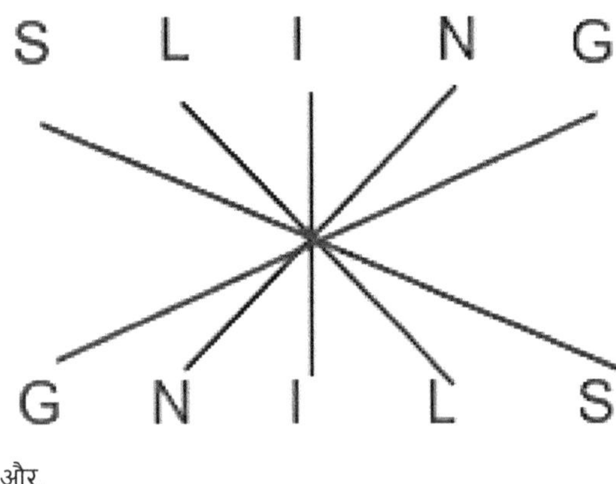

और,

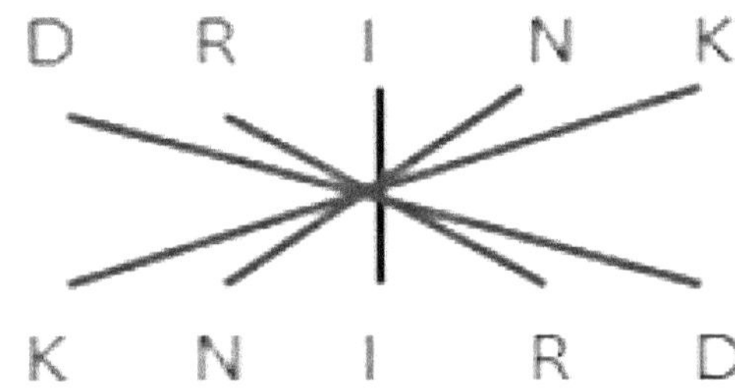

इसी प्रकार,

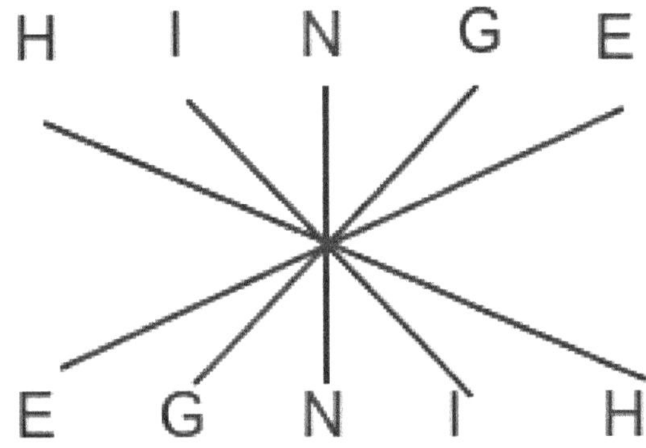

इसलिए, EGNIH, सही उत्तर है।

अतः विकल्प (C) सही है।

16. दिया गया तर्क है:

यहाँ अनुसरण किया गया स्वरूप इस प्रकार है:

(संख्या)^2 : (संख्या)^3

1. $225 : 3375 \rightarrow 15^2 : 15^3$

2. $49 : 280 \rightarrow 7^2 : 7^3 = 343 \neq 280$

3. $64 : 512 \rightarrow 8^2 : 8^3$

4. $25 : 125 \rightarrow 5^2 : 5^3$

इसलिए, ' $49 : 280$ ' बेजोड़ है।

अतः विकल्प (B) सही है।

17. $9613 \Rightarrow (9 \times 6) - 1 \neq 13$

$3823 \Rightarrow (3 \times 8) - 1 = 23$

$7855 \Rightarrow (7 \times 8) - 1 = 55$

$235 \Rightarrow (2 \times 3) - 1 = 5$

इसलिए, दिए गए विकल्पों में से " 9613 " बेजोड़ है।

अतः विकल्प (A) सही है।

18. दिया गया है: d _ m c _ z _ h _ c s _ d _ m _ _ z

1. h s d z c h c s → d h m c s z - d h z c s c - d h m c s z

2. h s d m z h c s → d h m c s z - d h m c s z - d h m c s z

3. h s d m z h d s → d h m c s z - d h m c s z - d h m d s z

4. h d s m z h c s → d h m c d z - s h m c s z - d h m c s z

विकल्प (B) d**h**m**c**s**z**/d**h**m**c**s**z**/d**h**m**c**s**z** के चक्र का अनुसरण करता है।

इसलिए, सही उत्तर "h s d m z h c s" है।

अतः विकल्प (B) सही है।

19. दी गई आकृति में विपरीत फलक हैं:

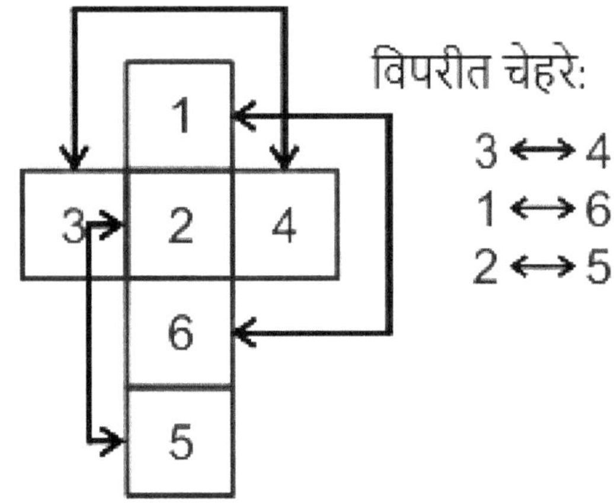

यहाँ, विपरीत फलक हैं 3 ⇔ 4, 1 ⇔ 6, और 2 ⇔ 5;

विपरीत फलक पांसे की आसन्न भुजा पर नहीं हैं।

विपरीत युग्म, विकल्प (A) में 2 ⇔ 5 और विकल्प (B) तथा (C) में 1 ⇔6

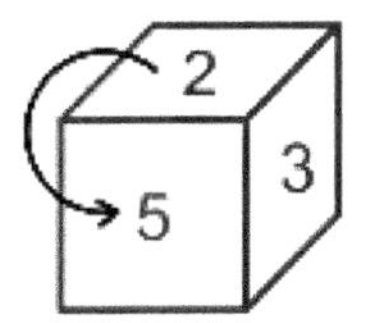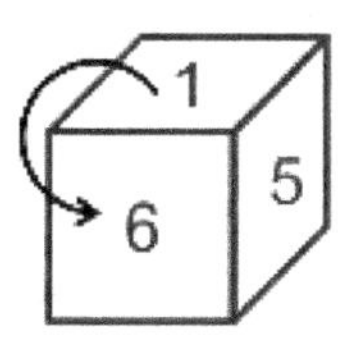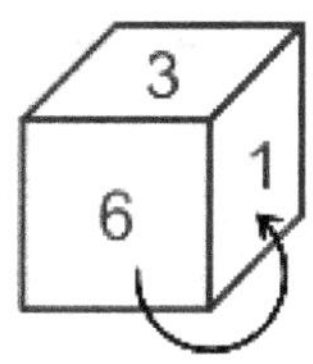

;

अतः विकल्प (D) सही है।

20. दिया गया है,

2010 में, शालू की उम्र स्तुति से छह गुना थी

शालू की उम्र = 6 स्तुति की उम्र

माना शालू = 6x वर्ष

फिर स्तुति = x वर्ष

2018 में

शालू की उम्र = 6x + 8

स्तुति की उम्र = x + 8

दिए गए प्रश्न के अनुसार 2018 में, शालू की उम्र स्तुति की उम्र की दो गुना थी,

शालू की उम्र = 2 स्तुति की उम्र

$6x + 8 = 2 (x + 8)$

$6x + 8 = 2 (x + 8)$

$6x + 8 = 2x + 16$

$6x - 2x = 16 - 8$

$4x = 8$

$x = \dfrac{8}{4}$

$x = 2$

2010 में, शालू की उम्र = $6x = 6 × 2 = 12$ वर्ष

शालू के जन्म का वर्ष = 2010 - 12

शालू के जन्म का वर्ष = 1998

अतः विकल्प (A) सही है।

21. भारत में महिलाओं के लिये आरक्षण की व्यवस्था पंचायती राज संस्थाओं में है।

पंचायती राज ग्रामीण स्थानीय स्वशासन की एक प्रणाली है। 73वें और 74वें संशोधन अधिनियमों ने भारत के संविधान में दो नए भागों को जोड़ा। भाग IX को "द पंचायत" (73वें संशोधन द्वारा जोड़ा गया) शीर्षक दिया गया था और भाग IX-A को "नगरपालिका" (74वें संशोधन द्वारा जोड़ा गया) शीर्षक दिया गया था। अधिनियम में महिलाओं के लिए सीटों की कुल संख्या के एक तिहाई से कम नहीं (एससी और एसटी के लिए आरक्षित सीटों की संख्या सहित) का प्रावधान है।

अतः विकल्प (D) सही है।

22. किसी राज्य के राज्यपाल की नियुक्ति के लिए कम से कम 35 वर्ष उम्र होनी चाहिए।

एक भारतीय राज्य का राज्यपाल आम तौर पर 5 साल की अवधि के लिए पद धारण करता है। राज्य का राज्यपाल संघ के अध्यक्ष के समान (समान नहीं) है। भारत के संविधान के अनुच्छेद 157 और अनुच्छेद 158 में राज्यपाल के पद के लिए पात्रता आवश्यकताओं को निर्दिष्ट किया गया है। एक राज्यपाल को:

- भारत का नागरिक हो।
- कम से कम 35 साल की उम्र हो।
- संसद के किसी भी सदन का सदस्य या राज्य विधायिका का सदन न हो।
- लाभ का कोई कार्यालय नहीं है।

अतः विकल्प (A) सही है।

23. 74वें संविधान संशोधन द्वारा शहरी स्थानीय सरकार को संवैधानिक दर्जा दिया गया।

74वें संविधान संशोधन अधिनियम ने शहरों और कस्बों में शासन की सबसे निचली इकाई के रूप में शहरी स्थानीय निकायों या शहर की सरकारों को शक्तियों की स्थापना और हस्तांतरण को अनिवार्य किया।

नगर पालिकाओं (शहरी स्थानीय सरकार) से संबंधित संविधान 74 वां संशोधन अधिनियम 1992, 1992 में संसद द्वारा पारित किया गया था। इसे 20 अप्रैल 1993 को भारत के राष्ट्रपति की सहमति प्राप्त हुई।

अत: विकल्प (C) सही है।

24. 5 जून, 2022 को राफेल नडाल ने नॉर्वेजियन कैस्पर रूड को हराकर 14 वां फ्रेंच ओपन खिताब जीता है।

स्पेन के राफेल नडाल ने फ्रांस के पेरिस में रोलैंड गैरोस स्टेडियम में फ्रेंच ओपन टेनिस टूर्नामेंट में नॉर्व के कैस्पर रूड के खिलाफ तीन सेट, $6 - 3, 6 - 3, 6 - 0$ में फाइनल मैच जीतने के बाद ट्रॉफी जीती।

अत: विकल्प (B) सही है।

25. भारत देश ने 44वें FIDE शतरंज ओलंपियाड 2022 की मेजबानी की थी। यह मूल रूप से रूस में आयोजित होने वाला था। FIDE ने घोषणा की है कि वह यूक्रेन के आक्रमण के बाद रूस से अलग हो गया है। घोषणा के बाद, तमिलनाडु सरकार और अखिल भारतीय शतरंज महासंघ ने टूर्नामेंट की मेजबानी के लिए एक संयुक्त बोली लगाई। 1927 में अपनी स्थापना के बाद से यह पहली बार है कि भारत FIDE शतरंज ओलंपियाड की मेजबानी मेजबानी कर रहा है।

अत: विकल्प (D) सही है।

26. हरियाणा सरकार ने हाल ही में हरियाणा चिराग योजना शुरू की है। इस योजना के तहत, सरकार निजी स्कूलों में सरकारी स्कूलों के आर्थिक रूप से कमजोर वर्ग (ईडब्ल्यूएस) के छात्रों को मुफ्त शिक्षा प्रदान करेगी। चिराग योजना का अर्थ है, "मुख्यमंत्री समान शिक्षा राहत, सहायता और अनुदान"।

अत: विकल्प (B) सही है।

27. होयसलेश्वर मंदिर विश्व विरासत स्थल की संभावित सूची में शामिल है, कर्नाटक राज्य में स्थित है।

- स्मारकों और स्थलों पर अंतर्राष्ट्रीय आयोग (ICOMOS) के एक विशेषज्ञ टियोंग कियान बूम ने 14 सितंबर, 2022 को कर्नाटक के हैलेबिडु में होयसलेश्वर मंदिर का दौरा किया।
- होयसल संरचना संयुक्त राष्ट्र शैक्षिक, वैज्ञानिक और सांस्कृतिक संगठन (यूनेस्को) की संभावित सूची में शामिल हैं।
- यह भगवान शिव को समर्पित 12वीं शताब्दी का हिंदू मंदिर है।

अत: विकल्प (B) सही है।

28. रक्षा प्रौद्योगिकी विकसित करने और स्वदेशी रक्षा उपकरणों का उत्पादन करने के उद्देश्य से, डीआरडीओ ने अगस्त 2022 में आईआईटी रुड़की के साथ सहयोग किया है।

आईआईटी रुड़की ने डीआरडीओ की डिफेंस इलेक्ट्रॉनिक्स एप्लीकेशन लेबोरेटरी (डीएएल) के सहयोग से प्रोग्राम योग्य रेडियो की भविष्य की आवश्यकताओं को पूरा करने के लिए स्वदेशी रेडियो फ्रीक्वेंसी पावर एम्प्लीफायरों का विकास किया है।

अतः विकल्प (C) सही है।

29. चारकुला, उत्तर प्रदेश के ब्रज क्षेत्र में किया जाने वाला नृत्य है। इस नृत्य में, कृष्ण के गीतों पर नृत्य करती बड़ी-बड़ी बहुस्तरीय वृत्ताकार लकड़ी के पिरामिडों को अपने सिर पर बाँधती महिलाएँ है।

अतः विकल्प (B) सही है।

30. इंडियन काउंसिल ऑफ मेडिकल रिसर्च (ICMR) ने कोवैक्सिन नामक संभावित कोविड -19 वैक्सीन के विकास के लिए भारत बायोटेक के साथ साझेदारी की है।

भारत के औषधि महानियंत्रक ने चरण -1 और 2 मानव नैदानिक परीक्षण करने की अनुमति दी है। ICMR ने घोषणा की है कि वह वैक्सीन विकसित करने के लिए विश्व स्तर पर स्वीकृत मानकों के अनुसार काम कर रहा है।

अत: विकल्प (B) सही है।

31. दक्षिणतम हिमालय को शिवालिक के रूप में जाना जाता है।

शिवालिक:

- बाहरी हिमालय के रूप में भी जाना जाता है, उन्हें अलग-अलग जगहों पर अलग-अलग नामों से जाना जाता है। उदाहरण के लिए, उन्हें जम्मू में जम्मू की पहाड़ियाँ, उत्तराखंड में दुधवा की पहाड़ियाँ, पश्चिम बंगाल में दार्जिलिंग की पहाड़ियाँ आदि कहा जाता है।
- शिवालिक हिमालय की दक्षिणतम श्रेणी है।
- तीस्ता नदी सिक्किम में शिवालिक पर्वतमाला को काटती है।
- सिक्किम से परे, शिवालिक पर्वतमाला कम हिमालय के साथ विलीन हो जाती है, जिसे बाहरी हिमालय भी कहा जाता है।
- शिवालिक श्रेणी महान मैदानों और लघु हिमालय के बीच स्थित है।
- ऊंचाई 600 से 1500 मीटर तक भिन्न होती है।
- पोटवार पठार से ब्रह्मपुत्र घाटी तक 2,400 किमी की दूरी तक चलता है।

अतः विकल्प (A) सही है।

32. भारत में छोटानागपुर बेल्ट लौह अयस्क और कोयले के उत्पादन के लिए प्रसिद्ध है।

छोटानागपुर पट्टी:

- झारखंड, पश्चिम बंगाल और उड़ीसा राज्यों में छोटा नागपुर पठार और उड़ीसा पठार से युक्त यह बेल्ट भारत का सबसे समृद्ध खनिज पेटी है।
- इसमें बड़ी मात्रा में कोयला, लौह अयस्क, मैंगनीज, अभ्रक, बॉक्साइट, तांबा, केनाइट, क्रोमाइट, बेरिल, एपेटाइट और कई अन्य खनिज शामिल हैं।
- वास्तव में, आप भारत के किसी भी प्रमुख खनिज की मांग करते हैं और यह आपको इस पेटी में मिल जाएगा।
- इस प्रकार यह एक उत्कृष्ट खनिज क्षेत्र है।
- छोटा नागपुर का पठार भारत के खनिज गढ़ के रूप में जाना जाता है।
- वाडिया के अनुसार, इस क्षेत्र में भारत का 100 प्रतिशत कानाइट, 93 प्रतिशत लौह अयस्क, 84 प्रतिशत कोयला, 70 प्रतिशत क्रोमाइट, 70 प्रतिशत अभ्रक, 50 प्रतिशत अग्नि मिट्टी, 45 प्रतिशत

अभ्रक, 45 प्रतिशत चीनी मिट्टी है। , 20 प्रतिशत चूना पत्थर और 10 प्रतिशत मैंगनीज।

- हालांकि, हाल के वर्षों में कई बदलाव हुए हैं।

अतः विकल्प (B) सही है।

33. पैलियोलिथिक (पुराने पाषाण युग) लोगों का मुख्य व्यवसाय शिकार करना था।

- पैलियोलिथिक लोगों को शिकार और इकट्ठा करके जीवित रहने वाले छोटे समाजों में बांटा गया था।
- उन्होंने मछली पकड़ने, शिकार करने या जंगली जानवरों के काटने और पौधों से संसाधन जुटाने का अभ्यास किया।
- पैलियोलिथिक युग में लकड़ी या हड्डी के उपकरण के साथ पत्थर के औजारों के उपयोग की विशेषता थी।
- शिकार के दौरान उन्हें काटने और काटने के लिए सरल पत्थर के औजार के रूप में उपयोग किया जाता था।
- उन्हें कृषि के साथ-साथ गृह निर्माण की भी जानकारी नहीं थी।

अतः विकल्प (A) सही है।

34. अकबर ने मिर्जा अब्दुल रहीम खान को 'खान-ए-खाना' की उपाधि दी।

- रहीम का असली नाम खानजादा मिर्जा खान अब्दुल रहीम था।
- वह उसके दरबार के नौ महत्वपूर्ण मंत्रियों में से एक था, जिसे नवरत्नों के नाम से भी जाना जाता है।
- अकबर के नवरत्न इस प्रकार थे: राजा बीरबल, तानसेन, अबुल फजल, फैजी, राजा मान सिंह, राजा टोडरमल, मुल्ला दो प्याजा, फकीर अजियाओ-दीन, अब्दुल रहीम खान-ए-खाना।

अतः विकल्प (D) सही है।

35. पुणे में यरवदा सेंट्रल जेल में, महात्मा गांधी और डॉ. बी. आर. अंबेडकर ने 24 सितंबर, 1932 को पूना पैक्ट पर हस्ताक्षर किए।

- ब्रिटिश सरकार के 4 अगस्त, 1932 के नस्लीय पुरस्कार के जवाब में पूना (अब पुणे, महाराष्ट्र) में समझौता किया गया था, जिसमें प्रस्तावित किया गया था कि सांप्रदायिक तनाव को शांत करने के लिए भारत की कई विधानसभाओं में सीटों को विभिन्न जातियों को आवंटित किया जाएगा।
- इस योजना को दलित नेताओं, विशेष रूप से भीमराव रामजी अम्बेडकर का समर्थन प्राप्त था, जो मानते थे कि यह दलितों को उनके हितों को आगे बढ़ाने के लिए सशक्त करेगा।
- दूसरी ओर, महात्मा गांधी ने हिंदू मतदाताओं से एक अलग दलित मतदाताओं के निर्माण पर आपत्ति जताई, यह मानते हुए कि यह स्वतंत्रता के लिए भारत के अभियान को नुकसान पहुंचाएगा।

अतः विकल्प (C) सही है।

36. 24 जुलाई, 1991 को लोक सभा में उद्योग राज्य मंत्री श्री पी.जे. कुरियन ने औद्योगिक नीति, 1991 की घोषणा की।

- नई नीति में सुधारों और इस प्रकार LPG (उदारीकरण, निजीकरण और वैश्वीकरण) के लिए नीति निर्देश शामिल थे।
- तीन औद्योगिक क्षेत्रों को छोड़कर, इसने निजी क्षेत्र की भागीदारी के दायरे का विस्तार किया।
- रणनीति ने एक साथ विदेशी प्रौद्योगिकी और निवेश का स्वागत किया है।
- इससे देश में लाइसेंस राज या लालफीताशाही का युग समाप्त हो गया है।

अतः विकल्प (D) सही है।

37. जीवन प्रत्याशा में वृद्धि आर्थिक विकास में वृद्धि का संकेत देती है।

- जीवन प्रत्याशा का अर्थ है कि एक व्यक्ति जितने वर्षों तक जीने की उम्मीद कर सकता है।
- भारत में जीवन प्रत्याशा लगभग 70 वर्ष है (2014-18 के आंकड़ों के अनुसार)।

आर्थिक वृद्धि: यह देश में वस्तुओं और सेवाओं के वास्तविक उत्पादन में वृद्धि को दर्शाती है। यह जीडीपी, उपभोग, सरकारी खर्च, निवेश और शुद्ध निर्यात के घटकों में से एक में क्रमिक वृद्धि से संबंधित है।

आर्थिक विकास: इसका तात्पर्य आय, बचत और निवेश के साथ-साथ देश के सामाजिक-आर्थिक ढांचे में प्रगतिशील परिवर्तन (संस्थागत और तकनीकी परिवर्तन) से है। यह मानव पूंजी की वृद्धि, असमानता के आंकड़ों में कमी और संरचनात्मक परिवर्तनों से संबंधित है जो जनसंख्या के जीवन की गुणवत्ता में सुधार करते हैं, जिससे जीवन प्रत्याशा में वृद्धि होती है।

अतः विकल्प (D) सही है।

38. वनस्पति तेल से वनस्पती घी के निर्माण में हाइड्रोजन गैस प्रयुक्त होती है।

- हाइड्रोजनीकरण - हाइड्रोजन के साथ व्यवहार के लिए - आणविक हाइड्रोजन (H2) और एक अन्य यौगिक या तत्व के बीच एक रासायनिक प्रतिक्रिया है, आमतौर पर एक उत्प्रेरक की उपस्थिति में।
- प्रक्रिया आमतौर पर कार्बनिक यौगिकों को कम या संतृप्त करने के लिए नियोजित की जाती है।
- हाइड्रोजनीकरण का सबसे बड़ा अनुप्रयोग वनस्पति तेलों (वसा मार्जरीन और संबंधित प्रसार और छोटा करने के लिए) के प्रसंस्करण के लिए है।
- विशिष्ट वनस्पति तेल बहुअसंतृप्त फैटी एसिड (एक से अधिक कार्बन-कार्बन युग्मित बंधनों युक्त) से प्राप्त होते हैं।
- उनका आंशिक हाइड्रोजनीकरण इन कार्बन-कार्बन युग्मित में से अधिकांश को कम करता है लेकिन सभी को नहीं।
- हाइड्रोजनीकरण तरल वनस्पति तेलों को ठोस या अर्ध-ठोस वसा में परिवर्तित करता है, जैसे कि मार्जरीन में मौजूद।

अतः विकल्प (A) सही है।

39. भारोत्तोलक मीराबाई चानू ने 29 मार्च 2022 को 2021 के लिए BBC इंडियन स्पोर्ट्सवुमेन ऑफ द ईयर का पुरस्कार जीता।

- चानू टोक्यो में 49 किग्रा वर्ग में दूसरे स्थान पर आकर, ओलंपिक खेलों में रजत पदक जीतने वाली पहली भारतीय भारोत्तोलक बनीं।
- चानू ने अनाहेम में 2017 के विश्व चैंपियनशिप में 48 किग्रा वर्ग में स्वर्ण पदक जीता, और फिर 2018 में राष्ट्रमंडल खेलों में स्वर्ण पदक जीता।
- BBC इमर्जिंग प्लेयर का पुरस्कार 18 वर्षीय क्रिकेटर शैफाली वर्मा को प्रदान किया गया, जो हाल ही में न्यूजीलैंड में महिला विश्व कप टूर्नामेंट में हिस्सा लिया।

अतः विकल्प (D) सही है।

40. हिंदी के जाने-माने लेखक डॉ. असगर वजाहत को 25 अगस्त 2022 को 31वें व्यास सम्मान से सम्मानित किया गया।

- उन्हें उनके नाटक 'महाबली', जो मुगल सम्राट अकबर और कवि तुलसीदास पर केंद्रित है, के लिए प्रतिष्ठित पुरस्कार के लिए चुना गया है।
- व्यास सम्मान भारत में एक हिंदी साहित्यिक पुरस्कार है, जिसे पहली बार 1991 में प्रदान किया गया था।
- यह के.के. बिड़ला फाउंडेशन द्वारा प्रतिवर्ष प्रदान किया जाता है और इसमें ₹4 लाख का पुरस्कार होता है।

अतः विकल्प (A) सही है।

41. दिया गया है:

$$\left[\frac{4}{7} \text{ का } 2\frac{4}{5} \times 1\frac{2}{3} - \left(3\frac{1}{2} - 2\frac{1}{6}\right)\right] \div \left(3\frac{1}{5} \div 4\frac{1}{2} \text{ का } 5\frac{1}{3}\right)$$

BODMAS नियम का प्रयोग करने पर, हम प्राप्त करते हैं,

$$= \left[\frac{4}{7} \times \frac{14}{5} \times \frac{5}{3} - \frac{4}{3}\right] \div \left(\frac{16}{5} \div \left(\frac{9}{2} \times \frac{16}{3}\right)\right)$$

$$= \left[\left(\frac{4}{7} \times \frac{14}{5} \times \frac{5}{3}\right) - \frac{4}{3}\right] \div \left(\frac{16}{5} \times \frac{1}{24}\right)$$

$$= \left(\frac{8}{3} - \frac{4}{3}\right) \div \left(\frac{2}{15}\right)$$

$$= \frac{4}{3} \div \frac{2}{15}$$

$$= \frac{4}{3} \times \frac{15}{2}$$

$$= 10$$

अतः विकल्प (A) सही है।

42. हम जानते हैं:

नीचे दी गई सारणी के अनुसार BODMAS नियम का पालन कीजिए:

B	Brackets in order ( ), { }, [ ]	ब्रैकेट ( ), { }, [ ] क्रम में
O	of	का
D	Division (÷)	विभाजन (÷)
M	Multiplication (x)	गुणा (x)
A	Addition (+)	जोड़ (+)
S	Subtraction (-)	घटाव (–)

दिया गया है:

$$1456 \div 16 \times 14 + 22 = (?)^4$$
$$\Rightarrow 91 \times 14 + 22 = (?)^4$$
$$\Rightarrow 1274 + 22 = (?)^4$$
$$\Rightarrow (?)^4 = 1296$$
$$\Rightarrow ? = 6$$

∴ ? का मूल्य 6 है।

अतः विकल्प (A) सही है।

43. मान लीजिए इकाई का अंक x और दहाई का अंक y है

∴ संख्या गठित = 10y + x ...(i)

प्रश्न के अनुसार,

2y – 1 = x ...(ii)

साथ ही, (नई संख्या) – (मूल संख्या)

= मूल संख्या – 20

(10x + y) – (10y + x) = (10y + x) – 20

10x + y – 10y – x = 10y + x – 20

9x – 9y = 10y + x – 20 ...(iii)

समीकरण (i) से x = 2y - 1 का मान रखने पर हमें प्राप्त होता है

9 (2y – 1) – 9y = 10y + 2y – 1 – 20

= 18y – 9 – 9y = 10y + 2y – 1 – 20

= 3y = 12

∴ y = 4

Y का मान समीकरण (ii) में रखने पर हमें प्राप्त होता है

x = 2 × 4 − 1

= 8 − 1 = 7

∴आवश्यक संख्या

= 10y + x

= 10 × 4 + 7

= 47

अत: विकल्प (C) सही है।

44. मान लीजिए भिन्न का हर = x

फिर, अंश= x − 4

∴ भिन्न = $\dfrac{(x-4)}{x}$

अब प्रश्न के अनुसार,

$\dfrac{(x-4)-2}{(x+1)} = \dfrac{1}{8}$

$\Rightarrow x\text{-}6 = \dfrac{(x+1)}{8}$

$\Rightarrow 8x - 48 = x + 1$

$\Rightarrow 8x - x = 48 + 1$

$\Rightarrow 7x = 49$

∴ x = 7

∴ भिन्न= $\dfrac{(7-4)}{7} = \dfrac{3}{7}$

अत: विकल्प (A) सही है।

45. जैसा कि हम जानते हैं,

विभाजित करके, हम वांछित दशमलव प्राप्त कर सकते हैं।

$\dfrac{1}{8}$ = 0.125

$\dfrac{5}{8} = \dfrac{1}{8} × 5 = 0.125 × 5 = 0.625$

अत: विकल्प (B) सही है।

46. दिया है:

C के अंक A से 25% कम है।

और, B के अंक C से 30% अधिक हैं।

माना कि A के अंक 100x हैं।

∴ C के अंक = 100x का 75% = 75x

∴ B के अंक = 75x का 130% = 97.5x

∴ अभीष्ट प्रतिशत = $\dfrac{100-97.5}{100}$ × 100 = 2.5%

तो, B के अंक A के अंकों से 2.5% प्रतिशत कम हैं।

अत: विकल्प (A) सही है।

47. दिया है-

साधारण ब्याज पर निवेश की गई राशि 5% प्रति वर्ष की दर से स्वयं का 6 गुना हो जाती है।

माना कि राशि $P = X$ रुपये है।

मिश्रधन $A = 6X$ रुपये

साधारण ब्याज $SI = A - P$

$\Rightarrow SI = (6X - X)$ रुपये

$\Rightarrow SI = 5X$ रुपये

दर $R = 5\%$ प्रति वर्ष

सूत्र के अनुसार-

$T = \dfrac{100 \times SI}{P \times R}$ [जहां T समय अवधि है]

$\Rightarrow T = \dfrac{100 \times 5X}{X \times 5}$

$\Rightarrow T = 100$ वर्ष

अत: विकल्प (B) सही है।

48. दिया है-

30000 रुपये पर 7% प्रति वर्ष की दर से एक निश्चित समय अवधि के लिए चक्रवृद्धि ब्याज 4347 रुपये है।

मूलधन $P = 30000$ रुपये

दर $R = 7\%$ प्रति वर्ष

चक्रवृद्धि ब्याज $CI = 4347$ रुपये

मिश्रधन $A = P + CI$

$\Rightarrow A = (30000 + 4347)$ रुपये

$\Rightarrow A = 34347$ रुपये

सूत्र के अनुसार-

$A = P\left(1 + \dfrac{R}{100}\right)^T$ [जहां T निवेश की समय अवधि है]

$\Rightarrow 34347 = 30000\left(1 + \dfrac{7}{100}\right)^T$

$\Rightarrow \dfrac{34347}{30000} = \left(1 + \dfrac{7}{100}\right)^T$

$\Rightarrow \dfrac{11449}{10000} = \left(1 + \dfrac{7}{100}\right)^T$

$\Rightarrow \left(\dfrac{107}{100}\right)^2 = \left(\dfrac{107}{100}\right)^T$

घातों को बराबर करने पर,

$\Rightarrow T = 2$ वर्ष

अत: विकल्प (A) सही है।

49. माना मिनी-रेफ्रिजरेटर का क्रय मूल्य = x

⇒ अंकित मूल्य × (100 - छूट%) = विक्रय मूल्य

$$\Rightarrow 8200 \times \left(\frac{100-11}{100}\right) = \text{विक्रय मूल्य}$$

⇒ विक्रय मूल्य = 7298 रूपये

क्रय मूल्य = विक्रय मूल्य - लाभ

⇒ x = 7298 - 600 = 6698 रूपये

अतः विकल्प (A) सही है।

50. दिया गया है,

$7.5, 3.2, 11.3, 20.5$ और x का औसत $= 10$

जैसा कि हम जानते हैं,

n संख्याओं का औसत $=$ सभी संख्याओं का योग $/n$

प्रश्नानुसार,

$$10 = \frac{(7.5+3.2+11.3+20.5+x)}{5}$$

$$\Rightarrow 50 = 42.5 + x$$

$$\therefore x = 7.5$$

अत: विकल्प (A) सही है।

51. दिया है:

अंकित मूल्य (M.P.) $= 500$

10% की तीन क्रमिक छूट दी गयी हैं।

हम जानते हैं,

विक्रय मूल्य $=$ अंकित मूल्य $\times (100 - \text{छूट } \%) /100$

इसलिए, विक्रय मूल्य $= 500 \times \left(\frac{90}{100}\right)\left(\frac{90}{100}\right)\left(\frac{90}{100}\right)$

विक्रय मूल्य $= 364.5$

हम जानते हैं,

लाभ $=$ विक्रय मूल्य $-$ क्रय मूल्य

लाभ $= 364.5 - 350$

$= 14.5$

अत: विकल्प (A) सही है।

52. तीन लोहे की गेंदों की त्रिज्या का अनुपात $= x: 2x: 3x$

हम जानते हैं कि,

गोले का आयतन $= \frac{4}{3} \times \pi r^3$

प्रश्नानुसार,

$$\frac{4}{3} \times \pi \times [x^3 + (2x)^3 + (3x)^3] = \frac{4}{3} \times \pi \times 6^3$$

$$\Rightarrow x^3 + 8x^3 + 27x^3 = 216$$

$$\Rightarrow 36x^3 = 216$$

$$\Rightarrow x^3 = 6$$

$$\Rightarrow x = \sqrt[3]{6}$$

∴ सबसे छोटी गेंद का व्यास $= 2\sqrt[3]{6}$

अतः विकल्प (C) सही है।

53. दिया है:

सड़क की लंबाई = 1200 मीटर

सड़क पार करने में लगने वाला समय = 10 मिनट

प्रयुक्त सूत्र:

गति = दूरी/समय

गति $= \frac{1200 \times 60}{10 \times 1000} = 7.2$ किमी/घंटा

∴ व्यक्ति की गति 7.2 किमी/घंटा है।

अतः विकल्प (D) सही है।

54. दिया हुआ,
A 10 दिनों में काम कर सकता है।
A का 1 दिन का काम $= \frac{1}{10}$
B 15 दिनों में काम कर सकता है।
B का 1 दिन का काम $= \frac{1}{15}$
(A + B) का 1 दिन का काम $= \frac{1}{10} + \frac{1}{15}$
$= \frac{(3+2)}{30}$
$= \frac{1}{6}$
∴ साथ में वे 6 दिनों में काम पूरा कर सकते हैं।
अत: विकल्प (A) सही है।

55. दिया हुआ,

3 पुरुष या 5 महिलाएं एक काम को 12 दिनों में पूरा कर सकते हैं।

3 पुरुषों द्वारा किया गया कार्य = 5 महिलाओं द्वारा किया गया कार्य

1 पुरुष $= \frac{5}{3} \times$ महिला

अब, 3 पुरुष + 7 महिलाएं $= 3 \times \left(\frac{5}{3}\right) + 7$ महिलाएं = 12 महिलाएं

जैसा कि हम जानते हैं,

$$W1 \times D1 = W2 \times D2$$

$$\therefore 5 \times 12 = 12 \times D2$$

$$\Rightarrow D2 = 5 \text{ दिन}$$

अत: विकल्प (A) सही है।

56. दिया गया है कि,

A द्वारा की गई भुगतान की राशि : B द्वारा भुगतान की गई राशि $= 1:2$

B द्वारा भुगतान की गई राशि : C द्वारा भुगतान की गई राशि $= 3:2$

⇒ A, B और C द्वारा किये गए भुगतान की राशि का अनुपात $3:6:4$ है

⇒ A द्वारा भुगतान की गई राशि $= 3k$

⇒ B द्वारा भुगतान की गई राशि $= 6k$

⇒ C द्वारा भुगतान की गई राशि $= 4k$

⇒ $3k + 6k + 4k = 260$

⇒ $13k = 260$

⇒ $k = 20$

∴ A द्वारा भुगतान की गई राशि है $3k = 3(20) =$ Rs. 60

अतः विकल्प (A) सही है।

57. दिया गया है:

42 संख्याओं का औसत = 102

गलती से जोड़ी गई संख्या = 40, 86 और 24

अभीष्ट संख्याएँ = 28, 30 और 50

n संख्याओं का योग = n संख्या का औसत × n

42 संख्याओं का औसत = 102

सभी 42 संख्याओं का योग = 102 × 42 = 4284

अब,

गलती से जोड़ी गई सभी संख्याओं का योग = 40 + 86 + 24 = 150

सभी अभीष्ट संख्याओं का योग = 28 + 30 + 50 = 108

अब,

सभी सही 42 संख्याओं का योग = 4284 - 150 + 108 = 4242

सभी 42 संख्याओं का औसत $= \dfrac{4242}{42} = 101$

इसलिए, अभीष्ट उत्तर '101' है।

अतः विकल्प (A) सही है।

58. दिया गया है:

दो संख्याओं का गुणनफल $= 3360$

ल.स.प. $= 96$

दो संख्याओं का गुणनफल = उन संख्याओं का ल.स.प. × उन संख्याओं का म.स.प.

माना म.स.प. x है।

शर्त के अनुसार-

$3360 = x \times 96$

$\Rightarrow x = \dfrac{3360}{96}$

$\Rightarrow x = 35$

∴ म.स.प. का अभीष्ट मान 35 है।

अतः विकल्प (A) सही है।

59. दिया गया है:

मनीष का निवेश = 450 रुपये

मनीष के निवेश की समयावधि = 4 महीने

महावीर का निवेश = 600 रुपये

महावीर के निवेश की समयावधि = 3 महीने

निवेश अनुपात के माध्यम से हिस्से का वितरण

मनीष और महावीर के निवेश का अनुपात = 450 × 4 : 600 × 3

⇒ 1800 : 1800

⇒ 1 : 1

महावीर का हिस्सा $= 400 \times \dfrac{1}{2}$

⇒ 200 रुपये

∴ महावीर का हिस्सा 200 रुपये है।

अतः विकल्प (A) सही है।

60. दिया गया है,

एक तीर्थयात्री ने 7.5 घंटे में 50 किमी की दूरी तय की।

उसने आंशिक रूप से 4 किमी/घंटा की यात्रा पैदल की और आंशिक रूप से 12 किमी/घंटा की यात्रा बैलगाड़ी पर की।

गति = दूरी/समय

माना कि पैदल दूरी तय करने में लगा समय t घंटे है, तो

⇒ बैलगाड़ी द्वारा दूरी तय करने में लगा समय $t = (7.5 - t)$ घंटे

प्रश्न के अनुसार,

$4t + 12(7.5 - t) = 50$

$\Rightarrow 4t + 90 - 12t = 50$

$\Rightarrow 12t - 4t = 90 - 50$

$\Rightarrow 8t = 40$

$\Rightarrow t = \dfrac{40}{8}$

$\Rightarrow t = 5$ घंटे

∴ 5 घंटे में 4 किमी/घंटा की गति से पैदल तय की गई दूरी $= 4 \times 5 = 20$ किमी

अतः विकल्प (A) सही है।

61. यक्ष देवों की एक जाति होती है। जाति शब्द यहाँ सार्थक और उचित विकल्प होगा। अन्य विकल्प असंगत है।

पूर्ण वाक्य- यक्ष देवों की एक जाति होती है।

अतः विकल्प (B) सही है।

62. जिसके हाथ में चक्र हो के लिए एक शब्द चक्रपाणि है। अन्य विकल्प असंगत हैं।

चक्रपाणि का अर्थ विष्णु से है।

अतः विकल्प (C) सही है।

63. "जिसके पास तुरंत सोचने की शक्ति हो" का एक शब्द प्रत्युत्पन्नमति है।

अन्य विकल्प असंगत है।

अतः विकल्प (A) सही है।

64. दिए गए विकल्पों में से 'उग्र' शब्द का विलोम सौम्य है।

उग्र का अर्थ - भयानक, तीव्र

सौम्य का अर्थ - शीतल, सुंदर

अतः विकल्प (C) सही है।

65. मुहावरा: आँख का काजल चुराना

अर्थ: सफाई के साथ चोरी करना

वाक्य प्रयोग: इतने लोगों के बीच से घड़ी गायब ! चोर ने तो जैसे आँखों का काजल ही चुरा लिया है।

अत: विकल्प (A) सही है।

66. रेखांकित वाक्यांश <u>बुरी दशा</u> के लिए एक शब्द 'दुर्दशा' है।

इस प्रकार वाक्य 'भारतीयों की दुर्दशा देखकर गांधीजी का मन द्रवित हो गया।' होगा।

अतः विकल्प (C) सही है।

67. रेखांकित वाक्यांश <u>दोपहर के समय</u> के लिए एक शब्द 'मध्याह्न' है।

इस प्रकार वाक्य 'मध्याह्न में शालू आराम कर रही थी' होगा।

अतः विकल्प (B) सही है।

68. 'बादल' का समानार्थी वारिधि नही है।

'बादल' के समानार्थी शब्द - जलद, नीरद, मेघ, घन, जलधर, वारिद, सारंग, पयोद, पयोधर इत्यादि है।

अतः विकल्प (C) सही है।

69. उपर्युक्त विकल्पों में से **'भागीरथी'** शब्द 'त्रिपथगा' का पर्यायवाची है।

इसके अन्य पर्यायवाची शब्द हैं- गंगा, देवसरिता, देवनदी, सुरसरि आदि।

शब्द	पर्यायवाची
कुंभी	कुंजर, करी, हस्ती
कल्याणी	धेनु, सुरभि, गौ
स्थलकमल	गुलाब, पाटल, शतपत्र

अतः विकल्प (A) सही है।

70. लोकोक्ति- तू डाल-डाल मैं पात-पात, **अर्थ**- एक से बढ़कर दूसरा चालाक

वाक्य- दौड़ की प्रतियोगिता तुम भले ही अव्वल आओ परंतु कहानी लेखन प्रतियोगिता में तो मैं तुम्हें पीछे धकेल के ही रहूंगा तुम डाल – डाल तो मैं पात पात।

लोकोक्ति परिभाषा	उदाहरण
किसी विशेष स्थान पर प्रसिद्ध हो जाने वाले कथन को 'लोकोक्ति' कहते हैं। जब कोई पूरा कथन किसी प्रसंग विशेष में उद्धृत किया जाता है तो लोकोक्ति कहलाता है। इसी को कहावत कहते है।	अकेला चना भाद नहीं फोड़ता अर्थित एक व्यक्ति के करने से कोई कठिन काम पूरा नहीं होता वाक्य- उस दिन बात-ही-बात में राम ने कहा, हाँ, मैं अकेला ही कुँआ खोद लूँगा। इन पर सबों ने हँसकर कहा, व्यर्थ बकबक करते हो, अकेला चना भाड़ नहीं फोड़ता'।

अतः विकल्प (B) सही है।

71. सीखना तब भी होता है, जब माता-पिता और बच्चे: **साथ मिलकर काम करे।**

सीखना यह जीवन की लम्बी प्रक्रिया है। बच्चे कक्षा - कक्ष के बाहर भी अपने माता - पिता के साथ रहकर कुछ न कुछ सीखते है।

- गृहकार्य मिलकर करने से बच्चों में सामाजिकता का विकास हो जाता है।
- मिलकर खाना बनाने से पर्यावरण का जीवन स्पर्शी ज्ञान तथा अनुभव मिलता है।
- केवल छोटे और आसान काम करने से समझ बच्चों में आना प्रारंभ हो जाती है।

अतः विकल्प (A) सही है।

72. गद्यांश के आधार पर कहा जा सकता है कि **बच्चे रोजमर्रा के कार्यों से भी बहुत कुछ सीख सकते हैं।**

उदाहरण : धुलने वाले कपड़ों के ढेर से मोजों को उनके जोड़ों के हिसाब से छौटकर गणित और विज्ञान की गुत्थियाँ सुलझा सकते हैं। साथ मिलकर खाना बना सकते हैं, क्योंकि खाना बनाने से गणित और विज्ञान के अलाबा अच्छी सेहत को भी सीख मिलती है। एक-दूसरे को कहानियाँ सुना सकते हैं। कहानी सुनाना पढ़ने और लिखने का आधार है।

अतः विकल्प (C) सही है।

73. कल्पनाशीलता और उत्सुकता को बढ़ावा देने से बच्चा: **सीखने के आनंद में डूब जाता है।**

अन्य विकल्प का विश्लेषण :

- स्वयं कहानी बनाकर सुनाने वाले कवि या लेखक होते है।
- अच्छी बहस करने वाले लोगों को वकील या अच्छा वक्ता कहा जाता है।
- अच्छा नागरिक बनने के लिए संविधान के नियमों का पालन आवश्यक है।

अतः विकल्प (B) सही है।

74. मनोरंजक शब्द विशेषण की भूमिका को दर्शाता है।

जो शब्द संज्ञा या सर्वनाम शब्दों की विशेषता बताते हैं, वे **विशेषण** कहलाते हैं।

जैसे- लंबा, बड़ा आदि।

अन्य विकल्प:

प्रकार	परिभाषा	उदाहरण
सर्वनाम	जो शब्द संज्ञा के स्थान पर प्रयोग किए जाते हैं।	ये, मैं, तुम
क्रिया	जो संज्ञा या सर्वनाम द्वारा कार्य किया जाता है, वो क्रिया शब्द होते हैं।	लिखना, पढ़ना, दौड़ना
संज्ञा	किसी जाति, द्रव्य, गुण, भाव, व्यक्ति, स्थान और क्रिया आदि के नाम को **संज्ञा** कहते हैं।	जैसे - पशु (जाति), सुन्दरता (गुण), व्यथा (भाव), मोहन (व्यक्ति), दिल्ली (स्थान), मारना (क्रिया)।

अतः विकल्प (B) सही है।

75. दिए गए विकल्पों में से विकल्प (A) **"में सब से सुन्दर कौन है।"** सही है क्योंकि इसमें ही त्रुटि है। अन्य विकल्पों में कोई त्रुटि नहीं है।

प्रस्तुत वाक्य में **"में सब से"** के स्थान पर **"इन दोनों में से "** का उपयोग करना सही होगा क्योंकि उसने का उपयोग करने से वाक्य के अर्थ के साथ भाव भी स्पष्ट हो जाता है।

सही वाक्य:-

"आज यह बहस होने लगी कि सोनालिका और मोनाली इन दोनों में से सुन्दर कौन है।"

अतः विकल्प (A) सही है।

76. वापिस अशुद्ध शब्द है।

- सही शब्द है : वापस।

सही वाक्य: तुम अपने घर वापस चले जाओ।

वापस का अर्थ है : लौटा हुआ, फेरा हुआ।

अतः वापस शब्द की गलत वर्तनी होने के कारण '**वापिस**' त्रुटिपूर्ण शब्द है।

अतः विकल्प (B) सही है।

77. रूस में एक बार क्रांति हुई।

- क्रांति यहाँ शुद्ध और सार्थक शब्द है।
- क्रांति के पर्यायवाची : गदर , राजद्रोह , बगावत , विद्रोह , अराजकता।

अतः विकल्प (C) सही है।

78. उपरोक्त वाक्य में विशेषण-संबंधी अशुद्धियाँ है।

अतः सही वाक्य होगा : आपकी बातों का **कुछ भी** अर्थ नहीं है।

संज्ञा अथवा सर्वनाम शब्दों की विशेषता (गुण, दोष, संख्या, परिमाण आदि) बताने वाले शब्द **विशेषण** कहलाते हैं।

अतः विकल्प (C) सही है।

79. दिए गए विकल्पों में से बहिष्कार शब्द की वर्तनी शुद्ध है तथा अन्य शब्दों की वर्तनी त्रुटि पूर्ण हैं।

बहिष्कार का अर्थ - बाहर करने या निकालने की क्रिया।

वाक्य प्रयोग- गाँधी जी ने विदेशी वस्तुओं का बहिष्कार किया था।

अतः विकल्प (C) सही है।

80. मनुष्य को चाहिए कि वह 'अपने' व्यवहार से किसी को अपमानित ना करें।

अन्य विकल्प:

शब्द	अर्थ	शब्द का वाक्य मे प्रयोग
निज	किसी की दृष्टि से स्वयं उसका ; अपना	लेखक का अपना निज का कोई प्रेस नहीं।
किसी	हिंदी के प्रश्रार्थक क' श्रृंखला का वह रूप जो उसे विभक्ति लगने से पहले प्राप्त होता है ।	उसकी माँ किसी ग्राहक के घर कपड़े देने गयी थी।
स्वयं	खुद ; आप	अपने ताप से स्वयं जलने लगा।

अतः विकल्प (C) सही है।

General Intelligence and Reasoning

Q.1 उस विकल्प का चयन कीजिए जो तीसरी संख्या से उसी प्रकार संबंधित है जिस प्रकार दूसरी संख्या पहली संख्या से संबंधित है।

30 : 56 :: 20 : ?

A. 24 **B.** 51 **C.** 33 **D.** 42

Q.2 पांच शिक्षक H, K, P, R और T, केंद्र के सम्मुख एक गोलाकार मेज के चारों ओर बैठे हैं (आवश्यक नहीं कि उसी क्रम में हों)। T, H और R के बीच में है। P, R के दाएँ दूसरे स्थान पर है। H, T के निकटतम बाएँ है। K के निकटतम बाएँ कौन बैठा है?

A. T **B.** H **C.** P **D.** R

Q.3 नीचे के प्रश्न आकृतियों में दिखाए अनुसार कागज को मोड़कर छेदने तथा खोलने के बाद वह किस उत्तर आकृति जैसा दिखाई देगा?

प्रश्न आकृति

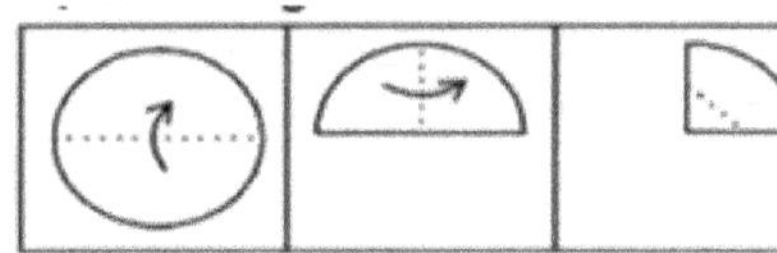

उत्तर आकृति

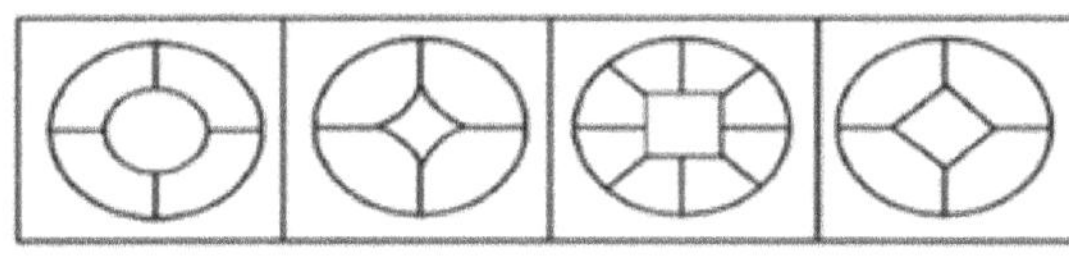

(A)　　(B)　　(C)　　(D)

A. A **B.** B **C.** C **D.** D

Q.4 दिये गए विकल्पों में से विषम शब्द/अक्षरों/संख्या युग्म चुनिए।

A. 256 **B.** 289 **C.** 343 **D.** 144

Q.5 दो दंपत्ति समेत एक परिवार में कुल छः सदस्य हैं। A, X के ग्रैंडफादर हैं। T एक महिला है और C उसकी इकलौती सिस्टर इन लॉ है। X, R की एकमात्र संतान है। Q एक महिला है।
Q, R से किस प्रकार संबंधित है?

A. माँ **B.** आंट **C.** पिता **D.** पुत्री

Q.6 उस विकल्प का चयन करें, जिसमें दी गई आकृति (X) अंतर्निहित नहीं है (घूर्णन (रोटेशन) की अनुमति नहीं है)।

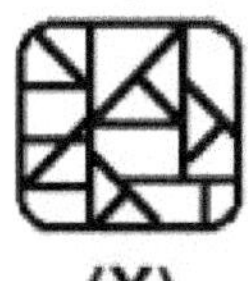

(X)

A.

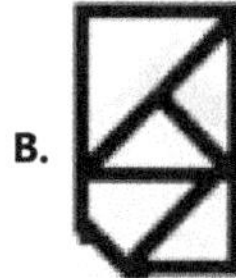

B.

C.　　　　　　　　　**D.**

Q.7 यदि '\$' का अर्थ '÷', '@' का अर्थ '×', '#' का अर्थ '-' है, तो 10 # 5 @ 1 \$ 5 का मान है।

A. 11 **B.** 9 **C.** 13 **D.** 7

Q.8 आकृति के दर्पण प्रतिबिम्ब को पहचानिए।

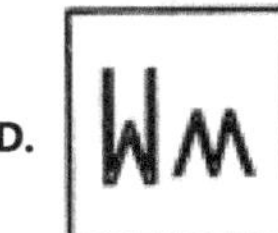

A.　　　　　　　　　B.

C.　　　　　　　　　D.

Q.9 प्रश्न चिह्न (?) के स्थान पर आगे आने वाली आकृति का चयन करें।

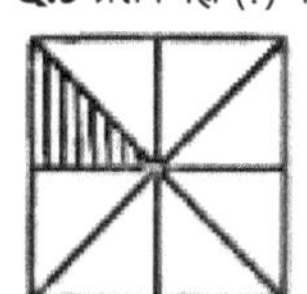 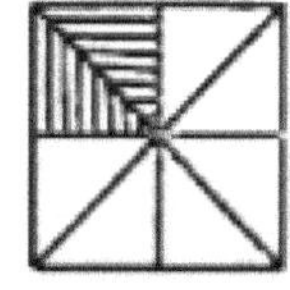 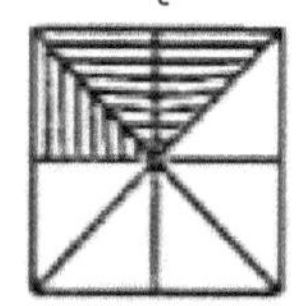

?

(1)　　(2)　　(3)　　(4)

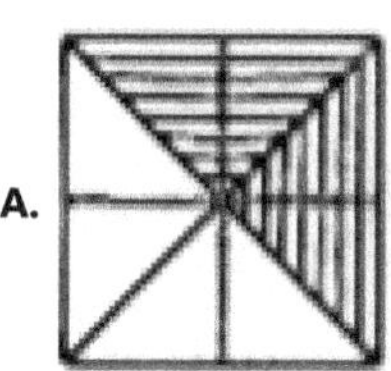  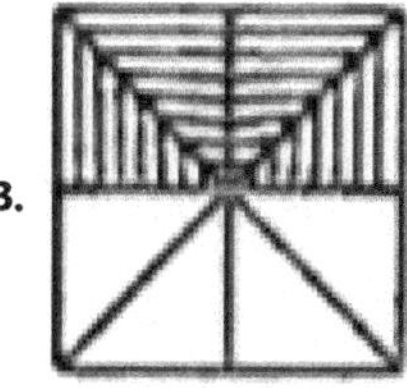

A.　　　　　　　　　B.

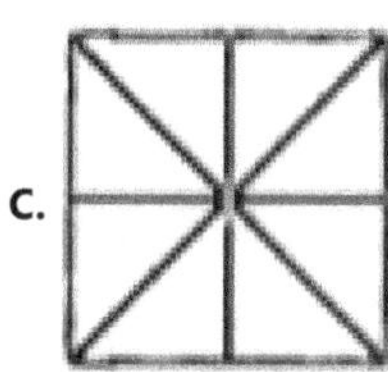 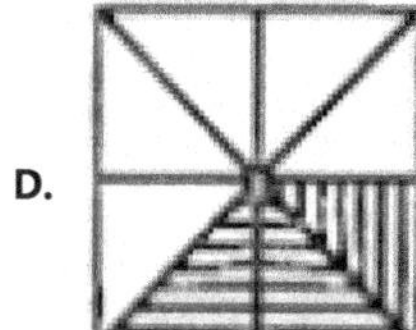

C.　　　　　　　　　D.

Q.10 निम्नलिखित आकृति में लुप्त संख्या ज्ञात कीजिए।

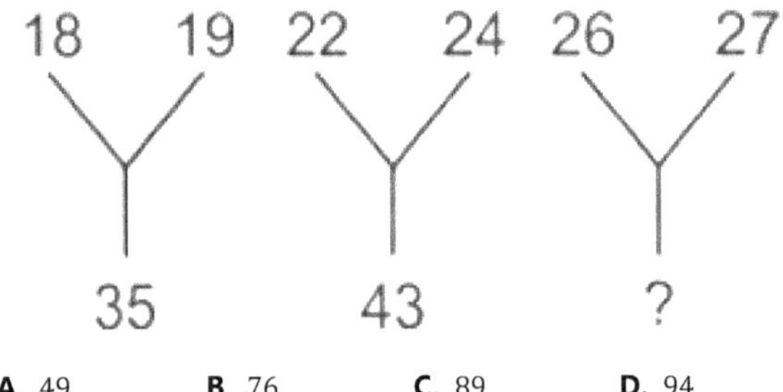

A. 49   **B.** 76   **C.** 89   **D.** 94

Q.11 दिए गए कथन (कथनों) और निष्कर्षों को ध्यानपूर्वक पढ़िये और चयन कीजिए कि कौन से निष्कर्ष दिए गये कथनों का तार्किक रूप से अनुसरण करता है।

कथन:

I. कुछ घंटियाँ स्वर्ण हैं

II. कुछ घंटियाँ लाल हैं।

निष्कर्ष:

I. कुछ लाल स्वर्ण हैं

II. कोई स्वर्ण लाल नहीं है

A. केवल निष्कर्ष I अनुसरण करता है

B. I और II दोनों अनुसरण करते हैं

C. केवल II अनुसरण करता है

D. या तो I या II अनुसरण करता है

Q.12 एक कूट भाषा में, यदि BOX को 725 के रूप में लिखा जाता है और GLAND को 16493 के रूप में लिखा जाता है, तो BOND को उसी भाषा में कैसे लिखा जाएगा?

[SSC Selection Post Phase IX, 2020]

A. 7276   **B.** 7553   **C.** 9293   **D.** 7293

Q.13 निम्नलिखित प्रश्न में दिए गए विकल्पों में से संबंधित अक्षरों को चुनिए।

LMOI : OHRD : : EUTX : ?

A. HPVS   **B.** IQWS   **C.** IPVS   **D.** HPWS

Q.14 निम्नलिखित श्रृंखला में प्रश्नवाचक चिन्ह (?) को कौन सी संख्या प्रतिस्थापित करेगी?

0, 6, 24, 60, ?

A. 100   **B.** 200   **C.** 120   **D.** 360

Q.15 अक्षरों के संयोजन का चयन करें जो कि दिए गए अक्षर श्रृंखला के अंतराल में क्रमिक रूप से रखे जाने पर श्रृंखला को पूरा करेंगे।

T _ C _ _ H _ Q T _ C Q

A. HQCTH   **B.** HQTHC   **C.** HQTCH   **D.** HTQHC

Q.16 एक ही पासे की तीन अलग-अलग स्थितियों को दर्शाया गया है, जिसके छह फलकों की संख्या 1 से 6 है! जिस फलक पर '6' है उसके विपरीत फलक पर कौन सी संख्या होगी?

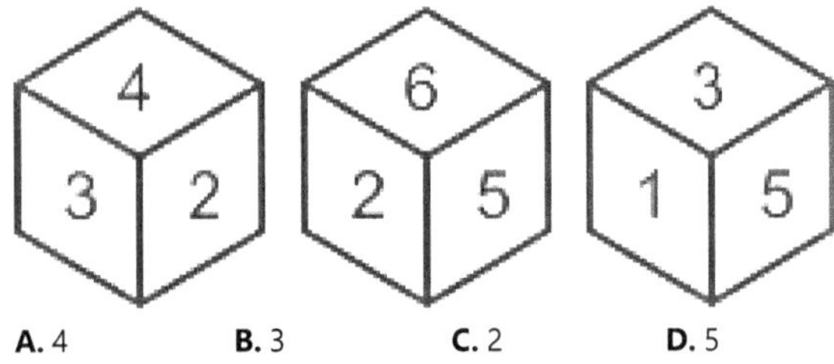

A. 4   **B.** 3   **C.** 2   **D.** 5

Q.17 दिए गए वेन आरेख में, 'A', 'शिक्षण पसंद' को दर्शाता है, 'B' 'खाना पकाना पसंद है' को दर्शाता है और 'C', 'खेलना पसंद है' दर्शाता है। कितने लोग केवल शिक्षण और खेलना पसंद करते हैं लेकिन खाना पकाना नहीं है?

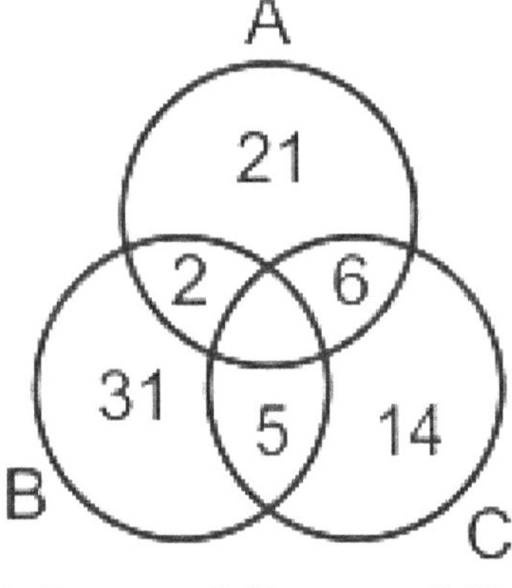

A. 41   **B.** 23   **C.** 48   **D.** 29

Q.18 दस वर्ष पहले, पिता और पुत्र की आयु 3: 1 के अनुपात में थी। अब से दस वर्ष बाद, यह अनुपात 2 :1 हो जाएगा। वर्तमान में, पिता की आयु क्या है?

A. 65   **B.** 55   **C.** 70   **D.** 75

Q.19 चार संख्या युग्म दिए गए हैं, जिनमें से तीन किसी तरह से समान हैं और एक भिन्न है। उस संख्या-युग्म का चयन कीजिए जो अन्य से भिन्न है।

A. (23, 4, 45)   **B.** (94, 5, 99)

C. (47, 3, 78)   **D.** (29, 7, 99)

Q.20 उस विकल्प का चयन कीजिए जो दिए गए शब्दों का सही क्रम दर्शाता है, जिस प्रकार वे एक अंग्रेजी शब्दकोश में दिखाई देते हैं।

1. Profess

2. Product

3. Prosecute

4. Precaution

5. Proctor

A. 2, 5, 4, 1, 3   **B.** 3, 5, 2, 1, 4

C. 4, 5, 2, 3, 1   **D.** 4, 5, 2, 1, 3

General Knowledge and General Awareness

Q.21 अगस्त 2022 में भारत के लिए विश्व बैंक के कंट्री निदेशक के रूप में किसे नियुक्त किया गया है?

A. पेनी गोल्डबर्ग   **B.** आर्ट क्राय

C. कारमेन रेनहार्ट   **D.** आगस्त तानो कुआमे

Q.22 2022 में आयोजित 11वें विश्व शहरी मंच का आयोजन स्थल कौन सा है?

A. स्पेन   **B.** पोलैंड

C. ऑस्ट्रेलिया   **D.** फ्रांस

Q.23 किस राज्य सरकार ने पांच लाख छात्रों को टैबलेट प्रदान करने के लिए 'ई-अधिगम' योजना शुरू की?

A. नई दिल्ली   **B.** हरियाणा

C. पश्चिम बंगाल   **D.** उड़ीसा

Q.24 अप्रैल 2022 में, मझगांव डॉक शिपबिल्डर्स ने प्रोजेक्ट 75 के तहत छह पनडुब्बियों में से अंतिम ______ लॉन्च किया।

A. INS वेला   **B.** INS वाग्शीर
C. INS कलवरी   **D.** INS वागीर

Q.25 निम्नलिखित में से किसे मार्च 2022 में FIFA विश्व कप कतर 2022 के अधिकारिक प्रायोजक के रूप में नामित किया गया है?
A. BYJU'S   **B.** वेदांतु
C. अनअकैडमी   **D.** उडेमी

Q.26 सिंधु जल संधि के तहत कौन सी नदियाँ "पश्चिमी नदियों" के रूप में शामिल हैं?

[UP Police ASI, 2018]

A. सिंधु, रवि और सतलज
B. सिंधु, ब्यास और सतलज
C. सिंधु, चिनाब और झेलम
D. सिंधु, चिनाब और सतलज

Q.27 1985 में द्रोणाचार्य पुरस्कार के पहले प्राप्तकर्ता कौन थे?

[Madhya Pradesh Public Service Commission (MPPSC), 2018]

A. ओ. एम. नाम्बियार
B. ओम प्रकाश भारद्वाज
C. भालचंद्र भास्कर भागवत
D. ये सभी

Q.28 आर्थिक मंदी के समय, निम्नलिखित में से कौन-सा कदम उठाए जाने की सर्वाधिक संभावना होती है?

[UPSC Prelims, 2021]

A. कर की दरों में कटौती के साथ-साथ ब्याज दर में वृद्धि करना
B. सार्वजनिक परियोजनाओं पर व्यय में वृद्धि करना
C. कर की दरों में वृद्धि के साथ-साथ ब्याज दर में कमी करना
D. सार्वजनिक परियोजनाओं पर व्यय में कमी करना

Q.29 दुनिया भर में सबसे सटीक मैग्नेटोमीटर में से एक, स्वदेशी ओवरहॉसर मैग्नेटोमीटर किसने विकसित किया?
A. भारतीय भू-चुंबकत्व संस्थान
B. भारतीय प्रौद्योगिकी संस्थान, दिल्ली
C. भारतीय अंतरिक्ष अनुसंधान संगठन
D. इनमें से कोई नहीं

Q.30 संविधान का वह कौन-सा एकमात्र भाग है जिसे पूरी तरह से निरस्त कर दिया गया है?

[UP Police Sub Inspector, 2017]

A. भाग 22   **B.** भाग 11   **C.** भाग 7   **D.** भाग 5

Q.31 भारत के संविधान में पहला संशोधन किस वर्ष किया गया था?
A. 1951   **B.** 1952   **C.** 1950   **D.** 1953

Q.32 भाखड़ा नांगल बाँध _____ नदी पर स्थित है।

[SSC Selection Post Phase IX, 2019]

A. सतलज   **B.** चिनाब   **C.** रावी   **D.** ब्यास

Q.33 किसे 'भारत का नेपोलियन' कहा जाता था?
A. समुद्रगुप्त   **B.** स्कन्दगुप्त
C. चन्द्रगुप्त द्वितीय   **D.** चंद्रगुप्त प्रथम

Q.34 1920 में अखिल भारतीय ट्रेड यूनियन कांग्रेस के प्रथम अधिवेशन की अध्यक्षता किसने की?
A. पुरुषोत्तम दास टंडन   **B.** लाला लाजपत राय
C. कस्तूरभाई लालभाई   **D.** गोविंद वल्लभ पंत

Q.35 अवंती महाजनपद के दक्षिणी भाग की राजधानी क्या थी?
A. माहिष्मती   **B.** मथुरा   **C.** उज्जैन   **D.** तक्षशिला

Q.36 झारखंड के तुसु उत्सव में किस भगवान की पूजा की जाती है?
A. सूर्य   **B.** दुर्गा   **C.** मनसा   **D.** सरन

Q.37 निम्नलिखित में से किस गैस को हंसाने वाली गैस के रूप में भी जाना जाता है?
A. नाइट्रस ऑक्साइड
B. नाइट्रोजन डाइऑक्साइड
C. नाइट्रोजन हाइड्रॉक्साइड
D. नाइट्रोजन पेरोक्साइड

Q.38 जब लोग वस्तुओं और सेवाओं के उत्पादन में लगे होते हैं, तो उन्हें _______ में लगे हुए कहा जाता है।
A. श्रम   **B.** आर्थिक गतिविधि
C. काम   **D.** विनिर्माण

Q.39 मराठी समाचार-पत्र 'केसरी' की स्थापना किस प्रसिद्ध व्यक्तित्व ने की थी?
A. लोकमान्य तिलक   **B.** वल्लभभाई पटेल
C. लाला लाजपत राय   **D.** महात्मा गाँधी

Q.40 राज्य का संवैधानिक प्रमुख कौन है?
A. मुख्यमंत्री
B. उच्च न्यायालय के मुख्य न्यायाधीश
C. राज्यपाल
D. विधानसभा अध्यक्ष

Elementary Mathematics

Q.41 यदि 123457Y 8 से पूरी तरह से विभाज्य है, तो Y के स्थान पर अंक क्या होगा?

[SSC MTS, 2017]

A. 4   **B.** 5   **C.** 8   **D.** 6

Q.42 किस छोटी संख्या को 300 से घटाया जाना चाहिए, ताकि परिणामी संख्या 9 से पूरी तरह से विभाज्य हो?

[SSC MTS, 2017]

A. 5   **B.** 6   **C.** 3   **D.** 1

Q.43 एक परीक्षा में 15% छात्र अनुत्तीर्ण हो गए। यदि परीक्षा में 1500 छात्र बैठे थे, तो कितने उत्तीर्ण हुए?
A. 1250   **B.** 1375   **C.** 1275   **D.** 1150

Q.44 यदि 658 बैगों को $\left(\frac{3}{2}\right) : \left(\frac{5}{3}\right) : \left(\frac{3}{4}\right)$ के समानुपाती तीन भागों में बांटा जाता है, तो तीसरा भाग क्या होगा?
A. 126   **B.** 123   **C.** 156   **D.** 186

Q.45 तीन संख्याओं का अनुपात 7 : 8 : 9 है। उनके वर्गों का योग 776 है। दी गई तीन संख्याओं का योग क्या है?
A. 68   **B.** 78   **C.** 64   **D.** 48

Q.46 60 अवलोकनों का औसत 42 है। यदि 50 मान वाली एक संख्या को 20 से प्रतिस्थापित किया जाता है। 60 अवलोकनों का नया औसत ज्ञात कीजिये।
A. 46   **B.** 44   **C.** 45.5   **D.** 41.5

Q.47 1000 रु. पर 20% की दर से 18 महीने के लिए चक्रवृद्धि ब्याज ज्ञात कीजिए जब ब्याज अर्धवार्षिक रूप से संयोजित किया जाता है।

A. रु. 331   **B.** रु. 1331   **C.** रु. 320   **D.** रु. 325

Q.48 एलन ने बिना किसी लाभ या हानि के प्रत्येक के लिए अपने दो आइपॉड 8400 रुपये में बेच दिए। यदि उसने किसी एक मोबाइल को 30% हानि पर बेचा है तो उसे दूसरे मोबाइल को किस लाभ प्रतिशत पर बेचना चाहिए?

A. 55%   **B.** 80%   **C.** 60%   **D.** 75%

Q.49 रोहन ने 15000 रुपये में एक मोबाइल खरीदता है और इसे 30% की हानि पर बेचता है। अगर उसने इसे 2000 रुपये में बेचा तो हानि प्रतिशत क्या होगा?

A. 16.66%   **B.** 50.3%   **C.** 57.2%   **D.** 63.2%

Q.50 एक दुकानदार अपने माल को अपनी लागत मूल्य से 30% ऊपर रखता है, लेकिन बिक्री के समय 10% की छूट देता है। उसका लाभ है:

A. 21%   **B.** 20%   **C.** 18%   **D.** 17%

Q.51 समबाहु त्रिभुज का क्षेत्रफल $= 4\sqrt{3}$ सेमी^{2} हो, तो उसका परिमाप होगा -

[Joint Entrance Examination (Polytechnic), 2019]

A. 10 सेमी   **B.** 12 सेमी   **C.** 20 सेमी   **D.** 15 सेमी

Q.52 9 सेमी त्रिज्या वाले एक ठोस धातु की गेंद को पिघलाकर बेलन बनाए जाते हैं जिनकी त्रिज्या 6 मिमी और ऊंचाई 1 सेमी है। इस प्रकार बनने वाले ठोस बेलनों की संख्या ज्ञात कीजिए?

A. 2200   **B.** 3000   **C.** 2500   **D.** 2700

Q.53 यदि दो संख्याओं का अनुपात 4 : 9 के अनुपात में है और उनका लघुत्तम 720 है, तो दोनों संख्याओं का योग ज्ञात कीजिए?

A. 260   **B.** 240   **C.** 180   **D.** 390

Q.54 एक व्यवसाय में, A, B और C ने क्रमशः 380 रुपये, 400 रुपये और 420 रुपये का निवेश किया। 180 रुपये के शुद्ध लाभ को भागीदारों के बीच विभाजित करें।

A. $A = 45, B = 56, C = 76$

B. $A = 57, B = 60, C = 63$

C. $A = 12, B = 23, C = 34$

D. $A = 18, B = 34, C = 56$

Q.55 निम्न प्रश्न में प्रश्न चिह्न (?) के स्थान पर क्या आएगा?

$$\left(\frac{3}{4} \times \frac{2}{9}\right) + \left(\frac{8}{5} \div \frac{12}{5}\right) - \left(\frac{2}{3} \times \frac{1}{4}\right) = ?$$

A. $\frac{1}{4}$ **B.** $\frac{2}{3}$ **C.** $\frac{3}{4}$ **D.** $\frac{5}{8}$

Q.56 निर्देश: दिए गए व्यंजक को सरल कीजिए।

$$19 \div \left[1 - \frac{1}{2} + 2\frac{2}{3}\right] = ?$$

A. $\frac{1}{6}$ **B.** 6   **C.** $\frac{1}{2}$ **D.** $\frac{1}{19}$

Q.57 यदि किसी भिन्न के अंश में 2 जोड़ा जाता है, तो यह घटकर $\left(\frac{1}{2}\right)$ हो जाता है और यदि हर में से 1 घटाया जाता है, तो यह घटकर $\left(\frac{1}{3}\right)$ हो जाता है। भिन्न ज्ञात कीजिए।

A. $\frac{5}{7}$ **B.** $\frac{1}{10}$ **C.** $\frac{2}{5}$ **D.** $\frac{3}{10}$

Q.58 सामान्य गति के $\frac{3}{4}$ पर यात्रा करते हुए, एक व्यक्ति अपने कार्यस्थल पर 15 मिनट देरी से पहुंचता है। आमतौर पर कार्यस्थल तक पहुंचने में उसे कितने मिनट लगते हैं?

A. 60 मिनट   **B.** 30 मिनट   **C.** 42 मिनट   **D.** 45 मिनट

Q.59 एक व्यक्ति 30,000 रुपये का 10 प्रतिशत प्रति वर्ष SI के हिसाब से सावधि जमा (एफडी) मे निवेश करता है लेकिन कुछ समस्या के कारण, उसे 3 वर्ष के बाद पूरे पैसे वापस लेने पडे, जिसके लिए बैंक ने उसे ब्याज की कम दर की अनुमति दी। यदि उसे 5 वर्ष बाद मिलने वाली राशि से 7800 रुपये कम मिलते हैं तो बैंक द्वारा निवेश के बदले कितना फायेदा मिला?

A. 2%   **B.** 5%   **C.** 4%   **D.** 8%

Q.60 A, B, और C क्रमशः 24, 16 और 12 दिनों में कार्य कर सकते हैं। यदि तीनों एक साथ कार्य करने का फैसला करते हैं, तो कार्य पूरा होने में कितने दिन लगेंगे?

A. $5\frac{1}{3}$ दिन   **B.** $5\frac{2}{3}$ दिन   **C.** $5\frac{1}{2}$ दिन   **D.** $5\frac{3}{4}$ दिन

Hindi

Q.61 दिए गए विकल्पों में से सही विकल्प का चयन करते हुए रिक्त स्थान की पूर्ति कीजिए।

जो विद्यार्थी ______ पढ़ाई करते हैं उन्हें अच्छे अंक मिलते है।

A. नियमित   **B.** जरुरी   **C.** कभी कभी   **D.** रात को

Q.62 दिए गए विकल्पों में से सही विकल्प का चयन करते हुए रिक्त स्थान की पूर्ति कीजिए।

मेरा समय ___ वहां पहुँचाना बहुत जरुरी है।

A. के   **B.** से   **C.** में   **D.** द्वारा

Q.63 दिए गए विकल्पों में से सही विकल्प का चयन करते हुए रिक्त स्थान की पूर्ति कीजिए।

उर्वरकों ने मिट्टी की ______ को कम कर दिया है।

A. गरिमा   **B.** पवित्रता

C. उपलब्धता   **D.** उत्पादकता

Q.64 निम्नलिखित में से कौन सा वाक्य शुद्ध है?

A. मैं जाऊँगा दिल्ली।   **B.** क्यों तुम नहीं जाते वहाँ?

C. बैठो और पढ़ो पुस्तक।   **D.** हमें चलना चाहिए।

Q.65 निर्देश: दिए गए वाक्य के लिए एक शब्द चुनिए।

"किसी की सहायता करने वाला"

A. सहायक   **B.** सहृदय   **C.** सहचर   **D.** सहकार

Q.66 निर्देश: दिए गए वाक्य के लिए एक शब्द चुनिए।

'जहाँ जाना कठिन हो'

A. जंगल   **B.** दुर्गम   **C.** गमन   **D.** अगम

Q.67 निम्नलिखित में कौन सा शब्द वर्तनी की दृष्टि से शुद्ध है?

A. अनुसरण   **B.** अद्वितिय   **C.** आजीवका   **D.** अनूकूल

Ques (68-71):निर्देश: नीचे दिए गद्यांश को ध्यानपूर्वक पढ़िए तथा पूछे गए प्रश्नों के उत्तर के लिए सबसे उपयुक्त विकल्प का चयन कीजिए।

22 मई 1894 की शाम थी। डरबन स्थित अब्दुल्ला के घर पर महात्मा गाँधी की विदाई व रात्रिभोज का आयोजन था। इस आयोजन में प्रिटोरिया डरबन और नेटाल के भारतीय आए थे। अब्दुल्ला एंड कंपनी के मुकदमे को निपटाने के बाद महात्मा गाँधी वापसी आने के लिए तैयार थे। तभी एक भारतीय व्यापारी ने महात्मा गाँधी को 'नेटाल मर्करी' नामक एक समाचार पत्र दिया और उनसे 'इंडियन फ्रेंचाईज़' नामक शीर्षक से छपा लेख पढ़ने के लिए कहा। लेख पढ़ने के बाद महात्मा गाँधी गंभीर हो गए। दरअसल यह लेख नेटाल विधानसभा में पेश किए गए मताधिकार संशोधन विधेयक के विषय में जिसमें भारतीयों को मताधिकार से वंचित करने के सभी पक्षों की विवेचना थी। इसका सारांश यह था कि जिन लोगों ने अपने देश में

मताधिकार का उपयोग नहीं किया उन्हें दूसरे देश में मताधिकार देने का कोई मतलब नहीं है। इसका वास्तविक उद्देश्य तो भारतीयों के व्यापार को रोकना था। हालात को बद से बदतर बनाने वाले कानून की जानकारी ने भारतीयों के होश उड़ा दिए। अब विदाई समारोह विधेयक परिचर्चा में बदल गया। विदा करने आए लोग गाँधी जी से रुकने का आग्रह करने लगे। भारतीयों की पीड़ा और परेशानी देखकर गाँधी जी काफी व्यथित हो गए। उन्होंने भारतीयों के निवेदन को स्वीकार करते हुए कहा कि विधेयक का विरोध सार्वजनिक कार्य है और इसके लिए वह किसी भी प्रकार का शुल्क नहीं लेंगे। उन्होंने समारोह को नेटाल इंडियन कांग्रेस में बदलकर भारतीयों के अधिकारों के लिए संघर्ष किया।

Q.68 गाँधी जी किसका मुकदमा लड़ने के लिए डरबन गए थे?

A. अब्दुल्ला एंड कंपनी

B. अब्दुल्ला मर्चेंट कंपनी

C. अब्दुल्ला एंड संस कंपनी

D. अब्दुल्ला सॉफ्टवेयर कंपनी

Q.69 रात्रिभोज का आयोजन किसकी विदाई के लिए किया गया था?

A. पंडित जवाहरलाल नेहरू

B. महात्मा गाँधी

C. नेताजी सुभाषचंद्र बोस

D. गोपाल कृष्ण गोखले

Q.70 गद्यांश में किस समाचार पत्र का उल्लेख किया गया है?

A. नेटाल मर्करी   **B.** इंडियन फ्रेंचाइज़

C. इंडियन एक्सप्रेस   **D.** नेटाल टाइम्स

Q.71 मताधिकार संशोधन विधेयक का क्या उद्देश्य था?

A. भारतीयों को मताधिकार देना

B. भारतीयों को मताधिकार से वंचित करना

C. भारतीयों को व्यापार के अधिक अवसर उपलब्ध कराना

D. भारतीयों को सत्ता में भागीदारी देना

Q.72 निम्न विकल्पों में से दन्त का पर्यायवाची शब्द बताइए:

A. द्विज़   **B.** वनिता   **C.** तरी   **D.** पिक

Q.73 'आमिष' का विलोम शब्द होगा?

A. निरामिष   **B.** शाकाहारी   **C.** मिष   **D.** मांसाहारी

Q.74 'कोयले की दलाली में मुँह काला' लोकोक्ति का अर्थ है:

A. कोयले का व्यापार करना

B. बुरे काम से बुराई मिलना

C. झूठ बोलना

D. व्यापार में घाटा होना

Q.75 दिए गए विकल्पों में खूटे के बल कूदना मुहावरे के उचित अर्थ का चयन कीजिये।

A. कोई सहारा मिलने पर अकड़ना

B. अत्यन्त प्रिय होना

C. जान पर संकट आ जाना

D. अनायास ही धन की प्राप्ति

Ques (76-77):निर्देश: निम्नलिखित प्रश्न में चार विकल्पों में से उस विकल्प को चुनिए जिसे दिए गए शब्द/वाक्य के स्थान पर प्रतिस्थापित किया जा सके।

Q.76 वैभव को उस विद्यालय में इम्तिहान लेने वाला बनकर जाना है।

A. विशेषज्ञ   **B.** परीक्षक   **C.** अध्यापक   **D.** समन्वयक

Q.77 ममता कम बोलती है।

A. समभाषी   **B.** मृतभाषी   **C.** मितभाषी   **D.** मृदुभाषी

Q.78 वाक्य के अशुद्ध भाग (त्रुटिपूर्ण भाग) का चयन कीजिए।

मैं पटना गया तो उस समय मेरे पास केवल बीस रुपये मात्र थे।

A. मैं पटना गया

B. तो उस समय

C. मेरे पास

D. केवल बीस रुपये मात्र थे।

Q.79 वाक्य के अशुद्ध भाग (त्रुटिपूर्ण भाग) का चयन कीजिए।

राम के धनुष भंग करते ही दूसरे राजाओं के वक्ष पर सांप लोटने लगे।

A. राम के धनुष भंग करते ही

B. दूसरे राजाओं के

C. वक्ष पर सांप लोटने लगे।

D. कोई त्रुटि नहीं

Q.80 'वृक्ष' का समानार्थी शब्द है:

A. तरु   **B.** बिछोह   **C.** पर्ण   **D.** मंजरी

// स्मार्ट उत्तर पुस्तिका //

सही उत्तर	उन छात्रों का प्रतिशत जिन्होंने प्रश्नों का सही उत्तर दिया था।	छोड़ दिया	उन छात्रों का प्रतिशत जिन्होंने प्रश्नों को छोड़ दिया था।

प्रश्न संख्या	उत्तर	सही उत्तर / छोड़ दिया	प्रश्न संख्या	उत्तर	सही उत्तर / छोड़ दिया	प्रश्न संख्या	उत्तर	सही उत्तर / छोड़ दिया	प्रश्न संख्या	उत्तर	सही उत्तर / छोड़ दिया	प्रश्न संख्या	उत्तर	सही उत्तर / छोड़ दिया
1	D	22.5 % / 71.47 %	17	A	53.1 % / 45.33 %	33	A	51.57 % / 48.26 %	49	A	51.54 % / 34.49 %	65	A	66.55 % / 30.96 %
2	D	82.99 % / 12.17 %	18	C	56.25 % / 34.8 %	34	B	63.15 % / 30.84 %	50	D	89.55 % / 10.15 %	66	B	81.13 % / 14.6 %
3	D	66.58 % / 31.93 %	19	C	44.12 % / 53.14 %	35	A	18.62 % / 75.36 %	51	B	83.43 % / 12.84 %	67	A	43.69 % / 41.75 %
4	C	76.75 % / 21.66 %	20	D	48.62 % / 33.37 %	36	A	44.33 % / 42.57 %	52	D	78.97 % / 12.38 %	68	A	77.3 % / 11.81 %
5	A	46.78 % / 51.04 %	21	D	61.43 % / 34.35 %	37	A	65.16 % / 34.21 %	53	A	86.36 % / 10.27 %	69	B	85.32 % / 13.82 %
6	B	78.48 % / 20.14 %	22	B	61.75 % / 34.9 %	38	B	80.17 % / 10.7 %	54	B	50.08 % / 36.74 %	70	A	80.83 % / 13.71 %
7	B	84.92 % / 10.02 %	23	B	55.75 % / 33.76 %	39	A	49.03 % / 35.94 %	55	B	41.77 % / 43.63 %	71	B	79.72 % / 17.45 %
8	B	79.15 % / 20.82 %	24	B	61.28 % / 35.94 %	40	C	48.94 % / 49.3 %	56	B	65.85 % / 33.01 %	72	A	49.65 % / 34.65 %
9	B	63.65 % / 34.57 %	25	A	47.2 % / 33.69 %	41	D	52.43 % / 30.18 %	57	D	58.98 % / 34.02 %	73	A	41.98 % / 35.29 %
10	A	86.57 % / 10.94 %	26	C	47.03 % / 39.7 %	42	C	63.4 % / 35.39 %	58	D	51.7 % / 44.18 %	74	B	15.68 % / 68.53 %
11	D	87.6 % / 10.3 %	27	D	23.79 % / 73.19 %	43	C	50.81 % / 33.67 %	59	D	68.31 % / 30.72 %	75	A	80.46 % / 10.39 %
12	D	86.01 % / 11.04 %	28	B	61.1 % / 37.25 %	44	A	86.87 % / 11.55 %	60	A	43.82 % / 53.65 %	76	B	54.05 % / 30.12 %
13	D	45.4 % / 35.21 %	29	A	43.4 % / 53.74 %	45	D	81.73 % / 10.12 %	61	A	62.48 % / 31.16 %	77	C	58.0 % / 34.06 %
14	C	69.08 % / 30.37 %	30	C	62.99 % / 31.09 %	46	D	80.2 % / 14.21 %	62	B	86.78 % / 11.91 %	78	D	13.6 % / 74.87 %
15	C	79.78 % / 14.3 %	31	A	79.35 % / 17.07 %	47	A	83.04 % / 10.44 %	63	D	78.69 % / 11.02 %	79	C	80.66 % / 13.29 %
16	B	40.03 % / 42.34 %	32	A	65.19 % / 30.83 %	48	D	59.76 % / 30.6 %	64	D	51.26 % / 45.42 %	80	A	43.51 % / 55.16 %

//संकेत और समाधान//

1. यहाँ तर्क निम्न प्रकार है;

30 : 56 में;

30 = 5 × 6

(5 + 2) × (6 + 2)

= 7 × 8

= 56

इसी प्रकार;

20 = 4 × 5

(4 + 2) × (5 + 2)

= 6 × 7

= 42

अतः विकल्प (D) सही है।

2. शिक्षक: H, K, P, R और T

सभी केंद्र के सम्मुख हैं।

1) T, H और R के बीच में है।

2) P, R के दाएँ दूसरे स्थान पर है।

3) H, T के ठीक बायें।

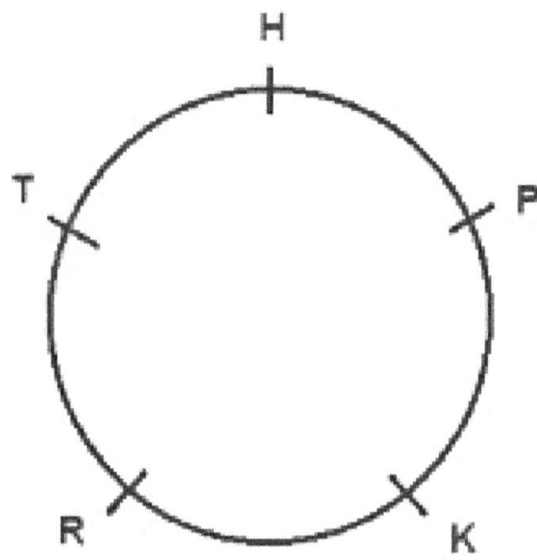

R, K के निकटतम बाएँ बैठा है।

इसलिए, R सही उत्तर है।

अत: विकल्प (D) सही है।

3. पेपर फोल्डिंग और कट खोलने के बाद हमें मिलता है:

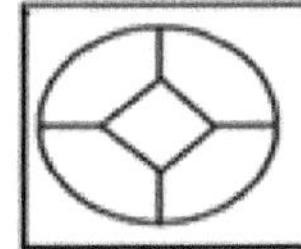

अतः सही विकल्प (D) है।

4. 343 को छोड़कर सभी संख्याएं एक वर्ग हैं। 343,7 का घन है।

$256 = 16^2$

$289 = 17^2$

$144 = 12^2$

$343 = 7^3$

अतः विकल्प (C) सही है।

5. दी गयी जानकारी के अनुसार,

चित्र में प्रतीक	अर्थ
◯	महिला
▢	पुरुष
═	शादीशुदा जोड़ा
─	भाई-बहन
│	एक पीढ़ी का प्रसार

1) A, X के ग्रैंडफादर हैं।

2) C, T की इकलौती सिस्टर इन लॉ है।

3) X, R की एकमात्र संतान है।

4) Q एक स्त्री है इसलिए निश्चित तौर पर वह A की पत्नी होगी।

इस प्रकार पूरा आरेख कुछ इस प्रकार होगा:-

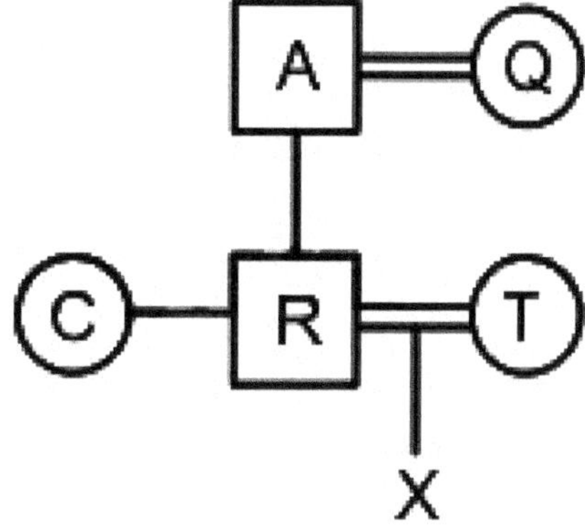

इसलिये, सही उत्तर Q, R की माँ है, है।

अत: विकल्प (A) सही है।

6. आकृति (B) को छोड़कर, सभी आकृति दी गई आकृति (X) में अंतर्निहित हैं।

दी गई आकृति:

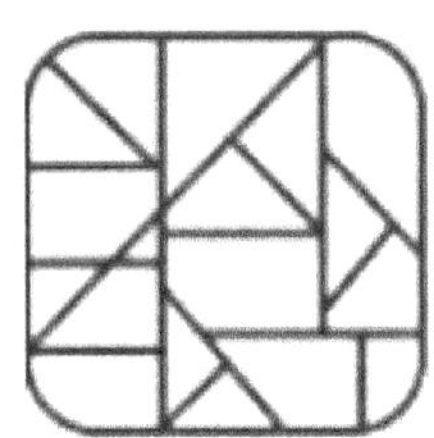

विकल्प (A):

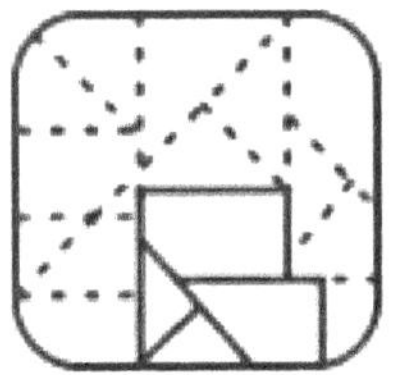

विकल्प (C):

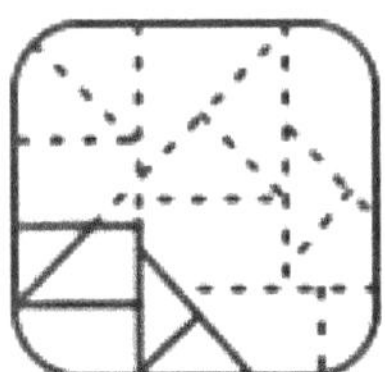

विकल्प (D):

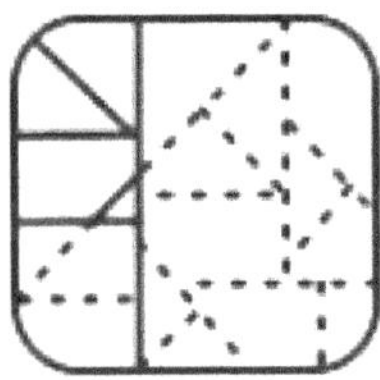

अतः विकल्प (B) सही है।

7. दिया है:

10#5@1$5

प्रश्नानुसार संकेत बदलने पर,

10 - 5 × 1 ÷ 5

BODMAS का उपयोग करके हल करना,

= 10 - 1

= 9

अतः विकल्प (B) सही है।

8.

तो, (B) प्रतिबिम्ब सही है।

अत: विकल्प (B) सही है।

9. प्रत्येक आकृति में एक भाग को दक्षिणावर्त दिशा में छायांकित किया जा रहा है। पहले आकृति में एक भाग छायांकित है, फिर दूसरा और इसी तरह आगे भी। इसलिए, अगली आकृति होगी:

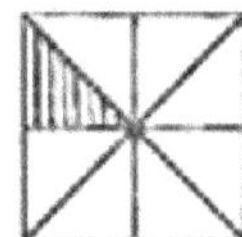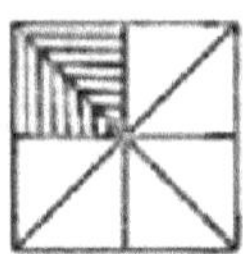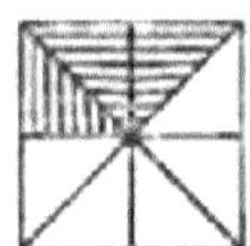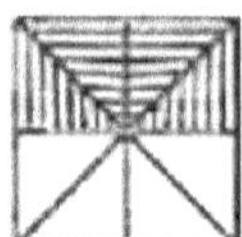

अत: विकल्प (B) सही है।

10. तर्क:

आकृति $(1) \rightarrow 18 + 19 - 2 = 35$

आकृति $(2) \rightarrow 22 + 24 - 3 = 43$

इसी तरह,

आकृति $(3) \rightarrow 26 + 27 - 4 = 49$

अत: विकल्प (A) सही है।

11. दिए गए कथनों के लिए न्यूनतम संभावित वेन आरेख इस प्रकार होगा:

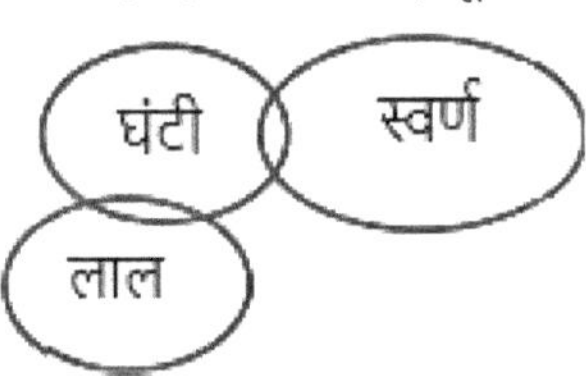

I. कुछ लाल स्वर्ण हैं (असत्य, यह सत्य हो सकता है लेकिन निश्चित नहीं।)

II. कोई स्वर्ण लाल नहीं है (असत्य, यह सत्य हो सकता है लेकिन निश्चित नहीं।)

इसलिए,या तो I. या II. अनुसरण करता है।

अत: विकल्प (D) सही है।

12. एक कूट भाषा में, यदि BOX को 725 के रूप में लिखा जाता है

B	O	X
7	2	5

और GLAND को 16493 के रूप में लिखा जाता है,

G	L	A	N	D
1	6	4	9	3

फिर BOND के रूप में लिखा जाता है,

B	O	N	D
7	2	9	3

BOND को 7293 के रूप में लिखा जाता है।

अत: विकल्प (D) सही हैं।

13. जैसा,

```
L      M      O      I
+3     -5     +3     -5
↓      ↓      ↓      ↓
O      H      R      D
```

इसी प्रकार,

```
E      U      T      X
+3     -5     +3     -5
↓      ↓      ↓      ↓
H      P      W      S
```

इस प्रकार, EUTX, HPWS से संबंधित है।

अतः विकल्प (D) सही है।

14. यहाँ अनुसरित स्वरुप है:

$(1)^3 - 1 = 1 - 1 = 0$

$(2)^3 - 2 = 8 - 2 = 6$

$(3)^3 - 3 = 27 - 3 = 24$

$(4)^3 - 4 = 64 - 4 = 60$

इसी प्रकार,

$(5)^3 - 5 = 125 - 5 = 120$

अतः विकल्प (C) सही है।

15. यहाँ अनुसरण किया गया पैटर्न है:

T H C Q | T H C Q | T H C Q

अतः विकल्प (C) सही है।

16. यहां 3, 4, 6 और 5, 2 के विपरीत नहीं हो सकते हैं।

इसलिए, 1, 2 के विपरीत होगा।

इसके अतिरिक्त, 1, 2, 3 और 6 भी 5 के विपरीत नहीं हैं। इसलिए, 4 को 5 के विपरीत होना चाहिए।

यदि 1, 2 के विपरीत है, 4, 5 के विपरीत है तो 3, 6 के विपरीत होगा।

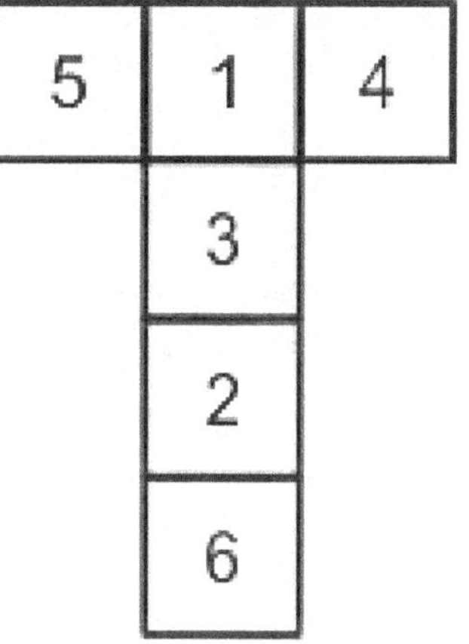

अतः विकल्प (B) सही है।

17. ऐसे व्यक्तियों की संख्या जो केवल शिक्षण और खेल पसंद करते हैं, लेकिन खाना पकाना नहीं = 21 + 6 + 14 = 41

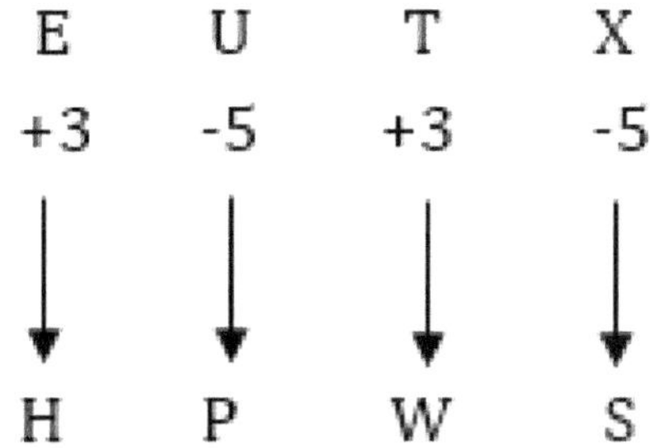

अतः विकल्प (A) सही है।

18. मान लीजिए पिता की वर्तमान आयु F है और पुत्र की S है।

दस वर्ष पहले, पिता और पुत्र की आयु $3:1$ के अनुपात में थी

$$\therefore \frac{F-10}{S-10} = \frac{3}{1}$$

$$\Rightarrow F - 10 = 3S - 30$$

$$\Rightarrow 3S = F - 10 + 30$$

$$\Rightarrow 3S = F + 20$$

$$\Rightarrow S = \frac{(F+20)}{3} \quad ......(i)$$

अब से दस वर्ष बाद यह अनुपात $2:1$ हो जाएगा

$$\therefore \frac{F+10}{S+10} = \frac{2}{1}$$

$$\Rightarrow F + 10 = 2S + 20 ....(ii)$$

समीकरण (ii) में समीकरण (i) का मान रखने पर, हमें प्राप्त होता है:

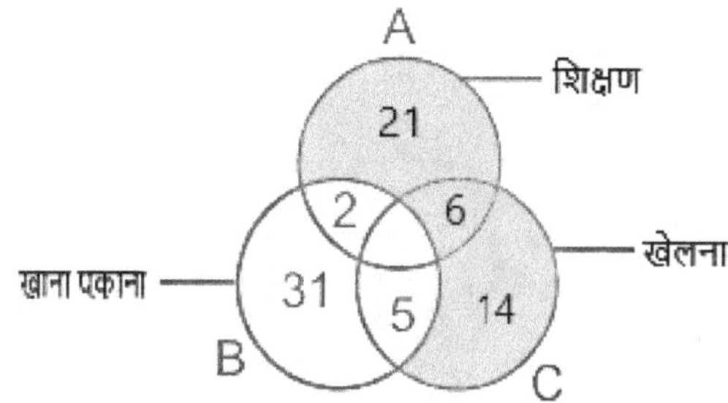

$$\Rightarrow F + 10 = 2\left(\frac{F+20}{3}\right) + 20$$

$$\Rightarrow 3(F + 10) = 2F + 40 + 60$$

$$\Rightarrow 3F + 30 = 2F + 100$$

$$\Rightarrow 3F - 2F = 100 - 30$$

$\Rightarrow F = 70$

अतः विकल्प (C) सही है।

19. यहाँ निम्न तर्क है:

तीसरी संख्या के अंकों का योग - पहली संख्या के अंकों का योग = दूसरी संख्या

$(23, 4, 45) \rightarrow (4 + 5) - (2 + 3) = 9 - 5 = 4$

$(94, 5, 99) \rightarrow (9 + 9) - (9 + 4) = 18 - 13 = 5$

$(47, 3, 78) \rightarrow (7 + 8) - (4 + 7) = 15 - 11 = 4 \neq 3$

$(29, 7, 99) \rightarrow (9 + 9) - (2 + 9) = 18 - 11 = 7$

अतः, (47, 3, 78) बेजोड़ है।

अतः विकल्प (C) सही है।

20. दिए गए शब्दों की व्यवस्था को नीचे दिखाया गया है, जिस क्रम में वे एक अंग्रेजी शब्दकोश में दिखाई देते हैं:

4. Pre**c**aution

5. Pro**c**tor

2. Pro**d**uct

1. Pro**f**ess

3. Pro**s**ecute

अतः विकल्प (D) सही है।

21. विश्व बैंक ने आगस्त तानो कुआमे को भारत का कंट्री निदेशक नियुक्त किया है। वह जुनैद कमाल अहमद की जगह लेंगे जिन्होंने हाल ही में पांच साल का कार्यकाल पूरा किया है।

कोटे डी आइवर के नागरिक आगस्त ने हाल ही में तुर्की गणराज्य के लिए विश्व बैंक के कंट्री निदेशक के रूप में कार्य किया।

अतः विकल्प (D) सही है।

22. 11वां विश्व शहरी मंच पोलैंड में आयोजित किया गया था। नेशनल इंस्टीट्यूट ऑफ अर्बन अफेयर्स (एनआईयूए) क्लाइमेट सेंटर फॉर सिटीज (एनआईयूए सी-क्यूब), वर्ल्ड रिसोर्स इंस्टीट्यूट इंडिया (डब्ल्यूआरआई इंडिया) और उनके सहयोगियों ने शहरी प्रकृति-आधारित समाधानों (एनबीएस) के लिए भारत का पहला राष्ट्रीय गठबंधन मंच लॉन्च किया।

'इंडिया फोरम फॉर नेचर-बेस्ड सॉल्यूशंस' का उद्देश्य शहरी प्रकृति-आधारित समाधानों को बढ़ाने में सहायता के लिए एनबीएस उद्यमियों, सरकारी संस्थाओं और समान विचारधारा वाले संगठनों का एक समूह बनाना है।

अतः विकल्प (B) सही है।

23. हरियाणा सरकार ने पांच लाख छात्रों को टैबलेट प्रदान करने के लिए 'ई-अधिगम' योजना शुरू की। हरियाणा सरकार के तहत 10वीं और 12वीं कक्षा के करीब पांच लाख स्कूली छात्रों को टैबलेट दिए जाएंगे।

ये डिवाइस पर्सनलाइज्ड और अडैप्टिव लर्निंग सॉफ्टवेयर के साथ प्री-लोडेड कंटेंट और 2GB फ्री डेटा के साथ आते हैं। हरियाणा सरकार ने स्कूलों के बुनियादी ढांचे और स्वच्छता पर काम करने के लिए शिक्षा क्षेत्र के लिए दो टास्क फोर्स बनाने की भी घोषणा की है।

अतः विकल्प (B) सही है।

24. 20 अप्रैल 2022 को मझगांव डॉक शिपबिल्डर्स ने प्रोजेक्ट 75 के तहत छह पनडुब्बियों में से अंतिम INS वागशीर को लॉन्च किया। पनडुब्बी को रक्षा सचिव अजय कुमार ने लॉन्च किया।

इसका नाम हिंद महासागर की एक घातक गहरे पानी की समुद्री शिकारी - सैंडफिश के नाम पर रखा गया है और पहली पनडुब्बी 'वागशीर' को भारतीय नौसेना में दिसंबर 1974 में कमीशन किया गया था। इसे भारतीय नौसेना में अप्रैल 1997 में सेवामुक्त किया गया था।

अतः विकल्प (B) सही है।

25. एड-टेक कंपनी BYJU'S को 24 मार्च 2022 को FIFA विश्व कप कतर 2022 के आधिकारिक प्रायोजक के रूप में नामित किया गया है। 2022 FIFA विश्व कप 21 नवंबर से 18 दिसंबर, 2022 तक कतर में आयोजित किया जाएगा। FIFA, सकारात्मक सामाजिक परिवर्तन लाने के लक्ष्य को प्राप्त करने के लिए फुटबॉल की शक्ति का उपयोग करने के लिए समर्पित है।

अतः विकल्प (A) सही है।

26. सिंधु जल संधि के तहत सिंधु, चिनाब और झेलम नदियां 'पश्चिमी नदियां' के रूप में शामिल हैं।

- भारत को सिंधु प्रणाली द्वारा किए गए कुल पानी का लगभग 20% आवंटित किया गया था जबकि पाकिस्तान को शेष आवंटित किया गया था।

- संधि भारत को सीमित सिंचाई उपयोग के लिए पश्चिमी नदी के पानी का उपयोग करने और बिजली उत्पादन, नेविगेशन, संपत्ति के तैरने, मछली संस्कृति आदि जैसे असीमित उपयोग के लिए अनुमति देती है।

अतः विकल्प (C) सही है।

27. पुरस्कार के पहले प्राप्तकर्ता भालचंद्र भास्कर भागवत (कुश्ती), ओम प्रकाश भारद्वाज (बॉक्सिंग) और ओ. एम. नाम्बियार (एथलेटिक्स) थे, जिन्हें 1985 में सम्मानित किया गया था।

द्रोणाचार्य पुरस्कार: प्रतिष्ठित अंतर्राष्ट्रीय खेल स्पर्धाओं में पदक विजेता का निर्माण करने के लिए 1985 में प्रतिष्ठित कोचों को सम्मानित करने के लिए इसे स्थापित किया गया था।

अतः विकल्प (D) सही है।

28. सार्वजनिक परियोजनाओं पर व्यय में वृद्धि के कदम आर्थिक मंदी के समय सबसे अधिक उठाए जाने की संभावना है।

एक आर्थिक मंदी को आम तौर पर दो या अधिक लगातार तिमाहियों के लिए सकल घरेलू उत्पाद (GDP) में गिरावट के रूप में परिभाषित किया जाता है। उच्च-ब्याज दरें मंदी का कारण होती हैं क्योंकि वे तरलता, या निवेश के लिए उपलब्ध मुद्रा की मात्रा को सीमित करती हैं। इसलिए, कथन 1 और 3 सही नहीं हैं।

मुद्रास्फीति समय की अवधि में वस्तुओं और सेवाओं की कीमतों में सामान्य वृद्धि को संदर्भित करती है। जैसे-जैसे मुद्रास्फीति बढ़ती है, समान मुद्रा राशि से खरीदी जा सकने वाली वस्तुओं और सेवाओं का प्रतिशत घट जाता है।

सार्वजनिक व्यय में वृद्धि से सकल घरेलू उत्पाद में अन्य चीजों के समान ही वृद्धि होती है। इसके अलावा, चूंकि आय व्यय का एक महत्वपूर्ण निर्धारक है, इसलिए आय में वृद्धि के बाद व्यय में वृद्धि होगी। सार्वजनिक व्यय चार मुख्य भूमिका निभाता है:

1. यह वर्तमान प्रभावी मांग में योगदान देता है;

2. यह अर्थव्यवस्था पर एक समन्वित आवेग व्यक्त करता है, जिसका उपयोग स्थिरीकरण, व्यापार चक्र व्युत्क्रमण, और विकास उद्देश्यों के लिए किया जा सकता है;

3. यह सभी के लिए वस्तुओं की सार्वजनिक बंदोबस्ती को बढ़ाता है;

4. यह, खासकर इसके पूंजी घटक के माध्यम से अर्थव्यवस्था और समाज को समग्र रूप से (या विशिष्ट क्षेत्रों और भौगोलिक क्षेत्रों में) सकारात्मक बाह्यताओं को जन्म देता है। इसलिए, कथन 2 सही है।

अतः विकल्प (B) सही है।

29. भारतीय भू-चुंबकत्व संस्थान (IIG), एक स्वायत्त अनुसंधान संस्थान ने एक स्वदेशी ओवरहाउसर मैग्नेटोमीटर विकसित किया, जो दुनिया भर के सभी चुंबकीय वेधशालाओं में व्यापक रूप से उपयोग किए जाने वाले सबसे सटीक मैग्नेटोमीटर में से एक है।

IIG के इंस्ट्रूमेंटेशन डिवीजन की एक टीम ने काम को समझने के लिए विभिन्न स्पेक्ट्रोस्कोपिक टूल और सैद्धांतिक सिमुलेशन का इस्तेमाल किया। उन्होंने विभिन्न नियंत्रण प्रयोग भी किए जिनमें सेंसर संरचना को बदलना और सेंसर के प्रदर्शन की जांच करना शामिल है।

अतः विकल्प (A) सही है।

30. संविधान के भाग 7 को 7वें संशोधन अधिनियम द्वारा निरस्त किया गया था। इसमें प्रथम अनुसूची के भाग B में राज्यों का समावेश था।

भाग B के राज्य हैदराबाद, जम्मू और कश्मीर, मध्य भारत, मैसूर, पटियाला और पूर्वी पंजाब राज्य संघ (PEPSU), राजस्थान, सौराष्ट्र और त्रावणकोर-कोचीन थे।

- भाग 22 में लघु पाठ, संचार, आधिकारिक पाठ हिंदी और निरसन के साथ संबंधित हैं।
- भाग 11 संघ और राज्यों के बीच संबंधों से संबंधित है।
- भाग 5 संघ से संबंधित है।

अतः विकल्प (C) सही है।

31. भारत के संविधान में पहला संशोधन 1951 में किया गया था। संशोधन अनुसूचित जातियों, जनजातियों और पिछड़े वर्गों के कल्याण के लिए किया गया था। इसने शैक्षणिक या शैक्षणिक संस्थानों में आर्थिक रूप से कमजोर वर्गों के लिए 10 प्रतिशत कोटा प्रदान किया। इसने अनुच्छेद 15, 19, 85, 87, 174, 176, 341, 342, 372 और 376 में संशोधन किया। इसने भारतीय संविधान की नौवीं अनुसूची को भी सम्मिलित किया। अनुच्छेद 31ए और 31बी भी शामिल किए गए।

अतः विकल्प (A) सही है।

32. भाखड़ा नांगल बांध सतलुज नदी पर स्थित है।

भाखड़ा बांध सतलुज नदी पर बनाया गया है और नंगल शहर के पास हिमाचल प्रदेश और पंजाब सीमा पर स्थित है। यह सिंचाई के साथ-साथ जल-विद्युत प्रयोजनों के लिए अभिप्रेत है।

अतः विकल्प (A) सही है।

33. समुद्रगुप्त को 'भारत का नेपोलियन' कहा जाता था।

समुद्रगुप्त:

- उसने 335 ई.पू. से 380 ई.पू. तक शासन किया।
- समुद्रगुप्त गुप्त वंश का सबसे महान राजा था।
- समुद्रगुप्त के शासनकाल का सबसे विस्तृत और प्रामाणिक अभिलेख प्रयाग प्रशस्ति/इलाहाबाद स्तंभ शिलालेख में संरक्षित है, जिसे उनके दरबारी कवि हरिषेण ने लिखा है।
- समुद्रगुप्त के सैन्य अभियान वी.ए. स्मिथ द्वारा भारत के नेपोलियन के रूप में उनके वर्णन को सही ठहराते हैं।
- उन्होंने कविराज, परम भागवत, अश्वमेध- पराक्रम, विक्रम, सर्व-राज-रजोचचेत, जैसे उपाधियों को धारण किया, केवल गुप्त शासक को सर्व-राज-रजोचचेत की उपाधि प्राप्त थी।

अतः विकल्प (A) सही है।

34. 31 अक्टूबर, 1920 को, अखिल भारतीय ट्रेड यूनियन कांग्रेस का पहला सत्र लाला लाजपत राय के नेतृत्व में बॉम्बे में आयोजित किया गया था, इस प्रकार AITUC की शुरुआत हुई।

अतः विकल्प (B) सही है।

35. अवंती महाजनपद के दक्षिणी भाग की राजधानी महिष्मती में स्थित थी। यह वर्तमान मालवा क्षेत्र में नर्मदा नदी के तट पर स्थित था। अवंती महाजनपद बौद्ध धर्म के उदय में महत्वपूर्ण था।

अतः विकल्प (A) सही है।

36. झारखंड के तुसु त्योहार में सूर्य देव की पूजा की जाती है।

- यह त्योहार मकर संक्रांति के दिन सिंहभूम जिले के आदिवासी लोगों के महतो समुदाय द्वारा मनाया जाता है।
- यह एक लोक त्योहार है।
- यह मकर संक्रांति के दिन मनाया जाता है, जो बंगाली महीने पौष का आखिरी दिन है।
- स्थानीय भाषा में इसे मकर पर्व भी कहा जाता है।
- त्योहार स्थानीय सामान्य विश्वास को एकजुट करने और फसल की खुशी का आनंद लेने के लिए मनाया जाता है।
- उत्सव में, ग्रामीण मेलों का भी आयोजन किया जाता है।

अतः विकल्प (A) सही है।

37. नाइट्रस ऑक्साइड, जिसे आमतौर पर हंसाने वाली गैस के रूप में जाना जाता है, एक रंगहीन गैर-ज्वलनशील गैस है, जिसमें हल्की धातु की गंध और स्वाद होता है। इसके संवेदनाहारी और दर्द कम करने वाले प्रभावों के लिए इसका उपयोग शल्य चिकित्सा और दंत चिकित्सा में भी किया जाता है।

अतः विकल्प (A) सही है।

38. वस्तुओं के उत्पादन, वितरण और उपभोग को आर्थिक गतिविधि कहा जाता है। जब लोग वस्तुओं और सेवाओं के उत्पादन में लगे होते हैं, तो उन्हें आर्थिक गतिविधियों में लगे हुए कहा जाता है।

अतः विकल्प (B) सही है।

39. मराठी समाचार-पत्र 'केसरी' की स्थापना लोकमान्य तिलक ने की थी। केसरी अखबार मराठी भाषा का भारतीय अखबार है।

- अखबार की शुरुआत 1881 में भारतीय स्वतंत्रता आंदोलन के एक प्रमुख व्यक्तित्व, लोकमान्य बाल गंगाधर तिलक द्वारा की गई थी।
- केसरी अखबार की शुरुआत मूल रूप से अगरकर (पेपर के पहले संपादक), चिप्लुंकर और तिलक द्वारा एक सहकारी प्रयास के रूप में की गई थी, और तिलक के अंग्रेजी अखबार, महरात्ता के साथ प्रकाशित किया गया था, ताकि लोगों को विनम्र होने के बजाय उस समय की दमनकारी व्यवस्था के खिलाफ उठने के लिए प्रोत्साहित करने के लिए किया गया।
- केसरी अभी भी पुणे में मूल कार्यालयों से प्रकाशित है। स्थानीय, राष्ट्रीय और अंतर्राष्ट्रीय समाचारों की रिपोर्ट करते हुए, यह पत्र आज भी महाराष्ट्र के प्रमुख दैनिक समाचार पत्रों में से एक है।

अतः विकल्प (A) सही है।

40. राज्यपाल राज्य का संवैधानिक प्रमुख होता है।

- राज्यपाल के पास राज्य की सभी कार्यकारी और विधायी शक्तियाँ होती हैं।
- राज्यपाल राज्य के पहले व्यक्ति हैं।
- संविधान के अनुच्छेद 153 में कहा गया है कि प्रत्येक राज्य में एक राज्यपाल होना चाहिए।

अतः विकल्प (C) सही है।

41. दिया है,

123457Y

यदि कोई संख्या 8 से पूरी तरह से विभाज्य है, तो संख्या के अंतिम तीन अंकों को भी 8 से विभाज्य होना चाहिए।

⇒ 57Y को 8 से विभाज्य होना चाहिए और '57' से शुरू होने वाली तीन अंकों की संख्या जो 8 से विभाज्य है = 576

⇒ Y = 6

अतः विकल्प (D) सही है।

42. 300 को 9 से विभाजित करने पर, हमें मिलता है: 300 = 9 × 33 + 3

इस प्रकार, सबसे छोटी संख्या जिसे 300 = 3 से घटाया जाना चाहिए,

इसके अलावा, 300 - 3 = 297, 9 से पूरी तरह से विभाज्य है।

अतः विकल्प (C) सही है।

43. दिया है,

एक परीक्षा में 15% छात्र अनुत्तीर्ण हुए

परीक्षा में उपस्थित कुछ छात्र = 1500

परीक्षा में उत्तीर्ण छात्र = 85%

परीक्षा में उत्तीर्ण छात्रों की संख्या $= \left(\dfrac{85}{100}\right) \times 1500 = 1275$

∴ परीक्षा में उत्तीर्ण छात्रों की संख्या 1275 है।

अतः विकल्प (C) सही है।

44. दिया है:

658 बैगों को तीन भागों में बांटा गया है, $\left(\dfrac{3}{2}\right):\left(\dfrac{5}{3}\right):\left(\dfrac{3}{4}\right)$ के समानुपाती हैं।

तीसरा भाग = (तीसरा अनुपात × कुल) / अनुपात का योग

अनुपात $= \dfrac{3}{2} : \dfrac{5}{3} : \dfrac{3}{4}$

$= 18 : 20 : 9$

अनुपात का योग $= 47$

तीसरा भाग $= \dfrac{(9 \times 658)}{47} = 126$

अतः विकल्प (A) सही है।

45. दिया है,

तीन संख्याओं का अनुपात 7 : 8 : 9 है।

उनके वर्गों का योग 776 है।

माना तीन संख्याएँ 7X, 8X और 9X हैं।

पहली संख्या का वर्ग + दूसरी संख्या का वर्ग + तीसरी संख्या का वर्ग = 776

⇒ $(7X)^2 + (8X)^2 + (9X)^2 = 776$

⇒ $49X^2 + 64X^2 + 81X^2 = 776$

⇒ $194X^2 = 776$

⇒ $X^2 = \dfrac{776}{194}$

⇒ $X^2 = 4$

⇒ $X = 2$

पहली संख्या = 7X = 14

दूसरी संख्या = 8X = 16

तीसरी संख्या = 9X = 18

योग = 14 + 16 + 18 = 48

∴ अभीष्ट योग 48 है।

अतः विकल्प (D) सही है।

46. दिया गया है,

60 अवलोकनों का औसत $= 42$

जैसा कि हम जानते हैं,

औसत $=$ सभी अवलोकनों का योग/अवलोकनों की कुल संख्या

60 अवलोकनों का योग $= 60 \times 42 = 2520$

यदि 50 को 20 से प्रतिस्थापित किया जाता है तो 60 अवलोकनों का नया योग $= 2520 - 50 + 20 = 2490$

∴ 60 अवलोकनों का नया औसत $= \dfrac{2490}{60} = 41.5$

अतः विकल्प (D) सही है।

47. दिया गया,

मूलधन, $P =$ रु. 1000

चक्रवृद्धि दर, $R = 20\%$ प्रतिवर्ष

$= \dfrac{20}{2} = 10\%$ अर्धवार्षिक

समय $= 18$ महीना $= 3$ अर्द्ध वर्ष

मिश्रधन,

$$A = \left\{ P \times \left[1 + \left(\dfrac{R}{100}\right) \right]^{n} \right\}$$

$$= \left\{ 1000 \times \left[1 + \left(\dfrac{10}{100}\right) \right]^{3} \right\}$$

$$= \dfrac{1000 \times 11 \times 11 \times 11}{10 \times 10 \times 10}$$

$A =$ रु. 1331

तो, चक्रवृद्धि ब्याज $=$ रु. 331

अतः विकल्प (A) सही है।

48. एलन ने अपने दो आइपॉड को बिना किसी लाभ या हानि के 8400 रुपये में बेच दिया।

कुल बिक्री मूल्य $= 8400 + 8400 = 16800$

1 मोबाइल की लागत मूल्य $= 8400\left(\dfrac{100}{70}\right)$

$= 12000$

2 मोबाइल का मूल्य बेचना $= 8400$

2 मोबाइल की लागत मूल्य $= 16800 - 12000$

$= 4800$

लाभ प्रतिशत $= \left(\frac{8400-4800}{4800}\right) \times 100$

$= 75\%$

अतः विकल्प (D) सही है।

49. क्रय मूल्य $= 15000$

विक्रय मूल्य $= \left(\frac{70}{100}\right) \times 15000$

$= 10500$

नया विक्रय मूल्य $= 10500 + 2000$

$= 12500$

हानि प्रतिशत ={(लागत मूल्य - विक्रय मूल्य)/लागत मूल्य}× 100

हानि प्रतिशत $= \left(\frac{15000-12500}{15000}\right) \times 100$

$= \frac{2500}{150}$

$= \frac{50}{3}$

$= 16.66\%$

अतः विकल्प (A) सही है।

50. लागत मूल्य 100 रुपये मान ले:

फिर मूल्य को चिह्नित करें जो लागत मूल्य से (30%) ज्यादा है,

अंकित मूल्य $= (100 + 100$ का 30% $) =$ रु 130

दुकानदार चिह्नित मूल्य पर 10% की छूट देता है, फिर

विक्रय मूल्य $= (130 - 130$ का 10 % $) =$ रु 117

लाभ $= 117 - 100 =$ रु 17

लाभ $\% = \frac{17 \times 100}{100}$

$= 17\%$

अतः विकल्प (D) सही है।

51. दिया है:

समबाहु त्रिभुज का क्षेत्रफल सेमी $= 4\sqrt{3}$ सेमी ^{2}

$\Rightarrow \frac{\sqrt{3}}{4} a^2 = 4\sqrt{3}$ सेमी ^{2}

$\Rightarrow a^2 = 16$

$\Rightarrow a = 4$ सेमी

समबाहु त्रिभुज का परिमाप$= 3a$

$= 4 \times 3$

$= 12$ सेमी

अतः विकल्प (B) सही है।

52. माना बनाए जा सकने वाले बेलनों की संख्या 'n' है।

$\therefore$ गोलाकार गेंद का आयतन $= n \times$ एक बेलन का आयतन

$\Rightarrow \frac{4}{3}\pi r^3 = n \times \pi r^2 h$

$\Rightarrow \frac{4}{3} \times \frac{22}{7} \times 9 \times 9 \times 9 = n \times \frac{22}{7} \times 0.6 \times 0.6 \times 1$

$\Rightarrow n = 2700$

अतः विकल्प (D) सही है।

53. दिया गया है:

संख्याओं का अनुपात $= 4 : 9$

संख्याओं का लघुत्तम $= 720$

माना संख्याएं $4a$ और $9a$ है

$9a$ का अभाज्य गुणनखंड $= a \times 3 \times 3$

$\therefore 4a$ और $9a$ का लघुत्तम $= a \times 2 \times 2 \times 3 \times 3$ $\therefore$

$= 36 \times a$

$\because 4a$ और $9a$ का लघुत्तम $= 720$ ..... -(दिया गया है)

$\therefore 36 \times a = 720$

$\Rightarrow a = \frac{720}{36}$

$\Rightarrow a = 20$

$\therefore$ संख्याएं है $4a = 4 \times 20 = 80$

$9a = 9 \times 20 = 180$

$\therefore$ संख्याओं का योग $= 180 + 80$

$= 260$

अतः विकल्प (A) सही है।

54. निवेश का अनुपात लाभ के अनुपात से मेल खाता है:

A का लाभ: B का लाभ: C का लाभ

$= A : B : C$

$= 380 : 400 : 420$

$= 19 : 20 : 21$

A के लाभ का हिस्सा $= \frac{19}{60} \times 180 = 57$ रु.

B के लाभ का हिस्सा $= \frac{20}{60} \times 180 = 60$ रु.

C के लाभ का हिस्सा $= \frac{21}{60} \times 180 = 63$ रु.

अतः विकल्प (B) सही है।

55. $\left(\frac{3}{4} \times \frac{2}{9}\right) + \left(\frac{8}{5} \div \frac{12}{5}\right) - \left(\frac{2}{3} \times \frac{1}{4}\right) = ?$

$$\Rightarrow \left(\frac{3}{4} \times \frac{2}{9}\right) + \left(\frac{8}{5} \times \frac{5}{12}\right) - \left(\frac{2}{3} \times \frac{1}{4}\right) = ?$$

$$\Rightarrow \frac{1}{6} + \frac{2}{3} - \frac{1}{6} = ?$$

$$\therefore ? = \frac{2}{3}$$

अत: विकल्प (B) सही है।

56. दिया गया है,

$$19 \div \left[1 - \frac{1}{2} + 2\frac{2}{3}\right] = ?$$

$$\Rightarrow ? = 19 \div \left[1 - \frac{1}{2} + \frac{8}{3}\right]$$

$$\Rightarrow ? = 19 \div \left[\frac{6-3+16}{6}\right]$$

$$\Rightarrow ? = 19 \div \left[\frac{3+16}{6}\right]$$

$$\Rightarrow ? = 19 \div \left[\frac{19}{6}\right]$$

$$\Rightarrow ? = 19 \times \frac{6}{19}$$

$$\Rightarrow ? = 6$$

अत: विकल्प (B) सही है।

57. माना कि अभीष्ट भिन्न $\frac{x}{y}$ है।

किसी भिन्न के अंश में 2 जोड़ा जाता है, तो यह घटकर $\left(\frac{1}{2}\right)$ हो जाता है।

$$\frac{x+2}{y} = \frac{1}{2}$$

$$\Rightarrow 2(x + 2) = y$$

$$\Rightarrow 2x + 4 = y$$

$$\Rightarrow 2x - y = -4 \quad ..... (i)$$

हर में से 1 घटाया जाता है, तो यह घटकर $\left(\frac{1}{3}\right)$ हो जाता है।

$$\frac{x}{y-1} = \frac{1}{3}$$

$$\Rightarrow 3x = 1(y - 1)$$

$$\Rightarrow 3x - y = -1 \quad ..... (ii)$$

(i) को (ii) से घटाने पर हम पाते हैं:

$$x = (-1 + 4) = 3$$

$x = 3$ को (i) में प्रतिस्थापित करने पर, हम प्राप्त करते हैं:

$$2 \times 3 - y = -4$$

$$\Rightarrow 6 - y = -4$$

$$\Rightarrow y = (6 + 4) = 10$$

$$\therefore x = 3 \text{ तथा } y = 10$$

इसलिए, अभीष्ट भिन्न $\frac{3}{10}$ है।

अत: विकल्प (D) सही है।

58. माना सामान्य गति 4 किमी/घंटा है,

यात्रा की गति $= 4 \times \left(\frac{3}{4}\right) = 3$ किमी/घंटा

यात्रा की गति और सामान्य गति का अनुपात = 4x : 3x

जैसा कि हम जानते हैं,

समय गति का व्युक्रमानुपाती होता है।

यात्रा के समय और सामान्य समय का अनुपात = 3x : 4x

4x – 3x = 15

$$\Rightarrow x = 15$$

∴ सामान्य समय = 3x = 3 × 15 = 45 मिनट

अत: विकल्प (D) सही है।

59. दिया हुआ है:

प्रिंसिपल $=$ रु 30000

दर $= 10\%$

समय $= 5$ वर्ष

मान लें की बैंक द्वारा निवेश के बदले फायेदा $r\%$ है

प्रश्न के अनुसार:

$$7800 = \left(\frac{30000 \times 10 \times 5}{100}\right) - \left(\frac{30000 \times r \times 3}{100}\right)$$

$$7800 = 15000 - 900r$$

$$r = 8\%$$

∴ बैंक द्वारा निवेश के बदले फायेदा 8% है

अत: विकल्प (D) सही है।

60. दिया हुआ,

A कार्य को 24 दिनों में कर सकता है।

B कार्य को 16 दिनों में कर सकता है।

C कार्य को 12 दिनों में कर सकता है।

दक्षता = कुल कार्य/लिया गया समय

24,16 और 12 का लघुत्तम समापवर्त्य $= 48 =$ कुल कार्य

A की दक्षता $= \frac{48}{24} = 2$ इकाई/दिन

B की दक्षता $= \frac{48}{16} = 3$ इकाई/दिन

C की दक्षता $= \frac{48}{12} = 4$ इकाई/दिन

A, B और C की एकसाथ कुल दक्षता $= (2 + 3 + 4) = 9$ इकाई/दिन

$$A, B \text{ और } C \text{ द्वारा लिया गया समय } = \frac{48}{9} = \frac{16}{3} = 5\frac{1}{3} \text{ दिन}$$

∴ यदि वे सभी एक साथ कार्य करते हैं तो उनके द्वारा लिया गया समय $5\frac{1}{3}$ दिन है।

अतः विकल्प (A) सही है।

61. जो विद्यार्थी **नियमित** पढ़ाई करते हैं उन्हें अच्छे अंक मिलते है।

नियमित शब्द का अर्थ: रोजाना, नियमबद्ध।

अतः विकल्प (A) सही है।

62. मेरा समय **से** वहां पहुँचाना बहुत जरुरी है।

रिक्त स्थान पर सबसे उपयुक्त विकल्प 'से' है। अन्य विकल्प असंगत है।

अतः विकल्प (B) सही है।

63. उर्वरकों ने मिट्टी की उत्पादकता को कम कर दिया है।

उत्पादकता का अर्थ होता है - उत्पादन क्षमता

गरिमा का अर्थ होता है - मर्यादा

पवित्रता का अर्थ होता है - शुद्धता

उपलब्धता का अर्थ होता है - सुलभता

अतः विकल्प (D) सही है।

64. 'हमें चलना चाहिए।' शुद्ध वाक्य है क्योंकि अन्य विकल्पों में त्रुटियां हैं।

'मैं जाऊंगा दिल्ली' वाक्य में पदक्रम सम्बन्धी त्रुटि है।'मैं जाऊंगा दिल्ली' के स्थान पर 'मैं दिल्ली जाऊंगा' उचित होगा।

'क्यों तुम नहीं जाते वहां?' वाक्य में पदक्रम सम्बन्धी त्रुटि है। 'तुम क्यों नहीं जाते वहां?' उचित वाक्य होगा।

'बैठो और पढ़ो पुस्तक।' वाक्य में पदक्रम सम्बन्धी त्रुटि है।'बैठो और पुस्तक पढ़ो' उचित वाक्य होगा।

अतः विकल्प (D) सही है।

65. 'किसी की सहायता करने वाला' से तात्पर्य है 'सहायक, सहयोगी'।

अन्य विकल्प:

- सहृदय अर्थात 'दयालुता, करुणा'।
- सहचर अर्थात 'साथ चलने वाला'।
- सहकार अर्थात 'साथ काम करने वाला'।

अतः विकल्प (A) सही है।

66. दिए गए वाक्य 'जहाँ जाना कठिन हो' के लिए एक शब्द दुर्गम होगा।

जंगल : वह स्थान, जहाँ घने पेड़, लता-झाड़ियों के साथ जीव-जंतुओं की बहुतायत होती है

गमन : एक स्थान से दूसरे स्थान पर आने-जाने की क्रिया

अगम : जहाँ कोई पहुँच न सके

अतः विकल्प (B) सही है।

67. 'अनुसरण' का अर्थ है 'पीछे चलना'। इस शब्द की वर्तनी शुद्ध है। अतः सही विकल्प 'अनुसरण' है।

अन्य विकल्प:

अशुद्ध रूप	शुद्ध रूप	अर्थ
अद्वितिय	अद्वितीय	अनोखा

आजीविका	आजीविका	रोज़गार
अनूकूल	अनुकूल	अनुरूप, माफ़िक

अतः विकल्प (A) सही है।

68. गद्यांश के अनुसार, "इस आयोजन में प्रिटोरिया डरबन और नेटाल के भारतीय आए थे। अब्दुल्ला एंड कंपनी के मुकदमे को निपटाने के बाद महात्मा गाँधी वापसी आने के लिए तैयार थे। तभी एक भारतीय व्यापारी ने महात्मा गाँधी को 'नेटाल मर्करी' नामक एक समाचार पत्र दिया और उनसे 'इंडियन फ्रेंचाईज़' नामक शीर्षक से छपा लेख पढ़ने के लिए कहा।"

इसलिए निष्कर्ष निकाला जा सकता है कि गाँधी जी अब्दुल्ला एंड कंपनी का मुकदमा लड़ने के लिए डरबन गए थे।

अतः विकल्प (A) सही है।

69. गद्यांश के अनुसार, "22 मई 1894 की शाम थी। डरबन स्थित अब्दुल्ला के घर पर महात्मा गाँधी की विदाई व रात्रिभोज का आयोजन था।"

इसलिए निष्कर्ष निकाला जा सकता है कि रात्रिभोज का आयोजन महात्मा गाँधी की विदाई के लिए किया गया था।

अतः विकल्प (B) सही है।

70. गद्यांश के अनुसार, "तभी एक भारतीय व्यापारी ने महात्मा गाँधी को 'नेटाल मर्करी' नामक एक समाचार पत्र दिया और उनसे 'इंडियन फ्रेंचाईज़' नामक शीर्षक से छपा लेख पढ़ने के लिए कहा।"

इसलिए निष्कर्ष निकाला जा सकता है कि गद्यांश में नेटाल मर्करी समाचार पत्र का उल्लेख किया गया है।

अतः विकल्प (A) सही है।

71. गद्यांश के अनुसार, "दरअसल यह लेख नेटाल विधानसभा में पेश किए गए मताधिकार संशोधन विधेयक के विषय में जिसमें भारतीयों को मताधिकार से वंचित करने के सभी पक्षों की विवेचना थी। इसका सारांश यह था कि जिन लोगों ने अपने देश में मताधिकार का उपयोग नहीं किया उन्हें दूसरे देश में मताधिकार देने का कोई मतलब नहीं है।"

इसलिए निष्कर्ष निकाला जा सकता है कि मताधिकार संशोधन विधेयक का उद्देश्य भारतीयों को मताधिकार से वंचित करना था।

अतः विकल्प (B) सही है।

72. 'दन्त' का पर्यायवाची शब्द 'द्विज' है।

'दन्त' के पर्यायवाची शब्द -दशन, दंश, रदन, रद, द्विज, मुखखुर इत्यादि है।

अतः विकल्प (A) सही है।

73. 'आमिष' का विलोम शब्द 'निरामिष' होगा।

आमिष का अर्थ है: मांस या शिकार जबकि

निरामिष का अर्थ है: मांसरहित या मांस न खानेवाला।

अतः विकल्प (A) सही है।

74. जब कोई पूरा कथन किसी प्रसंग विशेष में उद्धत किया जाता है तो लोकोक्ति कहलाता है।

'कोयले की दलाली में मुँह काला' लोकोक्ति का अर्थ बुरे काम से बुराई मिलना है।

वाक्य प्रयोग - तुम्हें कितना मना किया कि महेश की संगति छोड़ दो अब उसके चक्कर में तुम्हें भी जेल जाना पड़ेगा। कोयले की दलाली में तो मुँह काला ही होगा।

अतः विकल्प (B) सही है।

75. खूटे के बल कूदना मुहावरे का उचित अर्थ '**कोई सहारा मिलने पर अकड़ना**' है।

वाक्य प्रयोग- छोटे-मोटे गुण्डे किसी खूटे के बल ही कूदते हैं।

'मुहावरे' का अर्थ बोलचाल की भाषा में सांकेतिक रूप से किसी भाव को प्रकट करना होता है। जैसे- आँखों से गिरना, आकाश से बातें करना आदि।

अतः विकल्प (A) सही है।

76. रेखांकित वाक्यांश इम्तिहान लेने वाला के लिए एक शब्द 'परीक्षक' है।

इस प्रकार वाक्य 'वैभव को उस विद्यालय में परीक्षक बनकर जाना है।' होगा।

अतः विकल्प (B) सही है।

77. रेखांकित वाक्यांश कम बोलती के लिए एक शब्द 'मितभाषी' है।

इस प्रकार वाक्य 'ममता मितभाषी है।' होगा।

अतः विकल्प (C) सही है।

78. वाक्य का अशुद्ध भाग : केवल बीस रुपये मात्र थे।

वाक्य में केवल और मात्र दोनों ही शब्द व्यक्ति के पास धन की मात्रा इंगित करते है। अतः यहां दोनों शब्दों में से किसी एक का प्रयोग उचित है।

शुद्ध वाक्य : मैं पटना गया तो उस समय मेरे पास केवल बीस रुपये थे।

अतः विकल्प (D) सही है।

79. वाक्य का अशुद्ध भाग : वक्ष पर सांप लोटने लगे।

दिए गए वाक्य में गलत मुहावरे का प्रयोग किया गया है। सही मुहावरा **सीने पर सांप लोटना** है।

'सीने पर साँप लोटना' हिन्दी का प्रसिद्ध मुहावरा है जिसका अर्थ है 'ईर्ष्या करना'।

शुद्ध वाक्य : राम के धनुष भंग करते ही दूसरे राजाओं के सीने पर सांप लोटने लगे।

अतः विकल्प (C) सही है।

80. 'वृक्ष' का समानार्थी शब्द तरु है।

'वृक्ष' के समानार्थी शब्द - तरू, अगम, पेड़, पादप, विटप, गाछ, दरख्त, शाखी, विटप, द्रुम इत्यादि है।

अतः विकल्प (A) सही है।

General Intelligence and Reasoning

Q.1 निर्देश: निम्नलिखित प्रश्न में दिए गए सेट के समान चार वैकल्पिक समूह में से संख्याओं के समूह को चुनिए।

दिया हुआ समूह : (246, 257, 358)

A. (233, 343, 345) **B.** (273, 365, 367)
C. (143, 226, 237) **D.** (145, 235, 324)

Q.2 आठ मित्र A, B, C, D, E, F, G और H एक वृताकार मेज के चारो ओर एक दूसरे के सामने भोजन करने के लिए बैठे हैं। A, F के विपरीत है और B के दाईं ओर तीसरा है। G, F और D के बीच में है। H, D के बाईं ओर है। E, C और A के बीच में है। C के विपरीत कौन बैठा है?

A. D **B.** F **C.** B **D.** A

Q.3 निर्देश: निम्नलिखित संख्या श्रृंखला में प्रश्नवाचक चिन्ह के स्थान पर क्या आना चाहिए?

34, 42, 50, 56, 62, 66, ?

A. 68 **B.** 72 **C.** 67 **D.** 70

Q.4 निर्देश: दिए गए विकल्पों में से उस विकल्प का चयन करें, जो दी गई प्रश्न आकृति में सन्निहित है। (घूर्णन की अनुमति है)

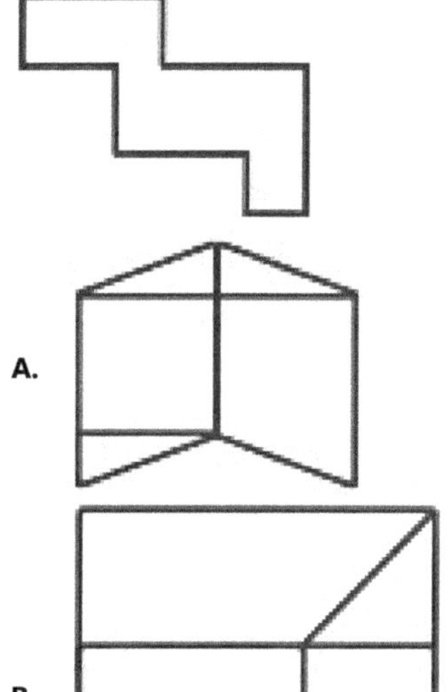

A.

B.

C.

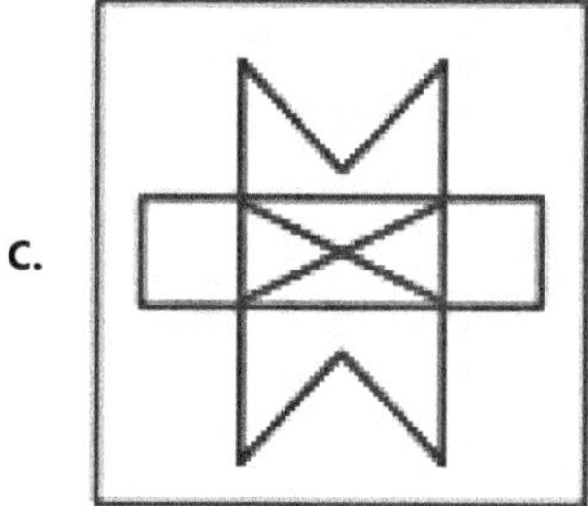

D.

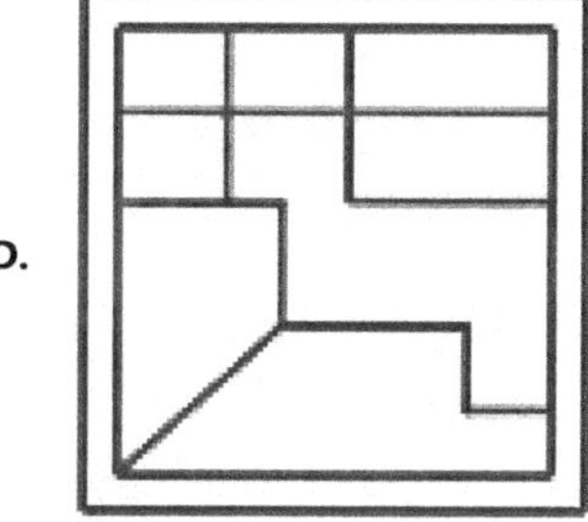

Q.5 यदि एक दर्पण को MN रेखा पर रखा जाता है, तो दी गई आकृति का सही दर्पण प्रतिबिम्ब कौन सा होगा?

[Rajasthan Police Constable, 2020]

A.

B.

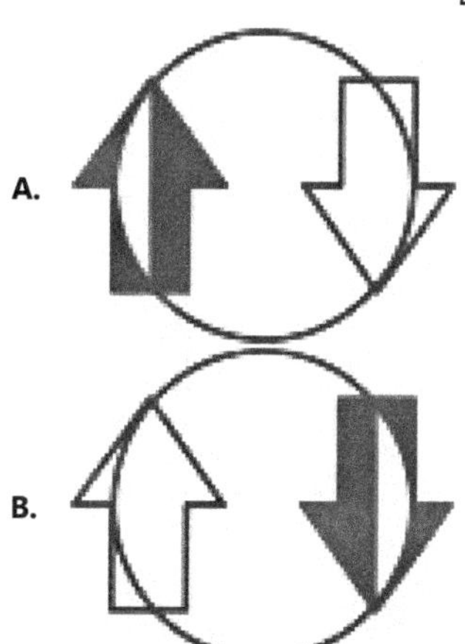

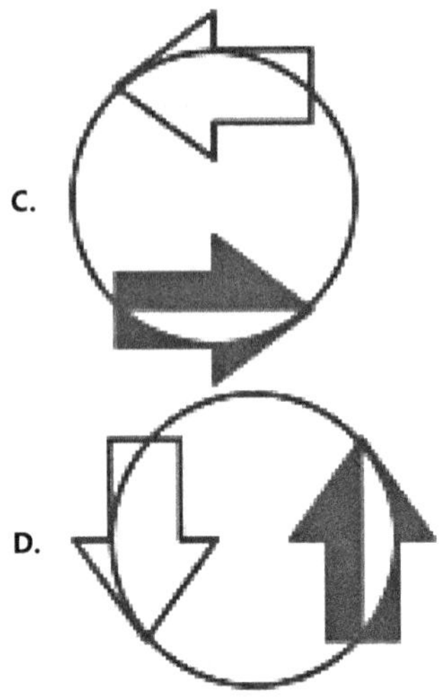

C.

D.

Q.6 निर्देश: निम्नलिखित प्रश्न में चार आकृतियां दी गयी हैं। उस उत्तर आकृति का चयन कीजिए जो प्रश्न द्वारा स्थापित श्रृंखला को पूर्ण करेगी।

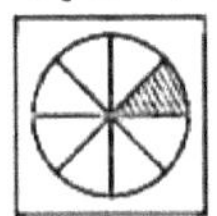 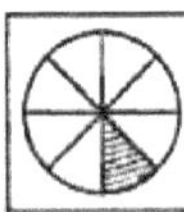 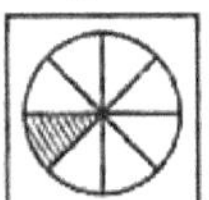 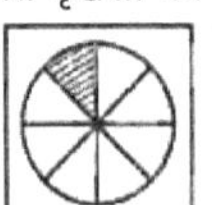 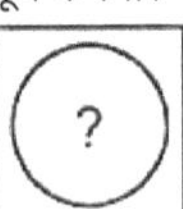

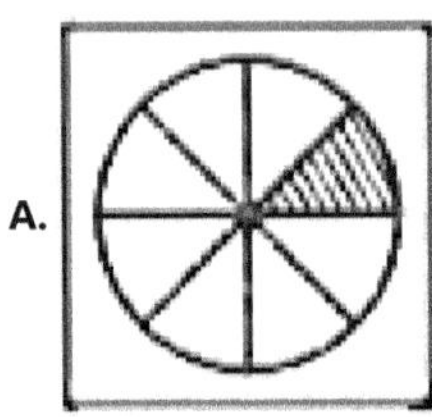

A.

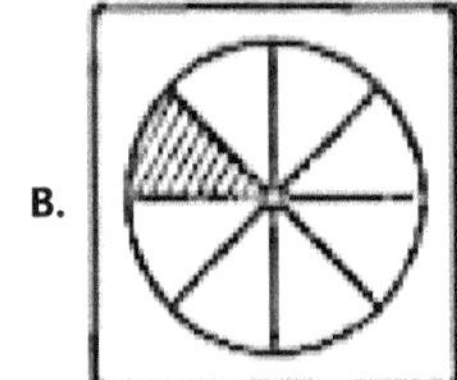

B.

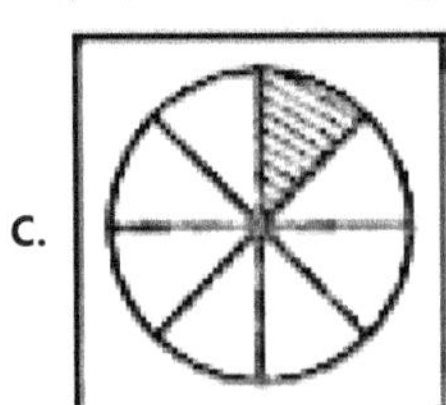

C.

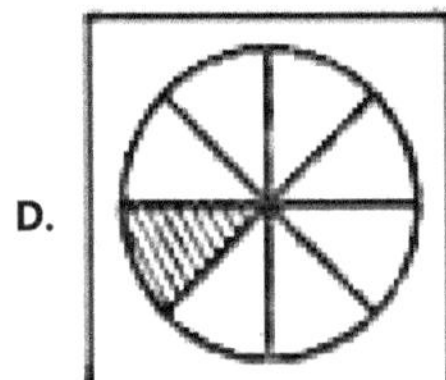

D.

Q.7 निर्देश: निम्नलिखित प्रश्न में, दिए गये विकल्पों में से वह संख्या चुनिए जिसे प्रश्न चिह्न (?) के स्थान पर रखा जा सकता है।

4	8	20
9	3	15
6	6	?

A. 22   **B.** 18   **C.** 16   **D.** 26

Q.8 निम्नलिखित शब्दों को शब्दकोश के क्रम में व्यवस्थित कीजिए-

1. Live
2. Litter
3. Little
4. Literacy
5. Living

A. 34215   **B.** 32451   **C.** 43521   **D.** 42315

Q.9 अमर, अकबर और एंथोनी की कुल आयु 80 वर्ष है। तीन वर्ष पूर्व उनकी आयु का योग कितना था?

A. 71 वर्ष   **B.** 72 वर्ष   **C.** 74 वर्ष   **D.** 77 वर्ष

Q.10 नीचे एक ही पासे की चार स्थितियों को दर्शाया गया है, पक्ष 1 की विपरीत सतह को ज्ञात कीजिए।

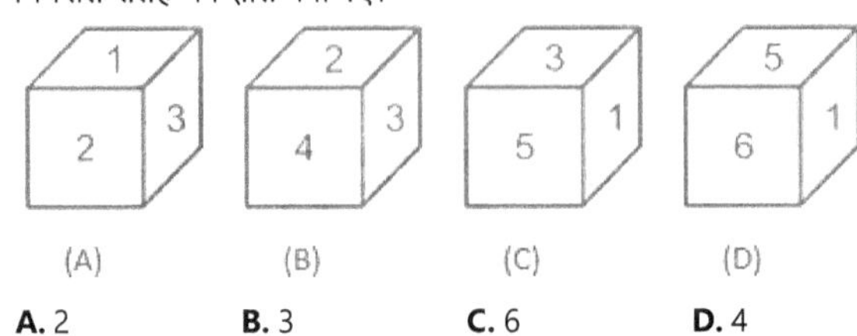

A. 2   **B.** 3   **C.** 6   **D.** 4

Q.11 निर्देश: दिए गए कथन (कथनों) और निष्कर्षों को ध्यानपूर्वक पढ़िये और चयन कीजिए कि कौन से निष्कर्ष दिए गये कथनों का तार्किक रूप से अनुसरण करता है।

कथन:

सभी आकाश बादल हैं।

सभी बादल वर्षा हैं।

निष्कर्ष:

I. सभी आकाश वर्षा हैं।

II. कुछ वर्षा आकाश हैं।

A. केवल I अनुसरण करता है

B. केवल II अनुसरण करता है

C. दोनों I और II अनुसरण करते हैं

D. न तो I और न ही II अनुसरण करता है

Q.12 एक कूट भाषा में, INDICATOR को JOEJBCVQT के रूप में लिखा जाता है। उस भाषा में EMOTIONAL को कैसे लिखा जाएगा?

[SSC Selection Post Phase IX, 2020]

A. FNAUJQPCN   **B.** FNPUHQPCN

C. GNPUHTRCM   **D.** FNPDKQPCN

Q.13 उस सही विकल्प को चुनिये जिसका वही संबंध तीसरे पद से है जो संबंध दूसरे पद का पहले पद से है:

KCA : HBE : : EBH : ?

[KVS Trained Graduate Teacher, 2018]

A. CBM   **B.** CGE   **C.** BCM   **D.** CBE

Q.14 निर्देश: चार शब्द दिए गए हैं, जिनमें से तीन एक निश्चित तरीके से समान हैं जबकि बाकी एक अलग है। अलग अलग पता करें?

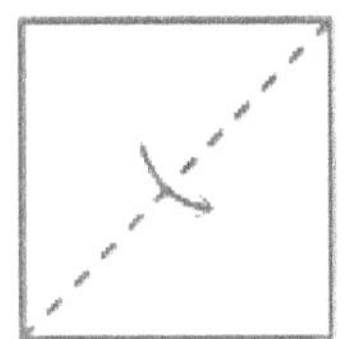 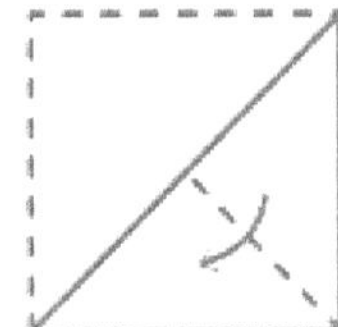 

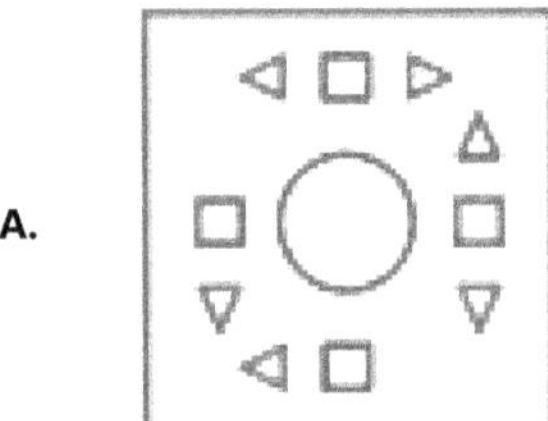

A.

B. 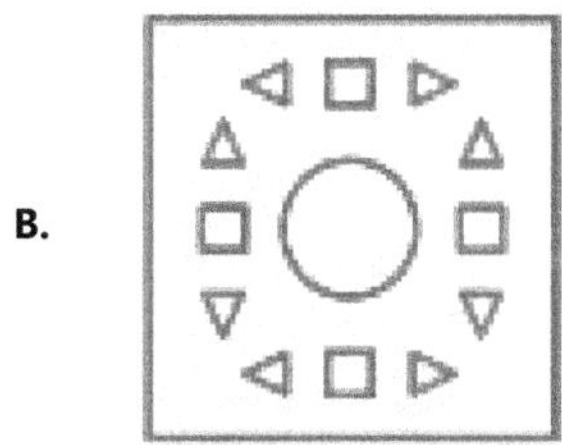

C. 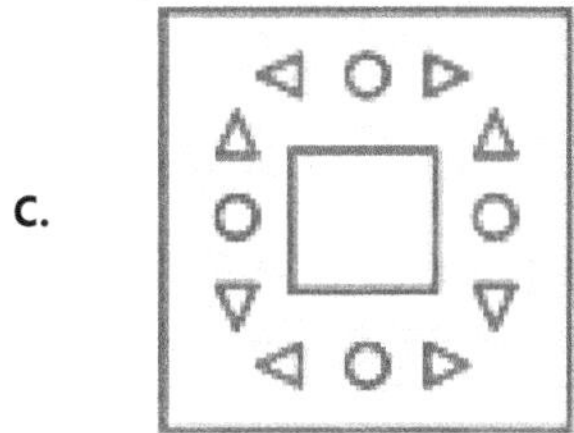

D. 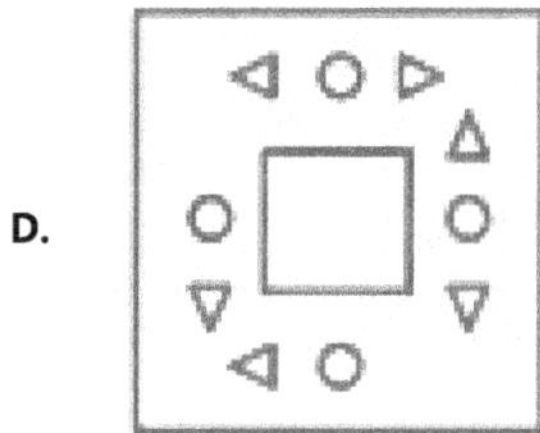

Q.15 निर्देश: निम्न प्रश्न में प्रश्न चिह्न ' ?' के स्थान पर क्या आएगा?

$$3140 - 55 \times 1422 \div 79 = ? \times 22 + 1428 \div 8.4$$

A. 90　　　B. 85　　　C. 80　　　D. 95

Q.16 निर्देश: दिए गए विकल्पों में से विषम विकल्प का चयन करें।

A. 22　　　B. 33　　　C. 44　　　D. 51

Q.17 निर्देश: अक्षरों के संयोजन का चयन कीजिए जो कि दिए गए अक्षर श्रृंखला में क्रमानुसार अंतरालों में रखे जाने पर श्रृंखला को पूरा करेंगे।

AA _ AB _ ABC _ A _C_E

A. BCDBD　　**B.** AABCD　　**C.** BCCBD　　**D.** BABCD

Q.18 A + B का अर्थ है A, B की माँ है।

A > B का अर्थ है A, B की बहन है।

A = B का अर्थ है A, B का भाई है।

यदि C = K = M > T + Q है, तो C, Q से किस प्रकार संबंधित है?

A. मैटर्नल अंकल　　　**B.** पैटर्नल अंकल

C. पुत्र　　　**D.** पिता

Q.19 निर्देश: निम्नलिखित आरेख में, वर्ग पुरुष को प्रदर्शित करता है, त्रिभुज प्रबंधक को प्रदर्शित करता है और वृत इंजिनियर को प्रदर्शित करता है। कौन सा संख्या वाला भाग पुरुष का प्रतिनिधित्व करता है जो प्रबंधक हैं लेकिन इंजीनियर नहीं हैं?

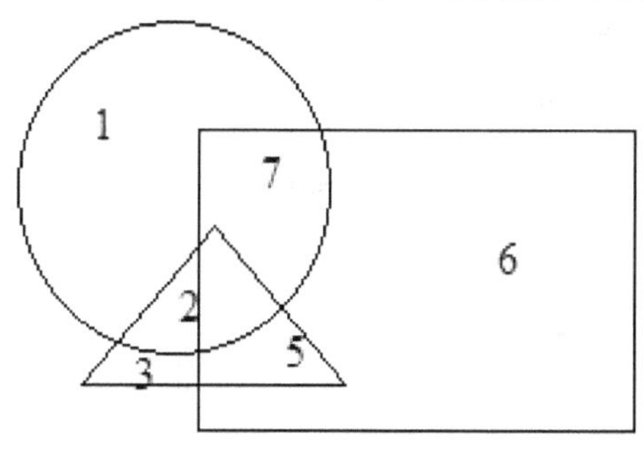

A. 5　　　B. 6　　　C. 2　　　D. 1

Q.20 निर्देश: निम्नलिखित प्रश्न में दिए गए विकल्पों में से संबंधित संख्या/संख्याओं को चुनिए।

4578 : 8 :: 289 : ?

A. 7　　　B. 8　　　C. 9　　　D. 10

General Knowledge and General Awareness

Q.21 प्रत्यक्ष चुनाव के आधार पर निम्नलिखित में से कौन सी प्रणाली स्थापित है?

[HSSC Canal Patwari, 2021]

A. ग्राम पंचायत　　　**B.** ब्लॉक समिति

C. जिला परिषद　　　**D.** (B) और (C) दोनों

Q.22 पंचायती राज व्यवस्था में, 'राज' शब्द का क्या अर्थ है?

[HSSC Canal Patwari, 2021]

A. नियम　　　**B.** समीक्षा

C. भूमिका　　　**D.** इनमें से कोई नहीं

Q.23 किस संगठन ने छोटे और सीमांत किसानों का समर्थन करने के लिए AI, IoT, ब्लॉकचेन और ड्रोन का उपयोग करने के लिए नीति आयोग के साथ भागीदारी की है?

A. विश्व बैंक　　　**B.** डब्ल्यूईएफ

C. आईएमएफ　　　**D.** एडीबी

Q.24 रक्षा मंत्रालय द्वारा किस जहाज निर्माण कंपनी को ग्रीन चैनल प्रमाणन से सम्मानित किया गया है?

A.　गोवा शिपयार्ड

B.　कोचीन शिपयार्ड

C.　गार्डन रीच शिपबिल्डर्स एंड इंजिनियर्स

D.　मझगांव डॉक शिपबिल्डर्स

Q.25 15 सितंबर 2022 को अंगोला के राष्ट्रपति के रूप में दूसरे कार्यकाल के लिए किसने शपथ ली?

A. जेरेमियास चिटुंडा　　　**B.** अर्लेट चिंबिंडा

C. अब्देलमदजिद तेब्बौने　　　**D.** जोआओ लौरेंको

Q.26 भारतीय छात्रों को यूक्रेन से निकालने के लिए भारत द्वारा शुरू किए गए ऑपरेशन का नाम बताएं?

A. ऑपरेशन मैत्री　　　**B.** ऑपरेशन गंगा

C. ऑपरेशन अभय　　　**D.** ऑपरेशन सहाय

Q.27 निम्नलिखित में से कौन सी पश्चिम में बहने वाली नदी है?

A. गोदावरी　　　B. महानदी　　　C. कावेरी　　　D. ताप्ती

Q.28 सैयद मुश्ताक अली ट्रॉफी किस खेल से संबंधित है?

A. हॉकी   B. क्रिकेट   C. फुटबॉल   D. गोल्फ़

Q.29 कथक किसका प्रमुख शास्त्रीय नृत्य है?
A. दक्षिण भारत   B. पूर्वी भारत
C. उत्तरी भारत   D. पश्चिमी भारत

Q.30 किस संस्थान के शोधकर्ताओं ने 'पांचवीं पीढ़ी (5G) माइक्रोवेव अवशोषक' विकसित किया है?
A. आईआईएससी बेंगलुरु   B. आईआईटी मद्रास
C. केरल विश्वविद्यालय   D. आईआईटी बॉम्बे

Q.31 भारत के संविधान में अनुसूचियों की संख्या कितनी है?
A. 8   B. 10   C. 11   D. 12

Q.32 निम्नलिखित में से किस हिमालयी पर्वतमाला में बनिहाल दर्रा स्थित है?
A. वृहत हिमालय   B. पीर पंजाल
C. लद्दाख   D. जास्कर

Q.33 निम्नलिखित में से किसने 1857 का विद्रोह शुरू किया था?
A. जमींदारों ने   B. सिपाहियों ने
C. किसानों ने   D. बागान के मजदूरों ने

Q.34 निम्न में से कोन सी जगह सिंधु घाटी सभ्यता का स्थान नहीं है?
A. कालीबंगा   B. रोपड़   C. पाटलीपुत्र   D. लोथल

Q.35 निम्नलिखित में से कौन बौद्ध धर्म की पवित्र पुस्तकों में से एक है?
A. तोरा   B. द अवेस्ता   C. कल्प सूत्र   D. त्रिपिटक

Q.36 चलती बस में एक यात्री को आगे धक्का लगता है जब बस अचानक रुक जाती है। यह किसके द्वारा समझाया गया है?
A. न्यूटन के पहले नियम द्वारा
B. न्यूटन के दूसरे नियम द्वारा
C. न्यूटन के तीसरे नियम द्वारा
D. संवेग के संरक्षण सिद्धांत द्वारा

Q.37 किसी देश की प्रति व्यक्ति आय राष्ट्रीय आय को निम्नलिखित में से किसके द्वारा विभाजित करके प्राप्त की जाती है?
A. कुल कामकाजी आबादी
B. देश की कुल जनसंख्या
C. देश का क्षेत्रफल
D. उपयोग की गई पूंजी का आयतन

Q.38 किसी देश की आर्थिक वृद्धि का सबसे उपयुक्त उपाय है।
A. जीडीपी
B. एनडीपी
C. प्रति व्यक्ति वास्तविक आय
D. जीएनपी

Q.39 फरवरी 2022 में किसने शैक्षिक प्रशासन में नवाचारों और अच्छी प्रथाओं के लिए 5वें राष्ट्रीय पुरस्कारों को वस्तुतः रूप से प्रदान किया?
A. जगन्नाथ सरकार   B. निसिथ प्रमाणिक
C. जॉन बारला   D. डॉ. सुभाष सरकार

Q.40 2022 में हरियाणा के किस शहर में देश का पहला 'हरित ऊर्जा' संयंत्र स्थापित किया गया है?
A. रेवाड़ी   B. करनाल   C. कैथल   D. हिसार

Elementary Mathematics

Q.41 $\left(2.\overline{4} \times 0.\overline{6} \times 30 \times 0.1\overline{6}\right) \times \left[0.2\overline{7} \times \left(0.8\overline{3} \div 0.1\overline{6}\right)\right]$ का मान है:

[SSC CGL, 2020]

A. $0\overline{11}$ B. $1.\overline{36}$ C. 11.3 D. 1.814

Q.42 2^{2^3} का मान क्या होगा?
A. 256   B. 1024   C. 128   D. 64

Q.43 निम्नलिखित में से कौन सा भिन्न $\frac{3}{4}$ से अधिक है और $\frac{5}{6}$ से कम है?

[HSSC Canal Patwari, 2021]

A. $\frac{1}{4}$ B. $\frac{2}{4}$ C. $\frac{4}{5}$ D. $\frac{8}{10}$

Q.44 जब चीनी की कीमत 10% कम हो जाती है, तो एक व्यक्ति 270 रुपये में 1 किलो अधिक खरीद पाता है। चीनी का मूल कीमत प्रति किलो है-
A. 30 रुपये   B. 27 रुपये   C. 32 रुपये   D. 25 रुपये

Q.45 1000 रुपये की राशि कितने समय में 20% की वार्षिक दर से अर्ध वार्षिक संयोजित होने पर 1331 रुपये के बराबर हो जाएगी?
A. $\frac{3}{2}$ वर्ष   B. 2 वर्ष   C. 1 वर्ष   D. $2\frac{1}{2}$ वर्ष

Q.46 चार अंकों की सबसे बड़ी संख्या जो 15, 25, 40 और 75 से विभाज्य है:

[Haryana Primary Teacher (PRT), 2021]

A. 9000   B. 9400   C. 9600   D. 9800

Q.47 A, B और C ने किसी व्यापार में क्रमशः 5000, 7000 और 6000 रूपए निवेश किये। यदि दो वर्षों के अंत में उन्हें 10800 रुपयों का लाभ मिलता है, तो, लाभ में B का हिस्सा क्या है?
A. 4500 रूपए   B. 4200 रूपए
C. 1800 रूपए   D. 1500 रूपए

Q.48 चार निरंतर सम संख्याओं का औसत 29 है। इनमें से सबसे बड़ी संख्या ज्ञात करें।
A. 42   B. 28   C. 32   D. 36

Q.49 त्रिभुज की भुजाओं का अनुपात $3:4:5$ हो और उसका परिमाप 144 सेमी हो तो उसका क्षेत्रफल क्या होगा?

[Joint Entrance Examination (Polytechnic), 2019]

A. 764 सेमी²   B. 684 सेमी²   C. 864 सेमी²   D. 664 सेमी²

Q.50 एक रेल 72 किमी/घंटे की गति से बढ़ रही है। यदि रेल की लंबाई 220 मीटर है, तो 330 मीटर लम्बे प्लेटफार्म को पार करने में यह कितना समय लेगी?

[UP Police Sub Inspector, 2017]

A. 48.5 सेकंड   B. 11 सेकंड
C. 16.5 सेकंड   D. 27.5 सेकंड

Q.51 6 महिलाएं और 8 पुरुष 10 दिनों में एक काम पूरा कर सकते हैं जहां एक महिला एक पुरुष से दोगुनी कुशल है। उसी कार्य को पूरा करने के लिए 40 पुरुषों द्वारा लिया गया समय ज्ञात कीजिये।
A. 15 दिन   B. 20 दिन   C. 5 दिन   D. 10 दिन

Q.52 12 आदमी प्रतिदिन 8 घंटे काम करते हैं और दीवार बनाने में 10 दिन लगते हैं। यदि 8 आदमी उपलब्ध हैं, तो 8 दिनों में काम पूरा करने के लिए उन्हें प्रतिदिन कितने घंटे काम करना होगा?

[Indian Military Academy (IMA), 2018]

A. 10 घंटे   **B.** 12 घंटे   **C.** 15 घंटे   **D.** 18 घंटे

Q.53 आई-फ़ोन का अंकित मूल्य $80,000$ रूपए है, लेकिन यह $60,000$ रुपये में उपलब्ध है। छूट की दर ज्ञात करें।

A. 10%   **B.** 15%   **C.** 20%   **D.** 25%

Q.54 45 संख्याओं का औसत 150 है। बाद में यह पाया जाता है कि एक संख्या 46 को गलती से 91 लिखा गया है, तो सही औसत ज्ञात कीजिये।

A. 151   **B.** 147   **C.** 149   **D.** 153

Q.55 यदि एक निश्चित धनराशि 2 वर्षों में खुद की 9 गुना हो जाती है। तो चक्रवृद्धि ब्याज की दर ज्ञात कीजिए।

A. 50%   **B.** 100%   **C.** 200%   **D.** 80%

Q.56 संख्याओं 16, 36, 45, 48 में से प्रत्येक से विभाजित होने वाली चार अंकों की सबसे बड़ी संख्या है?

[Indian Military Academy (IMA), 2018]

A. 9180   **B.** 9360   **C.** 9630   **D.** 9840

Q.57 28 सेंटीमीटर त्रिज्या वाले एक लम्ब वृत्तीय शंकु का वक्र पृष्ठीय क्षेत्रफल 4664 वर्ग सेंटीमीटर है। शंकु की तिर्यक ऊँचाई क्या है?($\pi = \frac{22}{7}$ का प्रयोग कीजिए)

A. 53 सेंटीमीटर   **B.** 56 सेंटीमीटर

C. 64 सेंटीमीटर   **D.** 48 सेंटीमीटर

Q.58 एक कार आधी दूरी को 20 किमी/घंटा की चाल से और शेष आधी दूरी को 30 किमी/घंटा की चाल से तय करती है, तो कार की औसत चाल कितनी होगी?

A. 50 किमी/घंटा   **B.** 25 किमी/घंटा

C. 26 किमी/घंटा   **D.** 24 किमी/घंटा

Q.59 निर्देश: निम्न प्रश्न में प्रश्न चिह्न '?' के स्थान पर क्या आएगा?

4350 का 22% + 47.25 × 4 + 17 × 51 − 1013 = ?

A. 1005   **B.** 900   **C.** 1200   **D.** 1000

Q.60 यदि संख्या 22144 को $\frac{1}{3} : \frac{3}{5} : \frac{5}{7}$ के अनुपात में विभाजित किया जाता है, तो सबसे बड़े और सबसे छोटे भाग के बीच का अंतर कितना है?

A. 3150   **B.** 4530   **C.** 6210   **D.** 5120

Hindi

Q.61 निर्देश: सही शब्द का चयन करते हुए रिक्त स्थान की पूर्ति कीजिए।
आपसे सादर ______ है कि आप हमारे समारोह में मुख्य अतिथि के रुप में पद पधारें।

A. अनुग्रह   **B.** कामना   **C.** अनुरोध   **D.** आरक्षण

Q.62 दिये गये वाक्यांश के लिए एक शब्द दीजिये।
दोपहर से पहले का समय

A. मध्याह्न   **B.** सायंकाल   **C.** अपराह्न   **D.** पूर्वाह्न

Q.63 दिए गए शब्दों में अशुद्ध वर्तनी का चयन कीजिए।

A. सुजनता   **B.** विद्वानता   **C.** सफलता   **D.** महानता

Q.64 'अध्यवसाय' का विलोम शब्द है:

[UPPSC Staff Nurse, 2022]

A. व्यवसाय   **B.** अनध्यवसाय

C. अनुक्रिया   **D.** ध्यवसाय

Q.65 'तलवार' का पर्यायवाची है:

[UPPSC Staff Nurse, 2022]

A. तूणीर   **B.** तीर   **C.** चंद्रहास   **D.** वाण

Q.66 "होनहार बिरवान के होत चीकने पात" कहावत का अर्थ है:

A. दूर से सब चीजें अच्छी लगना
B. बचपन में सुन्दर होना
C. बड़ा होशियार बच्चा
D. बचपन से ही बड़प्पन का संकेत

Ques (67-68):निर्देश: निम्नलिखित प्रश्न में चार विकल्पों में से उस विकल्प को चुनिए जिसे दिए गए शब्द/वाक्य के स्थान पर प्रतिस्थापित किया जा सके।

Q.67 विवेक ने श्रेष्ठ कुल में जन्म लिया है।

A. कुलीन   **B.** समकालीन

C. कुलश्रेष्ठ   **D.** कुलभूषण

Q.68 अनुपम बहुत ध्यान से पुस्तक पढ़ रहा था।

A. सरलता   **B.** धैर्य   **C.** तन्मयता   **D.** धीरज

Q.69 'कमल' का समानार्थी शब्द नहीं है:

A. अरविन्द   **B.** शतदल   **C.** सरसिज   **D.** पंकज

Q.70 निर्देश: सही शब्द का चयन करते हुए रिक्त स्थान की पूर्ति कीजिए।

क्या तुमने______ अकेले ट्रेन की यात्रा की है?

A. सभी   **B.** कभी   **C.** नहीं   **D.** क्योंकि

Q.71 निर्देश: सही शब्द का चयन करते हुए रिक्त स्थान की पूर्ति कीजिए।
ईश्वर के यहाँ कुछ लोग दूसरों की ______ में जल्दी पहुँचते है।

A. घृणा   **B.** तुलना   **C.** नफरत   **D.** इंतजार

Q.72 निम्नलिखित वाक्य के किस भागों में अशुद्धि है?
'आत्मा में परमात्मा निवास करती है।'

A. आत्मा में   **B.** परमात्मा निवास

C. करती है   **D.** कोई अशुद्धि नहीं

Ques (73-76):निर्देश: इस गद्य को ध्यान से पढ़े और नीचे दिए गए प्रश्न का उत्तर दें:

अभ्यास आत्मविश्वास बढ़ाने का सर्वोत्तम साधन है। भगवान बुद्धि सभी को देता है किंतु जो लोग अभ्यास से अपनी बुद्धि बढ़ा देते हैं वो बुद्धिमान और चतुर कहलाते हैं। जो बुद्धि से काम नहीं लेते वे मूर्ख रह जाते हैं। जिस प्रकार बिखर पड़े लोहे को भी जंग लग जाती है इस प्रकार जिस अंग से हम काम लेते हैं वह शक्तिपूर्ण बन जाता है और जिस से काम नहीं लेते वह दुर्बल रह जाता है। प्रकृति द्वारा दी गई शक्तियों का सदुपयोग करना ही अभ्यास है। इससे शक्तियों का विकास होता है।

बिना अभ्यास के सिद्धि प्राप्त नहीं होती। बिना अभ्यास के प्राप्त सिद्धि स्थिर भी नहीं रह पाती। विद्यार्थी कुछ दिनों के लिए व्याकरण को दोहराना छोड़ दे तो पढ़ा हुआ पाठ भी भूल जाता है। कभी-कभी पढ़ते रहे तो वह उसे सदा के लिए याद रहेगा। अभ्यास ही नहीं लगातार अभ्यास करना चाहिए।

केवल शिक्षा में ही नहीं, जीवन के किसी भी क्षेत्र में सफलता प्राप्त करने के लिए अभ्यास करना अत्यंत आवश्यक है। अभ्यास से कार्य में कुशलता आती है एवं कठिनाइयां सरल हो जाती हैं। अभ्यास से समय की बचत होती है।

अभ्यास से साधक के अनुभव में वृद्धि होती है, कमियां दूर हो जाती हैं और वह धीरे-धीरे पूर्णता की ओर अग्रसर होता जाता है।

Q.73 आत्मविश्वास बढ़ाने का सर्वोत्तम साधन है?

A. भगवान **B.** बुद्धि **C.** अभ्यास **D.** शक्ति

Q.74 जो बुद्धि से काम नहीं लेते हैं वे क्या रह जाते हैं?

A. याद **B.** सिद्धि **C.** मूर्ख **D.** सदा

Q.75 निम्नलिखित में से अभ्यास के माध्यम से क्या प्राप्त होती है?

A. बुद्धि **B.** सिद्धि **C.** शिक्षा **D.** कमियां

Q.76 "निर्मल शक्ति" शब्द में कौन सा विशेषण है?

A. गुणवाचक विशेषण **B.** सार्वनामिक विशेषण

C. संख्यावाचक विशेषण **D.** परिमाणवाचक विशेषण

Q.77 निर्देश: दिए गए वाक्य का वह भाग ज्ञात करें जिसमें कोई त्रुटि है। यदि कोई त्रुटि नहीं है, तो 'कोई त्रुटि नहीं है' चुनें।

भारत में अनेक भाषाऐं बोली जाती हैं:

A. भारत में **B.** अनेक भाषाऐं

C. बोली जाती हैं **D.** कोई त्रुटि नहीं

Q.78 'जहाँ पर लोगो का मिलना हो' इस वाक्यांश के लिए शब्द होगा:

A. संगम **B.** अगम्य **C.** सघन **D.** सम्मेलन

Q.79 निर्देश: दिए गए वाक्य का वह भाग ज्ञात करें जिसमें कोई त्रुटि है। यदि कोई त्रुटि नहीं है, तो 'कोई त्रुटि नहीं है विकल्प को चुनें।

उसने मुझे आवज देकर पूछा।

A. आवज **B.** पूछा **C.** देकर **D.** उसने मुझे

Q.80 'अंटी मारना' का अर्थ है:

A. धोखा देना **B.** पछाड़ देना

C. चाल चलना **D.** चोरी करना

// स्मार्ट उत्तर पुस्तिका //

सही उत्तर — उन छात्रों का प्रतिशत जिन्होंने प्रश्नों का सही उत्तर दिया था। **छोड़ दिया** — उन छात्रों का प्रतिशत जिन्होंने प्रश्नों को छोड़ दिया था।

प्रश्न संख्या	उत्तर	सही उत्तर / छोड़ दिया	प्रश्न संख्या	उत्तर	सही उत्तर / छोड़ दिया	प्रश्न संख्या	उत्तर	सही उत्तर / छोड़ दिया	प्रश्न संख्या	उत्तर	सही उत्तर / छोड़ दिया	प्रश्न संख्या	उत्तर	सही उत्तर / छोड़ दिया
1	B	23.41 % / 73.98 %	17	A	63.72 % / 32.3 %	33	B	45.89 % / 52.99 %	49	C	85.83 % / 12.77 %	65	C	89.17 % / 10.24 %
2	A	77.5 % / 11.84 %	18	A	50.59 % / 43.47 %	34	C	58.12 % / 30.31 %	50	D	83.97 % / 12.17 %	66	D	59.14 % / 40.8 %
3	D	87.44 % / 11.0 %	19	A	66.96 % / 30.93 %	35	D	77.28 % / 10.89 %	51	C	86.45 % / 13.06 %	67	A	49.63 % / 44.11 %
4	D	86.29 % / 10.8 %	20	C	58.47 % / 30.63 %	36	A	78.89 % / 20.71 %	52	C	78.97 % / 20.86 %	68	C	68.2 % / 30.57 %
5	A	78.38 % / 20.87 %	21	A	63.17 % / 30.36 %	37	B	63.69 % / 34.75 %	53	D	44.18 % / 36.53 %	69	B	40.35 % / 59.56 %
6	A	44.4 % / 39.77 %	22	A	64.75 % / 32.92 %	38	C	64.68 % / 30.18 %	54	C	50.96 % / 47.68 %	70	B	88.53 % / 11.21 %
7	B	89.52 % / 10.35 %	23	B	61.93 % / 30.11 %	39	D	45.91 % / 31.52 %	55	C	55.65 % / 39.87 %	71	B	79.86 % / 15.21 %
8	D	43.83 % / 50.87 %	24	C	44.69 % / 32.68 %	40	A	59.37 % / 40.39 %	56	B	68.23 % / 30.87 %	72	C	51.42 % / 33.71 %
9	A	51.64 % / 42.21 %	25	D	47.53 % / 44.3 %	41	C	81.61 % / 12.98 %	57	A	45.76 % / 52.48 %	73	C	56.07 % / 43.19 %
10	D	80.27 % / 13.66 %	26	B	54.86 % / 35.15 %	42	A	85.89 % / 13.8 %	58	D	40.09 % / 57.24 %	74		52.21 % / 36.14 %
11	C	77.69 % / 18.0 %	27	D	86.73 % / 10.53 %	43	C	58.43 % / 36.52 %	59	D	56.98 % / 35.51 %	75	B	49.06 % / 33.08 %
12	B	78.98 % / 10.63 %	28	B	23.37 % / 67.38 %	44	A	11.37 % / 69.27 %	60	D	53.87 % / 43.6 %	76	A	50.19 % / 37.83 %
13	B	86.94 % / 10.48 %	29	C	60.88 % / 30.02 %	45	A	85.07 % / 10.3 %	61	C	83.33 % / 10.93 %	77	B	49.83 % / 47.75 %
14	C	47.57 % / 40.89 %	30	C	62.74 % / 36.13 %	46	C	87.54 % / 10.51 %	62	D	63.78 % / 35.83 %	78	D	84.06 % / 11.45 %
15	A	54.0 % / 43.14 %	31	D	42.44 % / 33.98 %	47	B	48.95 % / 46.95 %	63	B	54.01 % / 30.21 %	79	A	66.2 % / 31.66 %
16	D	52.64 % / 44.71 %	32	B	53.33 % / 33.97 %	48	C	78.89 % / 10.25 %	64	B	45.8 % / 48.16 %	80	C	57.82 % / 30.31 %

//संकेत और समाधान//

1. (246, 257, 358) में पैटर्न है।

जिस प्रकार 246 → 2 + 4 + 6 = 12

257 → 2 + 5 + 7 = 14

358 → 3 + 5 + 8 = 16

अब हम दिए गए समूह के लिए जाँच करेंगे,

(233, 343, 345)

233 → 2 + 3 + 3 = 8

343 → 3 + 4 + 3 = 10

345 → 3 + 4 + 5 = 12

(273, 365, 367)

273 → 2 + 7 + 3 = 12

365 → 3 + 6 + 5 = 14

367 → 3 + 6 + 7 = 16

(143, 226, 237)

143 → 1 + 4 + 3 = 8

226 → 2 + 2 + 6 = 10

237 → 2 + 3 + 7 = 12

(145, 235, 325)

145 → 1 + 4 + 5 = 10

235 → 2 + 3 + 5 = 10

325 → 3 + 2 + 4 = 9

इस प्रकार (273, 365, 367) उत्तर है।

अत: विकल्प (B) सही है।

2. 1. आठ मित्र A, B, C, D, E, F, G और H एक वृत्ताकार मेज के चारों ओर लंच के लिए एक दूसरे की ओर मुख करके बैठे हैं।

2. A, F के विपरीत है और B के दायें तीसरा है।

3. G, F और D के बीच में है।

4. H, D के बाईं ओर है।

5. E, C और A के बीच में है।

अंतिम व्यवस्था इस प्रकार दर्शायी गई है:

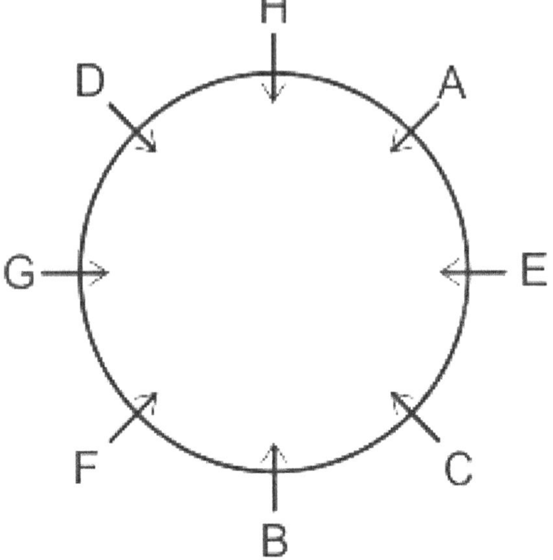

इसलिए, 'D', C के विपरीत बैठा है।

अत: विकल्प (A) सही है।

3. दी गई श्रृंखला है: 34, 42, 50, 56, 62, 66, ?

यहाँ अनुसरण किया गया स्वरुप निम्न प्रकार है:

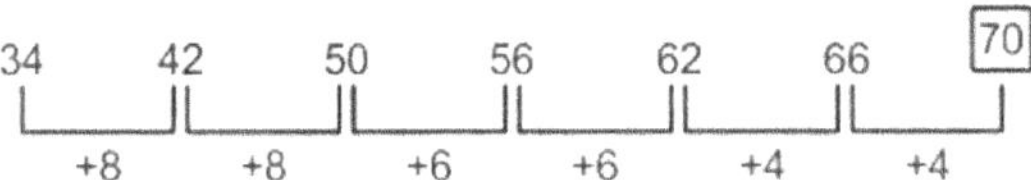

अत: विकल्प (D) सही है।

4. अवलोकन करने पर हम पाते हैं कि प्रश्न आकृति विकल्प (D) में सन्निहित है जैसा कि नीचे दिखाया गया है:

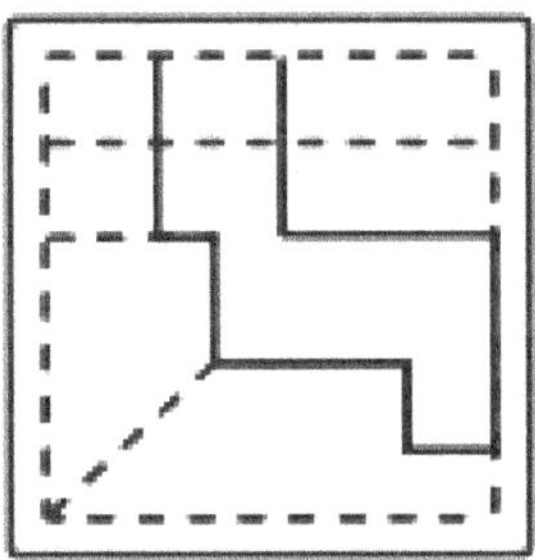

अत: विकल्प (D) सही है।

5. दर्पण प्रतिबिम्ब इस प्रकार होगा:

अतः विकल्प (A) सही है।

6. प्रत्येक आकृति में, छायांकित भाग दक्षिणावर्त दिशा में दो भाग आगे बढ़ रहा है।

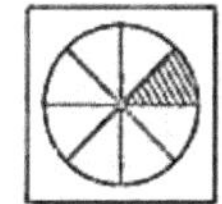 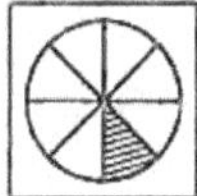 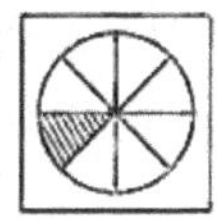  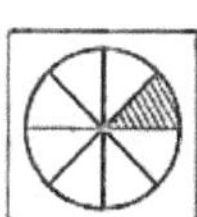

अतः विकल्प (A) सही है।

7. पैटर्न है:

$$\Rightarrow 20 = 8 \times 2 + 4$$

$$\Rightarrow 15 = 3 \times 2 + 9$$

रिक्त स्थान पर संख्या,

$$\Rightarrow 6 \times 2 + 6 = 18$$

अतः विकल्प (B) सही है।

8. शब्दों का सही शब्दकोश क्रम है-

4. Literacy

2. Litter

3. Little

1. Live

5. Living

अतः विकल्प (D) सही है।

9. दिया है,

अमर, अकबर और एंथोनी की कुल आयु 80 वर्ष है।

आवश्यक योग = (80 - 3 ✕ 3) वर्ष

= (80 - 9) वर्ष

= 71 वर्ष

अतः विकल्प (A) सही है।

10. पासा 'A' और 'D' को ध्यान में रखते हुए, संख्याओं की दक्षिणावर्त जोड़ी होती है

1 3 2

1 6 5

संख्या 4 लुप्त है, इसलिए 4, 1 की विपरीत संख्या होगी।

अतः विकल्प (D) सही है।

11. दिए गए कथनों के लिए न्यूनतम संभावित वेन आरेख इस प्रकार होगा:

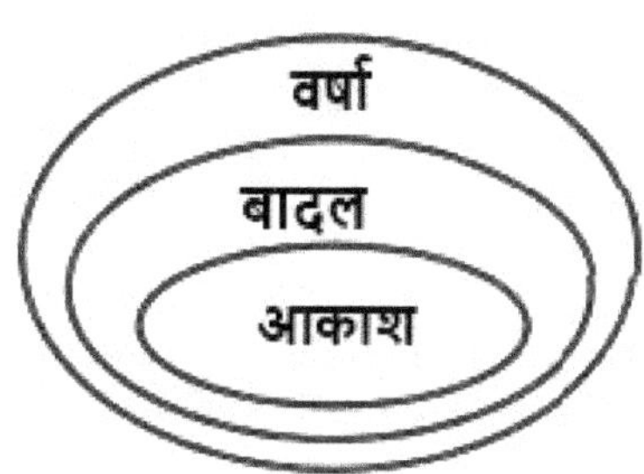

I. सभी आकाश वर्षा हैं → सत्य (चूंकि सभी आकाश बादल हैं और सभी बादल वर्षा हैं। इस प्रकार, सभी आकाश वर्षा हैं)

II. कुछ वर्षा आकाश हैं → सत्य (चूंकि चित्र में दिखाया गया है)

इसलिए, दोनों I और II अनुसरण करते हैं।

अतः विकल्प (C) सही है।

12. एक कूट भाषा में, INDICATOR को JOEJBCVQT के रूप में लिखा जाता है।

शब्द के पहले चार अक्षर शब्द के अगले अक्षर को लेते हैं, शब्द के मध्य अक्षर शब्द के पिछले अक्षर को लेते हैं और शब्द के अंतिम चार अक्षर शब्द के प्रत्येक अक्षर में 2 जोड़ते हैं।

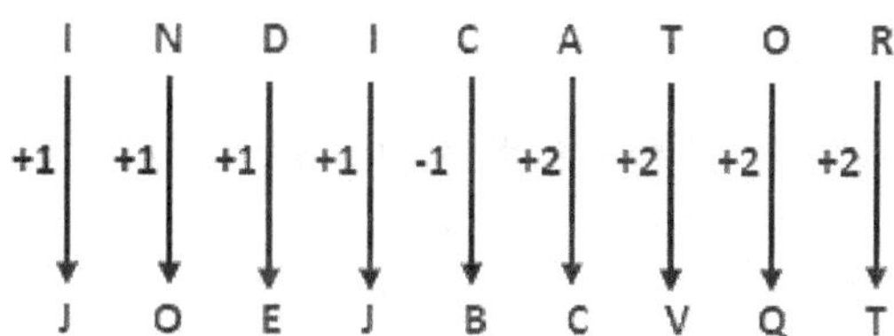

इसी तरह, EMOTIONAL को इस रूप में लिखा जाना चाहिए

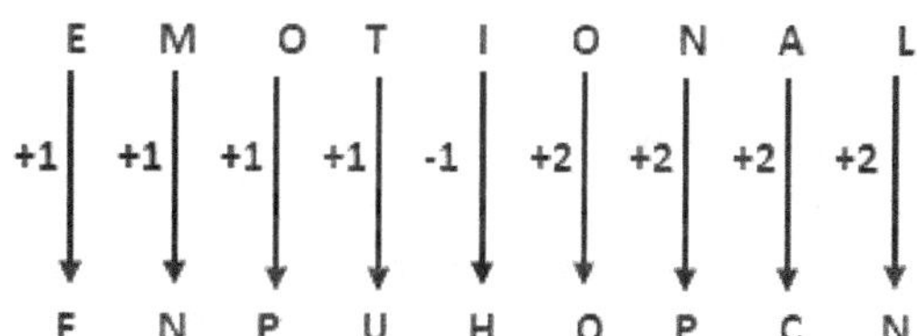

EMOTIONAL को FNPUHQPCN के रूप में लिखा गया है।

अतः विकल्प (B) सही हैं।

13. KCA ⇒ 11 + 3 + 1 = 15

HBE ⇒ 8 + 2 + 5 = 15

उसी प्रकार,

EBH ⇒ 5 + 2 + 8 = 15

CGE ⇒ 3 + 7 + 5 = 15

अतः विकल्प (B) सही है।

14.

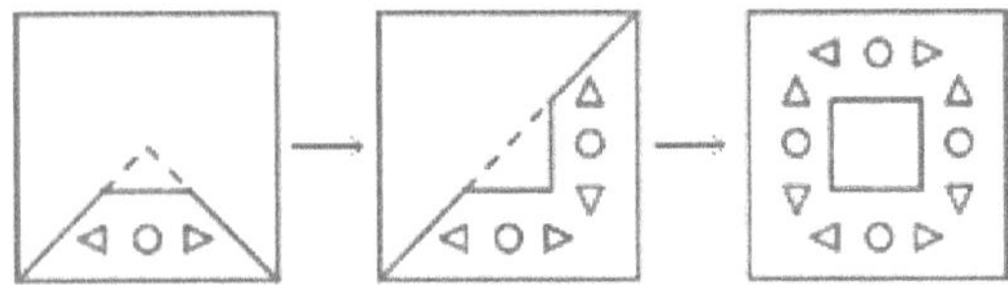

अतः विकल्प (C) सही है।

15. दिया गया व्यंजक है,

$3140 - 55 \times 1422 \div 79 = ? \times 22 + 1428 \div 8.4 = ?$

बोडमास नियम का पालन करने पर;

⇒ $3140 - 55 \times 18 = 22 \times ? + 170$

⇒ $3140 - 990 = 22 \times ? + 170$

⇒ $22 \times ? = 1980$

⇒ $? = 90$

अतः विकल्प (A) सही है।

16. 22, 33, 44 सभी 11 के गुणज हैं जबकि 51 नहीं है।

इसलिए, '51' विषम है।

अतः विकल्प (D) सही है।

17. दिया गया है: AA _ AB _ ABC _ A _C_E

विकल्पों की जाँच करके और तदनुसार प्रतिस्थापित करके।

विकल्प (A) BCDBD → A - AB - ABC - ABCD - ABCDE

विकल्प (B) AABCD → A - AA - ABA - ABCB - ACCDE

विकल्प (C) BCCBD → A - AB - ABC - ABCC - ABCDE

विकल्प (D) BABCD → A - AB - ABA - ABCB - ACCDE

इसलिए, 'BCDBD' सही उत्तर है।

अतः विकल्प (A) सही है।

18. A + B का अर्थ है A, B की माँ है।

A > B का अर्थ है A, B की बहन है।

A = B का अर्थ है A, B का भाई है।

यदि C = K = M > T + Q है, तो

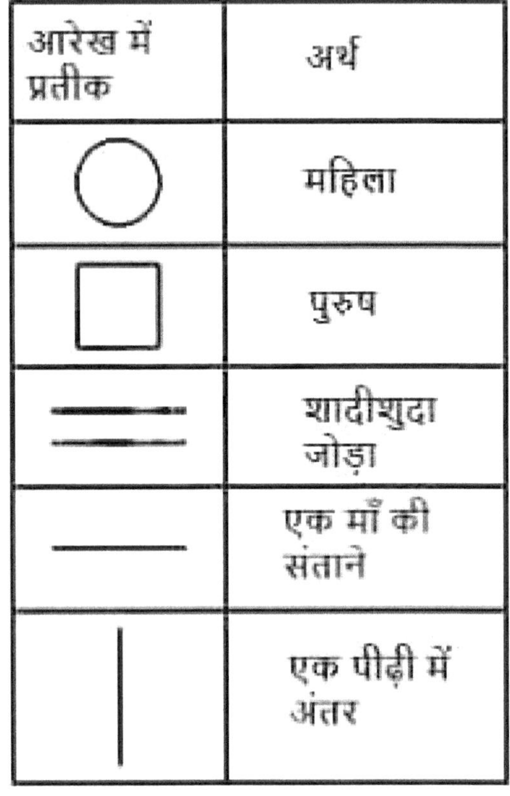

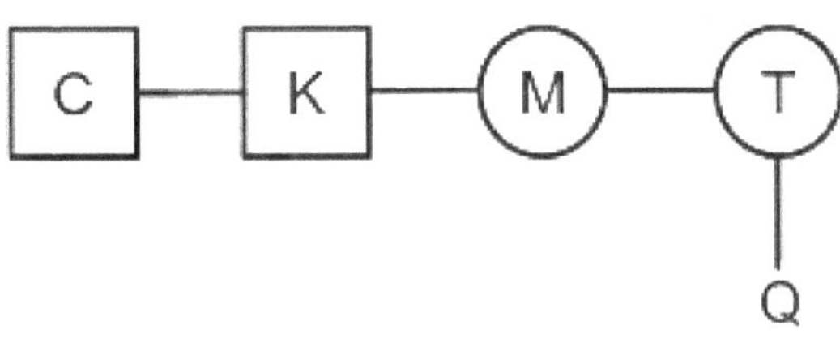

C, Q का मैटर्नल अंकल है।

अतः विकल्प (A) सही हैं।

19. वर्ग और त्रिभुज के लिए उभयनिष्ठ क्षेत्र पुरुष और प्रबंधक को प्रदर्शित करता है जो इंजीनियर नहीं हैं। आवश्यक क्षेत्र संख्या 5 है। जो प्रबंधक हैं लेकिन इंजीनियर नहीं हैं।

अतः विकल्प (A) सही है।

20. तर्क है:

$4578 = 4 + 5 + 7 + 8 = 24 = 2 \times 4 = 8$

तब हमें मिलता है,

$289 = 2 + 8 + 9 = 19 = 1 \times 9 = 9$

इसलिए, सही उत्तर 9 है।

अतः विकल्प (C) सही है।

21. ग्राम पंचायत की स्थापना प्रत्यक्ष चुनाव के आधार पर की जाती है।

ग्राम पंचायत भारतीय गाँवों में एक बुनियादी गाँव शासी संस्थान है।

पंचायत की अध्यक्षता गाँव के अध्यक्ष द्वारा की जाती है, जिसे सरपंच के रूप में जाना जाता है।

अतः विकल्प (A) सही है।

22. राज शब्द का अर्थ है "नियम" और पंचायत का अर्थ है "पंच" (पांच) की "सभा"(आयत)।

पंचायती राज व्यवस्था ग्रामीण स्थानीय स्वशासन की एक प्रणाली है।

73वां संवैधानिक संशोधन अधिनियम, 1992 पंचायती राज व्यवस्था से संबंधित है।

अतः विकल्प (A) सही है।

23. विश्व आर्थिक मंच (डब्ल्यूईएफ) ने छोटे और सीमांत किसानों का समर्थन करने के लिए कृत्रिम बुद्धिमत्ता (AI), इंटरनेट ऑफ थिंग्स (IoT), ब्लॉकचेन और ड्रोन जैसी उभरती तकनीकों का उपयोग करने के लिए सरकार के थिंक-टैंक नीति आयोग के साथ भागीदारी की है।

WEF ने देश भर में विभिन्न नवीन परियोजनाओं को लागू करने के लिए भारत में 'चौथी औद्योगिक क्रांति केंद्र' की स्थापना की थी।

अतः विकल्प (B) सही है।

24. गार्डन रीच शिपबिल्डर्स एंड इंजीनियर्स लिमिटेड (जीआरएसई) को रक्षा मंत्रालय द्वारा प्रतिष्ठित ग्रीन चैनल प्रमाणन से सम्मानित किया गया है।

यह प्रमुख सार्वजनिक क्षेत्र के उपक्रमों और मिनी रत्न श्रेणी 1 शिपयार्ड में से एक है। भारतीय सेना को विभिन्न विन्यासों के पोर्टेबल स्टील ब्रिज (बेली टाइप) की आपूर्ति के लिए प्रमाणीकरण प्रदान किया गया था।

अतः विकल्प (C) सही है।

25. 15 सितंबर 2022 को जोआओ लौरेंको ने अंगोला के राष्ट्रपति के रूप में दूसरे कार्यकाल के लिए शपथ ली।

68 वर्षीय लौरेंको ने राजधानी लुआंडा में अंगोला की पहली महिला उपाध्यक्ष, एस्पेरांका दा कोस्टा के साथ शपथ ली। 24 अगस्त को हुए चुनाव में सत्ताधारी MPLA पार्टी ने 220 सदस्यीय संसद में 51% वोट और 124 सीटें हासिल की थीं। अंगोला दक्षिणी अफ्रीका के पश्चिमी तट पर स्थित एक देश है।

अतः विकल्प (D) सही है।

26. ऑपरेशन गंगा 2022 में यूक्रेन पर रूसी आक्रमण के बीच भारतीय नागरिकों को निकालने के लिए भारत सरकार द्वारा एक निकासी अभियान था, जो पड़ोसी देशों को पार कर गया था।

अतः विकल्प (B) सही है।

27. ताप्ती मध्य भारत की एक नदी है। यह लगभग 724 किमी की लंबाई के साथ प्रायद्वीपीय भारत की प्रमुख नदियों में से एक है; यह पूर्व से पश्चिम तक बहती है। ताप्ती नदी मध्य प्रदेश के बैतूल जिले में मुलताई के पास लगभग 752 मीटर की ऊँचाई पर बहती है और लगभग 724 किलोमीटर तक बहती हुई अरब सागर में कैम्बे की खाड़ी से गिरती है।

अतः विकल्प (D) सही है।

28. सैयद मुश्ताक अली ट्रॉफी एक भारतीय घरेलू क्रिकेट चैंपियनशिप है जो भारतीय क्रिकेट कंट्रोल बोर्ड (बीसीसीआई) द्वारा आयोजित किया जाता है। चैंपियनशिप का नाम प्रसिद्ध भारतीय क्रिकेटर सैयद मुश्ताक अली के नाम पर रखा गया है।

अतः विकल्प (B) सही है।

29. कथक उत्तर भारत का प्रमुख शास्त्रीय नृत्य है। कथक शब्द का अर्थ "कहानी सुनाना" है। यह प्राचीन भारत के नृत्य नाटकों से लिया गया है। जब संरक्षण मंदिरों से शाही दरबार में स्थानांतरित हो गया, तो समग्र जोर में बदलाव आया।

अतः विकल्प (C) सही है।

30. केरल विश्वविद्यालय में भौतिकी के एक प्रोफेसर और अनुसंधान विद्वान विभाग ने पांचवीं पीढ़ी (5G) माइक्रोवेव अवशोषक विकसित किए हैं, जिनका उपयोग विद्युत चुम्बकीय विकिरण के खिलाफ एक प्रभावी ढाल के रूप में किया जा सकता है।

इलेक्ट्रोमैग्नेटिक इंटरफेरेंस (ईएमआई) को जीवों के स्वास्थ्य के लिए खतरनाक माना जाता है। यह उच्च अंत इलेक्ट्रॉनिक उपकरणों को भी प्रभावित करता है। उन्होंने उच्च आवृत्ति क्षेत्र में माइक्रोवेव अवशोषण के लिए नई परिरक्षण सामग्री, 'मेयनाइट इलेक्ट्राइड' का उपयोग किया।

अतः विकल्प (C) सही है।

31. भारत के संविधान में अनुसूचियों की संख्या 12 है। अनुसूचियों का पहला उल्लेख भारत सरकार अधिनियम 1935 में किया गया था जहाँ इसमें 10 अनुसूचियाँ शामिल थीं। बाद में जब 1949 में भारतीय संविधान को अपनाया गया तो इसमें 8 अनुसूचियां शामिल थीं।

अतः विकल्प (D) सही है।

32. बनिहाल दर्रा पीर पंजाल हिमालयी पर्वतमाला में स्थित है।

पीर पंजाल श्रेणी हिमाचल प्रदेश, भारतीय राज्य और जम्मू और कश्मीर, भारतीय केंद्र शासित प्रदेश के माध्यम से पूर्व-दक्षिण-पूर्व (ईएसई) से पश्चिम-उत्तर-पश्चिम (डब्ल्यूएनडब्ल्यू) तक फैले आंतरिक हिमालयी पहाड़ों की एक श्रृंखला है। पीर पंजाल लघु हिमालय की सबसे बड़ी श्रेणी है।

अतः विकल्प (B) सही है।

33. 1857 का विद्रोह अंग्रेजों के औपनिवेशिक अत्याचार के खिलाफ स्वतंत्रता संग्राम की जागरूक शुरुआत थी। 10 मई 1857 को मेरठ में एक सिपाही विद्रोह के रूप में विद्रोह शुरू हुआ। यह ब्रिटिश अधिकारियों के खिलाफ बंगाल प्रेसीडेंसी में सिपाहियों द्वारा शुरू किया गया था।

अतः विकल्प (B) सही है।

34. पाटलीपुत्र सिंधु घाटी सभ्यता का स्थान नहीं है।

सिंधु घाटी सभ्यता सिंध, बलूचिस्तान, अफगानिस्तान, पश्चिम पंजाब, गुजरात, उत्तर प्रदेश, हरियाणा, राजस्थान, जम्मू और कश्मीर, पंजाब के हिस्सों को समाविष्ट करती है। सिंधु सभ्यता की जगहें हड़प्पा, मोहनजोदड़ो, कालीबंगा, लोथल, रंगपुर, सुरकोतड़ा, मालावन, चन्हुदरो, बालाकोट, रोपड़, बनावाली और धोलावीरा हैं।

अतः विकल्प (C) सही है।

35. त्रिपिटक बौद्ध धर्म की पवित्र पुस्तकों में से एक है।

त्रिपिटक तीन प्रकार के होते हैं:

- विनय पिटक भिक्षुओं के लिए संन्यासी अनुशासन के नियम।
- सुत्त पिटक बुद्ध के उपदेश का संग्रह है।
- अभिधम्म पिटक बुद्ध की शिक्षाओं के दर्शन हैं।

अतः विकल्प (D) सही है।

36. न्यूटन के गति के नियम-

- न्यूटन के पहले नियम के अनुसार, यदि एक पिंड विरामावस्था या एक सीधी रेखा में एक स्थिर गति से आगे बढ़ रहा है, यह विरामावस्था या स्थिर गति से एक सीधी रेखा में चलता रहेगा, जब तक कि कोई बाह्य बल द्वारा इस पर काम न किया जाय।

  - इस परिकल्पना को जड़ता के नियम के रूप में जाना जाता है। जड़ता का नियम पहले गैलिलियो गैलीली द्वारा पृथ्वी पर क्षैतिज गति के लिए तैयार किया गया था और बाद में रेने डेकार्टेस द्वारा सामान्यीकृत किया गया था।

– गैलीलियो से पहले, यह सोचा गया था कि सभी क्षैतिज गति को प्रत्यक्ष कारण की आवश्यकता होती है। फिर भी, गैलीलियो ने अपने प्रयोगों से कहा कि गति में एक पिंड तब तक गति में रहेगा जब तक कि एक बल (जैसे घर्षण) के कारण उसे विराम नहीं मिलता।

अतः विकल्प (A) सही है।

37. प्रति व्यक्ति आय या औसत आय किसी दिए गए वर्ष में दिए गए क्षेत्र में प्रति व्यक्ति अर्जित औसत आय को मापती है। इसकी गणना क्षेत्र की कुल आय को उसकी कुल जनसंख्या से विभाजित करके की जाती है।

अतः विकल्प (B) सही है।

38. किसी देश की आर्थिक वृद्धि का सबसे उपयुक्त माप उसकी प्रति व्यक्ति वास्तविक आय है। प्रति व्यक्ति आय औसत आय है, जो किसी राष्ट्र की जनसंख्या की संपत्ति का एक माप है। इसका उपयोग देश के जीवन स्तर को मापने के लिए किया जाता है और इस प्रकार आर्थिक विकास का एक बेहतर संकेतक होता है।

अतः विकल्प (C) सही है।

39. शिक्षा राज्य मंत्री डॉ सुभाष सरकार ने वस्तुतः 10 फरवरी 2022 को शैक्षिक प्रशासन में नवाचारों और अच्छी प्रथाओं के लिए 5 वां राष्ट्रीय पुरस्कार प्रदान किया।

सौ से अधिक अधिकारियों को 2022 के लिए पुरस्कार या प्रशंसा प्रमाण पत्र मिला। नेशनल इंस्टीट्यूट ऑफ एजुकेशनल प्लानिंग एंड एडमिनिस्ट्रेशन (NIEPA) ने पुरस्कारों की स्थापना की थी।

अतः विकल्प (D) सही है।

40. रेवाड़ी जिले के खुरसैदनगर गांव में पराली से बिजली बनाने वाला देश का पहला हरित ऊर्जा संयंत्र स्थापित किया गया है।

- हरित ऊर्जा संयंत्र ने बिना प्रदूषण के 24 घंटे में 600 क्विंटल पराली से 48,000 यूनिट बिजली का उत्पादन किया है।
- यह संयंत्र हरियाणा अक्षय ऊर्जा विकास एजेंसी (HREDA) द्वारा एक निजी क्षेत्र की कंपनी के साथ मिलकर स्थापित किया गया है।
- यह संयंत्र बायलर के बजाय बायोमास गैस विधि पर काम कर रहा है, इस प्रकार पर्यावरण को प्रदूषित करने की कोई संभावना नहीं है।

अतः विकल्प (A) सही है।

41. दिया गया है:

$$\left(2.\overline{4} \times 0.\overline{6} \times 30 \times 0.1\overline{6}\right) \times [0.27 \times \left(0.8\overline{3} \div 0.1\overline{6}\right)]$$

BODMAS नियम का प्रयोग करने पर, हम प्राप्त करते हैं,

$$= \left(\frac{22}{9} \times \frac{2}{3} \times 30 \times \frac{1}{6}\right) \times \left[\frac{5}{18} \times \left(\frac{5}{6} \div \frac{1}{6}\right)\right]$$

$$= \left(\frac{22}{9} \times \frac{2}{3} \times 30 \times \frac{1}{6}\right) \times \left[\frac{5}{18} \times \left(\frac{5}{6} \times 6\right)\right]$$

$$= \left(\frac{22}{9} \times \frac{2}{3} \times 30 \times \frac{1}{6}\right) \times \left[\frac{25}{18}\right]$$

$$= \left(\frac{22}{9} \times 10 \times \frac{1}{3}\right) \times \frac{25}{18}$$

$$= \frac{22}{9} \times 5 \times \frac{1}{3} \times \frac{25}{9}$$

$$= \left(\frac{2750}{243}\right)$$

$$= 11.31$$

$$\therefore \left(2.\overline{4} \times 0.\overline{6} \times 30 \times 0.1\overline{6}\right) \times [0.27 \times \left(0.8\overline{3} \div 0.1\overline{6}\right)]$$ का मान 11.31 है।

अतः विकल्प (C) सही है।

42. $\Rightarrow 2^{2^3}$

$\Rightarrow 2^8$

$\Rightarrow 256$

अतः विकल्प (A) सही है।

43. $\frac{3}{4} = 0.75$

$\frac{5}{6} = 0.833$

$\frac{1}{2} = 0.5$

$\frac{2}{3} = 0.66$

$\frac{4}{5} = 0.8$

$\frac{9}{10} = 0.9$

स्पष्ट रूप से, 0.75 और 0.833 के बीच में 0.8 स्थित है

$\therefore \frac{3}{4}$ और $\frac{5}{6}$ के बीच में $\frac{4}{5}$ स्थित है

अतः विकल्प (C) सही है।

44. माना कि चीनी का मूल कीमत प्रति किलो A रुपये है।

270 रुपये में खरीदी गई चीनी की मात्रा $= \frac{270}{A}$ किलो

प्रश्न के अनुसार,

चीनी की कीमत 10% कम हो जाती है,

चीनी की नई कीमत $= A - (10\% \times A)$

$$= A - \frac{A}{10}$$

$$= \frac{9A}{10}$$ रुपये

270 रुपये में खरीदी गई चीनी की नई मात्रा $= \frac{270}{\frac{9A}{10}} = \frac{300}{A}$ किलो

एक व्यक्ति 270 रुपये में 1 किलो अधिक खरीद पाता है।

$$\Rightarrow \frac{300}{A} - \frac{270}{A} = 1$$

$$\Rightarrow \frac{30}{A} = 1$$

$\Rightarrow A = 30$

चीनी का मूल कीमत प्रति किलो $= 30$ रुपये

अतः विकल्प (A) सही है।

45. माना अभीष्ट समय$= \; t$ वर्ष

ब्याज की गणना अर्द्धवार्षिक होगी।

$\therefore t$ समय $= 2t$ अर्ध-वर्ष और दर $= \frac{20}{2} = 10\%$

हम जानते है:

$\because A = P\left(1 + \frac{r}{100}\right)^t$

$\therefore 1000\left(1 + \frac{10}{100}\right)^{2t} = 1331$

$\Rightarrow \left(\frac{11}{10}\right)^{2t} = \frac{1331}{1000}$

$\Rightarrow \left(\frac{11}{10}\right)^{2t} = \left(\frac{11}{10}\right)^{3}$

$\Rightarrow 2t = 3$

$\therefore t = \frac{3}{2}$ वर्ष

अतः विकल्प (A) सही है।

46. चार अंकों की सबसे बड़ी संख्या 9999 है।

15, 25, 40 और 75 का एल.सी.एम. 600 है।

9999 को 600 से विभाजित करने पर, हमें शेष 399 मिलते हैं।

$\therefore$ आवश्यक संख्या = (9999 - 399) = 9600

अतः विकल्प (C) सही है।

47. दिया है:

A ने निवेश किया = 5000 रूपए

B ने निवेश किया = 7000 रूपए

C ने निवेश किया = 6000 रूपए

हम जानते हैं,

लाभ = निवेशित धनराशि × समय-अवधि

A, B और C के हिस्सों का अनुपात = 2 वर्षों में उनके निवेश का अनुपात

= [(5000×2) : (7000×2) : (6000×2)]

= [10000 : 14000 : 12000] = 5 : 7 : 6

कुल लाभ = 10800 रूपए

$\therefore$ B का हिस्सा $= \frac{7}{18} \times 10800 = 4200$ रूपए

अतः सही विकल्प (B) है।

48. माना, चार निरंतर सम संख्याएँ $x, x + 2, x + 4$ और $x + 6$ हैं।

सम संख्याओं का औसत $= 29$

हम जानते हैं कि:

सम संख्याओं का औसत $=$ सम संख्याओं का योग $/$ कुल संख्या

$29 = \frac{x+x+2+x+4+x+6}{4}$

$29 = \frac{4x+12}{4}$

$29 = x + 3$

$x = 26$

इसलिए, सबसे बड़ी संख्या $= x + 6 = 26 + 6 = 32$ है।

अतः विकल्प (C) सही है।

49. भुजाएँ $= 3x, 4x$ और $5x$ ले

तब, $3x + 4x + 5x = 144$ सेमी

$12x = 144$

$\Rightarrow x = 12$

त्रिभुज का क्षेत्रफल

$= \frac{1}{2} \times 4x \times 3x$

$= \frac{1}{2} \times 12x^2$

$= \frac{1}{2} \times 12 \times 12 \times 12$

$= 144 \times 6$

$= 864$ सेमी ^{2}

अतः विकल्प (C) सही है।

50. दिया है:

रेल की गति$= 72$ किमी/घंटे

रेल की लम्बाई = 220 मीटर

प्लेटफार्म की लम्बाई = 330 मीटर

प्रयुक्त सूत्र: गति = दूरी/समय

गति (मीटर/सेकंड में) = गति (किमी/घंटे में) × $\left(\frac{5}{18}\right)$

$= 72 \times \left(\frac{5}{18}\right) = 20$ मीटर/सेकंड

तय कुल दूरी = 220 + 330 = 550 मीटर

दूरी को तय करने में लगा समय = दूरी/गति

$= \frac{550}{20} = 27.5$ सेकंड

$\therefore$ रेल 330 मीटर लम्बे प्लेटफार्म को पार करने में 27.5 सेकंड का समय लेगी।

अतः विकल्प (D) सही है।

51. दिया है:

6 महिलाएं और 8 पुरुष 10 दिनों में एक काम पूरा कर सकते हैं

एक महिला एक पुरुष से दो गुना कुशल है: $\frac{W}{M} = \frac{2}{1}$

प्रयुक्त सूत्र:

$M_1 \times Eff_1 \times D_1 = M_2 \times Eff_2 \times D_2$, जहां M = श्रमिकों की संख्या, D = दिनों की संख्या और कुशलता = श्रमिक की कुशलता

माना कि एक ही कार्य को पूरा करने के लिए 40 पुरुषों द्वारा लिया गया समय 'D' है।

$(6 \times 2 + 8 \times 1) \times 10 = (40 \times 1) \times D$

$\Rightarrow D = \dfrac{200}{40} = 5$ days

∴ उसी काम को पूरा करने के लिए 40 पुरुषों द्वारा लिया गया समय 5 दिन है।

अतः विकल्प (C) सही है।

52. 12 पुरुष प्रति दिन 8 घंटे कार्य करते हुए 10 दिनों में एक दीवार बनाते हैं

12 पुरुषों द्वारा लिया गया कुल समय = 10 × 8 = 80 घंटे

1 पुरुष द्वारा लिया गया समय = 12 × 80 = 960 घंटे

8 पुरुष द्वारा लिया गया समय = $\dfrac{960}{8}$ = 120 घंटे

लेकिन, 8 पुरुषों के पास कार्य पूरा करने के लिए केवल 8 दिन हैं,

∴ 8 पुरुषों को प्रति दिन कितने घंटे कार्य करना चाहिए = $\dfrac{120}{8}$ = 15 घंटे

अतः विकल्प (C) सही है।

53. छूट = अंकित मूल्य − विक्रय मूल्य

$= 80,000 - 60,000$

$= 20,000$

इसलिए, छूट की दर होगी,

छूट % = छूट (अंकित मूल्य) $\times 100$

$= \dfrac{20000}{80000} \times 100$

$= 25\%$

अतः विकल्प (D) सही है।

54. दिया गया है,

45 संख्याओं का औसत 150 है।

46 को गलती से 91 लिखा जाता है।

जैसा कि हम जानते हैं,

औसत = कुल प्रेक्षणों का योग/प्रेक्षणों की कुल संख्या

45 संख्याओं का कुल योग $= 150 \times 45 = 6750$

अब, 46 को गलती से 91 लिखा जाता है,

आंकड़ों का सही योग $= 6750 - (91 - 46) = 6705$

तो, आंकड़ों का सही औसत $= \dfrac{6705}{45} = 149$

∴ सही औसत 149 है।

अतः विकल्प (C) सही है।

55. दिया है:

योग 9 गुना 2 वर्षों में हो जाता है।

माना P मूलधन है।

$\therefore A = 9P$

जैसा कि हम जानते हैं,

$A = P\left(1 + \dfrac{r}{100}\right)^t$

$\therefore 9P = P\left(1 + \dfrac{r}{100}\right)^2$

$\Rightarrow 9 = \left(1 + \dfrac{r}{100}\right)^2$

$\Rightarrow \sqrt{9} = 1 + \dfrac{r}{100}$

$\Rightarrow 3 = 1 + \dfrac{r}{100}$

$\Rightarrow 3 - 1 = \dfrac{r}{100}$

$\Rightarrow 2 = \dfrac{r}{100}$

$\Rightarrow r = 200\%$

∴ ब्याज दर 200% है।

अतः विकल्प (C) सही है।

56. हम लिख सकते हैं,

$\Rightarrow 16 = 2^4$

$\Rightarrow 36 = 2^2 \times 3^2$

$\Rightarrow 45 = 3^2 \times 5$

$\Rightarrow 48 = 2^4 \times 3$

संख्याओं का लघुत्तम समापवर्त्य = अभाज्य गुणनखंडों की उच्चतम घातों का गुणनफल = $2^4 \times 3^2 \times 5 = 720$

अब, उच्चतम चार-अंकीय संख्या = 9999

9999 को 720 से विभाजित करने पर, शेषफल = 639

∴ आवश्यक संख्या = 9999 - 639 = 9360

अतः विकल्प (B) सही है।

57. दिया गया है:

शंकु का वक्र पृष्ठीय क्षेत्रफल = 4664 सेंटीमीटर2

त्रिज्या = 28 सेंटीमीटर

सूत्र:

शंकु का वक्र पृष्ठीय क्षेत्रफल = $\pi r l$ जहाँ l = तिर्यक ऊँचाई

वक्र पृष्ठीय क्षेत्रफल = $\pi r l = 4664$

$\Rightarrow \dfrac{22}{7} \times 28 \times l = 4664$

$\Rightarrow l = 53$ सेंटीमीटर

∴ तिर्यक ऊँचाई अर्थात् l 53 सेंटीमीटर है।

अतः विकल्प (A) सही है।

58. सूत्र:

औसत चाल = कुल तय की गई दूरी ÷ कुल समय

माना, कुल दूरी 240 किमी है

वह समय जब चाल 20 किमी/घंटा है $= \dfrac{120}{20} = 6$ घंटा

वह समय जब चाल 30 किमी/घंटा है $= \dfrac{120}{30} = 4$ घंटा

कुल समय $= 6 + 4 = 10$ घंटा

औसत चाल $= \dfrac{240}{10} = 24$ किमी/घंटा

औसत चाल 24 किमी/घंटा है।

अतः विकल्प (D) सही है।

59. दिया है:

4350 का 22% + 47.25 × 4 + 17 × 51 – 1013 = ?

⇒ 957 + 47.25 × 4 + 17 × 51 – 1013 = ?

⇒ 957 + 189 + 867 – 1013 = ?

⇒ 2013 – 1013 = ?

⇒ ? = 1000

∴ ? का मान 1000 है।

अतः विकल्प (D) सही है।

60. दिया गया है:

संख्या 22144 को $\dfrac{1}{3} : \dfrac{3}{5} : \dfrac{5}{7}$ के अनुपात में विभाजित किया जाता है

हरों $(3,5,7)$ का लघुत्तम समापवर्त्य लेने पर $= 105$

अब, इस प्रकार प्राप्त नया अनुपात है $= 35 : 63 : 75$

सबसे छोटी संख्या है $= \dfrac{35}{35+63+75} \times 22144$

$\dfrac{35}{173} \times 22144 = 4480$

सबसे बड़ी संख्या है $= \dfrac{75}{173} \times 22144 = 9600$

दोनों का अंतर $= 9600 - 4480 = 5120$

∴ उत्तर 5120 है।

अतः विकल्प (D) सही है।

61. आपसे सादर अनुरोध है कि आप हमारे समारोह में मुख्य अतिथि के रुप में पद पधारें।

अन्य विकल्प असंगत है।

अतः विकल्प (C) सही है।

62. 'दोपहर से पहले का समय' वाक्यांश के लिए एक शब्द 'पूर्वाह्न' होता है। अन्य विकल्प असंगत हैं।

मध्य रात्रि 12 बजे से दोपहर 12 बजे के ठीक पहले तक के समय को पूर्वाह्न लिखा जाता है। जैसे : सुबह के 8:00 बजे को 8 बजे पूर्वाह्न लिखेंगे।

अपराह्न: दोपहर 12 बजे से मध्य रात्रि 12 बजे के पहले तक के समय को अपराह्न लिखा जाता है। जैसे- दोपहर 3:00 बजे को 3 बजे अपराह्न लिखते हैं। रात्रि 8:00 बजे को भी 8 बजे अपराह्न लिखेंगे।

मध्याह्न: वह समय जब सूर्य मध्य आकाश में पहुँचता है, ठीक 12 बजे का समय तथा सायंकाल: दिन और रात के बीच का समय, संध्या या शाम को कहते हैं।

अत: विकल्प (D) सही है।

63. दिए गये विकल्पों में से विद्वानता अशुद्ध वर्तनी है, विद्वानता के स्थान पर शुद्ध वर्तनी विद्वत्ता होना चाहिए था।

- सुजनता, सफलता, महानता यहाँ पर भाववाचक संज्ञा का प्रत्यय लगा हुआ है।
- जो सभी शुद्ध स्वरूप में लिखे है,जबकि विद्वानता शब्द के स्थान पर विद्वत्ता शब्द होना चाहिए।

अत: विकल्प (B) सही है।

64. अध्यवसाय का विलोम अनध्यवसाय है।

अध्यवसाय का अर्थ- दृढ़तापूर्वक तथा निरन्तर किसी काम में लगे रहने की क्रिया।

उदाहरण- एकलव्य अध्यवसाय द्वारा धनुर्विद्या में अत्यधिक निपुण हो गया था।

अन्य विकल्पों के अर्थ :

- व्यवसाय-वसाय एक ऐसी आर्थिक क्रिया है जिसमें लाभ कमाने के उद्देश्य से वस्तुओं और सेवाओं का नियमित रूप से उत्पादन क्रय-विक्रय विनियम और हस्तांतरण किया जाता है।
- अनुक्रिया- कोई अनुक्रिया जिसके करने की क्षमता व्यक्ति में है, एक नए उद्दीपक से भी उत्पन्न हो सकती है।
- ध्यवसाय- ध्यवसाय में वे संपूर्ण मानवीय क्रियाएं आ जाती हैं, जो वस्तुओं तथा सेवाओं के उत्पादन एवं वितरण के लिए की जाती है, जिनका उद्देश्य अपनी सेवाओं द्वारा समाज की आवश्यकताओं की पूर्ति करके लाभ अर्जन करना होता है।

अत: विकल्प (B) सही है।

65. चंद्रहास शब्द तलवार का पर्यायवाची है।

तलवार के अन्य पर्यायवाची- असि, करवाल, कृपाण, खडग, शम्शीर, शायक, चंद्रहास, खंज

अत: विकल्प (C) सही है।

66. लोकोक्ति - होनहार बिरवान के होत चीकने पात

अर्थ - बचपन से ही बड़प्पन का संकेत अर्थात होनहार के लक्षण पहले से ही दिखायी पड़ने लगते है।

वाक्य - अब्दुल कलाम बचपन से ही मेधावी एवं मां बाप की आज्ञा का पालन करने वाले थे। सच ही कहा है– होनहार बिरवान के होत चीकने पात।

अन्य विकल्प इसके अनुचित हैं।

अत: विकल्प (D) सही है।

67. रेखांकित वाक्यांश श्रेष्ठ कुल में जन्म के लिए एक शब्द 'कुलीन' है।

इस प्रकार वाक्य 'विवेक ने कुलीन जन्म लिया है।' होगा।

अतः विकल्प (A) सही है।

68. रेखांकित वाक्यांश बहुत ध्यान से के लिए एक शब्द 'तन्मयता' है।

इस प्रकार वाक्य 'अनुपम तन्मयता से पुस्तक पढ़ रहा था।' होगा।

अतः विकल्प (C) सही है।

69. 'कमल' का समानार्थी शब्द शतदल नहीं है।

'कमल' के समानार्थी शब्द - नलिन, अरविन्द, उत्पल, अम्भोज, तामरस, पुष्कर, महोत्पल, वनज, कंज, सरसिज, राजीव, पद्म, पंकज, नीरज, सरोज, जलज, जलजात, शतदल, पुण्डरीक, इन्दीवर इत्यादि है।

अतः विकल्प (B) सही है।

70. क्या तुमने कभी अकेले ट्रेन की यात्रा की है।

अन्य विकल्प असंगत है।

अतः विकल्प (B) सही है।

71. ईश्वर के यहाँ कुछ लोग दूसरों की तुलना में जल्दी पहुँचते है।

अन्य विकल्प असंगत है।

अतः विकल्प (B) सही है।

72. 'आत्मा में परमात्मा निवास करती है।' अशुद्ध वाक्य है क्योंकि इसमें लिंग संबंधी त्रुटि है।

वाक्य में 'करती है' के भाग में उचित लिंग का प्रयोग नहीं है, उसके स्थान पर 'करता है' का प्रयोग उचित होगा। क्योंकि 'परमात्मा' पुल्लिंग शब्द है।

अतः विकल्प (C) सही है।

73. उपयुक्त गद्यांश के अनुसार आत्मविश्वास बढ़ाने का सर्वोत्तम साधन अभ्यास है।

अर्थात निरंतर अभ्यास के माध्यम से हम अपने आत्मविश्वास को बढ़ा सकते हैं।

अतः विकल्प (C) सही है।

74. उपर्युक्त गद्यांश के अनुसार जो बुद्धि से काम नहीं लेते हैं वे मूर्ख रह जाते हैं।

जो बुद्धि से काम नहीं लेते वे मूर्ख रह जाते हैं। जिस प्रकार बिखर पड़े लोहे को भी जंग लग जाती है इस प्रकार जिस अंग से हम काम लेते हैं वह शक्तिपूर्ण बन जाता है और जिस से काम नहीं लेते वह दुर्बल रह जाता है।

अतः विकल्प (C) सही है।

75. उपर्युक्त गद्यांश के अनुसार अभ्यास के माध्यम से सिद्धि प्राप्त होती है।

यदि हम बिना अभ्यास के सिद्धि प्राप्त करें तो वह स्थिर नहीं रह पाती है।

अतः विकल्प (B) सही है।

76. "निर्मल शक्ति"शब्द में गुणवाचक विशेषण है। अन्य विकल्प असंगत है।

निर्मल शक्तियों में निर्मल शब्द को प्रदर्शित करता है। इसलिए, यह गुणवाचक विशेषण का उदाहरण है।

गुणवाचक विशेषण: "जो शब्द, किसी व्यक्ति या वस्तु के गुण, दोष, रंग, आकार, अवस्था, स्थिति, स्वभाव, दशा, दिशा, स्पर्श, गंध, स्वाद आदि का बोध कराएं, 'गुणवाचक विशेषण' कहलाते हैं।"

अतः विकल्प (A) सही है।

77. भाषाऐं अशुद्ध शब्द है।

- सही शब्द है - भाषाएं।
- सही वाक्य इस प्रकार बनेगा -
  - भारत में अनेक भाषाएं बोली जाती हैं।
- अतः भाषाएं शब्द की गलत वर्तनी होने के कारण 'भाषाऐं' त्रुटिपूर्ण शब्द है।

अतः विकल्प (B) सही है।

78. 'जहाँ पर लोगो का मिलना हो' इस वाक्यांश के लिए सम्मेलन शब्द होगा।

अतः विकल्प (D) सही है।

79. यहां पर 'आवज' गलत शब्द है। यह "आवाज" शब्द की गलत वर्तनी है।

- अर्थात दिए गए वाक्य में वर्तनी संबंधी त्रुटि है।
  - उसने आवाज देकर पूछा। वाक्य सही होगा।
- वाक्य के अन्य किसी भाग में कोई त्रुटि नहीं है।
  - आवाज शब्द का अर्थ है -
    - ध्वनि, स्वर, वाणी, नाद, आदि।

अतः विकल्प (A) सही है।

80. अंटी मारना' मुहावरे का अर्थ है - चाल चलना।

- वाक्य प्रयोग - मोहन के घर में ठग ने ऐसी अंटी मारी कि उसके घर के सभी सदस्यों को बेवकूफ बनाकर पैसा ठग ले गया।

अन्य विकल्प:

- धोखा देना अर्थात छलना या भ्रम में डालना।
  - वाक्य प्रयोग:- वह बदमाश मुझे धोखा देकर भाग गया।
- दांत खट्टे करना मुहावरे का अर्थ है परास्त करना।
  - वाक्य प्रयोग:- तरुण ने पांच सौ मीटर की दौड़ प्रतियोगिता में साहिल के दाँत खट्टे कर दिए थे।
- हाथ साफ करना मुहावरे का अर्थ है चोरी करना।
  - वाक्य प्रयोग:- छोटे से लड़के ने सबके सामने ही दुकान के माल पर हाथ साफ कर दिया।

अतः विकल्प (C) सही है।

मॉक टेस्ट 05

General Intelligence and Reasoning

Q.1 दिए गए विकल्पों से संबंधित अक्षर / संख्या का चयन करें।

$DE : 10 :: HI : ?$

A. 17 **B.** 20 **C.** 36 **D.** 46

Q.2 निर्देश : निम्नलिखित प्रश्न में दिए गए विकल्पों में से संबंधित शब्द/अक्षर/संख्या को चुनिए।

6 : 72 : : 8 : ?

A. 94 **B.** 96 **C.** 74 **D.** 92

Q.3 पाँच छात्र P, Q, R, S और T एक पंक्ति में उत्तर के सम्मुख बैठे हैं। P, T के निकटस्थ बैठा है। T पंक्ति के मध्य में है। T, P के ठीक दाएं है। P, Q या R के निकटस्थ नहीं है। तो S किसके निकटस्थ है?

A. S
B. P
C. Q
D. निर्धारित नहीं किया जा सकता

Q.4 अज्ञात संख्या को चुनकर श्रृंखला को पूरा कीजिये:

5, 15, 45, 135, _____

A. 455 **B.** 395 **C.** 305 **D.** 405

Q.5 एक कागज के टुकड़े को मोड़ा जाता है और नीचे प्रश्न आकृति में दर्शाए गए अनुसार पंच किया जाता है। दी गई उत्तर आकृति में से बताइए कि कागज खोलने के बाद वह किस आकृति का दिखाई देगा।

 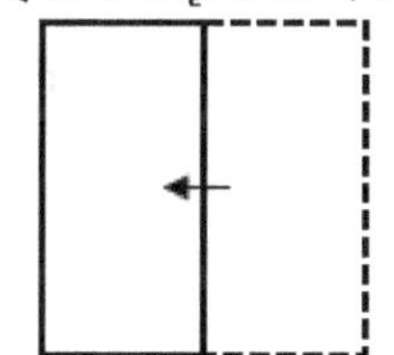 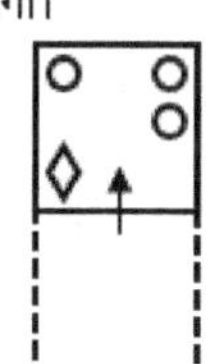

[SSC MTS, 2019], [UP Police Constable, 2019]

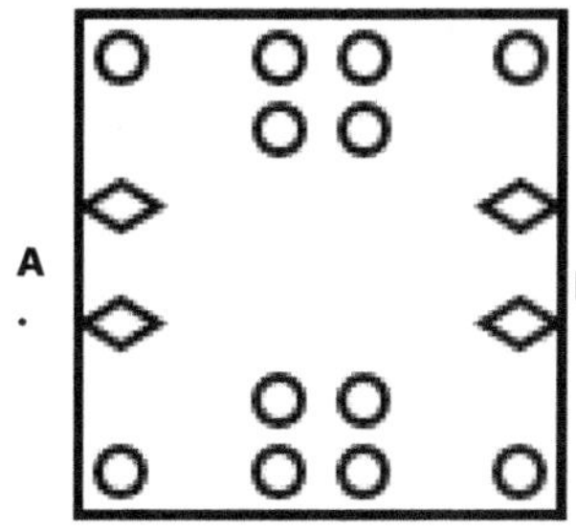 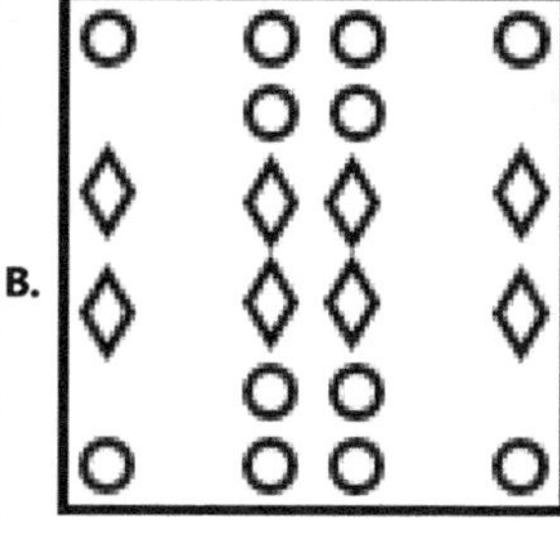

Q.6 अक्षरों का कौन-सा एक समूह जब दी गई अक्षर श्रृंखला में रिक्त स्थान पर क्रमिक रूप से रखा जाए तो वह इसे पूरा करेगा?

_ bc _ ca _ aba _ c _ ca

A. abcbb **B.** abcbb **C.** baaba **D.** bbcc

Q.7 चार संख्या-जोड़े दिए गए हैं, जिनमें से तीन किसी तरह से समान हैं और एक भिन्न है। जो विषम है उसे चुनिए।

A. 17 : 306 **B.** 21 : 420 **C.** 13 : 182 **D.** 19 : 380

Q.8 A = B का अर्थ है कि 'A, B की बहन है'
A @ B का अर्थ है कि 'A, B का पति है'
A # B का अर्थ है कि 'A, B की पुत्री है'
यदि C # U = K # V @ M है, तो V, U से किस प्रकार संबंधित है?

A. दामाद **B.** पिता **C.** मामा **D.** भाई

Q.9 निर्देश: उस विकल्प आकृति का चयन कीजिए जो दी गई आकृति में अंतर्निहित है (घुमाव की अनुमति नहीं है)।

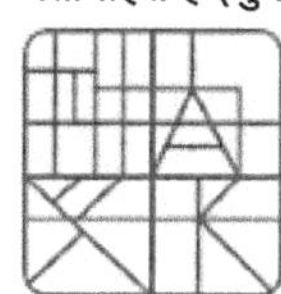

[SSC CGL, 2021]

A. 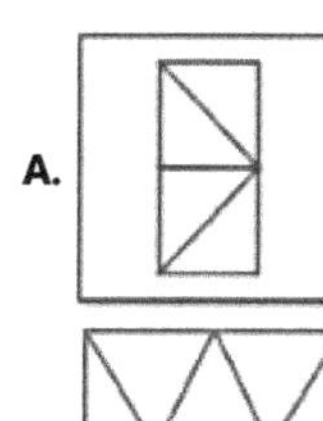 **B.** 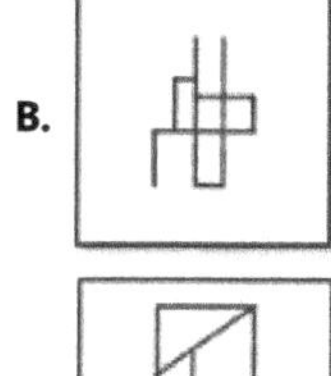

C. 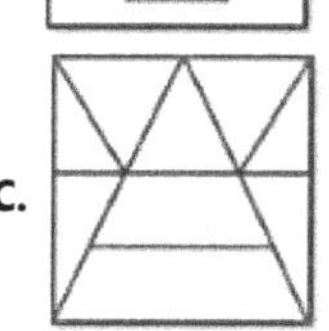 **D.** 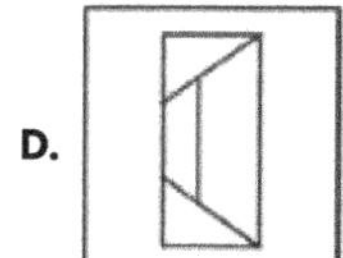

Q.10 उस आरेख की पहचान करें जो नीचे दी गई श्रेणियों के बीच संबंधों का सबसे अच्छा प्रतिनिधित्व करता है:

गौरैया, पक्षी, बिल्ली

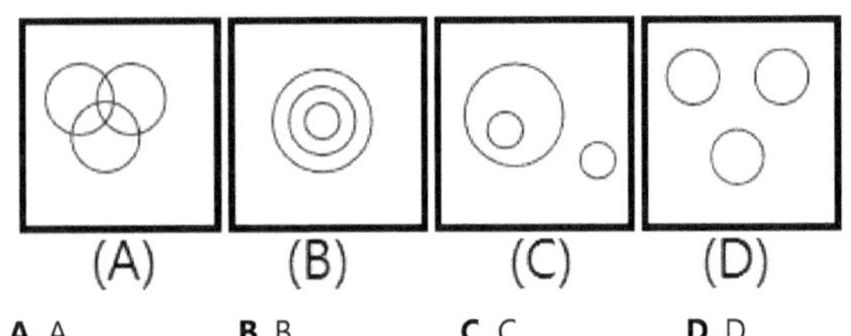

A. A   **B.** B   **C.** C   **D.** D

Q.11 निर्देश: *संकेतों को बदलने और निम्नलिखित समीकरण को संतुलित करने के लिए गणितीय संकेतों के सही संयोजन का चयन करें:

8 * 8 * 1 * 7 = 8

A. × ÷ +   **B.** + × ÷   **C.** ÷ × +   **D.** - × ÷

Q.12 यदि एक दर्पण को AB रेखा पर रखा जाता है, तो दी गई आकृति का सही दर्पण प्रतिबिम्ब कौन सा होगा?

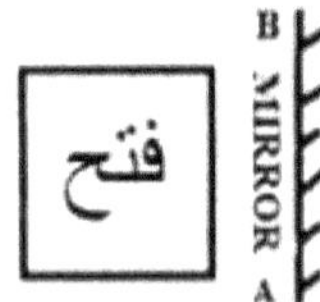

[Rajasthan Police Constable, 2020]

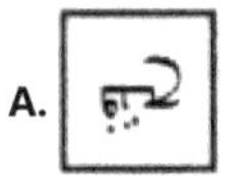 **A.**   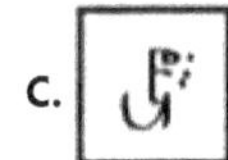 **B.**   **C.**   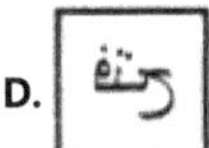 **D.**

Q.13 निर्देश: आकृतियों की एक श्रृंखला दी गई है जिसमें एक आकृति लुप्त है। दिए गए विकल्पों में से वह सही विकल्प चुनिए जो श्रृंखला को पूरा करे।

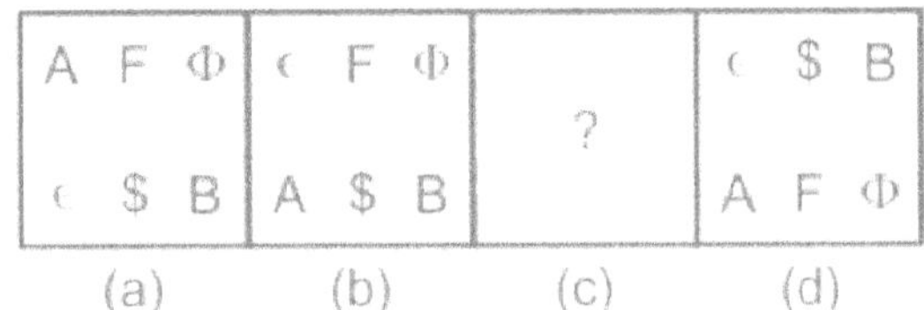

A.

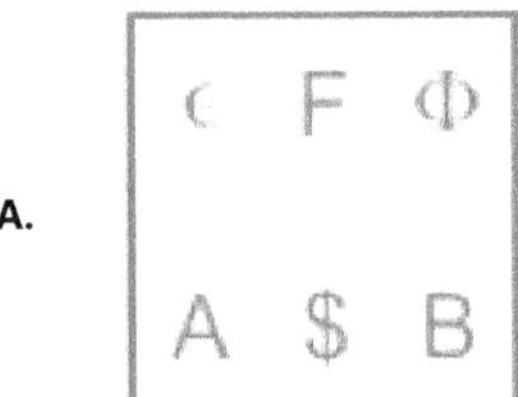

B.

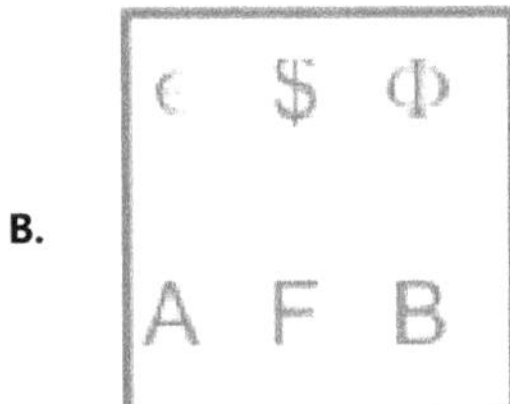

C.

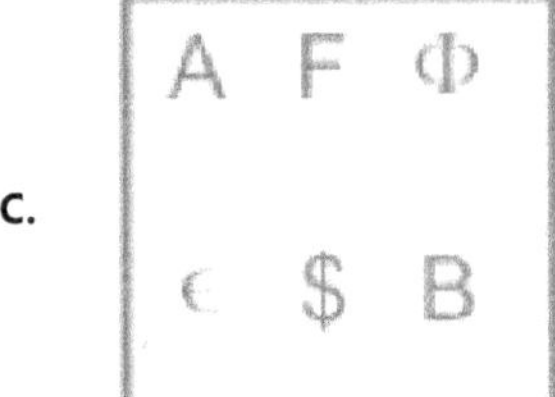

D.

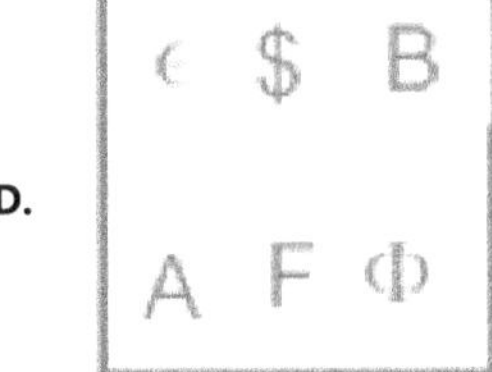

Q.14 निर्देश: नीचे दर्शाए गए प्रश्नवाचक चिन्ह के स्थान पर कौन-सी संख्या आएगी?

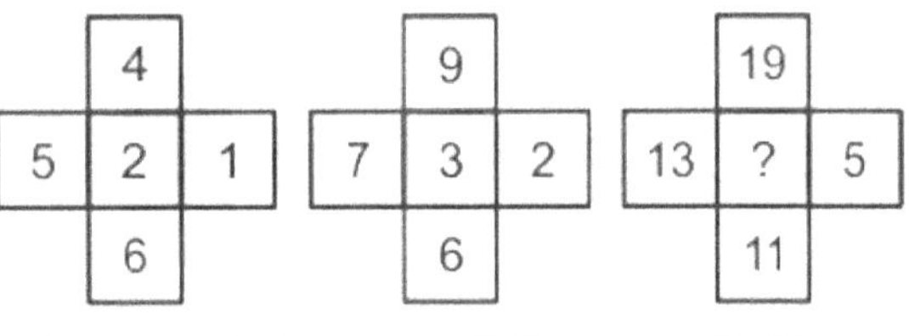

A. 4   **B.** 6   **C.** 8   **D.** 10

Q.15 निर्देश: दिये गये शब्दों को उनके शब्दकोश के विपरीत क्रम में व्यवस्थित कीजिये और दूसरे आने वाले शब्द का चयन कीजिये।

Severe, Sentiment, Shower, Surpass

A. Severe   **B.** Sentiment

C. Shower   **D.** Surpass

Q.16 एक संख्या और उसके चार गुने का योग 60 है। उस संख्या का 100 गुना ज्ञात कीजिए।

A. 1200   **B.** 800   **C.** 900   **D.** 1000

Q.17 निम्नलिखित प्रश्न में, दिए गए विकल्पों में से विषम अक्षरों को चुनिए।

A. ACEG   **B.** MOQS   **C.** FHIK   **D.** PRTV

Q.18 एक पासे की चार स्थितियाँ नीचे दी गई हैं। उन्हें ध्यान से देखें और ज्ञात करें कि कौन सी संख्या 5 के विपरीत है?

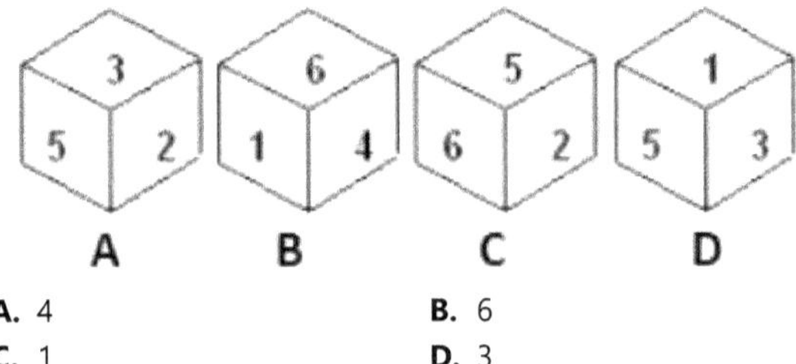

A. 4   **B.** 6

C. 1   **D.** 3

Q.19 निर्देश: दिए गए कथन (कथनों) और निष्कर्षों को ध्यानपूर्वक पढ़िये और चयन कीजिए कि कौन से निष्कर्ष दिए गये कथनों का तार्किक रूप से अनुसरण करता है।

कथन:

सभी पेंट दीवार हैं।

कोई दीवार लम्बी नहीं है।

निष्कर्ष:

I. कोई पेंट लम्बा नहीं है।

II. कुछ पेंट लम्बे हैं।

A. केवल I अनुसरण करता है

B. केवल II अनुसरण करता है

C. दोनों I और II अनुसरण करते हैं

D. न तो I और न ही II अनुसरण करता है

Q.20 यदि B = 25 , SUN = 27 है, तो CAR = ?

A. 54　　　B. 59　　　C. 56　　　D. 49

General Knowledge and General Awareness

Q.21 1983 में केंद्र-राज्य संबंधों पर केंद्र सरकार ने निम्नलिखित में से कौन सा आयोग नियुक्त किया था?

A. सरकारिया कमीशन

B. दत्त कमीशन

C. सेतलवाड आयोग

D. राजमन्नार आयोग

Q.22 भारत का पहले चुनाव आयुक्त थे?

A. एस. पी. सेन वर्मा

B. डॉ. नगेन्द्र सिंह

C. के. वी. के. सुन्दरम

D. सुकुमार सेन

Q.23 संविधान के किस अनुच्छेद के अनुसार जम्मू व कश्मीर राज्य को एक विशेष दर्जा प्राप्त है?

[Uttarakhand Public Service Commission (UKPSC), 2016]

A. अनुच्छेद 1

B. अनुच्छेद 360

C. अनुच्छेद 270

D. अनुच्छेद 370

Q.24 निम्नलिखित में से कौन-सा 'प्रवास के निकासी कारकों' है?

A. जीवन की सुरक्षा

B. बेरोजगारी

C. गरीब रहने की स्थिति

D. अप्रिय

Q.25 जुलाई 2022 में एसबीआई जनरल इंश्योरेंस कंपनी लिमिटेड के प्रबंध निदेशक और मुख्य कार्यकारी अधिकारी के रूप में किसे नियुक्त किया गया है?

A. टी राजा कुमार

B. परितोष त्रिपाठी

C. विजय शेखर शर्मा

D. ज्ञानेश भारती

Q.26 विश्व कैडेट जूडो चैंपियनशिप 2022 में स्वर्ण जीतने वाले पहले भारतीय कौन बने हैं?

A. अवतार सिंह

B. लिंथोई चनंबम

C. पूनम चोपड़ा

D. कल्पना देवी

Q.27 28 और 29 अक्टूबर, 2022 को आयोजित संयुक्त राष्ट्र सुरक्षा परिषद (यूएनएससी) की आतंकवाद-विरोधी समिति की एक विशेष बैठक किस स्थान पर आयोजित की गई?

A. मुंबई

B. दिल्ली

C. जयपुर

D. (A) और (B) दोनों

Q.28 केंद्र और __________ सरकार ने 15 सितंबर 2022 को राज्य के 8 आदिवासी संगठनों के साथ त्रिपक्षीय शांति समझौते पर हस्ताक्षर किए हैं?

A. त्रिपुरा　　　B. असम　　　C. मणिपुर　　　D. नागालैंड

Q.29 हिमालय के बारे में निम्नलिखित में से कौन-सा एक कथन सही नहीं है?

A. हिमालय में नापे और शयान वलन होते हैं।

B. हिमालय टेथिस सागर से उभरा है।

C. हिमालय में तीन पर्वत श्रेणियाँ हैं - शिवालिक, बृहत् हिमालय और कुनलुन श्रेणियाँ।

D. पर्वतन तृतीय महाकल्प में हुआ था।

Q.30 नीचे दिए गए मानचित्र में छायांकित क्षेत्र निम्नलिखित में से किस एक का मुख्य उत्पादक है?

A. कपास　　　B. मूँगफली　　　C. गेहूँ　　　D. सरसों

Q.31 कौन-सा भारतीय खिलाड़ी 2022 में डायमंड लीग जीतने वाले पहले भारतीय बन गए है?

A. नीरज चोपड़ा

B. विकास गोड़ा

C. मनदीप सिंह

D. विकास यादव

Q.32 निम्नलिखित में से कौन भारत में उपनिवेशवाद के आर्थिक आलोचक थे?

1. दादाभाई नौरोजी

2. जी. सुब्रमनिया अय्यर

3. आर. सी. दत्त

A. केवल 1

B. केवल 1 और 2

C. केवल 2 और 3

D. 1, 2 और 3

Q.33 कलिंग युद्ध अशोक के शासन काल में किस वर्ष लड़ा गया था?

A. 6　　　B. 7　　　C. 8　　　D. 9

Q.34 1539 में चौसा की लड़ाई में हुमायूँ को किसने हराया था?

[Territorial Army Officer, 2019]

A. शेरशाह

B. बहादुर शाह

C. राणा सांगा

D. इनमें से कोई नहीं

Q.35 कोरोनावायरस के खिलाफ राष्ट्रव्यापी टीकाकरण के दूसरे चरण में कौन पहले लाभार्थी बन गए हैं?

A. राम नाथ कोविंद

B. नरेंद्र मोदी

C. उद्धव ठाकरे

D. अमित शाह

Q.36 तीजन बाई किस कला से संबंधित हैं?

A. बुरा कथा　　　B. पंडवानी　　　C. लावणी　　　D. नौटंकी

Q.37 ग्रेफाइट को आमतौर पर ______ के रूप में जाना जाता है।

A. नकली सोना

B. काला सोना

C. काला सीसा

D. कोमल हीरा

Q.38 अदृश्य निर्यात का क्या अर्थ है?

A. सेवाओं का निर्यात

B. निषिद्ध माल का निर्यात

C. प्रतिबंधित माल का निर्यात

D. OGL सूची के अनुसार माल का निर्यात

Q.39 निम्नलिखित में से कौन पूंजीवादी अर्थव्यवस्था का लाभ है?

A. पूंजीवादी अर्थव्यवस्था में अधिक दक्षता होती है क्योंकि उत्पादों का

उत्पादन उपभोक्ताओं की मांग के अनुसार किया जाता है।
B. सरकार या नौकरशाही के हस्तक्षेप से कम हस्तक्षेप होता है।
C. (A) और (B) दोनों
D. इनमें से कोई भी नहीं

Q.40 एयर कंडीशनर का आविष्कार किसने किया था?
A. जॉन गोरी
B. गेरूद दरनीस
C. डेविड गिटलिन
D. विलिस हैविलैंड कैरियर

Elementary Mathematics

Q.41 $(999)^2 - 2^2$ का मान ज्ञात कीजिए।
A. 998007　　**B.** 995997　　**C.** 996997　　**D.** 997997

Q.42 $\frac{4-\sqrt{0.04}}{4+\sqrt{0.4}}$ का मान ज्ञात कीजिए।
A. 0.8　　**B.** 1.0　　**C.** 0.4　　**D.** 1.4

Q.43 निम्न में से किस संख्या का वर्गमूल एक परिमेय संख्या है?
A. 53824　　**B.** 81025　　**C.** 62472　　**D.** 23568

Q.44 कुछ मुर्गे और बाघ हैं। यदि उनके सिरों की कुल संख्या 48 है और उनके पैरों की कुल संख्या 140 है तो मुर्गों की संख्या ज्ञात कीजिए।
A. 21　　**B.** 28　　**C.** 23　　**D.** 26

Q.45 आरोही क्रम में निम्न भिन्नों की व्यवस्था ज्ञात कीजिए।
$$\frac{1}{3}, \frac{3}{4}, \frac{2}{5}, \frac{6}{7}$$
A. $\frac{1}{3} \frac{3}{4} \frac{2}{5} \frac{6}{7}$
B. $\frac{6}{7} \frac{2}{5} \frac{3}{4} \frac{1}{3}$
C. $\frac{1}{3} \frac{2}{5} \frac{3}{4} \frac{6}{7}$
D. $\frac{6}{7} \frac{3}{4} \frac{2}{5} \frac{1}{3}$

Q.46 प्रीती अपनी आय का 30% किराने के सामान पर खर्च करती है तथा शेष का 40% यात्रा पर खर्च करती है। उसके बाद वह 25% शिक्षा पर खर्च करती है। यदि उसकी वार्षिक आय ₹ 2,00,000 है। उसकी वार्षिक बचत ज्ञात करें।
A. ₹ 63,000
B. ₹ 36,000
C. ₹ 63,500
D. ₹ 60,000

Q.47 एक पार्टी में लड़कों की संख्या से लड़कियो की संख्या का अनुपात 5 : 9 है। यदि पार्टी में 99 लड़कियां हैं, पार्टी में व्यक्तियों की कुल संख्या हैं:
A. 99　　**B.** 55　　**C.** 132　　**D.** 154

Q.48 यदि $A:B = 7:3$, $\frac{AB+B^2}{A^2-B^2}$ का मान ज्ञात करें।
A. $\frac{3}{4}$　　**B.** $\frac{4}{3}$　　**C.** $\frac{7}{3}$　　**D.** $\frac{3}{7}$

Q.49 25 परिणामों का औसत 18 है। उनमें से पहले 12 का औसत 14 है और अंतिम 12 का औसत 17 है। 13वीं का रिजल्ट क्या है?
A. 74　　**B.** 75　　**C.** 69　　**D.** 78

Q.50 यदि एक निश्चित राशि साधारण ब्याज पर 5 वर्षों में स्वयं की दोगुनी राशि हो जाती है, तो वार्षिक ब्याज की दर ज्ञात कीजिए जिस पर राशि को निवेश किया गया था।
A. 12.50%　　**B.** 15%　　**C.** 16.66%　　**D.** 20%

Q.51 यदि 10000 रु 40% प्रति वर्ष की दर से निवेश किए गए तो तीसरे वर्ष में अर्जित किया गया चक्रवृद्धि ब्याज क्या है?
A. 8840 रु　　**B.** 8120 रु　　**C.** 7430 रु　　**D.** 7840 रु

Q.52 एक विक्रेता अंकित मूल्य पर 15% की छूट देता है, तो विक्रेता को क्रय मूल्य पर 19% का लाभ प्राप्त होने की स्थिति में॑ं क्रय मूल्य और अंकित मूल्य में अनुपात ज्ञात कीजिये।
A. 7 : 5　　**B.** 3 : 4　　**C.** 5 : 7　　**D.** 15 : 19

Q.53 30 वस्तुओं को बेचकर, एक आदमी 5 वस्तुओं का विक्रय मूल्य प्राप्त करता है। लाभ प्रतिशत क्या है?
A. 25%　　**B.** 30%　　**C.** 15%　　**D.** 20%

Q.54 1,00,000 रुपये के बिल पर लागू 40% की छूट और 36% और 4% की दो लगातार छूट के बीच अंतर है:
A. रु 3,440　　**B.** रु 1,440　　**C.** रु 2,500　　**D.** रु 4,000

Q.55 एक आयत की लंबाई और चौड़ाई का अनुपात 5 : 4 है। आयत का परिमाप 54 सेमी है। आयत का क्षेत्रफल ज्ञात कीजिये।
A. 180 सेमी²　　**B.** 160 सेमी²　　**C.** 210 सेमी²　　**D.** 280 सेमी²

Q.56 एक त्रिभुज के आधार की लंबाई, एक समांतर चतुर्भुज के आधार का $\frac{5}{7}$ गुना है। त्रिभुज और समानांतर चतुर्भुज का क्षेत्रफल समान है। त्रिभुज और समानांतर चतुर्भुज की संबंधित ऊंचाइयों का अनुपात ज्ञात कीजिये।
A. 5 : 3　　**B.** 7 : 5　　**C.** 14 : 5　　**D.** 21 : 10

Q.57 यदि दो संख्याएँ 13 से अधिक हैं और दो संख्याओं का H.C.F 13, L.C.M 273 है, तो संख्याओं का योग है:
A. 286　　**B.** 130　　**C.** 288　　**D.** 290

Q.58 जलाल, अमित और फिरोज ने साझेदारी की। जलाल ने अमित से 4 गुना अधिक निवेश किया है और फिरोज द्वारा निवेश की गई राशि अमित द्वारा निवेश की गई राशि का $\left(\frac{3}{4}\right)^{th}$ है। वित्तीय वर्ष के अंत में, अर्जित कुल लाभ 19,000 रु है। जलाल का हिस्सा ज्ञात कीजिये।
A. 15000 रु　　**B.** 12000 रु　　**C.** 13000 रु　　**D.** 10000 रु

Q.59 72 किमी प्रति घंटे की रफ्तार से आगे बढ़ने वाली ट्राम 20 सेकंड में एक खंभे को पार करती है। विपरीत दिशा में 18 किमी प्रति घंटा की गति से चलती कार को ट्राम कितने समय में पार करेगा?
A. 20 सेकंड　　**B.** 16 सेकंड　　**C.** 10 सेकंड　　**D.** 12 सेकंड

Q.60 यदि A और B मिलकर किसी कार्य को 20 दिनों में, B और C, 10 दिनों में और C और A, 12 दिनों में पूरा कर सकते हैं, तो A, B, C संयुक्त रूप से उसी कार्य को कितने दिनों में समाप्त कर सकते हैं?
A. $\frac{7}{60}$ दिन　　**B.** $8\frac{4}{7}$ दिन　　**C.** $4\frac{2}{7}$ दिन　　**D.** 30 दिन

Hindi

Ques (61-63):निर्देश: रिक्त स्थान को भरने के लिए उपयुक्त शब्द का चयन करें।

Q.61 रात्रि के__________ से आकाश में तारे चमक उठे है।
A. नामुमकिन　　**B.** प्रकोप　　**C.** प्रभाव　　**D.** अंधकार

Q.62 इस नाटक का__________ अंत तक बना रहता है।
A. आश्चर्य　　**B.** रहस्य　　**C.** कौतूहल　　**D.** दर्द

Q.63 धन का अभाव समस्याओं को हल करने में__________ नहीं होना चाहिए।
A. साधक　　**B.** बाधक　　**C.** सार्थक　　**D.** उपयोगी

Q.64 निम्नलिखित में से कौन सा वाक्य अशुद्ध है?
A. वह रोता-रोता हँसने लगा।

B. उसने मुझे मारा था।

C. राम की सारी आदतें बुरी ही हैं।

D. राम और श्याम दोनों भाई हैं।

Q.65 "जो जीता न जा सके" वाक्यांश के लिए सही शब्द है:

A. आलौकिक **B.** अजेय

C. अभेद्य **D.** अनुकरणीय

Q.66 "जिसका पता न हो" वाक्यांश के लिए सही शब्द है:

A. अज्ञात **B.** अजात

C. अजित **D.** अविस्मरणीय

Q.67 दिए गए शब्दों की सही वर्तनी के साथ विकल्प को चिन्हित करें।

[Sainik School Entrance Class VI, 2020]

A. अतीथी **B.** अतिथि **C.** आतिथी **D.** अधिति

Ques (68-71):निर्देश: दिए गए गद्यांश को ध्यानपूर्वक पढ़कर पूछे गए प्रश्न का उत्तर दीजिये।

नागरिकता का तात्पर्य वोट देने, कर चुकाने, न्यायसभा में निर्णय करने तथा उन अन्याय कर्तव्यों को पूरा करने से कहीं अधिक है, जिनकी अपेक्षा कोई राष्ट्र अपने सदस्यों से करता है। ठीक-ठीक समझने पर इसके अन्तर्गत मनुष्य के वे सम्पूर्ण क्रिया-कलाप समाविष्ट हो जाते हैं, जिनका सम्बन्ध उसके साथी नागरिकों से है तथा जिनका प्रभाव राज्य के स्वास्थ्य एवं कल्याण पर पड़ता है। प्रकारांतर से इस भावना का विस्तार अपने पड़ोसी के प्रति कर्तव्य-निर्वाह तक माना जा सकता है। इसमें कानून द्वारा विदित सभी बातें तो अन्तर्निहित हैं ही, साथ ही कुछ ऐसे कर्तव्य भी समाविष्ट हैं; जिनके विषय में कानून चुप है और जिन्हें व्यक्ति के विवेक पर छोड़ दिया गया है। यह भावना निष्क्रिय नहीं है। इसका अभिप्राय अभद्र आचरण से निवृत्ति मात्र नहीं है, यह एक सक्रिय भावना है। सार्वजनिक कर्तव्यों से दूर रहने वाले मनुष्य को हम शांतिप्रिय नहीं, बल्कि निकम्मा मनुष्य समझते हैं। सार्वजनिक जीवन में शक्ति और ऊर्जा की स्थिति निर्मित होती है समय चूकने वाला मनुष्य तथा शत्रु का साथ देने वाला मनुष्य, दोनों ही अपने कर्तव्यों का अतिक्रमण करते हैं।

आदर्श राज्य वही हैं जहाँ प्रत्येक नागरिक अपने समुदाय का अंग बने रहने के लिए कृत-संकल्प हो, जो राज्य का भार कम करना चाहता हो, जो अपने स्वार्थ के सामने राज्य के स्वार्थ को वरीयता देता हो तथा आवश्यकता होने पर जो अपनी आकांक्षाओं, सुविधाओं, समय और धन को भी त्याग देने के लिए उद्यत रहता हो। ऐसा मनुष्य उस मशीन की भाँति कार्यशील रहता है, जिसका कोई पुर्जा न तो व्यर्थ होता है और न अक्षम, न तो घिसा-पिटा होता है और न टूटा-फूटा, अथवा अनुपयुक्त। ऐसी मशीन की एक-एक 'पुली' तथा 'दाँता उसका सारा भार धारण करते हैं तथा मशीन के वेगपूर्ण सुचारु संचालन में पूरा योग देते हैं जो मनुष्य अपना कर चुकाने में टालमटोल करता हो, वह तो घटिया नागरिक है ही, उसी प्रकार वह मनुष्य भी घटिया नागरिक है जो लोकसभा के लिए मतदान करते समय केवल अपने व्यक्तिगत स्वार्थ का ध्यान रखता है अथवा जो उदासीनता या आलस्य के कारण मतदान ही नहीं करता। उसी प्रकार वह घटिया नियोजक है जो अपने कर्मचारियों के प्रति व्यवहार करते समय न केवल नैतिक कानून का उल्लंघन करता है, बल्कि देश की सामाजिक समस्याओं को भी बढ़ाता है। इसी श्रेणी में 'काला बाजार' के मुनाफाखोर, व्यापारी लोग तथा उनके अनुयायी भी सम्मिलित होंगे। इसी श्रेणी में वे श्रमिक-कारीगर सम्मिलित होंगे जो वैयक्तिक स्वार्थों के लिए ऐसे समय हड़ताल आयोजित करते हैं, जब उनके देश का अस्तित्व दाँव पर लगा हो।

Q.68 आदर्श नागरिक से लेखक का क्या अभिप्राय है ?

A. जहाँ के नागरिक सिर्फ मतदान देने जाये ओर अपने मनपसंद उम्मीदवार को जिताने में मदद करते हो।

B. ऐसे समय हड़ताल आयोजित करे चाहे देश की स्थिति कुछ भी हो, उनको अपनी आवाज रखनी चाहिये।

C. जहाँ के नागरिक अपने स्वार्थ के लिये राज्य के हित के विरुद्ध भी जाना पड़े फिर भी पीछे ना हटे।

जहाँ के नागरिक अपने हितों को अनदेखा कर राज्य के हितों को

D. सर्वाधिक महत्व दे, तथा अपना समय, धन देकर राज्य के कल्याण के बारे में सोचे।

Q.69 सक्रिय नागरिकता का सटिक उदाहरण दिए गए विकल्पों में कौन दर्शाता है?

A. अपने व्यक्तिगत हितों के लिये कार्य करना तथा अपने में मशगूल रहना।

B. मनपसंद उम्मीदवार का चयन अथवा उसे विजयी बनाने की कोशिश करना।

C. राज्य के हित में कम करना तथा ऐसा कार्य करना जो कानून के दायरे में हो।

D. अभद्र आचरण का उदाहरण प्रस्तूत करें, और दूसरे को भी करने को बोलें।

Q.70 लेखक के अनुसार घटिया नागरिक कौन है?

A. जो समाजिक कार्यों में सम्मिलित होता हो तथा अपना कर्तव्य निर्वाहन करता हो।

B. जो लोकसभा के लिए मतदान करते समय केवल अपने व्यक्तिगत स्वार्थ का ध्यान रखता है।

C. जो अपने स्वार्थ के सामने राज्य के स्वार्थ को वरीयता देता हो।

D. जो राज्य के हित में कार्य करता हो।

Q.71 कोई राज्य अपने नागरिकों से किन कर्तव्यों की अपेक्षा करता है?

A. जो व्यक्तिगत मुनाफों के लिये देश के अस्तित्व को दाव पर लगा दे

B. जो अपने दायित्वों को निर्वाहन कभी-कभी करे

C. कुछ निर्णय कानून के विरुद्ध भी लेना पड़े तो बेझिझक लें

D. आपात के समय देश का साथ दें तथा कर समय पर चुकाएं

Q.72 दिए गए विकल्पों में से 'खराब' शब्द का विलोम क्या होगा?

A. बुरा **B.** भद्दा **C.** गंदा **D.** अच्छा

Q.73 दिए गए विकल्पों में से 'उपमेय' शब्द का विलोम क्या होगा?

A. अनुपमेय **B.** अनुपमा **C.** उपचार **D.** अनुचित

Q.74 निम्नलिखित युग्मों में से कौन-सा गलत है?

[UPTET Science and Maths, 2018], [UPTET Social Studies, 2018]

A. रास्ता नापना – आकलन करना

B. रग- रग जानना – अच्छी तरह से परिचित होना

C. लोहा लेना – सामना करना

D. शैतान के कान काटना – बहुत चतुर होना

Q.75 लोकोक्ति और उसके अर्थ के जोड़े में से कौन-सा जोड़ा गलत है?

[UPTET Science and Maths, 2018], [UPTET Social Studies, 2018]

A. आँख का अंधा नाम नयनसुख – गुण के विपरीत नाम

B. अक्ल बड़ी या भैंस – बल की अपेक्षा बुद्धि अधिक शक्तिशाली होती है

C. उल्टा चोर कोतवाल को डाँटे – अपना दोष न मानकर दूसरे पर मढ़ना

D. आ बैल मुझे मार – बैल को मारना

Q.76 निर्देश: रेखांकित वाक्यांश के लिए एक शब्द का चयन कीजिए - दोपहर के समय शालू आराम कर रही थी।

A. पूर्वाह्न **B.** मध्याह्न **C.** कालिग्रह **D.** अपराह्न

Q.77 निर्देश: रेखांकित वाक्यांश के लिए एक शब्द का चयन कीजिए - भारतीय की बुरी दशा देखकर गांधीजी का मन द्रवित हो गया।

A. दुर्व्यवहार **B.** दीनता **C.** दुर्दशा **D.** दुर्दिन

Q.78 निम्नलिखित में किस शब्द में त्रुटि नहीं है-

A. अगामी **B.** आगमी **C.** आगामी **D.** अगमी

Q.79 निम्नलिखित में किस शब्द में त्रुटि नहीं है:

A. सुभेच्छा   B. शुभेच्छा   C. शुभ एच्छा   D. शुभीक्षा

Q.80 'नदी' का समानार्थी शब्द है:

A. शतदल   B. समीर   C. ध्वज   D. सरिता

// स्मार्ट उत्तर पुस्तिका //

सही उत्तर — उन छात्रों का प्रतिशत जिन्होंने प्रश्नों का सही उत्तर दिया था। **छोड़ दिया** — उन छात्रों का प्रतिशत जिन्होंने प्रश्नों को छोड़ दिया था।

प्रश्न संख्या	उत्तर	सही उत्तर / छोड़ दिया
1	C	77.28 % / 15.05 %
2	B	88.59 % / 10.8 %
3	B	79.33 % / 14.73 %
4	D	85.69 % / 10.52 %
5	C	65.58 % / 31.89 %
6	A	59.94 % / 37.06 %
7	B	77.57 % / 14.94 %
8	B	55.78 % / 41.05 %
9	B	76.02 % / 21.61 %
10	C	86.39 % / 10.32 %
11	C	85.39 % / 12.52 %
12	D	82.66 % / 14.41 %
13	B	16.73 % / 75.97 %
14	B	88.31 % / 10.66 %
15	C	49.96 % / 39.69 %
16	A	82.86 % / 14.36 %

प्रश्न संख्या	उत्तर	सही उत्तर / छोड़ दिया
17	C	66.47 % / 30.35 %
18	A	60.69 % / 38.7 %
19	A	87.99 % / 10.06 %
20	B	84.31 % / 14.57 %
21	A	51.99 % / 35.3 %
22	D	44.65 % / 50.4 %
23	D	58.9 % / 30.22 %
24	A	64.76 % / 34.92 %
25	B	50.81 % / 46.0 %
26	B	64.82 % / 30.62 %
27	D	49.17 % / 39.45 %
28	B	20.37 % / 73.65 %
29	C	41.2 % / 33.63 %
30	A	82.84 % / 13.71 %
31	A	49.18 % / 33.74 %
32	D	79.12 % / 17.39 %

प्रश्न संख्या	उत्तर	सही उत्तर / छोड़ दिया
33	C	24.99 % / 68.75 %
34	A	57.43 % / 41.75 %
35	B	18.85 % / 73.45 %
36	B	81.61 % / 12.91 %
37	C	63.68 % / 35.14 %
38	A	51.87 % / 30.95 %
39	C	48.02 % / 49.16 %
40	D	29.46 % / 67.65 %
41	D	86.22 % / 13.56 %
42	A	79.17 % / 11.14 %
43	A	28.28 % / 70.06 %
44	D	62.52 % / 31.18 %
45	C	85.56 % / 10.4 %
46	A	10.57 % / 68.13 %
47	D	83.6 % / 14.63 %
48	A	82.86 % / 10.49 %

प्रश्न संख्या	उत्तर	सही उत्तर / छोड़ दिया
49	D	80.2 % / 18.94 %
50	D	50.86 % / 38.47 %
51	D	45.24 % / 54.55 %
52	C	64.94 % / 30.42 %
53	D	40.04 % / 36.31 %
54	B	87.13 % / 10.21 %
55	A	82.92 % / 10.19 %
56	C	89.48 % / 10.42 %
57	B	81.12 % / 12.08 %
58	B	55.0 % / 41.24 %
59	B	76.86 % / 13.27 %
60	B	86.04 % / 12.81 %
61	D	42.81 % / 35.44 %
62	C	69.25 % / 30.57 %
63	B	57.34 % / 37.97 %
64	A	44.83 % / 53.64 %

प्रश्न संख्या	उत्तर	सही उत्तर / छोड़ दिया
65	B	78.31 % / 19.28 %
66	A	77.36 % / 18.72 %
67	B	82.78 % / 12.48 %
68	D	84.81 % / 14.51 %
69	C	66.22 % / 32.66 %
70	B	67.75 % / 30.79 %
71	D	66.63 % / 30.07 %
72	D	82.61 % / 12.24 %
73	A	65.55 % / 34.3 %
74	B	43.31 % / 52.22 %
75	D	55.66 % / 40.97 %
76	B	54.92 % / 36.56 %
77	C	81.48 % / 12.53 %
78	C	40.88 % / 41.29 %
79	B	63.42 % / 31.33 %
80	D	64.98 % / 33.73 %

//संकेत और समाधान//

1. जैसा कि दिया गया है, $DE = \dfrac{4 \times 5}{2} = 10$ (श्रृंखला के अनुसार)

हमारे पास है, $HI = \dfrac{8 \times 9}{2} = 36$

अतः विकल्प (C) सही है।

2. दिया गया है,

जैसे 6 : 72

$72 = 6 \times 12$

उसी प्रकार

8 : ?

? = 8 × 12 = 96

? = 96

8 : 96

अतः विकल्प (B) सही है।

3.

स्पष्ट रूप से, S, P के निकटस्थ है।

अत: विकल्प (B) सही है।

4. श्रृंखला 5, 15, 45, 135, _____ ने प्रतिरूप का पालन किया

⇒ 5 × 3 = 15

⇒ 15 × 3 = 45

⇒ 45 × 3 = 135

इसी प्रकार

⇒ 135 × 3 = 405

∴ अज्ञात संख्या 405 है।

अतः विकल्प (D) सही है।

5. प्रश्न के अनुसार, पेपर खोलने के बाद:

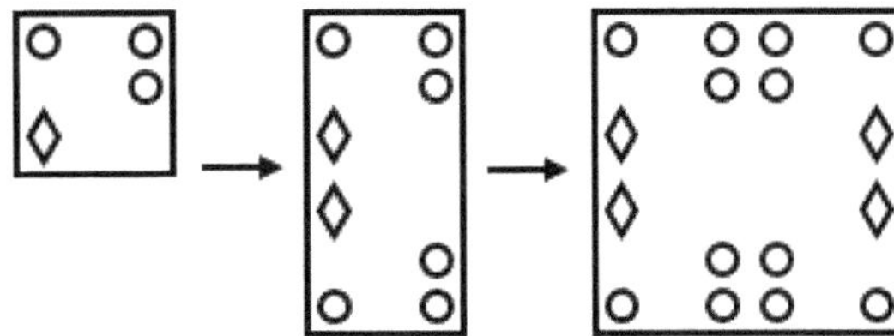

अतः विकल्प (C) सही है।

6. साइकिल क्रम में अक्षर अपना स्थान बदल रहे हैं।

दी गई श्रृंखला है,

a b c **b** c a **c** a b a **b** c b c a

अतः विकल्प (A) सही है।

7. अनुसरित स्वरूप निम्न प्रकार है,

विकल्प (A) → 17 : 306 → $17 : 17^2 + 17$

विकल्प (B) → 21 : 420 → $21 : 21^2 - 21$

विकल्प (C) → 13 : 182 → $13 : 13^2 + 13$

विकल्प (D) → 19 : 380 → $19 : 19^2 + 19$

सभी एक ही स्वरूप का अनुसरण करते हैं सिवाय 21 : 420 के।

अतः विकल्प (B) सही है।

8. नीचे दी गयी सारणी में दिए गए प्रतीकों का उपयोग करके, हम निम्न वंश-वृक्ष बना सकते हैं:

आरेख में प्रतीक	अर्थ
◯	महिला
▢	पुरुष
═	विवाहित जोड़ा
─	भाई/बहन
│	पीढ़ी का अंतर

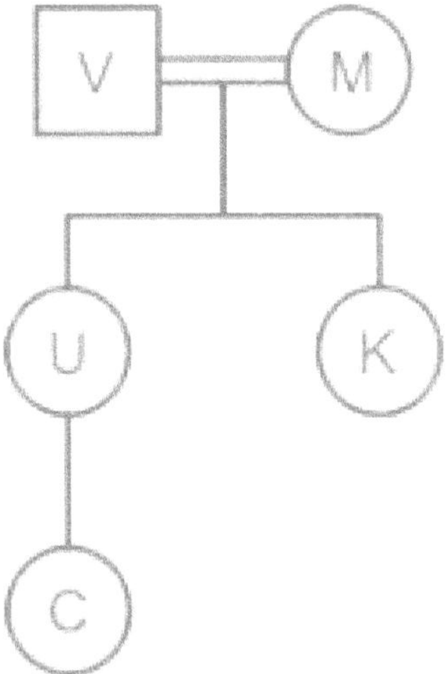

स्पष्ट रूप से, V, U का पिता है।

इस प्रकार, सही उत्तर 'पिता' है।

अत: विकल्प (B) सही है।

9. अवलोकन करने पर, हम पाते हैं कि प्रश्न आकृति विकल्प (B) में अंतर्निहित है जैसा कि नीचे दिखाया गया है:

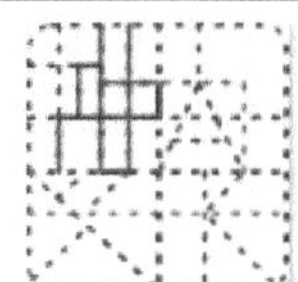 अतः विकल्प (B) सही है।

10. सभी गौरैया पक्षी हैं, लेकिन बिल्ली पूरी तरह से अलग है।

अतः विकल्प (C) सही है।

11. दिया है:

$8 * 8 * 1 * 7 = 8$

विकल्प (C) से हम प्राप्त करते हैं:

$\Rightarrow 8 \div 8 \times 1 + 7 = 8$

$\Rightarrow 1 \times 1 + 7 = 8$

अतः विकल्प (C) सही है।

12. दर्पण प्रतिबिम्ब इस प्रकार होगा:

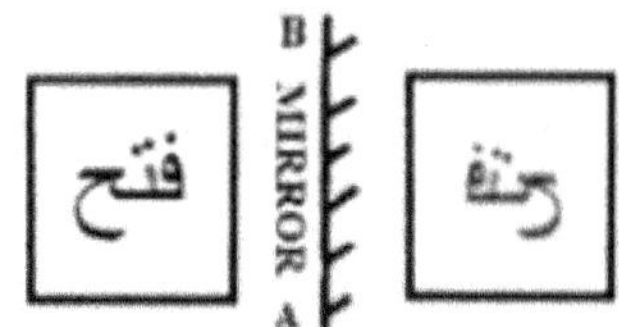

अतः विकल्प (D) सही है।

13. आकृति (b) में, पहले कॉलम के अवयवों को आपस में बदल दिया गया है। आकृति (c) में, दूसरे कॉलम के अवयवों को आपस में बदल दिया गया है। आकृति (d) में, तीसरे कॉलम के अवयवों को आपस में बदल दिया गया है। इसलिए,

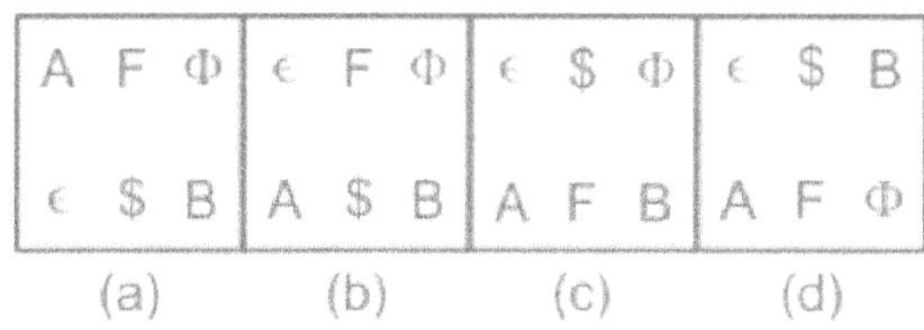

अतः विकल्प (B) सही है।

14. तर्क है:

$5 + 4 + 1 + 6 = 16$ और $2 \times 8 = 16$

$7 + 9 + 2 + 6 = 24$ और $3 \times 8 = 24$

इसी तरह,

$13 + 19 + 5 + 11 = 48$ और $6 \times 8 = 48$

इसलिए $? = 6$

अतः विकल्प (B) सही है।

15. विपरीत शब्दकोश क्रम:

चारों अक्षरों में उभयनिष्ठ अक्षर S है।

शब्दकोश क्रम में 'h' के बाद 'u' आता है इसलिए विपरीत शब्दकोश क्रम में Surpass पहले और Shower दूसरे स्थान पर आता है।

Severe और Sentiment में उभयनिष्ठ अक्षर Se हैं।

शब्दकोश क्रम में 'n' के बाद 'v' आता है इसलिए विपरीत शब्दकोश क्रम में Severe तीसरे और Sentiment चौथे स्थान पर आता है।

अतः विपरीत शब्दकोश क्रम है:

Surpass, Shower, Severe, Sentiment

इसलिए, दूसरा शब्द Shower है।

अतः विकल्प (C) सही है।

16. मान लीजिए कि संख्या x है।

$$x + 4x = 60$$

$$5x = 60$$

$$x = 12$$

फिर, संख्या का 100 गुना $= 100 \times 12 = 1200$

अतः विकल्प (A) सही है।

17. F (+2 अक्षर) = H (+1 अक्षर) = I (+2 अक्षर) = K

A (+2 अक्षर) = C (+2 अक्षर) = E (+2 अक्षर) = G

M (+2 अक्षर) = O (+2 अक्षर) = Q (+2 अक्षर) = S

P (+2 अक्षर) = R (+2 अक्षर) = T (+2 अक्षर) = V

अतः विकल्प (C) सही है।

18. दिया है-

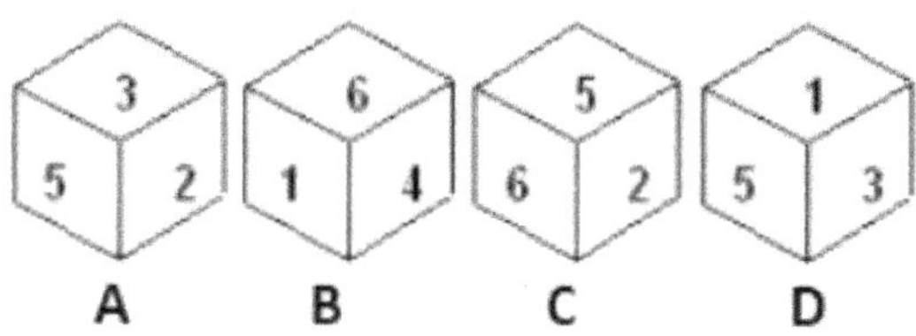

स्थिति (A) और स्थिति (D) में, 5 और 3 सामान्य हैं जिसका अर्थ है कि 2 और 1 एक दूसरे के विपरीत हैं।

स्थिति (A) और स्थिति (C) में, 5 और 2 सामान्य हैं जिसका अर्थ है कि 3 और 6 एक दूसरे के विपरीत हैं।

4 और 5 एक दूसरे के विपरीत हैं।

अतः विकल्प (A) सही है।

19. दिए गए कथनों के लिए न्यूनतम संभावित वेन आरेख इस प्रकार होगा:

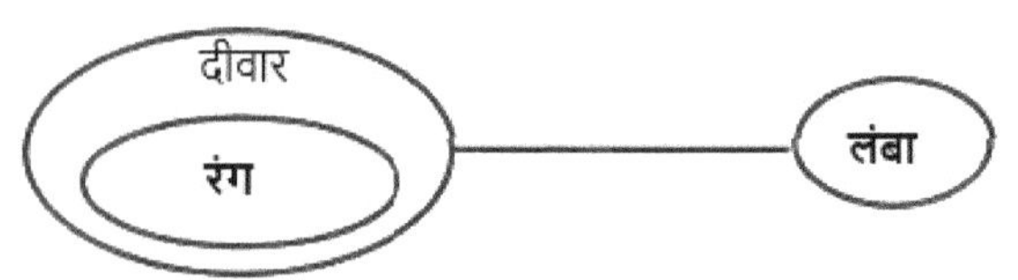

I. कोई पेंट लम्बा नहीं है → सत्य (चूंकि सभी पेंट दीवार हैं और कोई भी दीवार लंबी नहीं है। इस प्रकार, कोई भी पेंट लंबा नहीं है।)

II. कुछ पेंट लम्बे हैं। → असत्य (यह निश्चित रूप से सत्य नहीं है)

इसलिए, केवल. अनुसरण करता है।

अत: विकल्प (A) सही है।

20. B = 25 अर्थात, दाएं छोर से या विपरीत क्रम में B की स्थिति संख्या।

SUN = 8+6+13 = 27

इसलिए, CAR = 24+26+9 = 59

अत: विकल्प (B) सही है।

21. सरकारिया आयोग की स्थापना 1983 में भारत की केंद्र सरकार द्वारा विभिन्न विभागों पर केंद्र-राज्य संबंधों की जांच के लिए की गई थी। न्यायमूर्ति रंजीत सिंह सरकारिया (आयोग के अध्यक्ष), भारत के सर्वोच्च न्यायालय के एक सेवानिवृत्त न्यायाधीश थे।

अत: विकल्प (A) सही है।

22. सुकुमार सेन (1899-1961) एक भारतीय लोक सेवक थे जो 21 मार्च, 1950 से 19 दिसंबर, 1958 तक भारत के पहले मुख्य निर्वाचन आयुक्त थे।

अत: विकल्प (D) सही है।

23. अनुच्छेद 370 के तहत, जम्मू और कश्मीर राज्य को भारतीय संविधान में एक विशेष दर्जा प्राप्त था।

अनुच्छेद 370 स्वायत्तता और राज्य के स्थायी निवासियों के लिए कानून बनाने की क्षमता के मामले में जम्मू और कश्मीर राज्य की विशेष स्थिति को स्वीकार करता है। 1954 के राष्ट्रपति के आदेश में, अन्य बातों के अलावा, भारतीय संविधान में मौलिक अधिकारों को अपवादों के साथ कश्मीर पर लागू किया गया था।

अत: विकल्प (D) सही है।

24. प्रवास एक और तरीका है जिसके द्वारा जन्म और मृत्यु के अलावा जनसंख्या का आकार बदलता है। प्रवास समय और स्थान के साथ जनसंख्या के पुनर्वितरण का एक अभिन्न अंग है।

निकासी कारक गंतव्य स्थान को मूल स्थान की तुलना में अधिक आकर्षक बनाते हैं जैसे कि:

- बेहतर नौकरी के अवसर और रहने की स्थिति
- शांति और स्थिरता
- जीवन और संपत्ति की सुरक्षा
- सुखद जलवायु

अत: विकल्प (A) सही है।

25. एसबीआई जनरल इंश्योरेंस कंपनी लिमिटेड ने जुलाई 2022 पर परितोष त्रिपाठी को प्रबंध निदेशक और मुख्य कार्यकारी अधिकारी के रूप में घोषित किया है।

उन्हें इस पद के लिए मूल कंपनी स्टेट बैंक ऑफ इंडिया द्वारा नामित किया गया था और उन्होंने पीसी कांडपाल का स्थान लिया है।

2017 से 2020 तक वह पहले एसबीआई म्यूचुअल फंड और फिर एसबीआई जनरल इंश्योरेंस के साथ बैंकएश्योरेंस के प्रमुख थे।

अत: विकल्प (B) सही है।

26. भारतीय जूडो खिलाड़ी लिंथोई चनंबम ने इतिहास रचते हुए बोस्निया के साराजेवो में महिलाओं के 57 किलोग्राम वर्ग में विश्व कैडेट जूडो चैंपियनशिप 2022 में स्वर्ण पदक जीता है। 16 वर्षीय चनंबम किसी भी वर्ग में विश्व जूडो चैंपियनशिप में स्वर्ण पदक जीतने वाली पहली भारतीय बन गई हैं।

अत: विकल्प (B) सही है।

27. संयुक्त राष्ट्र सुरक्षा परिषद (यूएनएससी) की आतंकवाद-विरोधी समिति की एक विशेष बैठक 28 और 29 अक्टूबर, 2022 को मुंबई और दिल्ली में आयोजित की गई थी।

बैठक का विषय 'आतंकवादी उद्देश्यों के लिए नई और उभरती प्रौद्योगिकियों के उपयोग का मुकाबला' था। भारत वर्तमान में वर्ष 2022 के लिए संयुक्त राष्ट्र सुरक्षा परिषद की आतंकवाद विरोधी समिति का अध्यक्ष है।

अत: विकल्प (D) सही है।

28. केंद्र और असम सरकार ने 15 सितंबर 2022 को केंद्रीय गृह मंत्री अमित शाह की उपस्थिति में असम के 8 आदिवासी संगठनों के साथ त्रिपक्षीय शांति समझौते पर हस्ताक्षर किए।

इस समझौते पर दस्तखत से करीब 1100 लोगों ने हिंसा का रास्ता छोड़ दिया है। जनवरी 2020 में, केंद्र ने 50 साल से अधिक पुराने बोडो संकट को समाप्त करने के लिए असम सरकार और बोडो प्रतिनिधियों के साथ एक ऐतिहासिक समझौते पर हस्ताक्षर किए थे।

अत: विकल्प (B) सही है।

29. हिमालय भारतीय उपमहाद्वीप के उत्तरी भाग में युवा वलित पर्वत हैं। हिमालय को आगे अलग-अलग चौड़ाई के चार समानांतर अनुदैर्घ्य पर्वत क्षेत्रों में बांटा गया है जो हैं - बाहरी हिमालय, लघु हिमालय, महान हिमालय और तिब्बती हिमालय। इनकी चौड़ाई कश्मीर में 400 किलोमीटर से लेकर अरुणाचल प्रदेश में 150 किलोमीटर तक है। छोटे हिमालय को मध्य हिमालय भी कहा जाता है। वे भारतीय उपमहाद्वीप की उत्तरी सीमा के उत्तर-पश्चिम से उसी के दक्षिण-पश्चिम तक फैले हुए हैं। महान हिमालय और शिवालिक पर्वतमाला के बीच स्थित, छोटा हिमालय लगभग 2500 किमी तक चलता है। पश्चिमी आधे हिस्से की तुलना में पूर्वी हिस्से में ऊंचाई भिन्नताएं अधिक हैं।

अत: विकल्प (C) सही है।

30. मानचित्र में छायांकित क्षेत्र भारत में प्रमुख कपास उत्पादक राज्य हैं।

भारत में कपास उत्पादक राज्य हैं:

- गुजरात
- महाराष्ट्र
- आंध्र प्रदेश
- कर्नाटक
- तमिलनाडु

अत: विकल्प (A) सही है।

31. नीरज चोपड़ा 2022 में डायमंड लीग जीतने वाले पहले भारतीय बन गए है। नीरज चोपड़ा ट्रैक और फील्ड एथलीट प्रतिस्पर्धा में भाला फेंकने वाले खिलाड़ी हैं। मार्च 2022, नीरज चोपड़ा को पद्मश्री से सम्मानित किया गया है। राष्ट्रपति भवन में एक विशेष कार्यक्रम में राष्ट्रपति रामनाथ कोविंद ने नीरज चोपड़ा को सम्मानित किया।

अत: विकल्प (A) सही है।

32. दादाभाई नौरोजी, जी. सुब्रमण्यम गीतकार, आर.सी. दत्त प्रसिद्ध आर्थिक समालोचक थे।

- प्रसिद्ध आर्थिक समालोचक दादाभाई नौरोजी, जी. सुब्रमण्यम अय्यर, आर.सी. दत्त जिन्होंने ब्रिटिश साम्राज्य और भारत के बीच आर्थिक संबंधों का अध्ययन किया, उनमें दादाभाई नौरोजी सबसे प्रमुख थे।
- उन्होंने अपनी पुस्तक "पॉवर्टी एंड अन-ब्रिटिश रूल इन इंडिया" में ड्रेन थ्योरी को लोकप्रिय बनाया।
- उन्होंने व्यापार, उद्योग और वित्त के माध्यम से प्रभुत्व के अपने तीनों पहलुओं में औपनिवेशिक संरचना की व्याख्या की।

अतः विकल्प (D) सही है।

33. मगध सम्राट अशोक ने अपने शासनकाल के 8वें वर्ष में 261 ई.पू. में कलिंग पर आक्रमण किया। उस युद्ध में लगभग एक लाख सैनिकों की जान चली गई और डेढ़ लाख सैनिकों को पकड़ लिया गया। अशोक के 13वें शिलालेख में इस युद्ध पर प्रकाश डाला गया है।

अतः विकल्प (C) सही है।

34. 1539 में चौसा की लड़ाई में हुमायूँ को शेरशाह ने हराया था।

- चौसा की लड़ाई मुगल सम्राट, हुमायूँ और अफगान शेरशाह सूरी के बीच एक उल्लेखनीय सैन्य लड़ाई थी।
- यह 26 जून 1539 को चौसा में लड़ा गया था।
- शेरशाह विजयी हुआ था और उसने खुद को फरीद अल-दीन शेर शाह का ताज पहनाया।

अतः विकल्प (A) सही है।

35. पीएम नरेंद्र मोदी ने 1 मार्च 2021 को नई दिल्ली के एम्स में COVID-19 टीके की पहली खुराक ली।

- वह इस प्रकार कोरोनोवायरस के खिलाफ राष्ट्रव्यापी टीकाकरण के दूसरे चरण में पहले लाभार्थी बन गए हैं।
- उन्हें भारत बायोटेक और इंडियन काउंसिल ऑफ मेडिकल रिसर्च (ICMR) द्वारा विकसित स्वदेशी कोवैक्सीन की एक खुराक दी गई थी।
- पुदुचेरी की सिस्टर पी निवेदा ने उन्हें कोवैक्सीन दिया।

अतः विकल्प (B) सही है।

36. पंडवानी महाभारत के दृश्यों / प्रसंगों का एक गेय लोक है, जो बिना रंगमंच की सामग्री के उपयोग के है। इसमें आमतौर पर एक प्रमुख गायक / कथावाचक और वाद्ययंत्र के साथ दो संगीतकार होते हैं। यह छत्तीसगढ़ में जनजातियों में विशेष रूप से पारधी समुदाय में लोकप्रिय है। परंपरागत रूप से, यह केवल पुरुषों द्वारा अभ्यास किया गया था, लेकिन 1980 के दशक के बाद से महिलाएं भी प्रदर्शन कर रही हैं।

पंडवानी की दो शैलियाँ हैं: वेदमती और कापालिक।

वेदमती में, कलाकार फर्श पर बैठता है और सरल तरीके से अभिनय करता है। कपालिक में, प्रदर्शन जीवंत है, जहां कलाकार दृश्यों / पात्रों को लागू करता है और बहुत अधिक कामचलाऊ व्यवस्था है। झाड़ुराम देवांगन (वेदमंत्री शैली) और तीजन बाई (कपालिक शैली) पंडवानी के सबसे प्रसिद्ध कलाकार हैं। कुछ समकालीन कलाकार रितु वर्मा, शांतिबाई चेलक और उषा बरले हैं।

अतः विकल्प (B) सही है।

37. ग्रेफाइट को काला सीसा और प्लबगो के रूप में भी जाना जाता है। ब्लैक लेड (काला सीसा) शब्द आमतौर पर पाउडर या संसाधित ग्रेफाइट, रंग में मैट ब्लैक को संदर्भित करता है। ग्रेफाइट कार्बन का एक क्रिस्टलीय अलॉट्रोपे (अपरूप) है जिसमें कार्बन को षट्कोण संरचना में व्यवस्थित किया जाता है। यह बिजली का अच्छा संवाहक है और यह इसे इलेक्ट्रॉनिक उत्पादों जैसे इलेक्ट्रोड, बैटरी और सौर पैनल में उपयोगी बनाता है।

अतः विकल्प (B) सही है।

38. अदृश्य निर्यात का अर्थ सेवाओं का निर्यात है।

भुगतान संतुलन में, अदृश्य निर्यात उन सेवाओं के निर्यात को संदर्भित करता है जो एक देश बाहरी दुनिया को निर्यात करता है। अंतर्राष्ट्रीय व्यापार के सन्दर्भ में, अदृश्य निर्यात एक प्रकार का निर्यात है जिसमें माल या वस्तुओं का व्यापार युक्त नहीं होता है, बल्कि इसमें सेवा क्षेत्र जैसे बीमा, बैंकिंग, कंसल्टेंसी आदि युक्त होते हैं।

अतः विकल्प (A) सही है।

39. पूंजीवादी अर्थव्यवस्था के लाभ:

- पूंजीवादी अर्थव्यवस्था में अधिक दक्षता होती है क्योंकि उत्पादों का उत्पादन उपभोक्ताओं की मांग के अनुसार किया जाता है।
- सरकार या नौकरशाही के हस्तक्षेप से कम हस्तक्षेप होता है।
- इनोवेशन के लिए बेहतर गुंजाइश है क्योंकि कंपनियां अपने प्रस्ताव (ऑफर) के साथ बाजार का एक बड़ा हिस्सा हासिल करना चाहती हैं।
- यह किसी भी प्रकार के भेदभाव को हतोत्साहित करता है ताकि बिना किसी बाधा के दो पक्षों के बीच व्यापार हो सके।

अतः विकल्प (C) सही है।

40. पहली आधुनिक एयर कंडीशनर का आविष्कार 1902 में विलिस हैविलैंड कैरियर द्वारा किया गया था। वह एक अमेरिकी इंजीनियर थे। 1915 में, उन्होंने कैरियर कॉर्पोरेशन की स्थापना की, जो हीटिंग, वेंटिलेशन और एयर कंडीशनिंग (HVAC) सिस्टम के निर्माण और वितरण में विशेषज्ञता वाली कंपनी थी।

अतः विकल्प (D) सही है।

41. दिया है:

$(999)^2 - 2^2$

हम जानते हैं कि,

$a^2 - b^2 = (a + b) \times (a - b)$

प्रयुक्त सूत्र के अनुसार,

$(999)^2 - 2^2$

$= (999 + 2) \times (999 - 2)$

$= (1001) \times (997)$

$= (1000 + 1) \times (997)$

$= (1000 \times 997) + (1 \times 997)$

$= 997000 + 997$

$= 997997$

$\therefore (999)^2 - 2^2$ का मान 997997 है।

अतः विकल्प (D) सही है।

42. दिया गया है,

$$\frac{4 - \sqrt{0.04}}{4 + \sqrt{0.4}} = \frac{4 - 0.2}{4 + \sqrt{0.4}}$$

$$= \frac{3.8}{4 + 0.632} = \frac{3.8}{4.632} = 0.8$$

अतः विकल्प (A) सही है।

43. दिया गया है:

संख्याएं $= 53824, 81025, 62472, 23568$

$\sqrt{53824} = 232$ ......(जो एक परिमेय संख्या है)

$\sqrt{81025} = 284.648906549$ ......(जो एक अपरिमेय संख्या है

$\sqrt{62472} = 249.943993726$ ......(जो एक अपरिमेय संख्या है)

$\sqrt{23568} = 153.518728499$ ......(जो एक अपरिमेय संख्या है)

∴ अभीष्ट परिणाम 53824 होगा।

अतः विकल्प (A) सही है।

44. दिया गया है:

सिरों की संख्या $= 48$

पैरों की संख्या $= 140$

माना मुर्गों की संख्या $= n$

प्रश्न के अनुसार:

$2n + 4(48 - n) = 140$

$\Rightarrow 192 - 2n = 140$

$\Rightarrow n = 26$

∴ मुर्गों की संख्या $= 26$

अतः विकल्प (D) सही है।

45. =अंशों को हल करने पर:

$\frac{1}{3} = 0.333$

$\frac{3}{4} = 0.75$

$\frac{2}{5} = 0.40$

$\frac{6}{7} = 0.857$

आरोही क्रम में व्यवस्थित करने पर,

$0.333 > 0.40 > 0.75 > 0.857$

तो, सही क्रम $\frac{1}{3}, \frac{2}{5}, \frac{3}{4}, \frac{6}{7}$ होगा।

अतः विकल्प (C) सही है।

46. दिया है:

किराने के सामान पर खर्च पैसा

$= ₹\ 2,00,000$ का 30%

$= 60,000$

यात्रा पर खर्च पैसा

$= ₹\ 2,00,000$ के 70% का 40%

$= 56,000$

किराने के सामान पर और यात्रा पर खर्च पैसा

$= 60,000 + 56,000$

$= 1,16,000$

पैसा शेष

$= 2,00,000 - 1,16,000$

$= 84,000$

प्रश्नानुसार,

शिक्षा पर खर्च पैसा

$= 84,000$ का 25%

$= 21,000$

इसलिए, वार्षिक बचत

$= 84,000 - 21,000$

$= 63,000$

अतः विकल्प (A) सही है।

47. माना पार्टी में लड़को की संख्या 5x और लड़कियों की संख्या 9x है

दिया हुआ है कि पार्टी में 99 लड़कियां हैं,

तो,

$\Rightarrow 9x = 99$

$\Rightarrow x = 11$

पार्टी में कुल व्यक्तियों की संख्या = लड़कों की संख्या + लड़कियों की संख्या

$\Rightarrow$ पार्टी में कुल व्यक्तियों की संख्या = 5x + 9x = 14x

$\Rightarrow$ पार्टी में कुल व्यक्तियों की संख्या = 14 × 11

∴ पार्टी में कुल व्यक्तियों की संख्या = 154

अतः विकल्प (D) सही है।

48. दिया है-

$A:B = 7:3$

माना कि $A = 7k, B = 3k$ है।

A और B का मान रखने पर,

$\frac{AB + B^2}{A^2 - B^2}$

$= \frac{(7k \times 3k) + (3k)^2}{(7k)^2 - (3k)^2}$

$= \frac{21k^2 + 9k^2}{49k^2 - 9k^2}$

$= \frac{30k^2}{40k^2}$

$= \frac{3}{4}$

अतः विकल्प (A) सही है।

49. दिया गया है,

25 परिणामों का औसत 18 है। उनमें से पहले 12 का औसत 14 है और अंतिम 12 का औसत 17 है।

पहले 12 परिणामों का योग = 12 × 14

पिछले 12 परिणामों का योग = 12 × 17

माना 13वां परिणाम= x

अब,

12 × 14 + 12 × 17 + x = 25 × 18

x = 78

अतः विकल्प (D) सही है।

50. दिया है:

समय = 5 वर्ष

$$SI = \frac{PRT}{100}$$

जहाँ P मूलधन है, R ब्याज की दर है और T समय है।

राशि स्वयं का दोगुना हो जाती है:

इसलिए, SI = 2P – P = P

$$\Rightarrow P = \frac{P \times R \times 5}{100}$$

$$\Rightarrow R = 20\%$$

इसलिए, ब्याज की दर = 20%

अतः विकल्प (D) सही है।

51. दिया है:

मूलधन = रु 10000

दर = 40% प्रति वर्ष

तीसरे वर्ष में अर्जित किया गया चक्रवृद्धि ब्याज = 3 वर्ष के बाद प्राप्त होने वाली राशि – 2 वर्ष के बाद प्राप्त होने वाली राशि।

चक्रवृद्धि ब्याज की स्थिति में:

$$राशि = P \times \left(1 + \frac{R}{100}\right)^{T}$$

जहाँ,

P = मूलधन, R = ब्याज की दर तथा T = समय

और

चक्रवृद्धि ब्याज = राशि – मूलधन

सूत्र को लागू करने पर:

2 वर्ष के बाद प्राप्त होने वाली राशि = $10000 \times \left(1 + \frac{40}{100}\right)^{2}$

= रु 19600

तथा

3 वर्ष के बाद प्राप्त होने वाली राशि = $10000 \times \left(1 + \frac{40}{100}\right)^{3}$

= रु 27440

∴ तीसरे वर्ष के लिए ब्याज = 27440 – 19600

= रु 7840

अतः विकल्प (D) सही है।

52. क्रय मूल्य (CP) और अंकित मूल्य (MP) के अनुपात को इस प्रकार लिखा जा सकता है, ($100 –$ छूट%) : ($100 +$ लाभ%)

$$\Rightarrow CP : MP = (100 - 15\%) : (100 + 19\%) = 85 : 119$$

$$\therefore CP : MP = 5 : 7$$

अन्य तरीका:

माना क्रय मूल्य $= 100$ रुपए

दिया गया है, लाभ $= 19\%$

अतः विक्रय मूल्य $= 119$ रुपए

इसके अतिरिक्त, विक्रय मूल्य $=$ अंकित मूल्य का 85%

$$\frac{119}{85} \times 100 = अंकित\ मूल्य$$

अंकित मूल्य $= 140$ रुपए

क्रय मूल्य : अंकित मूल्य $= 100 : 140 = 5 : 7$

अतः विकल्प (C) सही है।

53. प्रश्नानुसार,

30 वस्तुओं को बेचकर एक आदमी 5 वस्तुओं का एक विक्रय मूल्य प्राप्त करता है,

$SP =$ विक्रय मूल्य, $CP =$ लागत मूल्य

$$\Rightarrow 30\,SP - 30\,CP = 5\,SP$$

$$\Rightarrow 25\,SP = 30\,CP$$

$$\Rightarrow CP : SP = 25 : 30 = 5 : 6$$

$$= लाभ\ प्रतिशत\ \frac{1}{5} \times 100 = 20\%$$

अतः विकल्प (D) सही है।

54. प्रथम डिस्काउंट $= 40\%$

दो क्रमिक छूट का अगला प्रभाव

$$36 + 4 - \frac{36 \times 4}{100} = 40 - 1.44$$

प्रतिशत अंतर $= 40 - 40 + 1.44$

छूट के बीच अंतर $= 1.44\%$ का $1,00,000$

$$= \frac{144}{100} \times \frac{1}{100} \times 1,00,000$$

$$= रु\ 1,440$$

अतः विकल्प (B) सही है।

55. माना आयत की लंबाई और चौड़ाई क्रमशः 5x और 4x है।

आयत का परिमाप = 54 सेमी

आयत का परिमाप = 2 × (l + b)

$\Rightarrow 2 \times (5x + 4x) = 54$

$\Rightarrow 9x = 27$

$\Rightarrow x = 3$ सेमी

अब, आयत की लंबाई $= 5 \times 3 = 15$ सेमी

आयत की चौड़ाई $= 4 \times 3 = 12$ सेमी

आयत का क्षेत्रफल $= 15 \times 12$

आयत का क्षेत्रफल $= 180$ सेमी²

अतः विकल्प (A) सही है।

56. माना समांतर चतुभुज का आधार x है।

तो, त्रिभुज का आधार $= \left(\dfrac{5}{7}\right)x$

माना समांतर चतुर्भुज की ऊंचाई P है।

माना त्रिभुज की ऊंचाई T है।

अतः, हम निम्नलिखित प्राप्त करते हैं:

त्रिभुज का क्षेत्रफल $= \dfrac{1}{2} \times \left[\left(\dfrac{5}{7}\right)x\right] \times 1$

समांतर चतुर्भुज का क्षेत्रफल $= x \times P$

अब, दोनों क्षेत्रफल समान है तो, हम प्राप्त करते हैं:

$\dfrac{1}{2} \times \left[\left(\dfrac{5}{7}\right)x\right] \times T = x \times P$

$\Rightarrow \dfrac{T}{P} = \dfrac{14}{5}$

∴ त्रिभुज और समांतर चतुर्भुज की संबंधित ऊंचाइयों का अभीष्ट अनुपात 14 : 5 है।

अतः विकल्प (C) सही है।

57. माना, संख्या $13a$ और $13\,b$ है, जहां a और b सह अभाज्य संख्या हैं।

तब, $13a \times 13\,b = (13 \times 273) \Rightarrow ab = 21$

21 गुणक साथ दो सह अभाज्य संख्या 3 और 7 हैं।

इसलिए, संख्या $(13 \times 3, 13 \times 7)$ यानी, 39 और 91

इनका योग $= (39 + 91) = 130$

अतः विकल्प (B) सही है।

58. माना कि जलाल, अमित और फिरोज का निवेश x, y और z है।

दिया हुआ है कि जलाल ने अमित से 4 गुना ज्यादा निवेश किया है और फिरोज द्वारा निवेश की गई राशि अमित द्वारा निवेश की गई राशि का $\left(\dfrac{3}{4}\right)^{th}$ है।

इसलिए, x = 4y और $y = \left(\dfrac{3}{4}\right)z$

दिया हुआ है कि वर्ष के अंत में कुल लाभ 19000 रु है।

$\Rightarrow$ x+y+z =19000

$\Rightarrow 4y+y+ \left(\dfrac{4}{3}\right)y = 19000$

$\Rightarrow$ 12y+3y+4y = 57000

$\Rightarrow$ 19y = 57000

$\Rightarrow$ y = 3000

जलाल का निवेश (x) =4y = 4×3000 =12000 रु

अतः विकल्प (B) सही है।

59. दिया है:

ट्रेन की गति = 72 किमी प्रति घंटा

समय = 20 सेकंड

कार की गति = 18 किमी प्रति घंटा

प्रयुक्त सूत्र :

गति = दूरी / समय

1 किमी प्रति घंटा $= \dfrac{5}{18}$ मी/से

ट्रेन की लंबाई की गणना

$\Rightarrow$ 72 किमी प्रति घंटा $= \dfrac{72 \times 5}{18}$ मी/से

$\Rightarrow$ ट्रेन की गति = 20 मी/से

$\Rightarrow$ ट्रेन की लंबाई = गति × समय

$\Rightarrow$ लंबाई = 20 × 20

$\Rightarrow$ ट्रेन की लंबाई = 400 मीटर

अब, सापेक्ष गति की गणना करें

$\Rightarrow$ गाड़ी विपरीत दिशा में चल रही है इसलिए ट्रेन की सापेक्ष गति = 72 + 18

$\Rightarrow$ सापेक्ष गति = 90 किमी प्रति घंटा

$\Rightarrow$ सापेक्ष गति = 25 मी/से

$\Rightarrow$ कार पार करने में लगने वाला समय $= \dfrac{400}{25}$

$\Rightarrow$ लिया गया समय = 16 से

∴ कार को पार करने में ट्रेन को 16 सेकंड का समय लगता है।

अतः विकल्प (B) सही है।

60. दिया गया है,

$(A + B)'$ का 1 दिन का काम $= \dfrac{1}{20}$

$(B + C)'$ का 1 दिन का काम $= \dfrac{1}{10}$

$(C + A)'$ का 1 दिन का काम $= \dfrac{1}{12}$

तीनों को जोड़ने पर,

$2(A + B + C)'$ का 1 दिन का काम $= \dfrac{1}{20} + \dfrac{1}{10} + \dfrac{1}{12}$

$= \dfrac{3+6+5}{60} = \dfrac{14}{60} = \dfrac{7}{30}$

$(A + B + C)'$ का 1 दिन का काम $= \dfrac{7}{60}$

कार्य पूरा हो जाएगा $\dfrac{60}{7} = 8\dfrac{4}{7}$ दिन

अतः विकल्प (B) सही है।

61. रात्रि के अंधकार से आकाश में तारे चमक उठे है।

अन्य विकल्प :

शब्द	अर्थ	शब्द का वाक्य मे प्रयोग
नामुमकिन	असंभव	बीती सदी में कई ऐसी महत्वपूर्ण नौकरियां थीं जिनके बारे में आज आपके लिए सोचना भी शायद नामुमकिन है।
प्रकोप	अत्यधिक क्रोध	डेंगू के लगातार बढ़ते प्रकोप के बीच सरकारी तंत्र की लचर कार्यप्रणाली जिस तरह आमजन के जीवन पर भारी पड़ रही है, वह बेहद ही चिंताजनक है।
प्रभाव	अस्तित्व में आना	कोरोना की वजह से कई देशों पर बहुत प्रभाव पड़ा।

अतः विकल्प (D) सही है।

62. इस नाटक का कौतूहल'अंत तक बना रहता है।

'कौतूहल' शब्द का अर्थ → किसी नई और विलक्षण चीज या रहस्य मयी बात को जानने,सीखने आदि के लिए मन में होनेवाली प्रबल इच्छा। किसी अदभुत या विलक्षण विषय में होने वाली जिज्ञासा।

अतः विकल्प (C) सही है।

63. वाक्य - धन का अभाव समस्याओं को हल करने में बाधक नहीं होना चाहिए।

अन्य विकल्प :

शब्द	अर्थ	शब्द का वाक्य मे प्रयोग
साधक	साधना करनेवाला	रमन था कि अपने काम में किसी **साधक** की तरह जुटा रहता था।
सार्थक	अर्थवाला	जब हम किसी बच्चे का नाम रखते हैं तो वह **सार्थक** ही होता है।
अनुपयोगी	जो किसी उपयोग में न आए	सालों से अनुपयोगी पड़े ढांचे को आधार बनाते हुए आर्किटेक्ट कंपनी इसे नए सिरे से डिजाइन कर रहे हैं।

अतः विकल्प (B) सही है।

64. 'वह रोता-रोता हँसने लगा।' अशुद्ध वाक्य है क्योंकि इसमें क्रिया संबंधी त्रुटि है।

- वाक्य में 'रोता-रोता' के स्थान पर 'रोते-रोते' शब्द प्रयुक्त होगा।
- शुद्ध वाक्य - 'वह रोते-रोते हँसने लगा।'

अन्य विकल्पों में कर्ता, क्रिया और अव्यय का सही प्रयोग किया गया है इसलिए वे सही हैं।

अतः विकल्प (A) सही है।

65. "जो जीता न जा सके" वाक्यांश के लिए सही शब्द "अजेय" है।

वाक्य प्रयोग: युद्ध में अशोक सदैव अजेय रहते थे।

अतः विकल्प (B) सही है।

66. "जिसका पता न हो" वाक्यांश के लिए सही शब्द "अज्ञात" है।

अज्ञात शब्द का अर्थ: जो जाना हुआ न हो, अथवा जिसके संबंध में कुछ ज्ञान न हो।

वाक्य प्रयोग: अज्ञात व्यक्ति पर विश्वास नहीं करना चाहिए।

अतः विकल्प (A) सही है।

67. सही वर्तनी वाला शब्द अतिथि है। अन्य विकल्प असंगत है।

भाषा के शब्दों के शुद्ध लेखन को वर्तनी कहते हैं।

अतः विकल्प (B) सही है।

68. उपरोक्त गद्यांश के अध्ययन से यह ज्ञात होता है कि आदर्श नागरिक का कर्तव्य सिर्फ मतदान करना नहीं होता या मनपसंद उम्मीदवार चुनना नहीं होता, आदर्श नागरिक वो है जो अपने सुखों तथा स्वार्थ को दाव पर लगाकर राज्य हित के बारे में सोचे अथवा राज्य को आगे बढ़ाने में सहायता करे। इसीलिए विकल्प (A) में दिया गया निष्कर्ष गलत है। विकल्प B में दिया गया निष्कर्ष यह दर्शाता है कि आदर्श नागरिक देश के आपात के समय भी हड़ताल करे जो की बिल्कुल गलत है क्योंकि जब देश ही नहीं रहेगा तो वो अपने नागरिकों की मदद नहीं कर सकता। इसीलिए विकल्प (B) भी गलत है। विकल्प C के अध्ययन से नागरिक में निहित स्वार्थ की भावना झलक रही है। फलस्वरूप विकल्प (C) भी गलत है। विकल्प (D) के अध्ययन से यह ज्ञात होता है कि आदर्श नागरिक वह होता है जो अपने स्वार्थ तथा हितों को अनदेखा कर राज्य के उत्थान में अपनी निष्ठा का परिचय देता हो।

अतः विकल्प (D) सही है।

69. दिए गए विकल्पों के अध्ययन से यह ज्ञात कि, विकल्प (A) में स्वार्थ निहित भावना प्रतीत हो रहा है जो की निष्क्रिय तथा संकुचित विचार है, जिसमें अपनी तरक्की को देश से आगे रखा गया है। विकल्प (B) और (D) नागरिकों के अभद्र तथा अमानवीय व्यवहार का परिचय प्रस्तुत कर रहा है जो की एक गलत विकल्प है। विकल्प (C) इस वाक्य में अपने देश की उन्नति को अपनी महत्वाकांक्षा से परे दर्शाया गया है जो की एक सक्रिय नागरिक का कर्तव्य है इसलिये विकल्प (C) सही चयन है।

अतः विकल्प (C) सही है।

70. सभी विकल्पों के अध्ययन से यह ज्ञात होता है कि विकल्प (A), (C), (D) में एक जिम्मेदार नागरिक में निहित गुणों का उल्लेख किया गया है, जो की प्रश्नानुसार सही विकल्प नहीं है। जबकि विकल्प (B) सही चुनाव है क्योंकि इसमें नागरिक अपने व्यक्तिगत लाभ के लिये अपने मनपसंद उम्मीदवार को चुन रहा है जो की राज्य की प्रगति तथा उसके हित के लिये गलत साबित होगा।

अतः विकल्प (B) सही है।

71. विकल्प (A) मे देशहित को व्यक्तिगत लाभ के लिये उसकी गरिमा और अखंडता को दाव पर लगने की बात कही गयी है जो की गलत विकल्प है। विकल्प (B) में नागरिक का दायित्व कभी-कभार निभाने को बोला गया है जो की गलत चयन है क्योंकि कर्तव्य निर्वहन समय देख कर नहीं बल्कि देश हित को ध्यान में रखते हुए करना चाहिये। इसीलिए विकल्प (B) सही चयन नहीं है। विकल्प (C) इस वाक्य में नागरिक को कानून के विरुध्द कार्य करने को कहा जा रहा है जो की असंवैधानिक तथा दंडनीय। फलस्वरूप यह एक गलत चयन है। तथा विकल्प (D) इस वाक्य में एक आदर्श नागरिक होने के साथ साथ देश के प्रति अपनी सच्ची निष्ठा दिखाना एक जिम्मेदार नागरिक का कर्तव्य है कोई भी देश अपने नागरिको से यही अपेक्षा रखता है। इसलिय यह एक सही चुनाव है।

अतः विकल्प (D) सही है।

72. दिए गए विकल्पों में से 'खराब' शब्द का विलोम 'अच्छा' है।

खराब का अर्थ - बुरा, बिगड़ा हुआ

अच्छा का अर्थ - उचित, भला

अतः विकल्प (D) सही है।

73. दिए गए विकल्पों में से 'उपमेय' शब्द का विलोम 'अनुपमेय' है।

उपमेय का अर्थ – जिसकी तुलना की जाए

अनुपमेय का अर्थ – जिसकी तुलना ना की जा सके

अतः विकल्प (A) सही है।

74. निम्नलिखित युग्मों में से 'रास्ता नापना – आकलन करना' गलत है।

'रास्ता नापना' का अर्थ 'चले जाना' होता है। जैसे – मुझे मत सिखाओ, अपना रास्ता नापो।

अतः विकल्प (A) सही है।

75. उपर्युक्त लोकोक्ति और उसके अर्थ के जोड़े में से 'आ बैल मुझे मार – बैल को मारना' गलत है।

- 'आ बैल मुझे मार' का अर्थ 'मुसीबत का कारण स्वयं बनना' होता है।
- वाक्य प्रयोग - मोहन को लड़ाई के बीच में बोलने की क्या ज़रूरत थी? इसे ही कहते हैं आ बैल मुझे मार।

अतः विकल्प (D) सही है।

76. "दोपहर के समय" वाक्यांश के लिए एक शब्द "मध्याह्न" है।

इस प्रकार "मध्याह्न में शालू आराम कर रही थी।" होगा।

अतः विकल्प (B) सही है।

77. बुरी दशा' वाक्यांश के लिए एक शब्द 'दुर्दशा' होगा।

इस प्रकार "भारतीय की दुर्दशा देखकर गांधीजी का मन द्रवित हो गया।" होगा

अतः विकल्प (C) सही है।

78. दिए गये विकल्पों में 'आगामी' शब्द में त्रुटि नहीं है जिसका अर्थ है 'भावी, आनेवाला, अगला, होनेवाला'।

अतः विकल्प (C) सही है।

79. उपर्युक्त विकल्पों में से 'शुभेच्छा' शब्द की वर्तनी शुद्ध है।

'शुभेच्छा' में गुण स्वर संधि है, 'शुभ + इच्छा = शुभेच्छा' इसका नियम 'अ + इ = ए' है।

अतः विकल्प (B) सही है।

80. 'नदी' का समानार्थी शब्द 'सरिता' है।

'नदी' के समानार्थी शब्द - सरिता, तटिनी, वाहिनी, तरंगिणी, निर्झरिणी, शैलजा, जलमाला, नद, शैवालिनी, प्रवाहिनी इत्यादि है।

अतः विकल्प (D) सही है।

General Intelligence and Reasoning

Q.1 छह दोस्त, आरिफ, अमित, अमर, अंकित, रोहित और आदित्य एक वृत्ताकार मेज के चारों ओर बैठे हैं लेकिन यह आवश्यक नहीं है कि इसी क्रम में हों। वे सभी वृत्त के केंद्र की ओर सम्मुख हैं। अंकित, अमित के बायें से दूसरे स्थान पर बैठा है जो अमर के ठीक दायें बैठा है। रोहित और आरिफ के बीच एक व्यक्ति बैठा है। आदित्य के दायें से दूसरे स्थान पर कौन बैठा है?

A. अंकित   **B.** आरिफ   **C.** अमर   **D.** रोहित

Q.2 निर्देश: निम्नलिखित प्रश्न में एक लुप्त पद के साथ एक संख्या श्रृंखला दी गई है। उस सही विकल्प का चयन कीजिए जो समान स्वरूप को जारी रखेगा।

2, 3, 5, 7, 11, ___ 17

A. 343   **B.** 334   **C.** 337   **D.** 340

Q.3 निर्देश: निम्नलिखित में से कौन सा वेन-आरेख वर्गों के बीच संबंधों को सर्वश्रेष्ठ रूप में दर्शाता है।

अभिनेता, निर्देशक, पुरुष

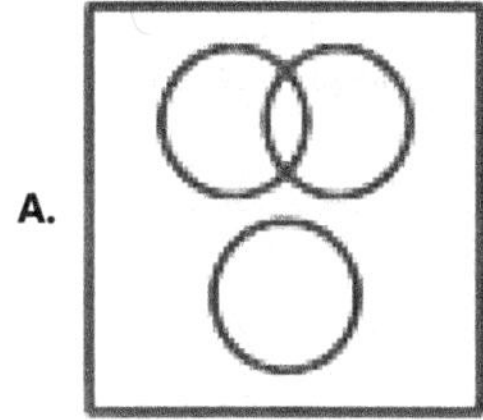 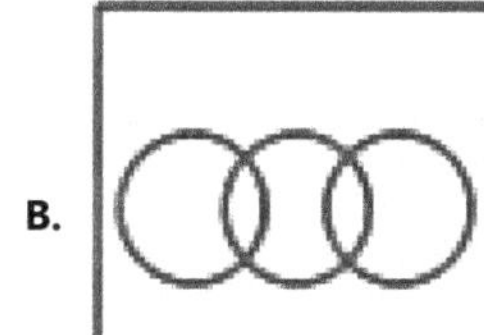

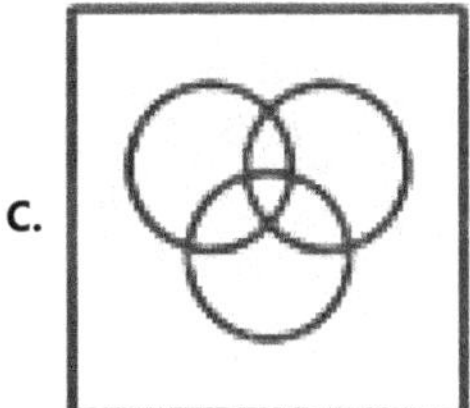 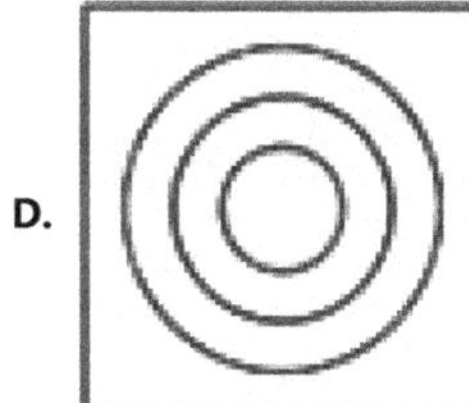

Q.4 यदि '+' का अर्थ '×' है, '-' का अर्थ '+' है, '×' का अर्थ '÷' है और '÷' का अर्थ '-' है, तो दिए गए समीकरण का मान ज्ञात कीजिये।

$9 - 3 + 2 ÷ 16 × 2 = ?$

A. 6   **B.** 5   **C.** 7   **D.** 9

Q.5 निर्देश: उस विकल्प का चयन करें जो दी गई आकृति के दर्पण प्रतिबिम्ब के समान है।

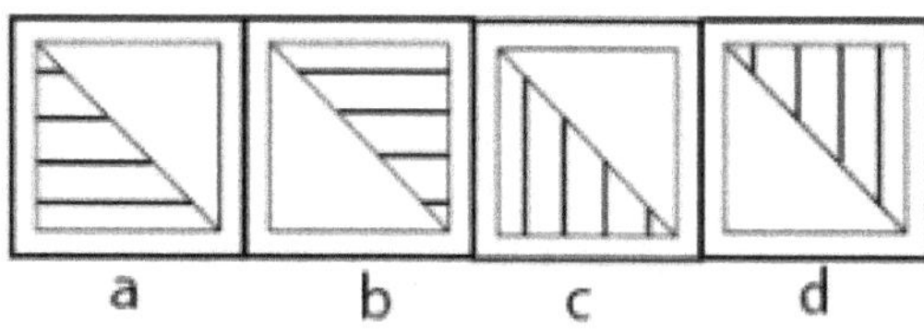

a   b   c   d

[RRB/RRC Group D, 2018]

A. a   **B.** d   **C.** c   **D.** b

Q.6 निर्देश: दी गई श्रृंखला के लिए अगली आकृति ज्ञात कीजिए:

प्रश्न आकृति

विकल्प आकृति

A   B   C   D

A. D   **B.** B   **C.** A   **D.** C

Q.7 निर्देश: निम्नलिखित प्रश्न में, दिए गये विकल्पों में से वह संख्या चुनिए जिसे प्रश्न चिह्न (?) के स्थान पर रखा जा सकता है।

4	11	19
5	6	0
9	13	3
18	30	?

A. 20   **B.** 24   **C.** 22   **D.** 18

Q.8 निम्नलिखित शब्दों को शब्दकोश के क्रम में व्यवस्थित कीजिए-

1. Convince
2. Converge
3. Convenience
4. Convalesce
5. Converse

A. 43251   **B.** 14325   **C.** 42531   **D.** 43215

Q.9 दो अंकों की संख्या के अंकों का योग 12 है। दो संख्याओं के पहले अंक और दूसरे अंकों के बीच का अन्तर 4 है। तो दो अंकों की संख्या के दोनों अंकों का गुणनफल क्या है?

A. 27   **B.** 32   **C.** 36   **D.** 35

Q.10 एक पासा की दो स्थितियों को दिखाया गया है। 3 बिन्दुओं से अंकित फलक के विपरीत फलक पर स्थित बिन्दुओं की संख्या ज्ञात कीजिये।

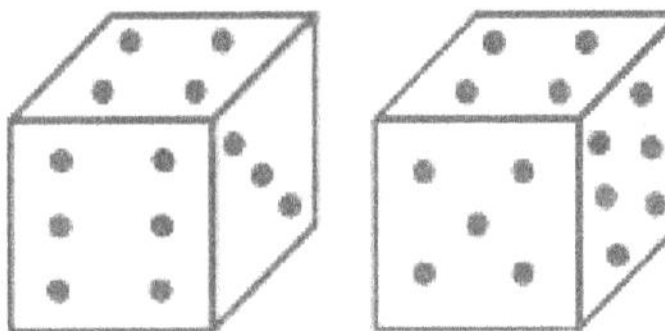

A. 1
B. 4
C. 2
D. 5

Q.11 निर्देश: दिए गए कथन (कथनों) और निष्कर्षों को ध्यानपूर्वक पढ़िये और चयन कीजिए कि कौन से निष्कर्ष दिए गये कथनों का तार्किक रूप से अनुसरण करता है।

कथन:

कोई बिल्ली बंदर नहीं है।

कोई बंदर गाय नहीं है।

निष्कर्ष:

I. कोई बिल्ली गाय नहीं है।

II. कुछ गाय बंदर हैं।

A. केवल निष्कर्ष I अनुसरण करता है
B. केवल निष्कर्ष II अनुसरण करता है
C. न तो निष्कर्ष I और न ही निष्कर्ष II अनुसरण करता है
D. निष्कर्ष I और II दोनों अनुसरण करते हैं

Q.12 एक विशिष्ट कूट में, "LIFE" को "3965" लिखा जाता है, तब "FUN" को किस प्रकार लिखा जाना चाहिए?

A. 635   **B.** 634   **C.** 633   **D.** 629

Q.13 निर्देश: उस विकल्प का चयन कीजिए जो तीसरे अक्षर-समूह से उसी प्रकार संबंधित है जिस प्रकार दूसरा अक्षर-समूह पहले अक्षर-समूह से संबंधित है।

ABCD : ZYXW :: GHIJ : ?

[RRB (NTPC), 2020]

A. PQRS   **B.** TSRQ   **C.** LMNO   **D.** MLKJ

Q.14 निर्देश: वर्गाकार कागज के एक टुकड़े को मोड़ने का क्रम और जिस तरह से मुड़ा हुआ कागज काटा गया है, उसे आकृतियों में दिखाया गया है। खुलने पर यह कागज कैसा दिखेगा?

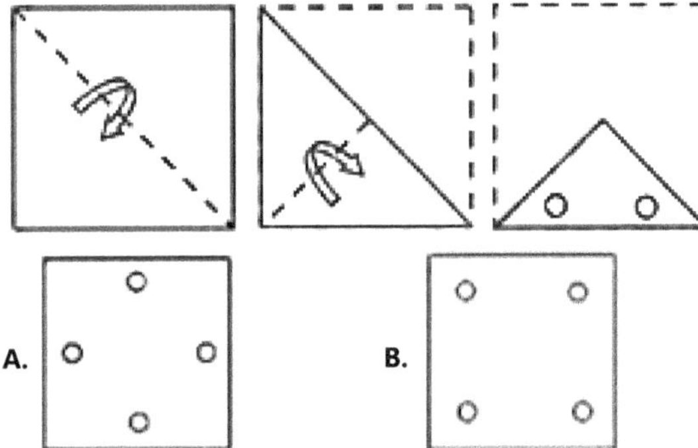

Q.15 निर्देश: अक्षरों के उस संयोजन का चयन कीजिए जिसे दी गई अक्षर श्रृंखला के रिक्त स्थानों में क्रमिक रूप से रखने पर श्रृंखला पूरी हो जाएगी।

ZH_ORC_ _K_R_ZH_O_C

A. K, Z, H, K, R, K, R   **B.** Z, H, K, O, C, K, R
C. K, Z, H, O, C, K, R   **D.** K, Z, O, R, C, K, R

Q.16 दिए गए विकल्पों में से विषम अक्षरों का चयन कीजिए।

A. AZ   **B.** DW   **C.** GT   **D.** VR

Q.17 निर्देश: निम्नलिखित में से कौन सी आकृति बाकी से भिन्न है।

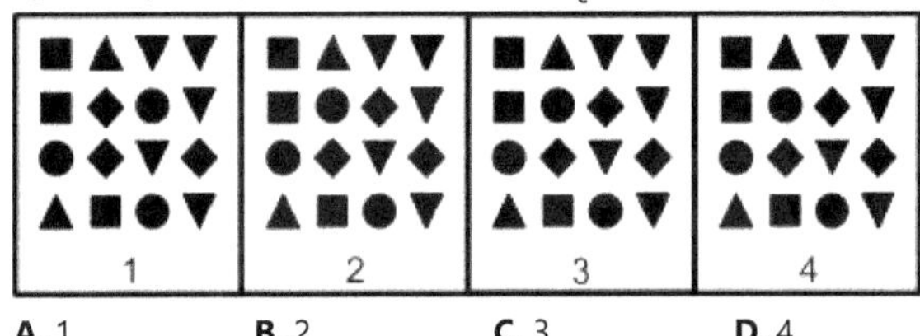

A. 1   **B.** 2   **C.** 3   **D.** 4

Q.18 निर्देश: दी गई उत्तर आकृतियों में से उस एक का चयन कीजिए जिसमें प्रश्न आकृति छिपी हुई है/सम्मिलित है।

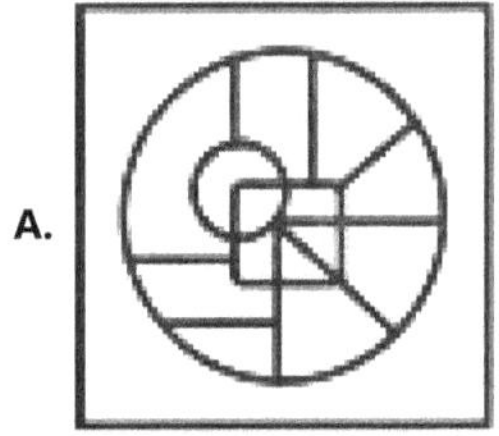

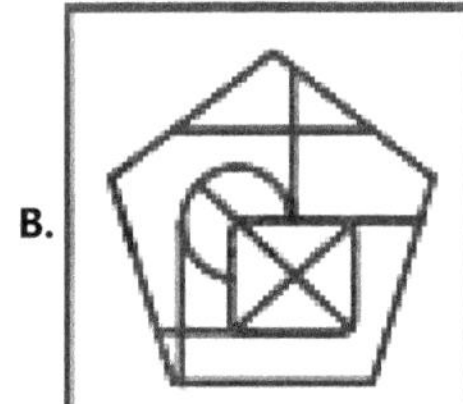

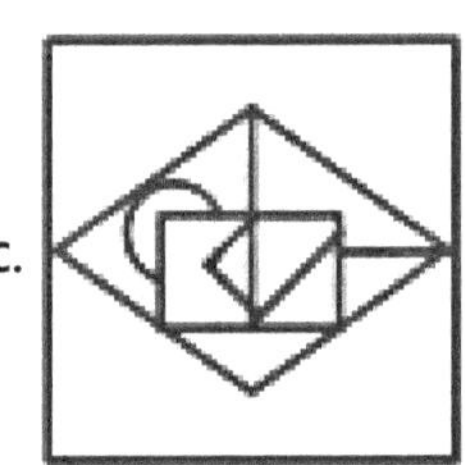

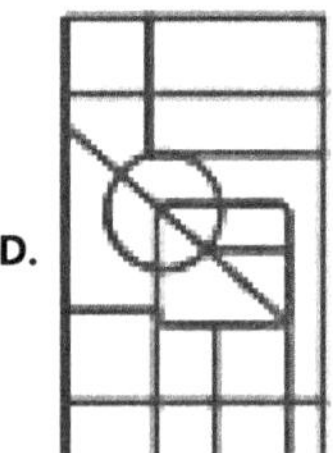

Q.19 X, Y का भाई है। Y, Z का भाई है। A, X का पिता है।

इन तीन कथनों के आधार पर, निम्नलिखित में से कौन सा कथन निश्चित रूप से सत्य नहीं हो सकता है?

A. Y, A का पुत्र है   **B.** X, Z का भाई है
C. Z, X का भाई है   **D.** Y, X का भाई है

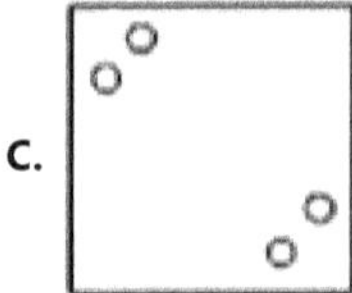

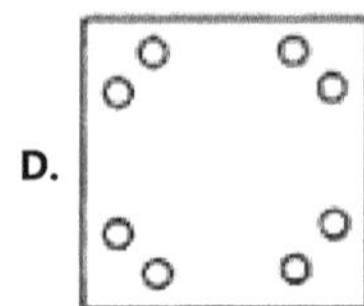

Q.20 निर्देश: उस विकल्प का चयन कीजिये जो तीसरी संख्या से उसी प्रकार संबंधित है जैसे दूसरी संख्या पहली संख्या से संबंधित है।

$2 : 54 : 4 : ?$

[SSC MTS, 2021]

A. 250   **B.** 270   **C.** 201   **D.** 225

General Knowledge and General Awareness

Q.21 भारतीय संविधान का कौन-सा अनुच्छेद राष्ट्रपति को क्षमादान की शक्ति प्रदान करता है?

A. अनुच्छेद 72   **B.** अनुच्छेद 73
C. अनुच्छेद 74   **D.** अनुच्छेद 76

Q.22 भारत के संविधान के अनुसार, पंचायत का सदस्य होने के लिए न्यूनतम आयु की आवश्यकता ______ है।

A. 24 वर्ष   **B.** 18 वर्ष   **C.** 21 वर्ष   **D.** 28 वर्ष

Q.23 मौलिक अधिकारों की निम्नलिखित श्रेणियों में से कौन-सा भेदभाव के अस्पृश्यता के खिलाफ संरक्षण को शामिल करता है?

[UPSC Prelims, 2020]

A. शोषण के खिलाफ अधिकार
B. स्वतंत्रता का अधिकार
C. संवैधानिक उपचार का अधिकार (अनुच्छेद 32)
D. समानता का अधिकार

Q.24 अगस्त 2022 में वडोदरा में आईटी-सक्षम सेवा (आईटीईएस) पार्क स्थापित करने के लिए किस कंपनी ने गुजरात सरकार के साथ समझौता ज्ञापन पर हस्ताक्षर किए हैं?

A. आदित्य बिड़ला ग्रुप
B. रिलायंस इंडस्ट्रीज लिमिटेड
C. लार्सन एंड टुब्रो (एल एंड टी) लिमिटेड
D. अदानी ग्रुप

Q.25 निम्नलिखित में से किस राज्य ने चीराग योजना शुरू की है?

A. उत्तर प्रदेश   **B.** हरियाणा
C. असम   **D.** झारखंड

Q.26 अभिजीत सेन, जिनका 29 अगस्त, 2022 को निधन हो गया, किस क्षेत्र से सम्बन्धित थे?

A. भूगोल   **B.** मनोविज्ञान
C. जीव विज्ञान   **D.** अर्थशास्त्र

Q.27 जलोढ़ मिट्टी को किस नाम से भी जाना जाता है?

A. मृत्तिकावत्   **B.** नियमित   **C.** खादर   **D.** लेटराइट

Q.28 युग्मों को सुमेलित कीजिए और सही विकल्प चुनिए:

चट्टानें	जिला
a. गोंडवाना श्रृंखला चट्टानें	I. यवतमाल, गढ़चिरौली
b. धारवाड़ श्रृंखला चट्टानें	II. सावंतवाड़ी, वेंगुर्ला
c. आर्कियन श्रृंखला चट्टानें	III. भंडारा, गोंदिया
d. विंध्य श्रृंखला चट्टानें	IV. चंद्रपुर

[Maharashtra Public Service Commission, 2019]

A. a - III, b - II, c - IV, d - I
B. a - IV, b - I, c - II, d - III
C. a - I, b - III, c - II, d - IV
D. a - II, b - I, c - III, d - IV

Q.29 उजली या अनेरी होली संबंधित है:

A. जौनसारी जनजाति   **B.** भोटिया जनजाति
C. थारू जनजाति   **D.** राजी जनजाति

Q.30 निम्नलिखित भौतिक राशि में से कौन विभवान्तर के समान इकाई का है?

A. विद्युत क्षेत्र   **B.** विद्युत धारा
C. विद्युत वाहक बल   **D.** प्रतिबल

Q.31 फिलिप्स वक्र किनके मध्य सम्बंध को व्यक्त करता है?

[Uttarakhand Public Service Commission (UKPSC), 2014]

A. मुद्रा विस्फीति एवं बेरोजगारी
B. मुद्रा स्फीति एवं बेरोजगारी
C. मुद्रा स्फीति एवं अदृश्य बेरोजगारी
D. मुद्रा विस्फीति एवं चक्रीय बेरोजगारी

Q.32 निम्नलिखित में से किस अर्थशास्त्री ने व्यापार चक्र का विशुद्ध मौद्रिक सिद्धान्त प्रतिपादित किया?

[Uttarakhand Public Service Commission (UKPSC), 2014]

A. हार्ट्रे   **B.** हायक   **C.** कीन्स   **D.** हिक्स

Q.33 सुरक्षा ब्रेक का आविष्कार किसने किया, जो लिफ्ट को दुर्घटनाग्रस्त होने से बचाता है?

A. थॉमस एडीसन   **B.** एली व्हिटनी
C. हेनरी फोर्ड   **D.** एलीशा ओटिस

Q.34 30 सितंबर 2022 को गुजरात के अहमदाबाद में 36वें राष्ट्रीय खेलों में पुरुषों की रैपिड फायर पिस्टल स्पर्धा में स्वर्ण पदक किसने जीता है?

A. अनीश   **B.** अंकुर गोयल
C. गुरमीत   **D.** सतीश गुप्ता

Q.35 रसायन विज्ञान में 2022 का नोबेल पुरस्कार संयुक्त रूप से कैरोलिन बर्टोज़ी, मॉर्टन मेल्डाल, बैरी शार्पलेस को क्लिपिंग अणुओं पर उनके काम के लिए दिया गया है। इनमें से किसने पहले भी 2001 में रसायन विज्ञान में नोबल पुरस्कार जीता है?

A. कैरोलिन बर्टोज़ी   **B.** मॉर्टन मेल्डाल
C. बैरी शार्पलेस   **D.** इनमें से कोई नहीं

Q.36 अक्टूबर 2022 में गेल (इंडिया) लिमिटेड के अध्यक्ष और प्रबंध निदेशक के रूप में किसने पदभार संभाला?

A. धर्मवीर सिंह   **B.** रवि कुमार पासवान
C. कृपा शंकर   **D.** संदीप कुमार गुप्ता

Q.37 निम्नलिखित में से सबसे पुराना वेद कौन सा है?

A. अथर्ववेद   **B.** ऋग्वेद   **C.** सामवेद   **D.** यजुर्वेद

Q.38 निम्नलिखित में से कौन-सा चित्रकार हुमायूँ से संबद्ध नहीं था?

[Officers Training Academy (OTA), 2021], [Indian Military Academy (IMA), 2021]

A. मीर सईद अली   **B.** मौलाना दोस्त मुसाविर
C. मौलाना यूसुफ   **D.** बिहजाद

Q.39 औपनिवेशिक अर्थव्यवस्था के बारे में निम्नलिखित में से कौन सा कथन सही नहीं है?

[UPSC Central Armed Police Forces AC, 2017]

A. ब्रिटिश उपस्थिति ने स्वदेशी पूंजीवाद को रोक दिया
B. लेसेज-फेयर ने स्वदेशी पूंजीवाद को सक्रिय रूप से बढ़ावा दिया
C. श्वेत सामूहिक एकाधिकार' जल्द से जल्द आया और पूर्वी भारत में सबसे अधिक स्पष्ट रहा

D. रेलवे के निर्माण से पहले बॉम्बे हिंटरलैंड में घुसना मुश्किल था

Q.40 निम्नलिखित में से किसे मई 2022 में रॉयल एनफील्ड का नया सीईओ नियुक्त किया गया है?

A. बी. गोविंदराजन   **B.** किरण अय्यर

C. मोहित गोयल   **D.** निशांत जैन

Elementary Mathematics

Q.41 निर्देश: निम्नलिखित प्रश्न में, प्रश्न चिन्ह '?' के स्थान पर क्या आएगा?

$$\sqrt{324} + 9^2 - 7^2 = 2 \times (?)^2$$

A. 25   **B.** 5   **C.** 10   **D.** 20

Q.42 व्यंजक $(1^1 + 2^2 + 3^3)^3$ का इकाई अंक क्या होगा?

A. 1   **B.** 4   **C.** 6   **D.** 8

Q.43 6 और 100 के बीच सभी संख्याओं का योग जो 7 से विभाज्य है?

A. 720   **B.** 710   **C.** 700   **D.** 735

Q.44 एक भिन्न को जब $\frac{17}{3}$ से जोड़ने पर 4 प्राप्त होता है। तो उक्त भिन्न क्या है?

A. $-\frac{1}{3}$ **B.** $-1\frac{2}{3}$ **C.** $\frac{9}{2}$ **D.** $\frac{2}{3}$

Q.45 एक संख्या में पहले 10% की वृद्धि होती है और उसके बाद उसमें 20% की कमी होती है। संख्या में प्रतिशत बदलाव क्या है?

A. 12% वृद्धि   **B.** 12% कमी

C. 32% वृद्धि   **D.** 32% कमी

Q.46 एक निश्चित धनराशि कितने दर प्रतिशत प्रति वर्ष साधारण ब्याज पर 15 वर्षों में दुगनी हो जाएगी?

A. $6\frac{2}{3}\%$ **B.** 10%   **C.** 25%   **D.** 20%

Q.47 चक्रवृद्धि ब्याज पर 2 वर्ष में किस दर प्रतिशत प्रति वर्ष से 2304 रुपये की राशि 2500 रुपये होगी?

A. $4\frac{1}{6}\%$ **B.** $4\frac{1}{3}\%$

C. $3\frac{1}{6}\%$ **D.** इनमें से कोई नहीं

Q.48 दो संख्याओं के ल.स. और म.स. का गुणनफल 48 है। यदि संख्याओं के बीच अंतर 8 है, तो संख्याएँ ज्ञात कीजिये:

A. 16 और 4   **B.** 8 और 16   **C.** 4 और 12   **D.** 8 और 12

Q.49 A और B ने 2 वर्ष की अवधि के लिए 24000 रुपये और 8000 रुपये का निवेश किया। 2 वर्ष बाद, उन्हें 48000 रुपये का लाभ हुआ। लाभ में A और B के हिस्से ज्ञात कीजिये।

A. 36000 रुपये, 12000 रुपये

B. 40000 रुपये, 10000 रुपये

C. 25000 रुपये, 40000 रुपये

D. 20000 रुपये, 12000 रुपये

Q.50 दो संख्याएँ 5:6 के अनुपात में हैं। यदि उनमें से 8 घटा दिया जाए, तो वे 4:5 के अनुपात में हो जाती हैं। संख्याएँ हैं:

A. (40, 48)   **B.** (15, 16)   **C.** (25, 30)   **D.** (15, 18)

Q.51 20 संख्याओं का औसत 56 है। बाद में यह पाया गया कि संख्या 10 को गलत तरीके से 100 के रूप में लिया गया था। संख्याओं का सही औसत ज्ञात कीजिए।

A. 60.5   **B.** 59.5   **C.** 51.5   **D.** 50.5

Q.52 यदि कोई व्यापारी वस्तु पर क्रय मूल्य से 60% अधिक अंकित करता है,और वस्तु को 30% की छूट पर बेचता है, तो उसका लाभ प्रतिशत ज्ञात कीजिए।

A. 12%   **B.** 15%   **C.** 10%   **D.** 20%

Q.53 वृत्ताकार तार की परिधि 132 सेमी है उसी तार से बनने वाले वर्ग का क्षेत्रफल ज्ञात कीजिए?

A. 1089 सेमी²   **B.** 1809 सेमी²

C. 1890 सेमी²   **D.** 1980 सेमी²

Q.54 ट्रेन एक खंभे को 16 सेकंड में पार करती है। यदि ट्रेन की लंबाई 400 मीटर है, तो ट्रेन की गति ज्ञात कीजिये।

A. 30 किमी/घंटा   **B.** 75 किमी/घंटा

C. 90 किमी/घंटा   **D.** 25 किमी/घंटा

Q.55 12 व्यक्ति एक जैसे 10 कमरों को 16 दिन मे पेन्ट कर सकते हैं। 8 व्यक्ति इसी प्रकार के 20 कमरो को कितने दिन में पेन्ट कर सकते हैं?

[Indian Military Academy (IMA), 2018]

A. 12   **B.** 24   **C.** 36   **D.** 48

Q.56 निर्देश: निम्नलिखित प्रश्न में, प्रश्न चिन्ह '?' के स्थान पर क्या आएगा?

$$1456 \div 16 \times 14 + 22 = (?)^4$$

A. 6   **B.** 4   **C.** 16   **D.** 36

Q.57 5 मात्राओं का औसत 6 है। उनमें से 3 का औसत 8 है। शेष दो मात्राओं का औसत क्या है?

A. 3   **B.** 4   **C.** 5   **D.** 6

Q.58 एक उबर कार एक निश्चित दूरी को 21 घंटे में पूरा कर सकती है। यह एक तिहाई दूरी 20 किमी/घंटा की गति से तय करता है और शेष 50 किमी/घंटा की गति से तय करता है। उबर कार द्वारा तय की गई कुल दूरी कितनी है?

A. 800 किमी   **B.** 700 किमी   **C.** 950 किमी   **D.** 620 किमी

Q.59 राज एक काम को 20 दिनों में कर सकता है। उसने काम शुरू किया और कुछ दिनों के बाद छोड़ दिया, जब 25% काम हो गया। इसके बाद अभिजीत ने ज्वाइन किया और 10 दिनों तक काम करते हुए इसे पूरा किया। राज और अभिजीत एक साथ काम करते हुए कितने दिनों में पूरा काम कर सकते हैं?

A. 6   **B.** 8   **C.** 10   **D.** 12

Q.60 एक व्यापारी एक कलाई घड़ी 450 रुपये में खरीदता है और उसका मूल्य इस तरह तय करता है कि 10% की छूट देने के बाद, वह 20% का लाभ अर्जित करता है। कलाई घड़ी की सूची मूल्य ज्ञात कीजिए।

A. 660 रुपये   **B.** 480 रुपये   **C.** 600 रुपये   **D.** 630 रुपये

Hindi

Q.61 निर्देश: सही शब्द का चयन करते हुए रिक्त स्थान की पूर्ति कीजिए। व्याकरण के नियमों में बँधे, वाक्य में प्रयुक्त शब्द ______ कहलाते हैं।

A. व्याकरण   **B.** वाक्य   **C.** शब्द   **D.** पद

Q.62 निर्देश: सही शब्द का चयन करते हुए रिक्त स्थान की पूर्ति कीजिए। भाषा के लिखने के ढंग को ______ कहते हैं।

A. वर्ण   **B.** शब्द   **C.** वाक्य   **D.** लिपि

Q.63 निम्नलिखित में से शुद्ध वाक्य है:

A. दरवाजों में कीड़े पड़ गए हैं।

B. किताबों को मेंज पर ही रहने दो।

C. आग की लपटों में घर लहलहा उठा।

D. इधर ठंड़ी बर्फ मिलती है।

Q.64 निर्देश: दिए गए वाक्यांश के लिए एक शब्द बताएं।
'जो सबके मन की बात जानता हो'

A. अन्तर्भेदी   B. अन्वेषक   C. अन्तर्यामी   D. अंतर्देशीय

Q.65 निर्देश: दिए गए वाक्यांश के लिए एक शब्द है।
'आदि से लेकर अन्त तक'

A. आद्योपान्त   B. सर्वांग   C. अनादि   D. आजीवन

Q.66 निम्नलिखित में से शुद्ध वर्तनी का चयन कीजिए:

A. औपचारिक   B. पारित्याग
C. निषेध   D. शिल्पि

Q.67 'अरि' का पर्यायवाची शब्द है:

A. मित्र   B. शत्रु   C. अभद्र   D. कठोर

Q.68 'बहुत ही कठिन कार्य करना' के लिए किस वाक्य में सही मुहावरा प्रयोग में लाया गया है?

A. संस्कृत पढ़ना लोहे के चने चबाना है, कोई आसान काम नहीं।
B. प्रताप ने ज्योंही लगाम लगाई, चेतक हवा से बातें करने लगा।
C. वह तो मेरी मुट्ठी में है, उससे तो जो चाहो काम करवा दूँ।
D. भारतीय जवानों से लोहा लेना सरल काम नहीं है।

Q.69 'कहाँ राजा भोज और कहाँ गंगू तेली' लोकोक्ति का अर्थ है-

A. बहुत बड़ा होना   B. बहुत अंतर होना
C. बहुत चतुर होना   D. बहुत छोटा होना

Q.70 'इन्द्रधनुष' का समानार्थी शब्द नहीं है:

A. सुरचाप   B. सप्तवर्ण   C. घंकोदंड   D. अमरेश्वर

Q.71 दिए गए विकल्पों में से 'अनायास' शब्द का विलोम क्या होगा?

A. आभास   B. सायास
C. प्रयास   D. इनमें से कोई नहीं

Ques (72-75):निर्देश: दिए गए गद्यांश को ध्यानपूर्वक पढ़िए तथा पूछे गए प्रश्नों के उत्तर दीजिए।

किसी भी उपहार की सार्थकता तभी है जब वह हृदय से किसी सही व्यक्ति को सही समय और सही जगह पर दिया जाए। उपहार देने वाला व्यक्ति दिल में उस उपहार के बदले कुछ पाने की उम्मीद न रखता हो। हमें इस जीवन में जो भी करना चाहिए, सत्य से प्रेरित कृत्य के अनुसार करना चाहिए। हमें समय और दूसरे लोगों, दोनों को सम्मान देना चाहिए। इस तरह का कृत्य व्यक्ति के भाग्य को बदल कर रख देता है। गीता में भी कहा गया है कि ऐसा कोई नहीं जिसने इस संसार में अच्छा काम किया हो और उसका अंत बुरा हुआ हो। कहा जाता है कि कर्म ही धर्म है, इसलिए हमें काम करते जाना चाहिए फल अपने आप हमें मिलेगा। कार्य करते समय कार्य के उद्देश्य पर भी ध्यान देना होगा। यदि हमारे कार्य का उद्देश्य समाज के हित में है तो वह कार्य हमें आनन्द की अनुभूति करवाएगा। कर्म करना परन्तु केवल अपने हित के लिए कर्म करना सार्थक नहीं कहलाएगा।

Q.72 उपहार की सार्थकता किस पर निर्भर करती है?

A. जब उपहार दिल से सही समय पर सही व्यक्ति को दिया जाए
B. जब उपहार देते समय बदले में कुछ पाने की आशा हो
C. जब उपहार अपने वैभव के प्रदर्शन के लिए दिया जाए
D. जब उपहार बहुत ही मजबूरी में दिया जाए

Q.73 जीवन में कर्म किससे प्रेरित होने चाहिए?

A. परिणाम से   B. सत्य से   C. उपहार से   D. भाग्य से

Q.74 'समय को सम्मान' देने से तात्पर्य है:

A. समय का सदुपयोग करना

B. समय के आगे विवश हो जाना
C. समय का दुरुपयोग करना
D. समय को व्यर्थ गँवाना

Q.75 'ऐसा कोई नहीं, जिसने इस संसार में अच्छा किया हो, और उसका अंत बुरा हो' के सन्दर्भ में कौन सा वाक्य सही है?

A. बुरे कार्य का परिणाम सही नहीं होता है
B. अच्छे कार्य का फल कैसा होगा, पता नहीं
C. अच्छे कार्य का फल सदैव अच्छा होता है
D. बुरे कार्य का भी फल अच्छा हो सकता है

Q.76 निर्देश: निम्नलिखित प्रश्न में वाक्य के कुछ भाग में त्रुटियाँ हो सकती हैं। पता लगाएँ कि वाक्य के किस भाग में त्रुटि है और उपयुक्त विकल्प का चयन करें। यदि कोई वाक्य त्रुटि रहित है, तो 'कोई त्रुटि नहीं' चुनें।
गले से / (A) पराधीनता की / (B) बेड़ियाँ पड़ी रही हैं/ (C)कोई त्रुटि नहीं है (D)

A. (A)   B. (B)   C. (C)   D. (D)

Q.77 निर्देश: निम्नलिखित प्रश्न में वाक्य के कुछ भाग में त्रुटियाँ हो सकती हैं। पता लगाएँ कि वाक्य के किस भाग में त्रुटि है और उपयुक्त विकल्प का चयन करें। यदि कोई वाक्य त्रुटि रहित है, तो 'कोई त्रुटि नहीं' चुनें।
आज तक तुम्हारे से (A)/ कोई काम (B)/ नहीं हो सका (C)/ कोई त्रुटि नहीं है (D)

A. (A)   B. (B)   C. (C)   D. (D)

Q.78 निर्देश: नीचे दिए गए विकल्पों में से रिक्त स्थान भरिये।
जो विद्यार्थी _______पढ़ाई करते हैं उन्हें अच्छे अंक मिलते हैं।

A. नियमित   B. जरूरी   C. कभी कभी   D. रात को

Ques (79-80):निर्देश: दिये गए वाक्य में रेखांकित खंड को प्रतिस्थापित करने के लिए उपयुक्त विकल्प का चयन कीजिये।

Q.79 मोहन इतना बीमार हो गया कि उसका शरीर हड्डियों का ढांचा हो गया है।

A. कंगाल   B. श्रृगाल   C. कातिल   D. कंकाल

Q.80 राम और श्याम दोनों साथ काम करने वाले हैं।

A. सहपाठी   B. सहकर्मी   C. दूरदर्शी   D. दुराचारी

// स्मार्ट उत्तर पुस्तिका //

सही उत्तर — उन छात्रों का प्रतिशत जिन्होंने प्रश्नों का सही उत्तर दिया था।　　**छोड़ दिया** — उन छात्रों का प्रतिशत जिन्होंने प्रश्नों को छोड़ दिया था।

प्रश्न संख्या	उत्तर	सही उत्तर	छोड़ दिया
1	A	79.31 %	13.42 %
2	B	87.37 %	12.45 %
3	C	89.13 %	10.62 %
4	C	80.18 %	15.66 %
5	D	82.31 %	10.61 %
6	D	46.38 %	45.45 %
7	C	81.12 %	12.96 %
8	A	47.93 %	37.21 %
9	B	44.09 %	39.0 %
10	D	85.94 %	13.54 %
11	C	82.78 %	13.8 %
12	A	78.94 %	13.73 %
13	B	56.74 %	31.23 %
14	D	44.5 %	37.02 %
15	C	45.3 %	33.11 %
16	D	51.36 %	35.46 %

प्रश्न संख्या	उत्तर	सही उत्तर	छोड़ दिया
17	A	30.16 %	67.24 %
18	B	54.44 %	37.99 %
19	C	61.38 %	36.08 %
20	A	60.37 %	32.72 %
21	A	53.67 %	33.09 %
22	C	41.74 %	52.45 %
23	D	54.73 %	31.06 %
24	C	40.48 %	48.58 %
25	B	58.0 %	40.56 %
26	D	79.26 %	16.37 %
27	C	66.41 %	30.34 %
28	C	57.92 %	39.37 %
29	C	85.12 %	10.89 %
30	C	51.5 %	39.98 %
31	B	22.98 %	73.89 %
32	A	41.24 %	33.73 %

प्रश्न संख्या	उत्तर	सही उत्तर	छोड़ दिया
33	D	49.07 %	45.62 %
34	A	62.29 %	36.48 %
35	C	30.81 %	67.45 %
36	D	63.63 %	36.25 %
37	B	69.81 %	30.1 %
38	D	45.92 %	39.85 %
39	B	20.88 %	71.11 %
40	A	44.83 %	44.97 %
41	B	89.04 %	10.31 %
42	D	82.41 %	14.32 %
43	D	68.26 %	31.72 %
44	B	51.71 %	36.44 %
45	B	64.86 %	30.23 %
46	A	53.01 %	43.98 %
47	A	40.76 %	32.77 %
48	C	60.23 %	38.17 %

प्रश्न संख्या	उत्तर	सही उत्तर	छोड़ दिया
49	A	57.85 %	32.23 %
50	A	84.01 %	11.72 %
51	C	78.08 %	14.91 %
52	A	53.41 %	41.69 %
53	A	76.28 %	21.71 %
54	C	77.45 %	12.3 %
55	D	83.5 %	11.57 %
56	A	84.86 %	13.65 %
57	A	78.11 %	14.1 %
58	B	58.5 %	38.65 %
59	B	60.23 %	38.8 %
60	C	48.59 %	37.58 %
61	D	41.29 %	41.94 %
62	D	10.75 %	88.82 %
63	B	66.85 %	33.15 %
64	C	45.53 %	34.99 %

प्रश्न संख्या	उत्तर	सही उत्तर	छोड़ दिया
65	A	54.11 %	44.91 %
66	C	52.59 %	46.34 %
67	B	52.91 %	36.06 %
68	A	69.46 %	30.5 %
69	B	56.62 %	39.49 %
70	D	68.42 %	31.41 %
71	B	64.8 %	31.88 %
72	A	53.07 %	42.38 %
73	B	55.72 %	34.31 %
74	A	53.38 %	42.01 %
75	C	63.07 %	32.41 %
76	A	58.72 %	31.73 %
77	B	63.27 %	33.34 %
78	A	53.17 %	41.33 %
79	D	52.96 %	34.48 %
80	B	51.05 %	42.92 %

//संकेत और समाधान//

1. छह व्यक्ति: आरिफ, अमित, अमर, अंकित, रोहित और आदित्य

1. अंकित, अमित के बाएं दूसरे स्थान पर बैठा है

2. अमित, अमर के ठीक दायें बैठा है

3. एक व्यक्ति रोहित और आरिफ के बीच में बैठा है

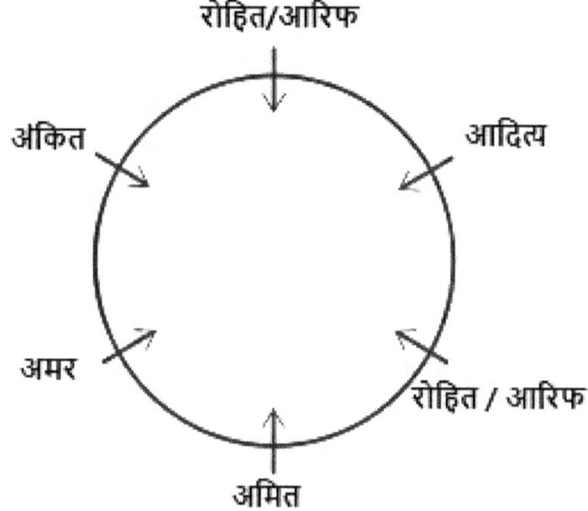

इसलिए, अंकित, आदित्य के दायें से दूसरे स्थान पर बैठा है।

अत: विकल्प (A) सही है।

2. दी गई श्रृंखला,

2,3,5,7,11, ___ 17

दी गई श्रृंखला में अभाज्य संख्याएं हैं।

अभाज्य संख्याएँ वे हैं जो केवल 1 या स्वयं के द्वारा विभाज्य होती हैं।

उदाहरण; 2,3,5,7 आदि।

11 के बाद, 13 अगली अभाज्य संख्या है।

इसलिए, 13 लुप्त पद है।

अत: विकल्प (B) सही है।

3. पुरुष अभिनेता के साथ-साथ निर्देशक भी हो सकता है।

इसलिए, संभावित वेन आरेख इस प्रकार है:

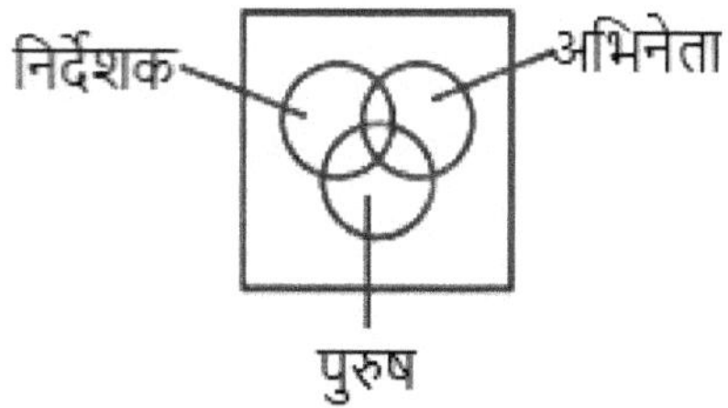

अत: विकल्प (C) सही है।

4. दिया गया समीकरण है:

9 - 3 + 2 ÷ 16 × 2 = ?

प्रतीकों को उनके अर्थ के साथ प्रतिस्थापित करने के बाद, हमे मिलता है:

⇒ 9 + 3 × 2 - 16 ÷ 2

⇒ 9 + 6 - 8

⇒ 15 - 8 = 7

अत: विकल्प (C) सही है।

5. दर्पण प्रतिबिम्ब है:

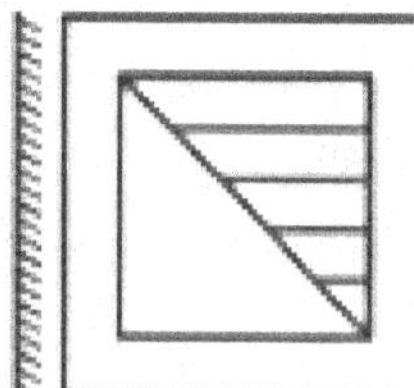

अत: विकल्प (D) सही है।

6. हम जानते हैं कि:

अक्षर	A	B	C	D	E	F	G	H	I	J	K	L	M
स्थितीय मान	1	2	3	4	5	6	7	8	9	10	11	12	13
स्थितीय मान	26	25	24	23	22	21	20	19	18	17	16	15	14
अक्षर	Z	Y	X	W	V	U	T	S	R	Q	P	O	N

यहाँ अनुसरण किया गया तर्क है:

G + 4 = K;

K + 4 = O;

O + 4 = S.

इसलिए, उत्तर आकृति 'C' दी गई श्रृंखला की अगली आकृति होगी।

अत: विकल्प (D) सही है।

7. यहाँ अनुसरण किया गया तर्क इस प्रकार है:

4 + 5 + 9 = 18

11 + 6 + 13 = 30

इसी तरह,

19 + 0 + 3 = 22

अत: विकल्प (C) सही है।

8. शब्दों का सही शब्दकोश क्रम है-

4. Convalesce

3. Convenience

2. Converge

5. Converse

1. Convince

अतः विकल्प (A) सही है।

9. माना कि, बड़ा अंक $= x$ और छोटा अंक $= y$

प्रश्नानुसार,

$\Rightarrow x + y = 12 \quad ...(1)$

$\Rightarrow x - y = 4 \quad ...(2)$

समीकरण (1) और (2) से हम पाते हैं कि, $x = 8$ और $y = 4$

$\therefore$ दो अंकों की संख्या के दोनों अंकों का गुणनफल $= xy = 8 \times 4 = 32$

अतः विकल्प (B) सही है।

10. दिए गए आकृति से हम देख सकते हैं कि,

3, 4 और 6 दोनों के समीप है।

इसलिए,

3 बिन्दुओं से अंकित फलक के विपरीत फलक पर स्थित बिन्दुओं की संख्या 5 है।

अतः विकल्प (D) सही है।

11. दिए गए कथनों के लिए न्यूनतम संभावित वेन आरेख इस प्रकार होगा:

I: कोई बिल्ली गाय नहीं है →असत्य(यह संभव है लेकिन निश्चित नहीं है)

II: कुछ गाय बंदर हैं → असत्य(यह निश्चित रूप से असत्य है)

इसलिए,न तो निष्कर्ष I और न ही निष्कर्ष II अनुसरण करता है।

अतः विकल्प (C) सही है।

12. दी गयी कूट भाषा के अनुसार,

A	B	C	D	E	F	G	H	I	J	K	L	M
1	2	3	4	5	6	7	8	9	10	11	12	13
Z	Y	X	W	V	U	T	S	R	Q	P	O	N
26	25	24	23	22	21	20	19	18	17	16	15	14

L = 12 (1 + 2) = 3
I = 9
F = 6
E = 5
इसी प्रकार,
F = 6
U = 21 (2 + 1) = 3
N = 14 (1 + 4) = 5
इसलिए, FUN, 635 से संबंधित है।

अतः विकल्प (A) सही है।

13. शब्द के अक्षरों को शब्द के किसी विशेष अक्षर के समान विपरीत अक्षर के अनुसार कूटबद्ध किया जाता है।

A	B	C	D
Z	Y	X	W

इसी प्रकार,

G	H	I	J
T	S	R	Q

इसलिए, 'TSRQ' सही उत्तर है।

अत: विकल्प (B) सही है।

14. जब मुड़ा हुआ कागज खोला जाता है, तो कटे हुए भाग इस प्रकार दिखाई देंगे:

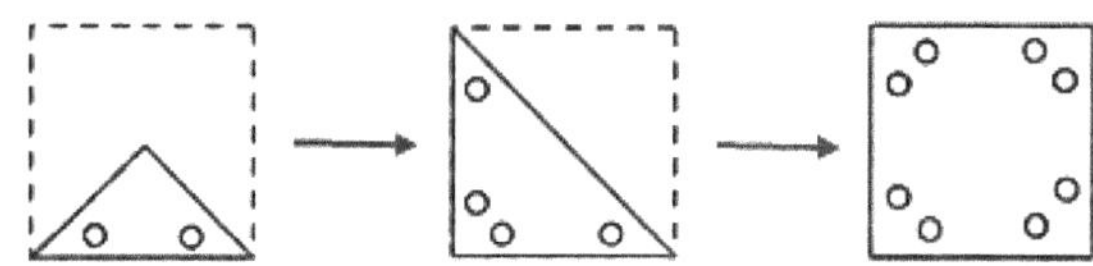

अत: विकल्प (D) सही है।

15. दिया गया है: ZH_ORC__K_R_ZH_O_C

विकल्पों को चेक करके:

(A) K, Z, H, K, R, K, R → ZHKORC / ZHKKRR / ZHKORC

(B) Z, H, K, O, C, K, R → ZHZORC/ HKKORC/ ZHKORC

(C) K, Z, H, O, C, K, R → ZHKORC/ ZHKORC/ ZHKORC

(यहाँ, ZHKORC की पुनरावृत्ति हो रही है)

(D) K, Z, O, R, C, K, R → ZHKORC / ZOKRRC / ZHKORC

विकल्प (C) ZHKORC / ZHKORC / ZHKORC का एक स्वरूप देता है।

अत: विकल्प (C) सही है।

16. 'VR' को छोड़कर सभी एक ही प्रतिरूप का पालन करते हैं।

यहाँ निम्न प्रतिरूप का अनुसरण किया गया है ,

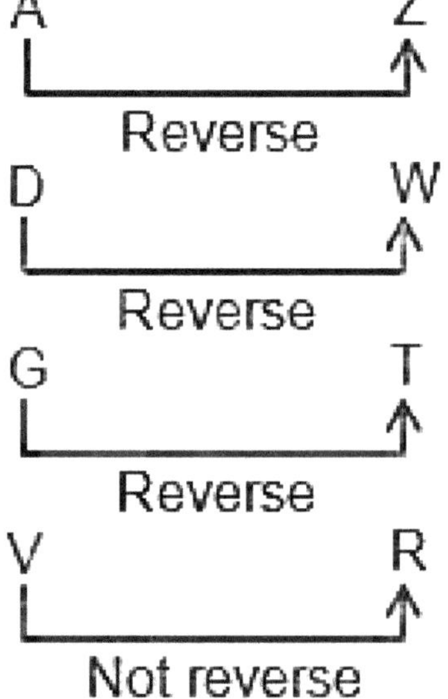

A पहले स्थान पर है, अंत से पहले स्थान पर Z है।

D चौथे स्थान पर है, अंत से चौथे स्थान पर W है।

G सातवें स्थान पर है, अंत से सातवें स्थान पर T है।

V बाइसवें स्थान पर है, अंत से बाइसवें स्थान पर E है।

∴ 'VR' को छोडकर अन्य सभी एक ही प्रतिरूप का अनुसरण करते हैं।

अतः विकल्प (D) सही है।

17. दूसरी पंक्ति, तिसरी क़तार में वृत्त है, जो अन्य आकृतियों में मौजूद नहीं है।

अतः विकल्प (A) सही है।

18. दी गई आकृति विकल्प (B) में इस प्रकार सन्निहित है:

अतः विकल्प (B) सही है।

19. नीचे दी गई तालिका में प्रतीकों का उपयोग करके, हम निम्नलिखित वंश वृक्ष बना सकते हैं:

आरेख में प्रतीक	अर्थ
◯	महिला
▢	पुरुष
═	विवाहित जोड़ा
—	भाई/बहन
│	पीढ़ी का अंतर

दी गई जानकारी के अनुसार:

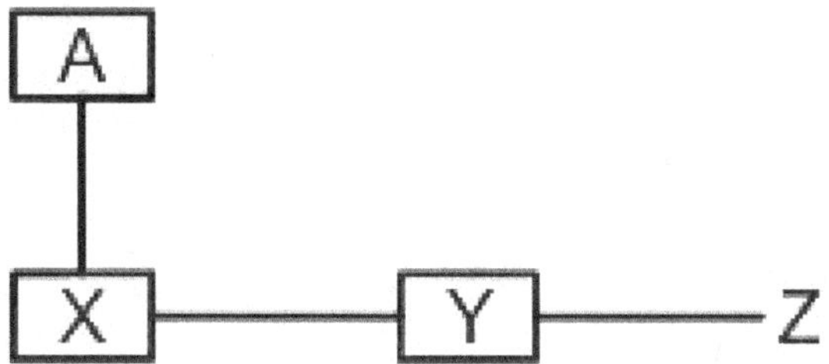

यहाँ,

X, Y का भाई है और Y, Z का भाई है।

इसलिए, Z, X का भाई या बहन हो सकता/सकती है (जैसा कि प्रश्न में लिंग निर्दिष्ट नहीं है)।

अतः विकल्प (C) सही है।

20. दिया गया है:

2 : 54 : 4 : ?

यहाँ अनुसरण किया गया तर्क है:

(पहली संख्या $+1)^3 \times 2 = $ दूसरी संख्या

$2 : 54 \rightarrow (2 + 1)^3 \times 2 = 3^3 \times 2 = 27 \times 2 = 54$

इसी प्रकार,

$4 : ? \rightarrow (4 + 1)^3 \times 2 = 5^3 \times 2 = 125 \times 2 = 250$

इसलिए, सही उत्तर 250 है।

अतः विकल्प (A) सही है।

21. भारतीय संविधान का अनुच्छेद 72 राष्ट्रपति को क्षमा करने की शक्ति प्रदान करता है।

क्षमा का अर्थ है अपराधी व्यक्ति को पूरी तरह से रिहा करना और उसे आज़ाद कर देना।अनुच्छेद 72 के अंतर्गत, भारत के राष्ट्रपति क्षमा प्रदान कर सकते हैं या दोषी व्यक्ति की सजा, विशेष रूप से मृत्युदंड से संबंधित मामलों में सजा को कम कर सकते हैं।

अतः विकल्प (A) सही है।

22. भारत के संविधान के अनुसार, पंचायत का सदस्य होने के लिए न्यूनतम आयु की आवश्यकता 21 वर्ष है।

ग्राम पंचायत के सदस्य या सरपंच की सीट के लिए उम्मीदवार, आपको उस ग्राम पंचायत की मतदाता सूची में एक पंजीकृत मतदाता होना चाहिए, और 21 वर्ष से कम आयु का नहीं होना चाहिए। पंचायत के नेता को अक्सर अध्यक्ष मुखिया, सरपंच, या प्रधान, एक निर्वाचित या आम तौर पर स्वीकृत पद कहा जाता था। ऐसे स्थानीय निकायों में प्रतिनिधि होते हैं जो स्थानीय लोगों द्वारा चुने गए हैं और इसलिए जमीनी स्तर के मुद्दों की बेहतर समझ रखते हैं।

अतः विकल्प (C) सही है।

23. भारतीय संविधान के अनुच्छेद 14-18 के तहत समानता का अधिकार दिया गया है।

ये नागरिकों को कानून के समक्ष समान व्यवहार और कानून की समान सुरक्षा, सार्वजनिक रोजगार में समान अवसर सुनिश्चित करते हैं और भेदभाव और अस्पृश्यता को रोकते हैं जो सामाजिक बुराइयाँ हैं।

समानता का अधिकार शब्द का अर्थ है कि देश के कानून के सामने सभी नागरिकों के साथ समान व्यवहार किया जाना चाहिए और लिंग, जाति, नस्ल, धर्म या जन्म स्थान के आधार पर किसी भी प्रकार के अनुचित व्यवहार को त्याग दिया जाना चाहिए।

समानता का अधिकार एक मौलिक तत्व है जो भारतीय नागरिकों को दिए गए अधिकारों को लागू करने के लिए आवश्यक है। यह संविधान द्वारा प्रदत्त अन्य सभी अधिकारों और विशेषाधिकारों की नींव रखता है।

अतः विकल्प (D) सही है।

24. लार्सन एंड टुब्रो (एल एंड टी) लिमिटेड ने अगस्त 2022 में वडोदरा में एक आईटी और आईटी-सक्षम सेवा (आईटीईएस) पार्क स्थापित करने के लिए गुजरात सरकार के साथ एक समझौता ज्ञापन पर हस्ताक्षर किए हैं।

- पार्क की स्थापना राज्य सरकार की हाल ही में घोषित आईटी/आईटीईएस नीति के तहत की जा रही है।
- यह नीति फरवरी 2022 में अगले पांच वर्षों में आईटी क्षेत्र में एक लाख 'उच्च कुशल रोजगार' पैदा करने के उद्देश्य से शुरू की गई थी।

अतः विकल्प (C) सही है।

25. हरियाणा सरकार ने हाल ही में हरियाणा चीराग योजना शुरू की है।

इस योजना के तहत, सरकार निजी स्कूलों में सरकारी स्कूलों के आर्थिक रूप से कमजोर वर्ग (ईडब्ल्यूएस) के छात्रों को मुफ्त शिक्षा प्रदान करेगी। चिराग योजना का अर्थ है, "मुख्यमंत्री समान शिक्षा राहत, सहायता और अनुदान"।

अतः विकल्प (B) सही है।

26. भारत के प्रमुख कृषि अर्थशास्त्रियों में से एक अभिजीत सेन का 72 वर्ष की आयु में 29 अगस्त, 2022 को निधन हो गया। पूर्व प्रधानमंत्री मनमोहन सिंह के कार्यकाल के दौरान अभिजीत सेन, 2004 से 2014 तक भारत के योजना आयोग के सदस्य थे।

अतः विकल्प (D) सही है।

27. जलोढ़ मिट्टी को खादर नाम से भी जाना जाता है।

जलोढ़ मिट्टी को परिवहन मिट्टी कहा जाता है क्योंकि यद्यपि वे जल निकायों के पास बनती हैं, इन मिट्टी को उनके मूल से कई अन्य स्थानों पर विभिन्न प्राकृतिक घटकों द्वारा विशेष रूप से गुरुत्वाकर्षण द्वारा ले जाया जाता है। ये मिट्टी पंजाब से लेकर पश्चिम बंगाल और असम तक उत्तरी मैदानों में पाई जाती है। यह प्रायद्वीपीय भारत में कृष्णा, गोदावरी, कावेरी और महानदी जैसी नदियों के डेल्टा में भी पाया जाता है। खेती की जाने वाली मुख्य फसलें गेहूं, चावल, मक्का, गन्ना, दालें और तिलहन हैं।

अतः विकल्प (C) सही है।

28.

चट्टानें	जिला
a. गोंडवाना श्रृंखला चट्टानें	यवतमाल, गढ़चिरौली
b. धारवाड़ श्रृंखला चट्टानें	भंडारा, गोंदिया
c. आर्कियन श्रृंखला चट्टानें	सावंतवाड़ी, वेंगुर्ला
d. विंध्य श्रृंखला चट्टानें	चंद्रपुर

गोंडवाना भारत का एक क्षेत्र है, जिसका नाम वहां रहने वाले गोंडी लोगों के नाम पर रखा गया है (हालांकि वे भारत के अन्य हिस्सों में भी पाए जा सकते हैं)। गोंडवानालैंड के प्राचीन महाद्वीप का नाम गोंडवाना से लिया गया था, क्योंकि इस महाद्वीप के कुछ शुरुआती रॉक संरचनाओं की जांच सबसे पहले इस क्षेत्र के हिस्से में, आधुनिक ओडिशा में की गई थी।

धारवाड़ रॉक सिस्टम विशेष है क्योंकि यह भारत में पहली कायांतरित तलछटी चट्टानें हैं। उन्हें धारवाड़ प्रणाली नाम दिया गया है क्योंकि उनका अध्ययन सबसे पहले कर्नाटक के धारवाड़ क्षेत्र में किया गया था।

भारत में आर्कियन या पुराण रॉक सिस्टम अरावली पहाड़ों, दक्कन प्रायद्वीप के 2/3 और उत्तर पूर्व के कुछ हिस्सों में पाया जाता है। इन चट्टानों में प्रचुर मात्रा में धात्विक और अधात्विक खनिज जैसे लोहा, तांबा, मैंगनीज, बॉक्साइट, सीसा, जस्ता, सोना, चांदी, टिन, टंगस्टन, अभ्रक, अभ्रक, ग्रेफाइट आदि पाए जाते हैं।

इस क्षेत्र की विंध्य चट्टानों में बलुआ पत्थर, शेल, चूना पत्थर और समूह शामिल हैं। क्षेत्र में देखी जाने वाली विंध्य प्रणाली का सबसे स्थायी और अच्छी तरह से परिभाषित चट्टान प्रकार बलुआ पत्थर हैं, जो रंग, संघनन और अनाज के आकार में एक विस्तृत श्रृंखला दिखाते हैं।

अतः विकल्प (C) सही है।

29. उजली या अनेरी होली त्योहार थारू जनजाति से जुड़े हुए हैं। यह समुदाय निचले हिमालय के शिवालिकों के बीच तराई क्षेत्र से संबंधित है। उनमें से अधिकांश निवासी हैं और कुछ कृषि का अभ्यास करते हैं। माना जाता है कि थारू शब्द स्थवीर से लिया गया है, जिसका अर्थ थेरवाद बौद्ध धर्म के अनुयायी है। थारू भारत और नेपाल दोनों में रहते हैं।

अतः विकल्प (C) सही है।

30. विद्युत वाहक बल की वही इकाई होती है जो विभवान्तर की होती है।

विद्युत वाहक बल, विद्युत रासायनिक सेल या परिवर्तनीय चुंबकीय क्षेत्र द्वारा उत्पन्न विद्युत विभव है। विद्युत वाहक बल को आमतौर पर emf, EMF, अथवा E द्वारा दर्शाया जाता है। विद्युत वाहक बल के लिए इकाई वोल्ट (V) है।

विभवान्तर : दो बिंदुओं के बीच विद्युत विभव का अंतर विभवान्तर कहा जाता है। SI इकाई वोल्ट (V) है।

अतः विकल्प (C) सही है।

31. फिलिप्स वक्र मुद्रा स्फीति एवं बेरोजगारी के मध्य संबंध को व्यक्त करता है।

फिलिप्स वक्र बताता है कि मुद्रा स्फीति और बेरोजगारी का विपरीत संबंध है। उच्च मुद्रा स्फीति कम बेरोजगारी और इसके विपरीतता से जुड़ी है।

फिलिप्स ने अनुमान लगाया कि बेरोजगारी दर जितनी कम होगी, श्रम बाजार उतना ही सख्त होगा और इसलिए, तेजी से फर्मों को दुर्लभ श्रम को आकर्षित करने के लिए मजदूरी बढ़ानी होगी। बेरोजगारी की उच्च दर पर, दबाव कम हो गया। फिलिप्स का "वक्र" व्यापार चक्र पर बेरोजगारी और मजदूरी व्यवहार के बीच औसत संबंध का प्रतिनिधित्व करता है। यह मजदूरी मुद्रा स्फीति की दर को दर्शाता है जिसके परिणामस्वरूप बेरोजगारी का एक विशेष स्तर कुछ समय के लिए बना रहता है।

अतः विकल्प (B) सही है।

32. हॉट्रे ने व्यापार चक्र के विशुद्ध मौद्रिक सिद्धांत प्रतिपादित किया।

आर.जी. हॉट्रे ने व्यापार चक्र को विशुद्ध रूप से मौद्रिक घटना के रूप में वर्णित किया है, इस अर्थ में कि आर्थिक गतिविधि के स्तर में सभी परिवर्तन पैसे के प्रवाह में परिवर्तन के प्रतिबिंब के अलावा और कुछ नहीं हैं।

हॉट्रे के अनुसार, मुद्रा के प्रवाह को प्रभावित करने वाला मुख्य कारक मुद्रा आपूर्ति बैंकिंग प्रणाली द्वारा ऋण सृजन है। उसके लिए, आय और व्यय में परिवर्तन बैंक ऋण की मात्रा में परिवर्तन के कारण होता है। व्यापार चक्र के वास्तविक कारणों का पता प्रभावी मांग में भिन्नता से लगाया जा सकता है जो बैंक ऋण में परिवर्तन के कारण होता है।

इसलिए, "व्यापार चक्र एक मौद्रिक घटना है, क्योंकि सामान्य मांग स्वयं एक मौद्रिक घटना है।"

अतः विकल्प (A) सही है।

33. ओटिस ने सुरक्षा ब्रेक का आविष्कार किया, जो कि रस्सी टूटने पर अचानक गिरने से सक्रिय होने पर लिफ्ट को दुर्घटनाग्रस्त होने से रोक देगा।

अमेरिकी उद्योगपति इलिशा ओटिस ने सर्वप्रथम 1852 में प्रथम सुरक्षित उत्थापक का आविष्कार किया था। उन्होंने इस उत्थापक को तब डिज़ाइन किया था जब उन्हें योनकर्स, न्यूयॉर्क में आरा मशीन को एक फैक्ट्री में परिवर्तित करते हुए भारी भवन सामग्रियों को ऊपर उठाने की आवश्यकता थी। उन्होंने एक डिजाइन का आविष्कार किया जिसमें सेफ्टी "ब्रेक" लगा था।

यद्यपि उन्होंने उत्थापक का आविष्कार नहीं किया, उन्होंने आधुनिक उत्थापकों में प्रयुक्त होने वाले ब्रेकिंग सेफ्टी सिस्टम का आविष्कार किया था।

अतः विकल्प (D) सही है।

34. 36वें राष्ट्रीय खेलों में हरियाणा के अनीश ने 30 सितंबर 2022 को गुजरात के अहमदाबाद में पुरुषों की रैपिड फायर पिस्टल स्पर्धा में स्वर्ण पदक जीता। उत्तराखंड के अंकुर गोयल ने क्रमशः रजत और कांस्य पदक जीता। वहीं पुरुषों की 1500 मीटर दौड़ में परवेज खान ने गोल्ड मेडल जीता। पीएम मोदी ने 29 सितंबर 2022 को गुजरात के अहमदाबाद में नरेंद्र मोदी स्टेडियम में 36वें राष्ट्रीय खेलों का उद्घाटन किया था।

अतः विकल्प (A) सही है।

35. रसायन विज्ञान में 2022 का नोबेल पुरस्कार संयुक्त रूप से कैरोलिन बर्टोज़ी, मॉर्टन मेल्डल, बैरी शार्पलेस को अणुओं को एक साथ स्निपिंग पर उनके काम के लिए दिया गया है, जिसे 'क्लिक केमिस्ट्री' के रूप में जाना जाता है। उनके काम का उपयोग कोशिकाओं का पता लगाने के लिए जैविक प्रक्रियाओं को ट्रैक करने के लिए किया जाता है और कैंसर उपचार दवाओं में लागू किया जा सकता है। बैरी शार्पलेस ने चिरली उत्प्रेरित ऑक्सीकरण प्रतिक्रियाओं पर अपने काम के लिए 2001 में नोबेल पुरस्कार भी जीता।

अतः विकल्प (C) सही है।

36. अनुभवी वित्त पेशेवर संदीप कुमार गुप्ता ने 3 अक्टूबर 2022 को देश की सबसे बड़ी गैस उपयोगिता गेल (इंडिया) लिमिटेड के अध्यक्ष और प्रबंध निदेशक के रूप में पदभार ग्रहण किया। संदीप कुमार गुप्ता, जो पहले इंडियन ऑयल कॉर्पोरेशन में निदेशक (वित्त) थे, मनोज जैन की जगह लेंगे, जो 31 अगस्त 2022 को सेवानिवृत्त हुए। गुप्ता का कार्यकाल फरवरी 2026 तक होगा। गेल के प्राकृतिक गैस पाइपलाइन नेटवर्क में 21 राज्य शामिल हैं।

अतः विकल्प (D) सही है।

37. ऋग्वेद भारत के प्राचीनतम पवित्र ग्रंथ का प्रतिनिधित्व करता है। यह चारों वेदों में सबसे पुराना और सबसे बड़ा है।

'रिक' उन मंत्रों को दिया गया नाम है जो देवताओं की स्तुति के लिए हैं। इस प्रकार ऋक् का संग्रह (संहिता) ऋग्वेद-संहिता के रूप में जाना जाता है। ऋग्वेद संहिता में लगभग 10552 मंत्र हैं, जिन्हें मंडल नामक दस पुस्तकों में वर्गीकृत किया गया है।

अतः विकल्प (B) सही है।

38. बिहजाद चित्रकार हुमायूँ से संबद्ध नहीं था।

बिहजाद का नाम तिमुरिड और बाद में आज के अफ़गानिस्तान और ईरान में सफ़ाविदों के वंश के अंतर्गत चित्रकारों द्वारा प्रदर्शित उच्च स्तर के कलात्मक कौशल का एकार्थक बन गया है।

- उन्होंने हस्तलेख प्रकाशन की उत्पत्ति करने वाली एक पूरी कार्यशाला का नेतृत्व किया।
- वह एक नई शैली के साथ आया, जो ज्यामिति और वास्तुशिल्प तत्वों को संरचनात्मक या रचनात्मक संदर्भ के रूप में उपयोग करते हैं जिसमें आंकड़े व्यवस्थित होते हैं।

अतः विकल्प (D) सही है।

39. ब्रिटिश शासन के दौरान, ब्रिटिशों ने अपने लाभ के लिए भारतीय पूंजी का उपयोग किया और भारतीय पूँजी को इंग्लैंड में स्थानांतरित कर दिया। लेसेज-फियर वह प्रणाली है जिसमें निजी दलों के बीच लेन-देन सरकारी हस्तक्षेप से मुक्त होता है और औपनिवेशिक समय के दौरान लेसेज-फियर ने कभी भी स्वदेशी पूंजीवाद को बढ़ावा नहीं दिया।
अतः विकल्प (B) सही है।

40. रॉयल एनफील्ड की मूल कंपनी आयशर मोटर्स ने बी गोविंदराजन को मोटरसाइकिल ब्रांड का मुख्य कार्यकारी अधिकारी नियुक्त करने की घोषणा की है। रॉयल एनफील्ड के सीईओ होने के अलावा, गोविंदराजन आयशर

मोटर्स लिमिटेड (ईएमएल) के बोर्ड में पूर्णकालिक निदेशक के रूप में भी काम करेंगे। गोविंदराजन ने रॉयल एनफील्ड में कई मॉडलों के विकास और लॉन्च का नेतृत्व किया है।

अतः विकल्प (A) सही है।

41. दिया है:

$$\sqrt{324} + 9^2 - 7^2 = 2 \times (?)^2$$

BODMAS नियम के अनुसार,

$$\sqrt{324} + 9^2 - 7^2 = 2 \times (?)^2$$

$$\Rightarrow 18 + 81 - 49 = 2 \times (?)^2$$

$$\Rightarrow 50 = 2 \times (?)^2$$

$$\Rightarrow \frac{50}{2} = (?)^2$$

$$\Rightarrow 25 = (?)^2$$

$$\Rightarrow ? = \sqrt{25}$$

$$\Rightarrow ? = 5$$

∴ प्रश्न चिह्न (?) के स्थान पर 5 आयेगा।

अतः विकल्प (B) सही है।

42. दिया गया है:

दिया गया व्यंजक $(1^1 + 2^2 + 3^3)^3$ है।

घात और संख्या पद्धति का मूल सिद्धांत,

$$\Rightarrow (1^1 + 2^2 + 3^3)^3$$

1^1 का इकाई अंक $= 1$

$2^2 = 4$

3^3 का इकाई अंक $= 7$

अब, सभी अंकों का योग $= 1 + 4 + 7 = 12$

∴ का इकाई अंक $(12)^3 = 1728$

इसलिए, व्यंजक $(1^1 + 2^2 + 3^3)^3$ का इकाई अंक 8 है।

अतः विकल्प (D) सही है।

43. हम जानते हैं कि, 7 से विभाज्य संख्याएं $7, 14, 21 + \cdots.98$ हैं।

इनका योग $= 7 + 14 + 21 + \cdots.98$

$= 7(1 + 2 + 3 + \cdots 14)$

संख्याओं का योग $S_n = \frac{n}{2}[2a + (n-1)d]$

इसलिए $S_{14} = 7\left[\frac{14}{2}\{2 \times 1 + (14 - 1) \times 1\}\right]$

$= 7[7\{2 + 13\}]$

$= 7(7 \times 15)$

$= 735$

अतः विकल्प (D) सही है।

44. दिया गया है:

एक भिन्न को जब $\frac{17}{3}$ से जोड़ने पर 4 प्राप्त होता है।

माना कि भिन्न x है।

प्रश्नानुसार,

$$x + \frac{17}{3} = 4$$

$$\Rightarrow x = 4 - \frac{17}{3}$$

$$\Rightarrow x = \frac{(12-17)}{3}$$

$$\Rightarrow x = -\frac{5}{3}$$

$$\Rightarrow x = -1\frac{2}{3}$$

$\therefore$ भिन्न $-1\frac{2}{3}$ है।

अतः विकल्प (B) सही है।

45. माना संख्या x है।

यदि संख्या में 10% की वृद्धि होती है, तब

नयी संख्या होगी $= x + x$ का $10\% = x + 0.1x = 1.1x$

पुनः, संख्या में 20% की कमी होती है।

नयी संख्या होगी $= 1.1x - 1.1x$ का $20\% = 0.88x$

प्रतिशत बदलाव $= (x - 0.88x) \times \frac{100}{x} = 12\%$ कमी

अतः विकल्प (B) सही है।

46. दिया है:

एक निश्चित धनराशि साधारण ब्याज पर 15 वर्षों में दुगनी हो जाती है।

समय $T = 15$ वर्ष

माना कि मूलधन $P = X$ रुपये है।

मिश्रधन $A = 2X$ रुपये

साधारण ब्याज $SI = A - P$

$$\Rightarrow SI = (2X - X) \text{ रुपये}$$

$$\Rightarrow SI = X \text{ रुपये}$$

जैसा कि हम जानते हैं,

$$R = \frac{100 \times SI}{P \times T} \quad \text{जहां } R \text{ दर प्रतिशत प्रति वर्ष है,}$$

$$\Rightarrow R = \frac{100 \times X}{X \times 15}$$

$$\Rightarrow R = \frac{20}{3}$$

$$\Rightarrow R = 6\frac{2}{3}\%$$

अतः विकल्प (A) सही है।

47. दिया है-

2304 रुपये चक्रवृद्धि ब्याज पर 2 वर्ष में 2500 रुपये होगी।

मूलधन $P = 2304$ रुपये

मिश्रधन $A = 2500$ रुपये

समय $T = 2$ वर्ष

सूत्र के अनुसार-

$$A = P\left(1 + \frac{R}{100}\right)^T \quad \text{जहां } R \text{ दर प्रतिशत प्रति वर्ष है}$$

$$\Rightarrow 2500 = 2304\left(1 + \frac{R}{100}\right)^2$$

$$\Rightarrow \frac{2500}{2304} = \left(1 + \frac{R}{100}\right)^2$$

$$\Rightarrow \frac{625}{576} = \left(1 + \frac{R}{100}\right)^2$$

$$\Rightarrow \frac{25}{24} = \left(1 + \frac{R}{100}\right)$$

$$\Rightarrow \frac{1}{24} = \frac{R}{100}$$

$$\Rightarrow \frac{100}{24} = R$$

$$\Rightarrow \frac{25}{6} = R$$

$$\Rightarrow R = 4\frac{1}{6}\%$$

अतः विकल्प (A) सही है।

48. दिया हैं:

ल.स. और म.स. का गुणनफल $= 48$ और

दो संख्याओं का अंतर $= 8$

माना संख्याएँ x और $(x + 8)$ हैं।

संख्या का गुणनफल = म.स. $\times$ ल.स.

$$x(x + 8) = 48$$

$$\Rightarrow x^2 + 12x - 4x - 48 = 0$$

$$\Rightarrow (x + 12)(x - 4) = 0$$

$$\Rightarrow x = 4 \text{ और } x = -12$$

तब संख्याएँ = 4 और 12

अतः विकल्प (C) सही है।

49. दिया है:

लाभ में A का हिस्सा : लाभ में B का हिस्सा =A का निवेश : B का निवेश = 24000: 8000=3: 1

माना, लाभ में A का हिस्सा = $3x$, लाभ में B का हिस्सा = $1x$

प्रश्न के अनुसार

$3x + x = 48000$

$\Rightarrow 4x = 48000$

$\Rightarrow x = 12000$

स्पष्ट रूप से लाभ में B का हिस्सा

$= x = 12000$ रुपये, और

लाभ में A का हिस्सा $= 3x = 3 \times 12000$

$= 36000$ रुपये

$\therefore$ A=36000 B=12000

$\therefore$ A और B का हिस्सा 36,000 रुपये और 12,000 रुपये है

अतः विकल्प (A) सही है।

50. दिया गया है:

वो संख्याएँ $5:6$ के अनुपात में हैं।

यदि उनमें से 8 को घटाया जाता हैं, तो वे $4:5$ के अनुपात में हो जाती हैं।

माना कि दो संख्याएँ $5x$ और $6x$ है।

प्रश्नानुसार,

$\Rightarrow \frac{(5x-8)}{(6x-8)} = \frac{4}{5}$

$\Rightarrow 5(5x - 8) = 4(6x - 8)$

$\Rightarrow 25x - 40 = 24x - 32$

$\Rightarrow x = 8$

संख्या हैं, $5 \times 8 = 40, 6 \times 8 = 48$

$\therefore$ संख्याएँ $(40,48)$ है।

अत: विकल्प (A) सही है।

51. दिया है:

20 संख्याओं का औसत 56 है।

जैसा कि हम जानते हैं,

अवलोकनों का योग = औसत × अवलोकनों की संख्या

सभी संख्याओं का योग = 56 × 20 = 1120

बाद में पता चला कि एक संख्या 10 को 100 के रूप में गलत तरीके से लिया गया था

$\Rightarrow$ सही योग = 1120 – 100 + 10 = 1030

$\therefore$ सही औसत = सही योग/संख्या $= \frac{1030}{20} = 51.5$

अतः विकल्प (C) सही है।

52. दिया है,

वस्तु का अंकित मूल्य, लागत मूल्य से अधिक है = 60%

छूट प्रतिशत = 30%

विक्रय मूल्य = अंकित मूल्य $\times$ (100 - छूट)/100

माना वस्तु का क्रय मूल्य $100x$ रुपए है,

वस्तु का अंकित मूल्य $= 100 \times \times \frac{160}{100} = 160 \times$ रुपये

वस्तु का विक्रय मूल्य $= 160x \times \frac{70}{100} = 112x$ रुपये

लाभ $= 112x - 100x = 12x$ रुपये

$\therefore$ Profit $\% = \frac{12x}{100x} \times 100 = 12\%$

अतः विकल्प (A) सही है।

53. वृत्ताकार तार की परिधि 132 सेमी है।

अब, उसी वृत्ताकार तार से एक वर्ग बनाया जाता है।

$\therefore$ वृत्ताकार तार की परिधि = वर्ग का परिमाप

$\Rightarrow 4 \times$ भुजा = 132

$\Rightarrow$ भुजा = 33 सेमी

अब, वर्ग का क्षेत्रफल = भुजा × भुजा

$= 33 \times 33 = 1089$ सेमी²

अतः विकल्प (A) सही है।

54. दिया है:

ट्रेन की लंबाई = 400 मीटर

एक खंभे को पार करने में लगने वाला समय = 16 सेकंड

जैसा कि हम जानते हैं,

गति = दूरी/समय

गति $= \frac{400}{16} \times \frac{18}{5} = 90$ किमी/घंटा

$\therefore$ ट्रेन की गति 90 किमी/घंटा है।

अतः विकल्प (C) सही है।

55. 10 कमरों को पेंट करने के लिए, 12 व्यक्तियों द्वारा लिया गया समय = 16 दिन

1 कमरे को रंगने करने के लिए, 12 व्यक्तियों द्वारा लिया गया समय $= \frac{16}{10} = \frac{8}{5}$ दिन

1 कमरे को रंगने करने के लिए, 1 व्यक्तियों द्वारा लिया गया समय $= 12 \times \frac{8}{5} = \frac{96}{5}$ दिन

1 कमरे को रंगने करने के लिए 8 व्यक्तियों द्वारा लिया गया समय $= \frac{1}{8} \times \frac{96}{5} = \frac{12}{5}$ दिन

20 कमरों को रंगने करने के लिए 8 व्यक्तियों द्वारा लिया गया समय $= 20 \times \frac{12}{5} = 48$ दिन

$\therefore$ 8 व्यक्तियों को 20 कमरों को रंगने में 48 दिन लगेंगे।

अतः विकल्प (D) सही है।

56. दिया गया है:

$$1456 \div 16 \times 14 + 22 = (?)^4$$

$$\Rightarrow 91 \times 14 + 22 = (?)^4$$

$$\Rightarrow 1274 + 22 = (?)^4$$

$$\Rightarrow (?)^4 = 1296$$

$$\Rightarrow ? = 6$$

∴ ? का मूल्य 6 है।

अत: विकल्प (A) सही है।

57. दिया गया है,

5 मात्राओं का औसत $= 6$

इसलिए, 5 मात्राओं का योग $= 5 \times 6 = 30$

इनमें 5 में से तीन मात्राओं का औसत $= 8$

इसलिए, इन तीन मात्राओं का योग $= 3 \times 8 = 24$

शेष दो मात्राओं का योग $= 30 - 24 = 6$

इन दो मात्राओं का औसत $= \dfrac{6}{2} = 3$

अत: विकल्प (A) सही है।

58. दिया है:

उबर कार एक निश्चित दूरी पूरी करती है = 21 घंटे में

उबर कार द्वारा दूरी का एक तिहाई हिस्सा 20 किमी/घंटा में तय किया जाता है।

उबर कार द्वारा दूरी का शेष भाग 50 किमी/घंटा में तय किया जाता है।

सूत्र:

गति = दूरी/समय

गणना:

माना, दूरी $= x$ किमी

प्रश्नानुसार,

$$\Rightarrow \left[\dfrac{x}{3} \times \dfrac{1}{20}\right] + \left[\dfrac{2x}{3} \times \dfrac{1}{50}\right] = 21$$

$$\Rightarrow \dfrac{x}{60} + \dfrac{x}{75} = 21$$

$$\Rightarrow \dfrac{9x}{300} = 21$$

$$\Rightarrow x = \dfrac{21 \times 300}{9}$$

$$\Rightarrow x = 700 \text{ किमी}$$

∴ कुल दूरी 700 किमी है।

अत: विकल्प (B) सही है।

59. दिया है,

राज की क्षमता $= \dfrac{100}{20} = 5\%$

राज द्वारा पूरा किया गया कार्य $= 25\%$

बाकी काम $= 75\%$

अभिजीत की क्षमता $= \dfrac{75}{10} = 7.5\%$

संयुक्त दक्षता $= 5 + 7.5 = 12.5\%$

वे एक साथ काम करके पूरा काम पूरा करेंगे,

$$= \dfrac{100}{12.5}$$

$$= 8 \text{ दिन}$$

अतः विकल्प (B) सही है।

60. दिया है:

कलाई घड़ी का क्रय मूल्य $CP = 450$ रुपये लाभ $P = 20\%$

कलाई घड़ी का विक्रय मूल्य $SP = 120\% \times 450$ रुपये

$$\Rightarrow SP = \dfrac{120}{100} \times 450$$

$$\Rightarrow SP = 540 \text{ रुपये}$$

दी गयी छूट $d = 10\%$

कलाई घड़ी का सूची मूल्य $LP = \dfrac{100 \times SP}{100 - \%d}$

$$\Rightarrow LP = \dfrac{100 \times 540}{100 - 10}$$

$$\Rightarrow LP = \dfrac{100 \times 540}{90}$$

$$\Rightarrow LP = 600 \text{ रुपये}$$

अतः विकल्प (C) सही है।

61. व्याकरण के नियमों में बँधे, वाक्य में प्रयुक्त शब्द पद कहलाते हैं।

- जब कोई शब्द वाक्य में प्रयोग किया जाता है तो पद कहलाता है।
- जैसे - 'परिश्रम' एक शब्द है, जब इस शब्द को वाक्य में प्रयोग कर दें जैसे 'परिश्रम का फल मीठा होता है, तो यह पद कहलाता है।

अन्य विकल्प असंगत है।

अतः विकल्प (D) सही है।

62. पूर्ण वाक्य है - भाषा के लिखने के ढंग को लिपि कहते हैं।

- भाषा- भाषा वह साधन है जिसके द्वारा हम अपने विचारों को व्यक्त कर सकते हैं और इसके लिये हम वाचिक ध्वनियों का प्रयोग करते हैं।

विकल्प:

- वर्ण – अक्षर
- शब्द – वर्णों का सार्थक समूह, ध्वनि
- वाक्य – सार्थक शब्द समूह
- लिपि - भाषा के लघुतम ध्वनि अक्षरों का समूह

अतः विकल्प (D) सही है।

63. किताबों को मेंज पर ही रहने दो - शुद्ध वाक्य है, अन्य वाक्य शुद्ध नहीं है।

"दरवाजों में कीड़े पड़ गए हैं।" का शुद्ध वाक्य :- "दरवाजों में कीड़े लग गए हैं।" : शब्द सम्बन्धित अशुद्धि

"आग की लपटों में घर लहलहा उठा।" का शुद्ध वाक्य :- आग की लपटों से घर जल गया। : शब्द सम्बन्धित अशुद्धि

"इधर ठंडी बर्फ मिलती है।" का शुद्ध वाक्य :- इधर बर्फ मिलती है। : अनावश्यक संज्ञा पद के प्रयोग सम्बन्धित अशुद्धि (क्योंकि बर्फ ठंडी ही होती है)

अतः विकल्प (B) सही है।

64. दिए गए वाक्य के लिए उपयुक्त एक शब्द अन्तर्यामी है।

अन्तर्भेदी - अंदर का भेद लेने वाला।

अन्वेषक - शोधकर्ता, खोजबीन करके तथ्यों का पता लगाने वाला।

अंतर्देशीय - किसी देश के अन्दर होने वाला।

अतः विकल्प (C) सही है।

65. दिए गए वाक्य के लिए उपयुक्त एक शब्द आद्योपान्त है।

सर्वांग - जो अपंग न हो।

अनादि - जिसका आदि या आरंभ न हो।

आजीवन - जीवन के आरम्भ से लेकर अंतिम समय तक।

अतः विकल्प (A) सही है।

66. दिए गए विकल्पों में 'निषेध' शब्द वर्तनीगत शुद्ध शब्द है।

जिसका अर्थ मनाही, रोक या बाधा होता है।

'निषेध' का विलोम शब्द 'विधि' होगा।

वर्तनी: लिखने की रीति को वर्तनी कहते हैं। 'वर्तनी' शब्द का अर्थ उच्चारित होने वाले शब्द के लेखन में प्रयोग होने वाले लिपि चिह्नों के व्यवस्थित रूप को वर्तनी कहा जाता है।

अतः विकल्प (C) सही है।

67. 'अरि' का पर्यायवाची शब्द 'शत्रु' है।

अरि के पर्यायवाची शब्द- शत्रु, वैरी, बैरी, दुश्मन, विरोधी इत्यादि है।

अतः विकल्प (B) सही है।

68. 'लोहे के चने चबाना' मुहावरे का अर्थ - कठिन परिश्रम करना है।

वाक्य प्रयोग - संस्कृत पढ़ना लोहे के चने चबाना है, कोई आसान काम नहीं।

अन्य मुहावरे -

मुहावरा	अर्थ	वाक्य
हवा से बातें करना	बहुत तेज़ दौड़ना	प्रताप ने ज्योंही लगाम लगाई, चेतक हवा से बातें करने लगा।
मुट्ठी में करना	वश में करना	वह तो मेरी मुट्ठी में है, उससे तो जो चाहो काम करवा दूँ।
लोहा लेना	साहसपूर्वक मुकाबला करना	भारतीय जवानों से लोहा लेना सरल काम नहीं है।

अतः विकल्प (A) सही है।

69. 'कहाँ राजा भोज और कहाँ गंगू तेली' लोकोक्ति का अर्थ 'बहुत अंतर होना' होता है। शेष सभी अर्थ सही नहीं हैं।

वाक्य प्रयोग: कंपनी के बॉस आजकल विदेश क्या गये हैं, कंपनी के मैनेजर साहब खुद को ही मालिक समझने लगे हैं, कहाँ राजा भोज कहाँ गंगू तेली।

अतः विकल्प (B) सही है।

70. 'इन्द्रधनुष' का समानार्थी शब्द अमरेश्वर नहीं है।

'इन्द्रधनुष' के समानार्थी शब्द - इन्द्रायुध, शक्रधनु, ऋजुरोहित, सुरचाप, सप्तवर्ण, घंकोदंड इत्यादि है।

अतः विकल्प (D) सही है।

71. दिए गए विकल्पों में से 'अनायास' शब्द का विलोम सायास है।

अनायास का अर्थ - बिना प्रयास के

सायास का अर्थ - प्रयास के साथ, प्रयत्नपूर्वक

अतः विकल्प (B) सही है।

72. उपहार की सार्थकता तब निर्भर करती है, जब उपहार दिल से सही समय पर सही व्यक्ति को दिया जाए।

गद्यांश के अनुसार, किसी भी उपहार की सार्थकता तभी है जब वह हृदय से किसी सही व्यक्ति को सही समय और सही जगह पर दिया जाए उपहार देने वाला व्यक्ति दिल में उस उपहार के बदले कुछ पाने की उम्मीद न रखता हो।

अतः विकल्प (A) सही है।

73. जीवन में कर्म सत्य से प्रेरित होने चाहिए।

गद्यांश के अनुसार, हमें इस जीवन में जो भी करना चाहिए, सत्य से प्रेरित कृत्य के अनुसार करना चाहिए। हमें समय और दूसरे लोगों, दोनों को सम्मान देना चाहिए। इस तरह का कृत्य व्यक्ति के भाग्य को बदल कर रख देता है।

अतः विकल्प (B) सही है।

74. 'समय को सम्मान' देने से तात्पर्य समय का सदुपयोग करने से है।

गद्यांश के अनुसार, हमें समय और दूसरे लोगों, दोनों को सम्मान देना चाहिए। इस तरह का कृत्य व्यक्ति के भाग्य को बदल कर रख देता है।

अतः विकल्प (A) सही है।

75. ऐसा कोई नहीं, जिसने इस संसार में अच्छा किया हो, और उसका अंत बुरा हो' के सन्दर्भ में यह वाक्य सही है :- अच्छे कार्य का फल सदैव अच्छा होता है।

गद्यांश के अनुसार, ऐसा कोई नहीं जिसने इस संसार में अच्छा काम किया हो और उसका अंत बुरा हुआ हो। कहा जाता है कि कर्म ही धर्म है, इसलिए हमें काम करते जाना चाहिए फल अपने आप हमें मिलेगा।

अतः विकल्प (C) सही है।

76. गलत कारक विभक्ति का प्रयोग किया गया है, यहाँ 'में' (अधिकरण कारक) लगेगा।

वाक्य में प्रयुक्त संज्ञा या सर्वनाम शब्दों के साथ क्रिया का सम्बन्ध कारक कहलाता है।

जैसे-

- राम ने डंडे से घोड़े को पीटा।
- मोहन दस दिन में दिल्ली जायेगा।

सही वाक्य होगा -

'गले में पराधीनता की बेड़ियाँ पड़ी रही हैं।'

अतः विकल्प (A) सही है।

77. 'आज तक तुम्हारे से कोई काम नहीं हो सका' - प्रस्तुत वाक्य में 'तुम्हारे से' शब्द का प्रयोग त्रुटिपूर्ण है।

सही वाक्य:-

- आज तक तुमसे कोई काम नहीं हो सका।

तुम्हारे और तुम दोनों मध्यम पुरुष सर्वनाम के उदाहरण है। परंतु इस शब्द में 'तुम्हारे से' के प्रयोग से वाक्य अशुद्ध हिंदी का उदाहरण बन जाता है।

अन्य विकल्प :-

- गलत उत्तर है क्योंकि वाक्य के अन्य भागों में त्रुटि नहीं है।

अतः विकल्प (B) सही है।

78. जो विद्यार्थी <u>नियमित</u> पढ़ाई करते हैं उन्हें अच्छे अंक मिलते हैं।

नियमित शब्द का अर्थ: रोजाना, नियमबद्ध।

अत: विकल्प (A) सही है।

79. 'हड्डियों का ढांचा' के लिए प्रतिस्थापित शब्द- कंकाल होगा।

इसका सही उत्तर "मोहन इतना बीमार हो गया कि उसका शरीर कंकाल हो गया है।" होगा।

अन्य विकल्प:

- कंगाल का अर्थ- अत्यंत दरिद्र
- श्रृगाल का अर्थ- सियार या गीदड़
- कातिल- दूसरों कि हत्या करने वाला

अत: विकल्प (D) सही है।

80. दिये गये रेखांकित खंड दोनों साथ काम करने वाले के लिये एक शब्द विकल्प (B) 'सहकर्मी' सही है। अन्य सभी विकल्प असंगत है।

इसलिए, इसका सही उत्तर "राम और श्याम सहकर्मी हैं।" होगा।

अन्य विकल्प:

सहपाठी- साथ पढने वाला

दूरदर्शी - जो दूर की सोचता हो

दुराचारी - बुरे आचरण वाला

अत: विकल्प (B) सही है।

General Intelligence and Reasoning

Q.1 निर्देश: निम्नलिखित प्रश्न में, दिए गए विकल्पों में से संबंधित संख्या का चयन करें।

1511 : 2 : : 6554 : ?

A. 3   **B.** 4   **C.** 5   **D.** 6

Q.2 रोहित, कायरा, सूरज, लैला और दीया एक बेंच पर बैठे हैं। कायरा सूरज के दाईं ओर बैठी है, जो किनारों पर नहीं बैठा है। लैला, कायरा और रोहित के बीच में बैठी है। दीया बाईं ओर किनारे पर बैठी है। कायरा के बाईं ओर कौन है?

A. रोहित   **B.** दीया   **C.** सूरज   **D.** लैला

Q.3 नीचे दी गई श्रृंखला में लुप्त संख्या ज्ञात कीजिए।

10, 21, 43, 87, ?

A. 175   **B.** 185   **C.** 205   **D.** 165

Q.4 नीचे के प्रश्न आकृतियों में दिखाए अनुसार कागज को मोड़कर छेदने तथा खोलने के बाद वह किस उत्तर आकृति जैसा दिखाई देगा?

प्रश्न आकृति

  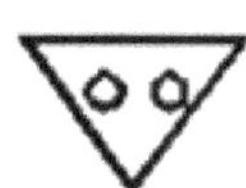

उत्तर आकृति

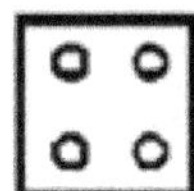 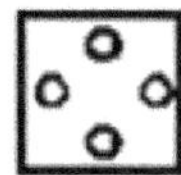 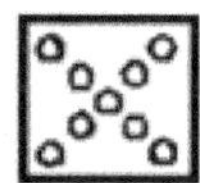 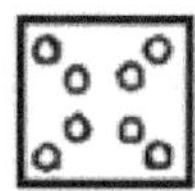

(A)   (B)   (C)   (D)

A. (A)   **B.** (B)   **C.** (C)   **D.** (D)

Q.5 निर्देश: दिए गए विकल्पों में से उस सही विकल्प का चयन कीजिये जो श्रृंखला को पूरा करेगा।

V, S, P, M, ?, G

A. T   **B.** P   **C.** L   **D.** J

Q.6 दिए गए विकल्पों में से, विषम ज्ञात कीजिये।

A. PV   **B.** TW   **C.** LO   **D.** EH

Q.7 W, U को यह कहकर अपना परिचय देती है कि आप मेरे पति के पिता की पत्नी की बहू हैं। U और W एक दूसरे से कैसे संबंधित हैं?

A. U, W के पति के भाई की पत्नी है।

B. U, W के पति की बहन है।

C. W, U के पति की बहन है।

D. W, U के भाई की पत्नी है।

Q.8 निर्देश: निम्नलिखित प्रश्न में, आपको एक चित्र (X) दिया जाता है, उसके बाद चार वैकल्पिक चित्र (1), (2), (3) और (4) जैसे कि चित्र (X) उनमें से एक में एम्बेडेड है।

उस वैकल्पिक आकृति का पता लगाएं, जिसमें चित्र (X) हो।

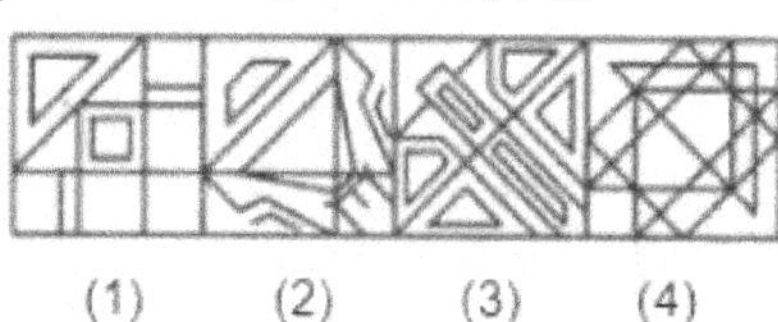

(X)   (1)   (2)   (3)   (4)

A. (1)   **B.** (2)   **C.** (3)   **D.** (4)

Q.9 निर्देश: वह आरेख पहचानें जो नीचे दी गई कक्षाओं के बीच संबंधों का सबसे अच्छा प्रतिनिधित्व करता है।

सूरत, गुजरात, भारत

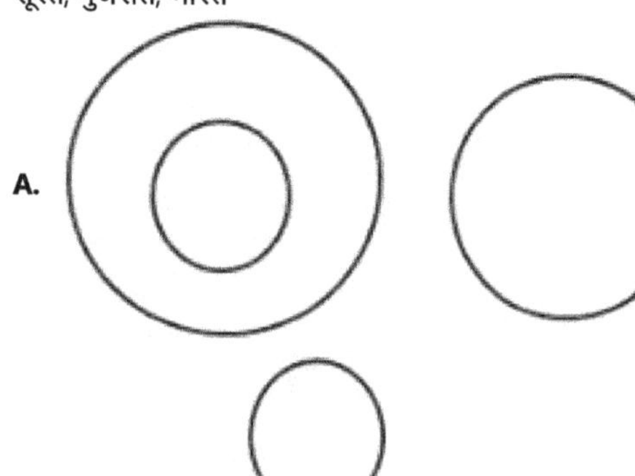

A.

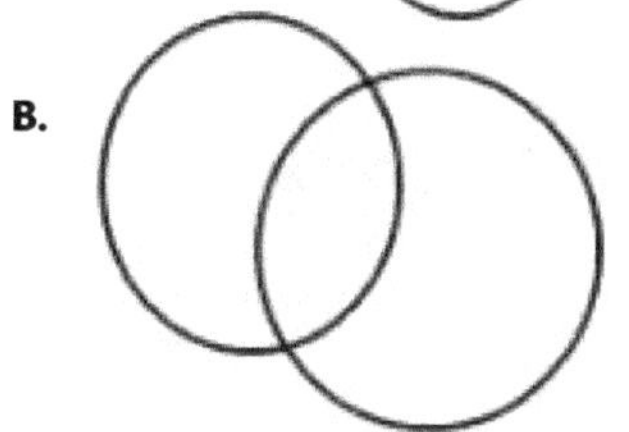

B.

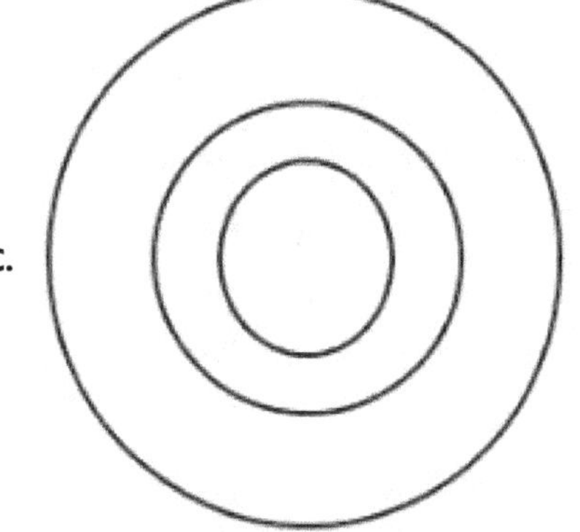

C.

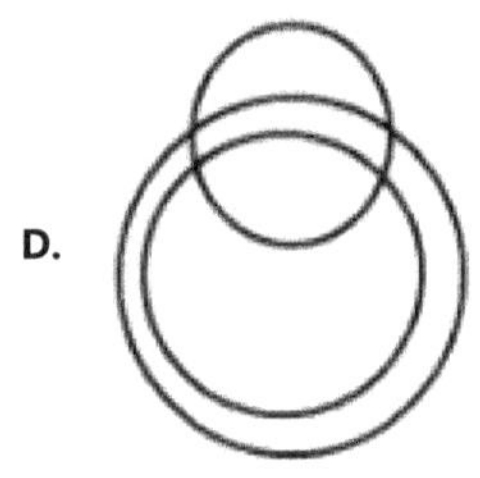

Q.10 यदि ' — ' का अर्थ है जोड़ना, ' + ' का अर्थ है भाग करना, ' ÷ ' का अर्थ है गुणा करना और ' × ' का अर्थ है घटाना, तो,

$$34 - 25 + 5 \times 8 \div 4 + 2 - 7 = ?$$

A. 27   **B.** 30   **C.** 14   **D.** 12

Q.11 निर्देश: निम्नलिखित आकृति की दर्पण आकृति चुनें।

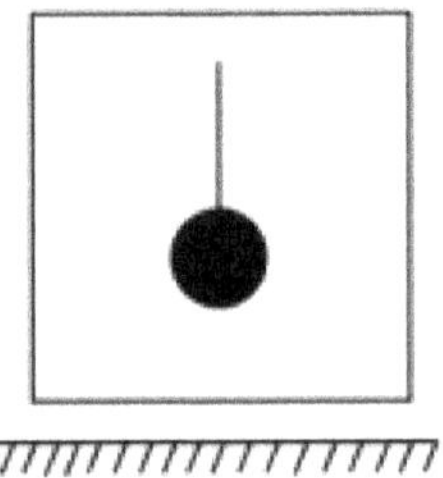

[RRB/RRC Group D, 2018]

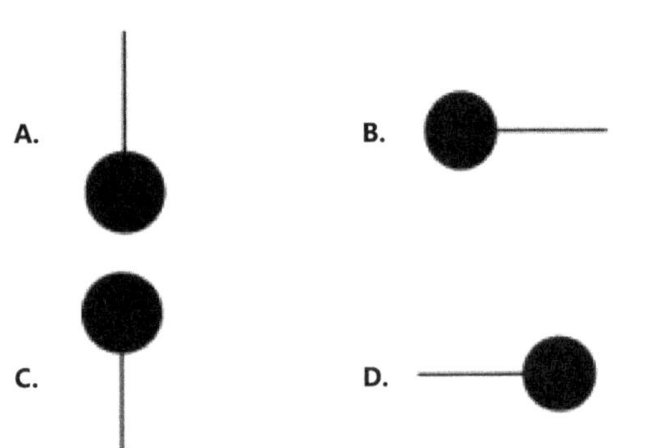

Q.12 निर्देश: कौन सी उत्तर आकृति प्रश्न आकृति के पैटर्न को पूरा करेगी?

प्रश्न आकृति

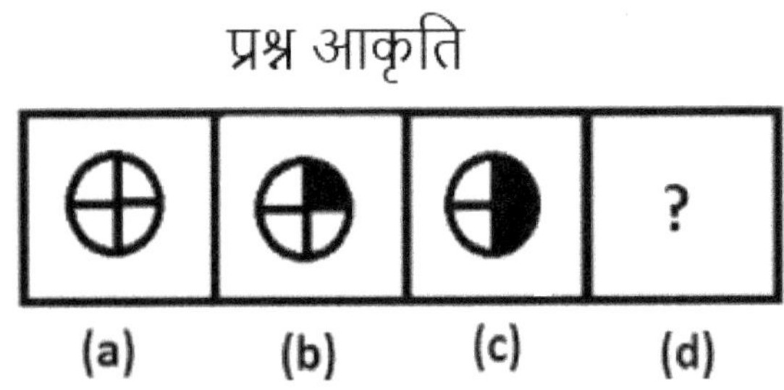

उत्तर आकृति

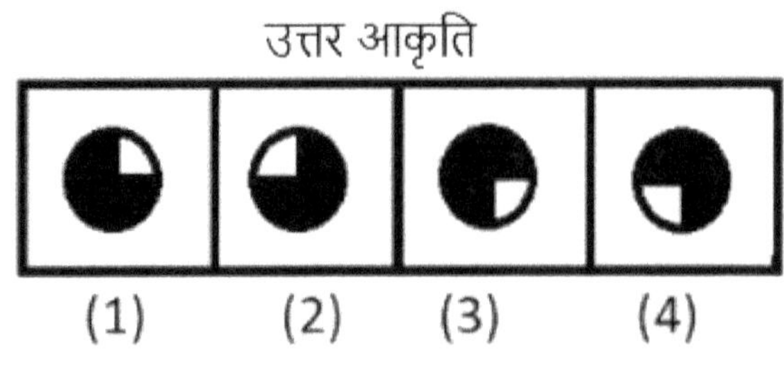

A. (1)   **B.** (2)   **C.** (3)   **D.** (4)

Q.13 यह मानते हुए कि दी गई आकृति में वर्ण समान पैटर्न का अनुसरण करते हैं, लुप्त संख्या ज्ञात कीजिए।

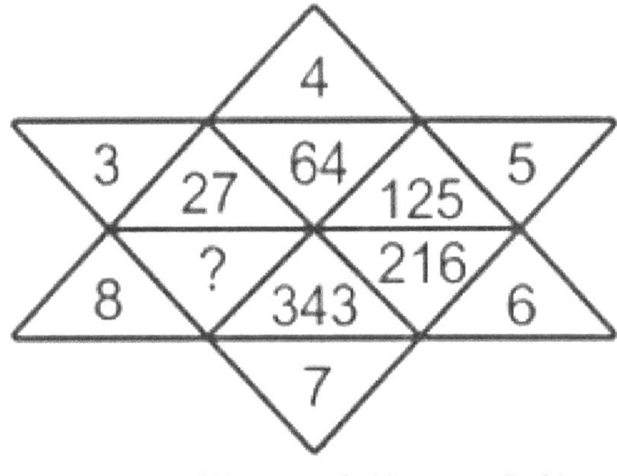

A. 64   **B.** 512   **C.** 16   **D.** 24

Q.14 दिए गए शब्दों को उनके शब्दकोश के विपरीत क्रम में व्यवस्थित कीजिए।

1) Resign
2) Respect
3) Response
4) Resonance
5) Resolve

A. 1, 5, 4, 2, 3   **B.** 3, 2, 4, 5, 1
C. 5, 4, 3, 2, 1   **D.** 1, 2, 3, 4, 5

Q.15 निर्देश: निम्नलिखित में से कौन सा चिह्नों का आदान-प्रदान दिए गए समीकरण को सही करेगा?

$$64 - 8 \times 9 \div 8 = 64$$

A. + तथा −   **B.** ÷ तथा ×   **C.** + तथा ÷   **D.** − तथा ÷

Q.16 प्रत्येक संख्या-युग्म में, पहली संख्या पर एक निश्चित गणितीय संक्रिया करके दूसरी संख्या प्राप्त की जाती है। निम्नलिखित में से तीन जोड़े एक ही पैटर्न का पालन करते हैं और इस प्रकार एक समूह बनाते हैं। उस संख्या-युग्म का चयन करें जो उस समूह से संबंधित नहीं है।

A. 125 : 512
B. 64 : 1331
C. 343 : 1000
D. 216 : 729

Q.17 एक खुला पासा नीचे दिया गया है। यदि हम इन पासा को मोड़ते हैं तो छह बिंदुओं के विपरीत कितने बिंदु दिखाई देंगे?

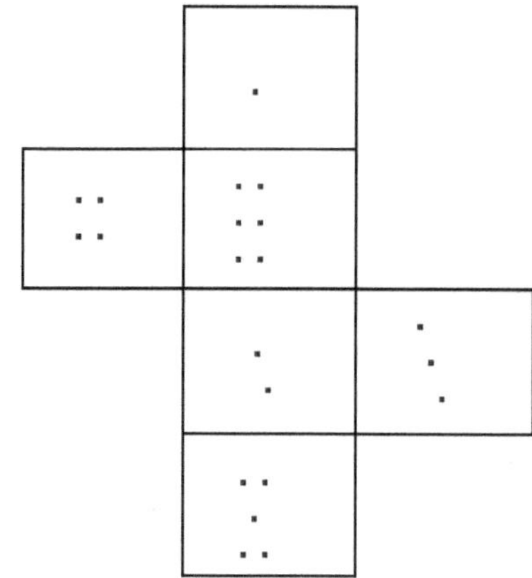

A. 5 डॉट्स　　B. 6 डॉट्स　　C. 7 डॉट्स　　D. 5 डॉट्स

Q.18 निर्देश: दिए गए कथन (कथनों) और निष्कर्षों को ध्यानपूर्वक पढ़िये और चयन कीजिए कि कौन से निष्कर्ष दिए गये कथनों का तार्किक रूप से अनुसरण करता है।

कथन:

कुछ पेन रबर हैं।

कोई भी रबर पेन्सिल नहीं है।

निष्कर्ष:

I. सभी पेन्सिल पेन हो सकती हैं।

II. कुछ पेन ना तो रबर हैं और ना ही पेन्सिल हैं।

A. केवल I अनुसरण करता है

B. केवल II अनुसरण करता है

C. या तो I या फिर II अनुसरण करता है

D. ना तो I और ना ही II अनुसरण करता है

Q.19 एक कूट भाषा में, यदि CLOSURE को 312151921185 के रूप में लिखा जाता है, तो INFLUENCE को उसी भाषा में किस प्रकार लिखा जाएगा?

[SSC Selection Post Phase IX, 2020]

A. 9146122151435　　　　B. 9136122151335

C. 8146122051435　　　　D. 1847122151435

Q.20 उस विकल्प का चयन कीजिए जो पाँचवें अक्षर-समूह से उसी प्रकार संबंधित है जिस प्रकार दूसरा अक्षर-समूह पहले अक्षर-समूह से संबंधित है और चौथा अक्षर-समूह तीसरे अक्षर-समूह से संबंधित है।

VTZX : NLRP :: MJVQ : EBNI :: PNTR : ?

A. FGJL　　　B. HFLJ　　　C. GFLJ　　　D. FHJL

General Knowledge and General Awareness

Q.21 भारत के राष्ट्रपति के चुनाव में विवाद की स्थिति में निर्णय लेने का अधिकार किसके पास है?

[RRB (NTPC), 2017]

A. लोकसभा　　　　B. चुनाव आयुक्त

C. प्रधानमंत्री　　　D. उच्चतम न्यायालय

Q.22 सरकार ने अगले पांच वर्षों में 'जल जीवन मिशन' पर कितना खर्च करने की घोषणा की है?

A. 4.2 लाख करोड़ रुपये　　　B. 7.9 लाख करोड़ रुपये

C. 11.5 लाख करोड़ रुपये　　　D. 3.6 लाख करोड़ रुपये

Q.23 मन्त्रिपरिषद् सामूहिक रूप से किसके प्रति उत्तरदायी है?

[Uttarakhand Public Service Commission (UKPSC), 2014]

A. प्रधानमंत्री　　B. राष्ट्रपति　　C. राज्यसभा　　D. लोक सभा

Q.24 _______ 100% लैंडलॉर्ड पोर्ट बनने वाला देश का पहला प्रमुख बंदरगाह बन गया है।

A. कोलकाता पोर्ट　　　　B. कांडला पोर्ट

C. न्यू मैंगलोर पोर्ट　　　D. जवाहरलाल नेहरू पोर्ट

Q.25 मई 2022 में ग्रीस में 12वीं अंतर्राष्ट्रीय कूद स्पर्धा में स्वर्ण पदक किसने जीता है?

A. सतीश कुमार　　　　B. सौरभ देसाई

C. मुरली श्रीशंकर　　　D. सौम्यपाद मोहंती

Q.26 प्रदीप कुमार रावत ने मार्च 2022 में_______ में भारत के नए राजदूत के रूप में पदभार ग्रहण किया।

A. चीन　　B. मलेशिया　　C. पोलैंड　　D. अमेरीका

Q.27 44वां अंतर्राष्ट्रीय शतरंज ओलंपियाड निम्नलिखित में से किस भारतीय राज्य में आयोजित किया गया था?

A. कर्नाटक　　B. केरल　　C. तमिलनाडु　　D. तेलंगाना

Q.28 भारतीय विज्ञान संस्थान (IISc) और ___________ ने अगस्त 2022 में विमानन अनुसंधान और विकास पर सहयोग करने के लिए एक समझौता ज्ञापन पर हस्ताक्षर किए हैं।

A. भारतीय नौसेना　　　　B. भारतीय सेना

C. भारतीय वायु सेना　　　D. भारतीय तटरक्षक

Q.29 निम्नलिखित में से कौन-सी नदी नमचा बरवा में 'यू' टर्न लेती है और भारत में प्रविष्ट होती है?

[Indian Military Academy (IMA), 2019], [Officers Training Academy (OTA), 2019]

A. गंगा　　B. तिस्ता　　C. बराक　　D. ब्रह्मपुत्र

Q.30 झुमरी तेलैया और मंदार पहाड़ियाँ कहाँ स्थित हैं?

[Indian Military Academy (IMA), 2019], [Officers Training Academy (OTA), 2019]

A. झारखंड　　　　B. बिहार

C. असम　　　　D. पश्चिम बंगाल

Q.31 निम्नलिखित में से कौन 'बर्न्ट शुगर' उपन्यास के लेखक हैं?

A. श्री अय्यर　　　　B. अवनी दोषी

C. तेनजिन प्रियदर्शी　　D. ज़ारा हाउसमंड

Q.32 चित्रकला की पट्टाचित्र शैली _____ के सबसे पुराने और सबसे लोकप्रिय कला रूपों में से एक है।

A. कर्नाटक　　B. ओडिशा　　C. केरल　　D. तमिलनाडु

Q.33 पीतल मिश्र धातु के मुख्य घटक क्या हैं?

A. कॉपर और जिंक

B. कॉपर और स्ट्रोंशियम

C. कॉपर, जिंक और निकल

D. कॉपर और निकल

Q.34 भारत कितने देशों के साथ अपनी भूमि सीमाएँ साझा करता है?

A. चार　　B. पांच　　C. सात　　D. नौ

Q.35 खेलो इंडिया यूथ गेम्स 2021 में किस राज्य ने सर्वाधिक स्वर्ण पदक जीते?

A. महाराष्ट्र　　B. मणिपुर　　C. हरियाणा　　D. कर्नाटक

Q.36 निम्नलिखित में से कौन मौर्य काल की एक रॉक-कट-मूर्तिकला है?

A. धौली हाथी
B. परखम यक्ष
C. रामपुरवा बैल
D. सांची का सिंह

Q.37 इसरो का 2022 का पहला प्रक्षेपण मिशन निम्नलिखित में से किस प्रक्षेपण यान द्वारा किया गया था?

A. PSLV-C50
B. PSLV-C51
C. PSLV-C52
D. PSLV-C55

Q.38 मराठा प्रशासन के तहत, प्रधानमंत्री के लिए शीर्षक था:

[SSC Selection Post Phase IX, 2020]

A. पेशवा
B. सुमंत
C. पंडित राव
D. सर-ए-नौबत

Q.39 निम्नलिखित में से किसने ईस्ट इंडिया कंपनी को 'दीवानी' प्रदान की?

A. फर्रुख सियार
B. शाह आलम द्वितीय
C. शाह आलम प्रथम
D. शुजा-उद-दौला

Q.40 अंतर्राष्ट्रीय श्रम संगठन की रिपोर्ट के अनुसार, 2022 में वैश्विक बेरोजगारी की अनुमानित संख्या क्या है?

A. 207 मिलियन
B. 307 मिलियन
C. 107 मिलियन
D. 507 मिलियन

Elementary Mathematics

Q.41 $0.9 \div (0.3 \times 0.3)$ का मान है:

[Jawahar Navodaya Entrance Class VI, 2020]

A. 0.01
B. 0.1
C. 1
D. 10

Q.42 निम्नलिखित में से कौन 25 के बराबर नहीं है?

[Jawahar Navodaya Entrance Class VI, 2020]

A. $50 - (100 \div 4)$
B. $20 + (20 \div 4)$
C. $10 + (5 \times 2) + (10 - 5)$
D. $24 + (2 \times 1)$

Q.43 पांच अंकों की वह बड़ी से बड़ी संख्या ज्ञात कीजिए, जो 468 से पूर्णतः विभाज्य हो।

[RRB (NTPC), 2021]

A. 99468
B. 99486
C. 99864
D. 99684

Q.44 400 और 500 के बीच की उन संख्याओं का योग ज्ञात कीजिए जिन्हें 8,12 और 16 से विभाजित करने पर, प्रत्येक स्थिति में शेषफल 5 प्राप्त हो।

[RRB (NTPC), 2021]

A. 922
B. 932
C. 942
D. 912

Q.45 एक अंश के रूप में 0.875 और 0.375 को व्यक्त कीजिए:

A. $\frac{3}{11}$ और $\frac{7}{11}$
B. $\frac{7}{9}$ और $\frac{9}{13}$
C. $\frac{7}{8}$ और $\frac{3}{8}$
D. $\frac{7}{9}$ और $\frac{9}{11}$

Q.46 एक परीक्षा में दो छात्र उपस्थित हुए। उनमें से एक ने दूसरे से 9 अंक अधिक प्राप्त किए और उसके अंक उनके अंकों के योग का 56% थे। उनके द्वारा प्राप्त अंक हैं:

A. 39, 30
B. 41, 32
C. 42, 33
D. 43, 34

Q.47 दो धनात्मक संख्याएँ 3 : 4 के अनुपात में हैं। उनके वर्गों का अंतर 63 है। संख्याओं का योग ज्ञात कीजिए।

A. 21
B. 28
C. 35
D. 42

Q.48 एक स्कूल में गणित, भौतिकी, और जीव विज्ञान के लिए सीटों का अनुपात 5:7:8 है। इन सीटों को क्रमशः 40%, 50%, और 75% बढ़ाने का प्रस्ताव है। बढ़ी हुई सीटों का अनुपात क्या होगा?

A. 2 : 3 : 4
B. 6 : 7 : 8
C. 6 : 8 : 9
D. 6 : 3 : 9

Q.49 नौ लोग अपने भोजन लेने के लिए एक होटल गए। उनमें से आठ ने 12 रुपये खर्च किये और नवँ ने आठों के खर्च से औसत 8 रुपये अधिक खर्च किये। उनके द्वारा खर्च किया गया कुल पैसा था:

A. 104
B. 105
C. 116
D. 117

Q.50 5 वर्षों के लिए एक निश्चित ब्याज दर पर एक राशि पर प्राप्त साधारण ब्याज का 20 वर्षों के लिए समान ब्याज दर पर समान राशि पर प्राप्त साधारण ब्याज से अनुपात क्या है?

A. 2 : 1
B. 1 : 2
C. 4 : 1
D. 1 : 4

Q.51 चक्रवृद्धि ब्याज पर निवेश की गई एक निश्चित राशि कितने प्रतिशत की दर प्रति वर्ष से 3 वर्षों में स्वयं का 27 गुना हो जाती है?

A. 75%
B. 100%
C. 200%
D. 250%

Q.52 एक दुकानदार एक वस्तु को x रुपए में खरीदता है और उस पर 220 रुपए वर्धित मूल्य अंकित करता है। अंत में वह वस्तु को एक ग्राहक को 25% की छूट पर 'y' रुपए में बेचता है और उसपर 40 रुपए का लाभ अर्जित करता है। x का मान ज्ञात कीजिए।

A. 400
B. 450
C. 500
D. 600

Q.53 एक दुकानदार ने एक साइकिल 10% लाभ पर बेची। यदि उसने वह साइकिल 10% कम मूल्य में खरीदी होती और 60 रूपये अधिक कीमत पर बेचा, तो उसे 25% लाभ होगा। साइकिल का क्रय मूल्य क्या था?

A. 2,400
B. 2,200
C. 2,000
D. 2,600

Q.54 एक बाइक डीलर ने एक बाइक को 30% और 40% की दो क्रमागत छूट पर बेचा। यदि बाइक का विक्रय मूल्य 44100 रुपए है, तो अंकित मूल्य क्या है?

A. 105000 रुपए
B. 110000 रुपए
C. 108000 रुपए
D. 100000 रुपए

Q.55 एक वृत्ताकार मैदान का क्षेत्रफल 124.74 हेक्टेयर है। 80 पैसे प्रति मीटर की दर से इसमें बाड़ लगाने की लागत है:

A. 3168 रुपये
B. 1584 रुपये
C. 1729 रुपये
D. इनमें से कोई नहीं

Q.56 एक आयताकार मैदान की परिधि 84 मीटर है। यदि मैदान की लम्बाई उसकी चौड़ाई के दोगुना से 3 मीटर अधिक है, तब मैदान की लम्बाई क्या है?

A. 23 मीटर
B. 25 मीटर
C. 27 मीटर
D. इनमें से कोई नहीं

Q.57 सबसे छोटी वर्ग संख्या के अंकों का योग ज्ञात कीजिए जिसे 4, 9, 10 और 12 से विभाजित किया जा सकता है।

A. 7
B. 8
C. 9
D. 6

Q.58 सोनू ने मोना के निवेश से 10% अधिक निवेश किया और मोना ने रघु के निवेश से 10% कम निवेश किया। यदि तीनों व्यक्तियों का कुल निवेश 5780 रूपये हैं, तब रघु का निवेश होगा:

A. 2010 रूपये
B. 2000 रूपये
C. 2100 रूपये
D. 2210 रूपये

Q.59 A, B से दोगुना तेज है और B, C से तीन गुना तेज है। यदि C कुछ दूरी 54 मिनट में तय करता है, तो B कितने समय में तय करेगा?

A. 9 मिनट **B.** 18 मिनट **C.** 12 मिनट **D.** 15 मिनट

Q.60 A और B एक साथ किसी काम को 20 दिनों में पूरा कर सकते हैं और A अकेले इसे 30 दिनों में पूरा कर सकता है। B अकेले इस काम को कितने दिनों में पूरा कर सकता है?

A. 45 **B.** 60 **C.** 75 **D.** 90

Hindi

Ques (61-63):निर्देश: निम्नलिखित वाक्य में उपयुक्त विकल्प के द्वारा रिक्त स्थान की पूर्ति कीजिये।

Q.61 साहित्यकार की रचना करने की इच्छा__________कहलाती है।

A. सर्जना **B.** मुमूर्षा **C.** मुमुक्षा **D.** सिसृक्षा

Q.62 समाचार -पत्र जन -साधारण के विचारों को_____ करने का साधन है।

A. दृष्टिगत **B.** अभिव्यक्त **C.** प्रकट **D.** प्रस्तुत

Q.63 मंच पर अनेक __________ विद्वानों को देखकर दर्शकों ने प्रसन्नता प्रकट की।

A. विख्यात **B.** कुख्यात **C.** अज्ञात **D.** अभिजात

Q.64 निम्नलिखित में से कौन सा वाक्य अशुद्ध है?

A. यह पठित लोगों का समाज है।
B. मैं शिक्षित व्यक्ति हूँ।
C. इस समाज में शिक्षितों की कमी है।
D. शिक्षित व्यक्ति अपेक्षाकृत समझदार होता है।

Q.65 'बाद में जोड़ा गया अंश' - इस वाक्यांश के लिए एक शब्द है:

[*UPPSC Staff Nurse, 2021*]

A. प्रक्षिप्त **B.** संक्षिप्त **C.** उद्क्षिप्त **D.** क्षिप्त

Q.66 'वह स्त्री जो सूर्य भी न देख सके' - इस वाक्यांश के लिए एक सही शब्द है:

[*UPPSC Staff Nurse, 2021*]

A. सुर्यदर्शिनी **B.** स्वैणसूर्या
C. सूर्यवत्ता **D.** असूर्यम्पश्या

Q.67 निम्न में से शुद्ध वर्तनी वाला शब्द है:

A. तुष्िकरण **B.** तुष्टीकरण **C.** तुष्िकर्ण **D.** तुष्टीकर्ण

Q.68 'अपमान' का पर्यायवाची शब्द है:

A. निषेध **B.** अनादर **C.** उत्कंठित **D.** अलंकार

Q.69 'भास्कर' का पर्यायवाची शब्द है:

A. रश्मि **B.** मयूख **C.** दिवाकर **D.** मरीचि

Q.70 'सरकार भ्रष्टाचारियों के पीछे हाथ धो कर पड़ी हैं, अब उनका बचना मुश्किल है।' वाक्य में प्रयुक्त मुहावरे का अर्थ बताइए।

A. किसी काम में जी जान से जुट जाना
B. हौसला पूरा न हो पाना और निराश हो जाना
C. साथ मिल कर न रह पाना
D. अनीति का बोलबाला

Ques (71-73):निर्देश: दिये गए वाक्य में रेखांकित खंड को प्रतिस्थापित करने के लिए उपयुक्त विकल्प का चयन कीजिये।

Q.71 "खटाई में पड़ना" मुहावरे का आशय है।

A. बहुत कष्ट होना **B.** नुकसान होना

C. पछतावा होना **D.** निर्णय न होना

Q.72 इंसान जब भी कुछ चाहे और वह मिल जाए तो सब अच्छा हो जाता है।

A. आशुतोष **B.** अपेक्षित **C.** आप्तकाम **D.** अपरिमेय

Q.73 किसी भी रूप में प्रेम का वर्णन नहीं किया जा सकता।

A. अनुपम **B.** अखंडनीय **C.** अवर्णनीय **D.** अगाध

Q.74 निम्नलिखित में किस शब्द में त्रुटि नहीं है:

A. उन्नती **B.** उनति **C.** उनती **D.** उन्नति

Q.75 निम्नलिखित में किस शब्द में त्रुटि नहीं है:

A. अनयथा **B.** अयंथा **C.** अन्यथा **D.** आन्यथा

Q.76 'हवा' का समानार्थी शब्द नहीं है:

A. वायु **B.** बयार **C.** समीर **D.** ध्वज

Ques (77-80):निर्देश: दिए गए गद्यांश को ध्यानपूर्वक पढ़िए तथा पूछे गए प्रश्नों के उत्तर के लिए सही विकल्प का चयन कीजिए।

कर्मों से बहुत कुछ बदला जा सकता है। दुनिया कर्म प्रधान है, कर्म से किस्मत को भी बदला जा सकता है। जरूरत है इसकी शक्ति को पहचानने और इसे पूर्ण निष्ठा और लगन से करने की। सत्य से प्रेरित कार्य व्यक्ति को महान बनाते हैं। ऐसा व्यक्ति सरल, सबल, सशक्त, प्रेमी, दानी, ज्ञानी और कल्याणकारी होता है। कृत्य के बारे में कहावत है कि जैसा बोओगे, वैसा काटोगे। कहते भी हैं कि बोया पेड़ बबूल का तो आम कहाँ से होए। गीता में भी कहा गया है कि इंसान को केवल कर्म का ही अधिकार है, उसके फल के बारे में चिंता करने का नहीं। गीता के अनुसार अपनी किस्मत को बदलने के लिए कर्मठता ही पहला और सबसे बड़ा रास्ता है। किसी दूसरे के साथ पूर्ण रूप से जीने से बेहतर है कि हम अपने कर्म के अनुसार अपूर्ण जिएं। दूसरों के जीवन की उन्नति और सफलता से ईर्ष्या न कर अपने जीवन से नकारात्मक विचारों को दूर कर अपनी आत्मा को उज्ज्वल बनाना चाहिए।

Q.77 गद्यांश में दुनिया के किस रूप का चित्रण हुआ है?

A. धर्म प्रधान **B.** कर्म प्रधान
C. जाति प्रधान **D.** राजनीति प्रधान

Q.78 'कर्मठता' शब्द है:

A. विशेषण **B.** विशेष्य **C.** संज्ञा **D.** क्रिया

Q.79 "कर्म से किस्मत को भी बदला जा सकता है" में रेखांकित शब्द के स्थान पर कौन-सा विकल्प उपयुक्त होगा?

A. भाग्यवान **B.** भाग्य **C.** भाग्यहीन **D.** भाग्यशाली

Q.80 यहाँ 'जैसा बोओगे, वैसा काटोगे' से क्या तात्पर्य है?

A. जैसे बीज बोते हैं वैसी ही फसल होती है।
B. जैसे बीज होंगे, वैसे ही फल होंगे।
C. जैसे कर्म होंगे, वैसा ही परिणाम मिलेगा।
D. जैसे कर्म होंगे, वैसा परिणाम नहीं मिलेगा।

// स्मार्ट उत्तर पुस्तिका //

सही उत्तर — उन छात्रों का प्रतिशत जिन्होंने प्रश्नों का सही उत्तर दिया था।　　**छोड़ दिया** — उन छात्रों का प्रतिशत जिन्होंने प्रश्नों को छोड़ दिया था।

प्रश्न संख्या	उत्तर	सही उत्तर / छोड़ दिया
1	C	17.36 % / 74.1 %
2	C	82.02 % / 14.15 %
3	A	61.77 % / 37.91 %
4	D	12.72 % / 78.57 %
5	D	45.05 % / 52.39 %
6	A	85.58 % / 13.71 %
7	A	43.7 % / 44.22 %
8	D	89.93 % / 10.06 %
9	C	84.51 % / 11.51 %
10	B	88.22 % / 11.33 %
11	C	77.52 % / 19.05 %
12	B	85.7 % / 12.95 %
13	B	81.75 % / 11.14 %
14	B	63.67 % / 32.04 %
15	D	69.62 % / 30.36 %
16	B	85.18 % / 11.32 %
17	A	50.49 % / 42.86 %
18	A	80.03 % / 11.66 %
19	A	83.85 % / 14.72 %
20	C	57.89 % / 32.85 %
21	D	64.32 % / 35.13 %
22	D	66.46 % / 33.53 %
23	D	78.85 % / 10.55 %
24	D	51.5 % / 39.3 %
25	C	85.22 % / 12.08 %
26	A	40.03 % / 35.85 %
27	C	52.44 % / 46.35 %
28	A	64.22 % / 33.52 %
29	D	42.28 % / 47.08 %
30	A	48.4 % / 42.69 %
31	B	19.04 % / 78.45 %
32	B	60.85 % / 38.87 %
33	A	55.57 % / 32.95 %
34	C	56.85 % / 36.0 %
35	C	54.87 % / 32.94 %
36	A	86.21 % / 10.15 %
37	C	52.83 % / 43.37 %
38	A	66.75 % / 30.91 %
39	B	42.02 % / 44.5 %
40	A	79.06 % / 16.35 %
41	D	83.6 % / 15.98 %
42	D	88.57 % / 10.07 %
43	D	61.67 % / 35.74 %
44	A	86.45 % / 13.27 %
45	C	58.55 % / 37.64 %
46	C	58.96 % / 30.16 %
47	A	85.13 % / 13.76 %
48	B	89.69 % / 10.08 %
49	D	76.54 % / 12.77 %
50	D	86.57 % / 12.31 %
51	C	45.25 % / 53.59 %
52	D	67.18 % / 30.1 %
53	A	19.81 % / 68.22 %
54	A	88.41 % / 10.7 %
55	A	80.14 % / 10.98 %
56	D	89.62 % / 10.33 %
57	C	56.09 % / 34.12 %
58	B	21.96 % / 74.28 %
59	B	76.77 % / 11.41 %
60	B	86.8 % / 11.3 %
61	A	87.31 % / 10.65 %
62	B	58.1 % / 39.31 %
63	A	77.58 % / 17.07 %
64	A	47.91 % / 37.7 %
65	A	88.38 % / 10.55 %
66	D	64.14 % / 35.25 %
67	A	89.49 % / 10.28 %
68	B	57.76 % / 31.07 %
69	C	88.33 % / 11.05 %
70	A	69.65 % / 30.14 %
71	D	83.42 % / 11.15 %
72	B	52.21 % / 31.21 %
73	C	55.26 % / 35.83 %
74	D	64.46 % / 33.57 %
75	C	68.05 % / 31.2 %
76	D	82.47 % / 10.34 %
77	B	44.8 % / 44.72 %
78	C	88.76 % / 11.2 %
79	B	68.24 % / 31.5 %
80	C	50.92 % / 41.09 %

//संकेत और समाधान//

1. यहां, दूसरी संख्या को पहली संख्या के औसत अंकों के रूप में लिखा जा सकता है।

$$1511:2 \Rightarrow \frac{(1+5+1+1)}{4} \text{ का औसत } = 2$$

इसी तरह,

$$6554 \Rightarrow \frac{(6+5+5+4)}{4} \text{ का औसत } = 5$$

अतः विकल्प (C) सही है।

2. 1. रोहित, कायरा, सूरज, लैला और दीया एक बेंच पर बैठे हैं।

2. दीया बाईं ओर किनारे पर बैठी है।

3. कायरा सूरज के दाईं ओर बैठी है, जो किनारों पर नहीं बैठा है।

4. लैला, कायरा और रोहित के बीच में बैठी है।

दी गई शर्तों के अनुसार दो स्थिति संभव हैं:

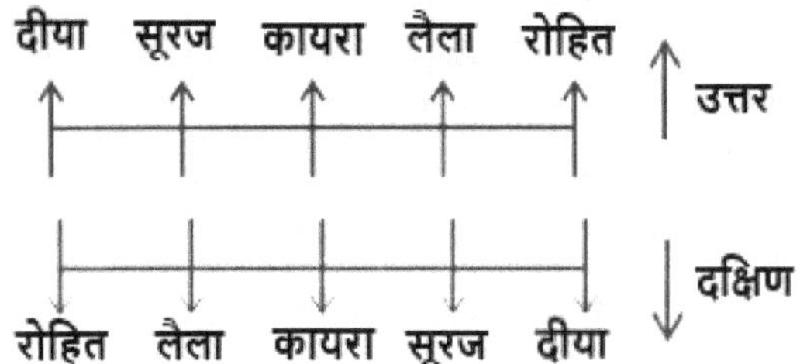

दोनों स्थिति में, सूरज कायरा के बाईं ओर है।

अत: विकल्प (C) सही है।

3. अनुसरण किया गया स्वरूप है:

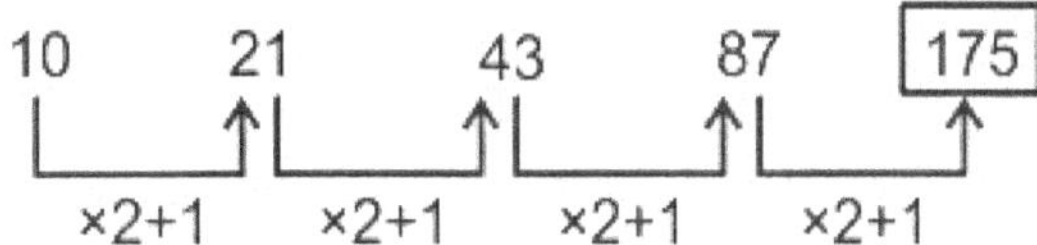

अतः विकल्प (A) सही है।

4. जब कागज के टुकड़े को खोला जाता है तो कागज़ का खुला रूप, आकृति (D) के रूप में दिखाई देती है।

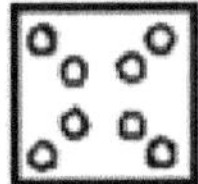

अतः सही विकल्प (D) है।

5. यहाँ अनुसरण किया गया तर्क इस प्रकार है:

$$V \xrightarrow{-3} S \xrightarrow{-3} P \xrightarrow{-3} M \xrightarrow{-3} J \xrightarrow{-3} G$$

इसलिए, सही उत्तर "J" है।

अत: विकल्प (D) सही है।

6.

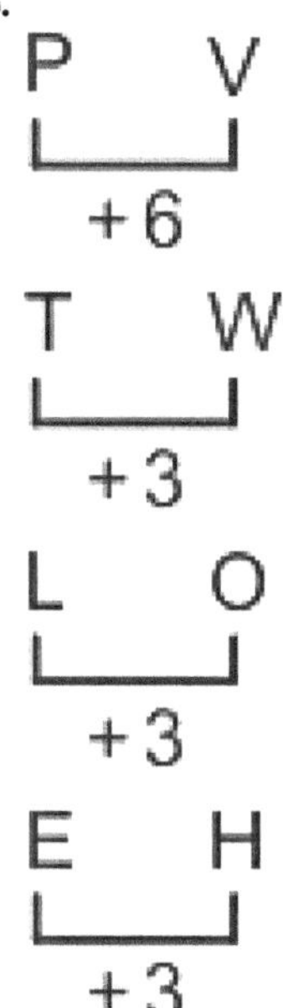

'PV' को छोड़कर, सभी समान स्वरूप का अनुसरण करते हैं।

अतः विकल्प (A) सही है।

7. दी गई जानकारी से बेहतरीन संभावित आरख है,

आरेख में प्रतीक	अर्थ
◯	महिला
⬜	पुरुष
− −	शादीशुदा जोड़ा
⋯⋯	सहोदर
∣	एक पीढ़ी का अंतर

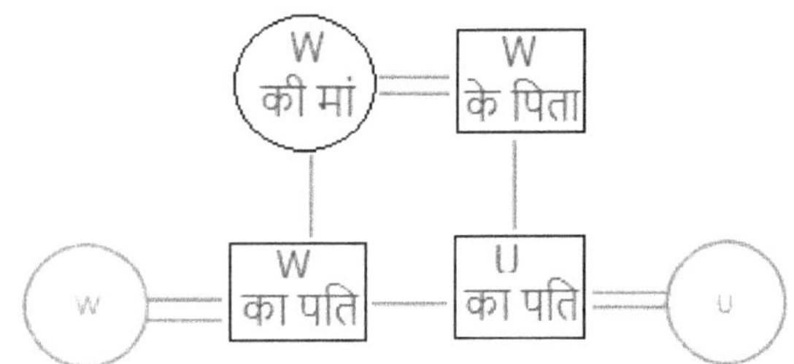

'U, W के पति के भाई की पत्नी है, सही उत्तर है।

अतः विकल्प (A) सही है।

8. अवलोकन करने पर हम पाते हैं कि X आकृति (4) में सन्निहित है।

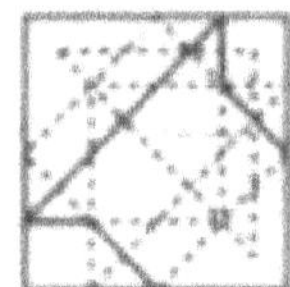

अतः विकल्प (D) सही है।

9. सूरत, गुजरात का एक शहर है और गुजरात भारत का एक राज्य है।

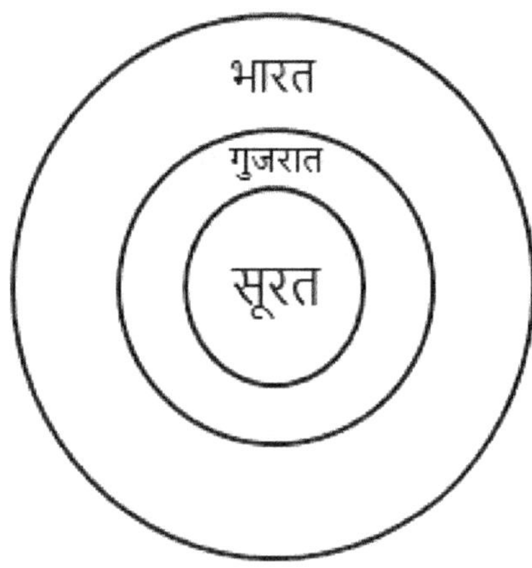

अतः विकल्प (C) सही है।

10. दिया है,

$$34 - 25 + 5 \times 8 \div 4 + 2 - 7 = ?$$

संकेत बदलने के बाद-

$$34 + 25 \div 5 - 8 \times 4 \div 2 + 7$$

$$= 34 + 5 - 8 \times 2 + 7$$

$$= 39 - 16 + 7 = 30$$

अतः विकल्प (B) सही है।

11. दी गई आकृति की दर्पण आकृति है:

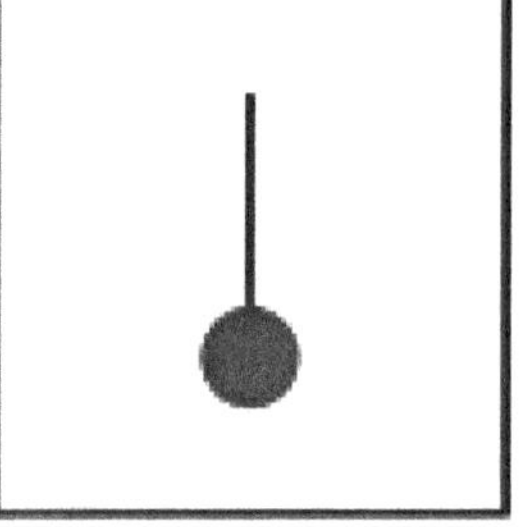

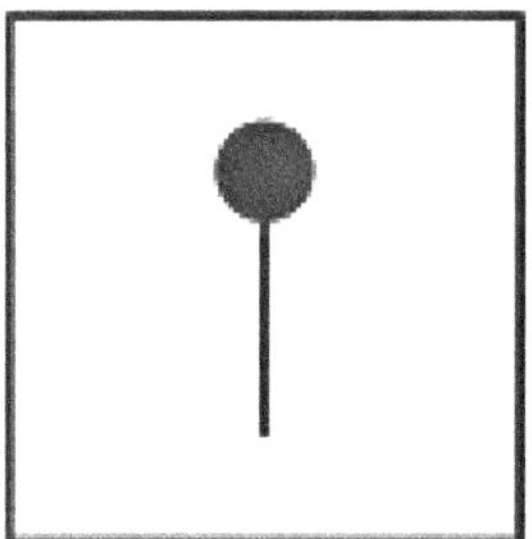

अतः विकल्प (C) सही है।

12. प्रत्येक चरण में, एक-चौथाई आकृति को दक्षिणावर्त दिशा में छायांकित किया जाता है।

अतः विकल्प (B) सही है।

13. यहाँ तर्क इस प्रकार है:

$$3^3 = 27$$

$$4^3 = 64$$

$$5^3 = 125$$

$$6^3 = 216$$

$$7^3 = 343$$

इसी तरह,

$$8^3 = "\ 512"$$

अतः विकल्प (B) सही है।

14. शब्दकोश के विपरीत क्रम में व्यवस्थित करने पर,

3) Response

2) Respect

4) Resonance

5) Resolve

1) Resign

इसलिए, शब्दकोश के अनुसार सही विपरीत क्रम "3, 2, 4, 5, 1" है।

अतः विकल्प (B) सही है।

15. $64 - 8 \times 9 \div 8 = 64$

समीकरण में (- और ÷) रखने पर,

$$\Rightarrow 64 \div 8 \times 9 - 8 = 64$$

$$\Rightarrow 8 \times 9 - 8 = 64$$

$$\Rightarrow 72 - 8 = 64$$

$\Rightarrow 64 = 64$

अतः विकल्प (D) सही है।

16. तर्क: (पहला अंक)3 : (दूसरा अंक + 3)³

(A) $125 : 512 = 5^3 : 8^3$

$= 5 : (5 + 3)^3$

(B) $64 : 1331 = 4^3 : 11^3$

$= 4 : (4 + 7)^3$

(C) $343 : 1000 = 7^3 : 10^3$

$= 7 : (7 + 3)^3$

(D) $216 : 729 = 6^3 : 9^3$

$= 6 : (6 + 3)^3$

अतः विकल्प (B) सही है।

17. यदि हम दिए गए पासे को मोड़ते हैं और शीर्ष पर छह बिंदुओं के साथ चेहरा लगाते हैं, तो पांच बिंदुओं वाला चेहरा सबसे नीचे होगा।

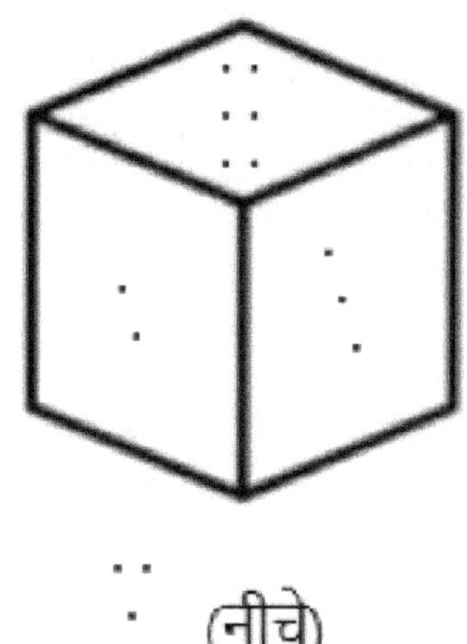
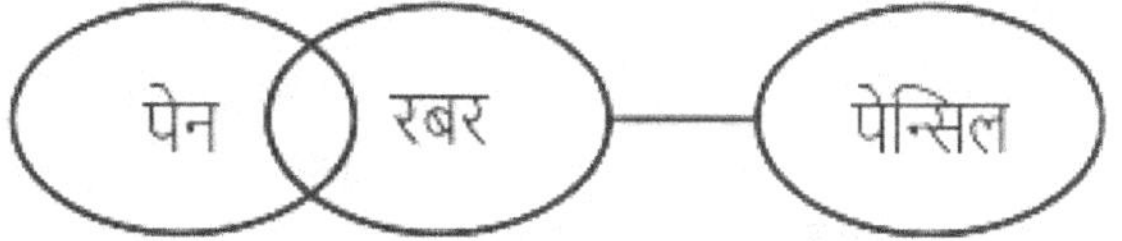

अतः विकल्प (A) सही है।

18. दिए गए कथनों के लिए न्यूनतम संभावित वेन आरेख इस प्रकार होगा:

I. सभी पेन्सिल पेन हो सकती हैं → सत्य (पेंसिल पेन का उपसमुच्चय हो सकती है इसलिए यह संभावना सत्य है)

II. कुछ पेन ना तो रबर हैं और ना ही पेन्सिल हैं → असत्य (कुछ पेन न तो रबर हैं और न ही पेंसिल हम यह निश्चित रूप से नहीं कह सकते। यह निष्कर्ष एक संभव निष्कर्ष है निश्चित नहीं है, इसलिए यह असत्य है)

इसलिए, केवल I अनुसरण करता है।

अतः विकल्प (A) सही है।

19. तर्क: शब्द 'CLOSURE' के प्रत्येक अक्षर को वर्णमाला क्रम में अपनी संबंधित संख्यात्मक स्थिति के रूप में कूटबद्ध किया गया है।

'CLOSURE' शब्द के प्रत्येक अक्षर की स्थिति है -

$C \rightarrow 3, L \rightarrow 12, O \rightarrow 15, S \rightarrow 19, U \rightarrow 21, R \rightarrow 18, E \rightarrow 5$

इसलिए CLOSURE का कूट है- 312151921185

इसी तरह, 'INFLUENCE' शब्द को इस तरह कूटबद्ध किया जाएगा-

$I \rightarrow 9, N \rightarrow 14, F \rightarrow 6, L \rightarrow 12, U \rightarrow 21, E \rightarrow 5, N \rightarrow 14, C \rightarrow 3, E \rightarrow 5$

इस प्रकार, INFLUENCE को 9146122151435 के रूप में लिखा जाएगा।

अतः विकल्प (A) सही है।

Q.20

वर्ण माला	A	B	C	D	E	F	G	H	I	J	K	L	M
स्था नीय मान	1	2	3	4	5	6	7	8	9	10	11	12	13
स्था नीय मान	26	25	24	23	22	21	20	19	18	17	16	15	14
वर्ण माला	Z	Y	X	W	V	U	T	S	R	Q	P	O	N

अक्षरों की वर्णानुक्रमिक स्थिति के अनुसार,

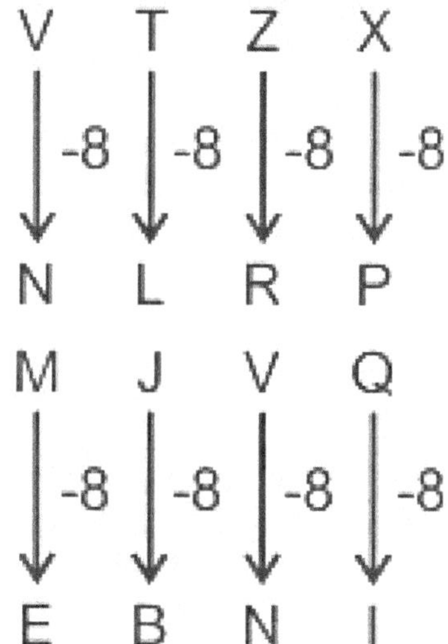

इसी प्रकार,

इसलिए, सही उत्तर 'HFLJ' है।

अतः विकल्प (C) सही है।

21. भारत के राष्ट्रपति के चुनाव और भारत के उपराष्ट्रपति के चुनाव को लेकर भारत का उच्चतम न्यायालय विवादों का निर्णय करता है। यह हमारे भारतीय संविधान के अनुच्छेद 71(1) में उल्लिखित है। उच्चतम न्यायालय के न्यायाधीशों की नियुक्ति राष्ट्रपति द्वारा की जाती है।

- उच्चतम न्यायालय 26 जनवरी 1950 को अस्तित्व में आया और भारत की शीर्ष अदालत है।

- संघ की विधायिका, जिसे संसद कहा जाता है, में राष्ट्रपति और दो सदन होते हैं, जिन्हें राज्यों की परिषद (राज्य सभा) और हाउस ऑफ़ द पीपुल (लोकसभा) के रूप में जाना जाता है।

- लोक सभा (लोक सभा) भारत की संसद का निम्न सदन है।
  - लोकसभा के सदस्यों को सार्वभौमिक वयस्क मताधिकार के तहत प्रत्यक्ष चुनाव द्वारा चुना जाता है।
  - लोक सभा के सदस्य के लिए योग्यताएँ:
    - एक व्यक्ति को भारत का नागरिक होना चाहिए।
    - 25 वर्ष से कम आयु का नहीं होना चाहिए।
  - लोकसभा का सामान्य कार्यकाल 5 वर्ष है।

- 'राज्यों की परिषद' जिसे राज्य सभा के रूप में भी जाना जाता है।
  - संविधान के अनुसार राज्य सभा में सदस्यों की अधिकतम संख्या 250 होती है, जिसमें से 12 को राष्ट्रपति द्वारा उन व्यक्तियों में से नामित किया जाता है, जिन्होंने साहित्य, कला, विज्ञान और सामाजिक सेवाओं में विशिष्टता हासिल की है।
  - राज्यसभा के सदस्य के लिए योग्यता:
    - एक व्यक्ति की आयु 30 वर्ष से कम नहीं होनी चाहिए।

अतः विकल्प (D) सही है।

22. मोदी सरकार ने अगले पांच वर्षों में जल जीवन मिशन के लिए 3.60 लाख करोड़ रुपये के आवंटन को पहले ही मंजूरी दे दी है। मिशन का उद्देश्य 2020-24 तक सभी ग्रामीण परिवारों को पाइप जलापूर्ति प्रदान करना है।

अतः विकल्प (D) सही है।

23. अनुच्छेद 75 खंड 3 के अनुसार, मंत्रिपरिषद सामूहिक रूप से लोक सभा के प्रति उत्तरदायी होती है।

मंत्रिमंडल:

- प्रधान मंत्री और अन्य मंत्रियों को सामूहिक रूप से मंत्रिपरिषद के रूप में जाना जाता है।

- मंत्रियों की तीन श्रेणियां अर्थात कैबिनेट मंत्री, राज्य मंत्री और उप मंत्री।

- इन सभी की नियुक्ति भारत के राष्ट्रपति द्वारा की जाती है।

- मंत्रियों की कुल संख्या लोक सभा की कुल संख्या के 15% से अधिक नहीं हो सकती।

- प्रत्येक मंत्री अपने विभाग के अधिकारियों के कृत्यों के लिए उत्तरदायी होता है।

- उन्हें संसद में अपने विभाग के चक्कर से जुड़े सवालों के जवाब देने होते हैं।

- मंत्रिपरिषद शायद ही कभी मिलती है इसलिए सरकार का ड्राइविंग व्हील कैबिनेट है।

अत: विकल्प (D) सही है।

24. जवाहरलाल नेहरू पोर्ट 100% लैंडलॉर्ड पोर्ट बनने वाला देश का पहला प्रमुख बंदरगाह बन गया। JNP देश के अग्रणी कंटेनर बंदरगाहों में से एक है और शीर्ष 100 वैश्विक बंदरगाहों में 26वें स्थान पर है (लॉयड्स लिस्ट टॉप 100 पोर्ट्स 2021 रिपोर्ट के अनुसार)। वर्तमान में, JNP में पांच कंटेनर टर्मिनल संचालित किए जाते हैं, जिनमें से केवल एक का स्वामित्व बंदरगाह के पास है।

अत: विकल्प (D) सही है।

25. मुरली श्रीशंकर ने मई 2022 में ग्रीस में 12वीं अंतर्राष्ट्रीय कूद स्पर्धा में स्वर्ण पदक जीता है।

भारत के इक्का-दुक्का लॉन्ग जम्पर मुरली श्रीशंकर ने 26 मई 2022 को ग्रीस में 12वीं अंतर्राष्ट्रीय कूद स्पर्धा में 8.31 मीटर के प्रयास से स्वर्ण पदक जीता। स्वीडन के थोबियास मोंटलर और फ्रांस के जूल्स पॉमरी ने क्रमशः 8.27 मीटर के साथ रजत और 8.17 मीटर के साथ कांस्य का दावा किया। श्रीशंकर ने पिछले महीने 8.36 मीटर की छलांग के साथ एक रिकॉर्ड भी बनाया और वर्तमान में राष्ट्रीय रिकॉर्ड धारक हैं।

अतः विकल्प (C) सही है।

26. चीन में भारत के नए राजदूत प्रदीप कुमार रावत ने 14 मार्च 2022 को पदभार ग्रहण किया।

उन्होनें विक्रम मिश्री का स्थान लिया, जिन्हें उप राष्ट्रीय सुरक्षा सलाहकार नियुक्त किया गया था। 1990 बैच के भारतीय विदेश सेवा (IFS) अधिकारी श्री रावत नीदरलैंड में भारत के राजदूत थे। उन्होंने सितंबर 2017-दिसंबर 2020 तक इंडोनेशिया और तिमोर-लेस्ते में भारत के राजदूत के रूप में भी काम किया।

अत: विकल्प (A) सही है।

27. 44वां अंतर्राष्ट्रीय शतरंज ओलंपियाड, दुनिया का सबसे बड़ा शतरंज आयोजन, 28 जुलाई से 10 अगस्त, 2022 तक चेन्नई, तमिलनाडु के मामल्लापुरम के पुंजेरी गांव में आयोजित किया गया था। पीएम मोदी और तमिलनाडु के मुख्यमंत्री एम के स्टालिन ने भव्य उद्घाटन समारोह में भाग लिया। आधिकारिक शुभंकर 'थंबी' है, जो पारंपरिक वेष्टी-सत्तई में घोड़े का पहनावा है। ओलंपियाड मूल रूप से रूस में होने वाला था, लेकिन रूस में चल रहे रूसी-यूक्रेन युद्ध के कारण यह आयोजन नहीं हुआ।

अत: विकल्प (C) सही है।

28. बेंगलुरु स्थित भारतीय विज्ञान संस्थान (IISc) और भारतीय नौसेना ने विमानन अनुसंधान और विकास पर सहयोग करने के लिए एक समझौता ज्ञापन पर हस्ताक्षर किए हैं। समझौता ज्ञापन के तहत सहयोग के क्षेत्र डिजाइन और शिक्षा प्रौद्योगिकी सहित एरोस्पेस/वैमानिकी इंजीनियरिंग के क्षेत्र में आएंगे।

अत: विकल्प (A) सही है।

29. ब्रह्मपुत्र नदी का उद्गम एंगसी ग्लेशियर से हुआ है जो कि तिब्बत के बुरंग में हिमालय के उत्तरी किनारे पर स्थित है।

- यह यारलुंग त्सांग्पो नदी के रूप में बहती हुई दक्षिणी तिब्बत में प्रवाहित होती है, जो हिमालय से होकर टूटती है और शानदार घाटियाँ बनाती है।

- त्सांग्पो या ब्रह्मपुत्र अरुणाचल प्रदेश में प्रवेश करने से पहले नामचा बरवा में एक यू-टर्न लेती है, जहां इसे दिहांग या सियांग नदी कहा जाता है।

- इसके अलावा, दिहांग नदी असम घाटी के सामने दिबांग और लोहित नदियों से मिलती है और दक्षिण पश्चिम में बहती है।

- यहीं पर नदी को ब्रह्मपुत्र नदी कहा जाता है।

- ब्रह्मपुत्र की दायां तटीय सहायक नदियाँ - सुबानसिरी, कामेंग, मानस और संकोश।

- ब्रह्मपुत्र की बायां तटीय सहायक नदियाँ - बुरही दिहिंग, धनसारी (दक्षिण) और कलंग।

- सुबनसिरी जो तिब्बत में अपने उद्गम के साथ एक प्राचीन नदी है, जिसका अर्थ है कि यह अंतर्निहित शिला स्थलाकृति में किसी भी बदलाव के बावजूद अपने मूल स्वरूप और गति को बनाए रखता है।

अत: विकल्प (D) सही है।

30. झुमरी तेलैया और मंदार पहाड़ियाँ झारखंड में स्थित हैं।

- इस जगह में सूक्ष्म मिट्टी है, अर्थात् मीका युक्त मिट्टी।
- झारखंड भारतीय संघ का 28वां राज्य है।
- इसकी स्थापना 15 नवंबर 2000 को हुई थी।
- रांची राज्य की राजधानी है।
- राजकीय पशु - हाथी।
- राज्य पक्षी - कोयल
- राजकीय वृक्ष - साल
- राज्य पुष्प - पलाश

अतः विकल्प (A) सही है।

31. अवनी दोषी उपन्यास 'बर्नट् शुगर' की एक लेखिका हैं जिन्हें बुकर पुरस्कार 2020 से सम्मानित किया जाने वाला है।

- यह उनकी पहली पुस्तक है, जो आधुनिक भारत में एक नारीवादी उपन्यास है, जो मातृत्व और एक बेटी होने से लेकर एक बुजुर्ग माँ के लिए देखभाल करने वाली बनने तक की भूमिकाओं का बदलना दर्शाती है।
- फिक्शन के लिए बुकर पुरस्कार, जिसे पहले बुकर-मैककॉनेल पुरस्कार (1969-2001) और मैन बुकर पुरस्कार (2002-2019) के रूप में जाना जाता है, प्रत्येक वर्ष अंग्रेजी भाषा में लिखे गए और यूनाइटेड किंगडम में प्रकाशित होने वाले सर्वश्रेष्ठ मूल उपन्यास के लिए साहित्यिक पुरस्कार से सम्मानित किया जाता है।

अतः विकल्प (B) सही है।

32. चित्रकला की पट्टाचित्र शैली ओडिशा के सबसे पुराने और सबसे लोकप्रिय कला रूपों में से एक है। पट्टाचित्र कला शैली अपने जटिल विवरणों के साथ-साथ पौराणिक आख्यानों और लोककथाओं के लिए प्रचलित है।

अतः विकल्प (B) सही है।

33. पीतल एक धातु मिश्र धातु है जो कॉपर और जिंक से बना होता है। कई वाद्य यंत्रों में पीतल का प्रयोग किया गया है। यह पाइप और फिटिंग के माध्यम से पानी के परिवहन के लिए एक आदर्श मिश्र धातु है। यह समुद्री इंजन और पंप भागों में उपयोग के लिए भी उपयुक्त है।

अतः विकल्प (A) सही है।

34. भारत अपनी भूमि सीमाएं सात देशों म्यांमार, पाकिस्तान, नेपाल, अफगानिस्तान, भूटान, चीन और बांग्लादेश के साथ साझा करता है। दक्षिण में समुद्र के उस पार, हमारे द्वीप पड़ोसी- श्रीलंका और मालदीव हैं।

- भारत पाकिस्तान सीमा को लाइन ऑफ कंट्रोल कहा जाता है।
- भारतीय राज्यों पंजाब, राजस्थान, जम्मू और कश्मीर और गुजरात में भारत पाकिस्तान सीमा है।
- मणिपुर, मिजोरम, अरुणाचल प्रदेश और नागालैंड म्यांमार के साथ भूमि सीमा साझा करते हैं।
- अरुणाचल प्रदेश और सिक्किम चीन के साथ सीमा साझा करते हैं।
- असम, मिजोरम, मेघालय, त्रिपुरा और पश्चिम बंगाल बांग्लादेश के साथ अपनी सीमा साझा करते हैं।
- उत्तराखंड, उत्तर प्रदेश, पश्चिम बंगाल, बिहार और सिक्किम नेपाल के साथ सीमा साझा करते हैं।

अतः विकल्प (C) सही है।

35. खेलो इंडिया यूथ गेम्स 2021 में हरियाणा कुल 137 पदकों के साथ तालिका में शीर्ष पर है।

- महाराष्ट्र 125 पदकों के साथ दूसरे स्थान पर रहा।
- कर्नाटिक 67 पदक के साथ तीसरे स्थान पर रहा।
- हरियाणा राज्य सरकार द्वारा पंचकूला में खेलो इंडिया यूथ गेम्स 2021 का आयोजन किया गया था।
- खेलो इंडिया योजना, युवा मामले और खेल मंत्रालय की प्रमुख केंद्रीय क्षेत्र की योजना है।
- अधिकतम पदक वाले राज्यों का क्रम: हरियाणा> महाराष्ट्र> कर्नाटक> मणिपुर है।

अतः विकल्प (C) सही है।

36. मौर्य काल की **रॉक-कट** मूर्तिकला **धौली हाथी** है।

- धौली, उड़ीसा राज्य के प्राचीन क्षेत्र कलिंग में स्थित है, जिसे सम्राट अशोक मौर्य ने लगभग 260 ई.पू. कई मृत्युओं के एवज पर जीता था।
- धौली में रॉक-कट हाथी सबसे पुराने स्मारक में से एक है जिसमें पूर्व दिशा में हाथी का चेहरा गढ़ा हुआ है।

अतः विकल्प (A) सही है।

37. हाल ही में भारतीय अंतरिक्ष अनुसंधान संगठन का 2022 का पहला प्रक्षेपण किया गया मिशन **PSLV-C52** को पृथ्वी अवलोकन उपग्रह EOS-04 को कक्षा में रखने के लिए डिजाइन किया गया है।

- ध्रुवीय उपग्रह प्रक्षेपण यान (PSLV-C52) का प्रक्षेपण सतीश धवन अंतरिक्ष केंद्र, श्रीहरिकोटा के पहले प्रक्षेपण पैड से निर्धारित है।
- EOS-04 एक रडार इमेजिंग सैटेलाइट है जिसे कृषि, वानिकी, जल विज्ञान और बाढ़ मानचित्रण आदि के लिए सभी मौसम की परिस्थितियों में उच्च गुणवत्ता वाली छवियां प्रदान करने के लिए डिजाइन किया गया है।

अतः विकल्प (C) सही है।

38. पेशवा, जिसे मुखिया प्रधान भी कहा जाता है, मूल रूप से राजा शिवाजी की सलाहकार परिषद के प्रमुख थे।

- शिवाजी की मृत्यु के बाद परिषद टूट गई और कार्यालय ने अपनी प्रधानता खो दी, लेकिन इसे तब पुनर्जीवित किया गया जब शिवाजी के पोते शाहू ने 1714 में पेशवा के रूप में एक चितपावन ब्राह्मण बालाजी विश्वनाथ भट को नियुक्त किया।
- बालाजी के बेटे बाजी राव प्रथम ने पेशवा जहाज पर वंशानुगत उत्तराधिकार प्राप्त किया।
- पेशवा मराठा राज्य के वफादार मंत्री थे जिन्हें विभिन्न प्रशासनिक और साथ ही राजनीतिक मामलों में राजा की सहायता के लिए नियुक्त किया गया था।
- पेशवाओं ने अपने सचिवालय का नाम हुजूर दफ्तार रखा जो पूना में स्थित था।

अतः विकल्प (A) सही है।

39. मुगल बादशाह शाह आलम द्वितीय ने बक्सर (1764) की लड़ाई में हार के बाद ईस्ट इंडिया कंपनी को दिवानी अधिकार प्रदान किए।

- सम्राट शाह आलम द्वितीय ने वर्ष 1765 में बंगाल के दिवानी अधिकार प्रदान किए।
- दिवानी अधिकारों का अर्थ भूमि राजस्व एकत्र करने का अधिकार है।
- शाह आलम द्वितीय, (25 जून 1728 - 19 नवंबर 1806) अठारहवें मुगल सम्राट और आलमगीर द्वितीय के पुत्र थे।
- उन्होंने ईस्ट इंडिया कंपनी के खिलाफ अपने सहयोगियों मीर कासिम और शुजा-उद दौराला के साथ 1764 में बक्सर की प्रसिद्ध लड़ाई लड़ी।

अतः विकल्प (B) सही है।

40. अंतर्राष्ट्रीय श्रम संगठन ने 2022 में वैश्विक बेरोजगारी 207 मिलियन होने का अनुमान लगाया है, जो 2019 की तुलना में लगभग 21 मिलियन अधिक है।

- 2022 में काम किए गए कुल घंटे उनके पूर्व-महामारी स्तर से लगभग 2% कम या 52 मिलियन पूर्णकालिक समकक्ष नौकरियों की कमी का अनुमान लगाया गया है।

- यह विश्व रोजगार और सामाजिक आउटलुक पर अपनी नवीनतम रिपोर्ट में कहा गया था, जिसे 17 जनवरी 2022 को जारी किया गया था।

अतः विकल्प (A) सही है।

41. दिया गया है:

$$0.9 \div (0.3 \times 0.3)$$

$$= 0.9 \div (0.09)$$

$$= \frac{0.9}{0.09} = \frac{0.90}{0.09} = \frac{90}{9} = 10$$

$0.9 \div (0.3 \times 0.3)$ का मान 10 है।

अत: विकल्प (D) सही है।

42. एक-एक करके विकल्प की जाँच करके:

विकल्प (A) $50 - (100 \div 4) = 50 - 25 = 25$

विकल्प (B) $20 + (20 \div 4) = 20 + 5 = 25$

विकल्प (C) $10 + (5 \times 2) + (10 - 5)$

$$= 10 + 10 + 5 = 25$$

विकल्प (D) $24 + (2 \times 1) = 24 + 2 = 26$

तो, हम देख सकते हैं कि विकल्प (D) 25 के बराबर नहीं है।

अत: विकल्प (D) सही है।

43. माना इस स्थिति में संख्या 999999 है

संख्या = भाग $\times$ भागफल + शेष

$$99999 = 468 \times 213 + 315$$

$$99999 - 315 = 468 \times 213$$

इसलिए,

468 से विभाज्य 5 अंकों की उच्चतम संख्या $= 999999 - 315$

$$= 99684$$

अतः विकल्प (D) सही है।

44. दिया गया है,

संख्याएं 8,12 और 16 हैं जो संख्याओं को 400 और 500 के बीच विभाजित करती हैं और शेष 5 प्राप्त करती हैं।

विभिन्न संख्याओं के गुणज ज्ञात करने के लिए, हमें ल.स.प. ज्ञात करना होगा।

8,12,16 का ल.स.प.

$$8 = 2^3, 12 = 2^2 \times 3, 16 = 2^4$$

ल.स.प. $= 2^4 \times 3 = 48$

संख्या का स्वरूप $= 48k + 5$ (शेषफल)

400 और 500 के बीच की संख्या

सबसे छोटी संख्या $= 48 \times 9 + 5 = 437$

सबसे बड़ी संख्या $= 48 \times 10 + 5 = 485$

इसलिए,

संख्याओं का योग $= 437 + 485$

$$= 922$$

अतः विकल्प (A) सही है।

45. दिया है:

0.875 और 0.375

अब,

0.875 को 1000 से गुणा एवं भाग करने पर,

$$0.875 \times \frac{1000}{1000} = \frac{875}{1000}$$

इसे सरल बनाने के बाद, यह अंश $\frac{7}{8}$ देता है

इसलिए, 0.875 अंश के रूप में $= \frac{7}{8}$

इसी तरह,

0.375 को 1000 से गुणा एवं भाग करने पर,

$$0.375 \times \frac{1000}{1000} = \frac{375}{1000}$$

अब, इस अंश को सरल बनाने के बाद यह $\frac{3}{8}$ देता है।

इसलिए,

0.375 अंश के रूप में $= \frac{3}{8}$

अतः विकल्प (C) सही है।

46. माना छात्रों में से एक ने x अंक प्राप्त किए हैं।

फिर, दूसरा छात्र $(x + 9)$ अंक प्राप्त करता है।

दी गई शर्त से, हमारे पास है

$$(x + 9) = (x + x + 9) \text{ का } 56\% = \frac{56}{100} \times (2x + 9)$$

$$\Rightarrow 100x + 900 = 112x + 504$$

$$\Rightarrow 12x = 900 - 504 = 396$$

$$\Rightarrow x = \frac{396}{12} = 33$$

इसलिए, अन्य छात्र द्वारा प्राप्त अंक $x + 9 = 33 + 9 = 42$।

दोनों छात्रों द्वारा प्राप्त अंक 33 और 42 हैं।

अतः विकल्प (C) सही है।

47. दिया है:

दो धनात्मक संख्याएँ 3 : 4 के अनुपात में हैं।

माना कि संख्याएँ 3x, 4x हैं।

उनके वर्गों का अंतर 63 है।

$\Rightarrow (4x)^2 - (3x)^2 = 63$

$\Rightarrow 16x^2 - 9x^2 = 63$

$\Rightarrow 7x^2 = 63$

$\Rightarrow x^2 = 9$

$\Rightarrow x = \pm 3$

क्योंकि संख्याएँ धनात्मक है,

$\Rightarrow x = 3$

पहली संख्या = 3x

$= 3 \times 3$

$= 9$

दूसरी संख्या = 4x

$= 4 \times 3$

$= 12$

संख्याओं का योग = 9 + 12 = 21

अतः विकल्प (A) सही है।

48. माना, गणित भौतिकी और जीव विज्ञान के लिए सीटों की संख्या क्रमशः $5x, 7x$ और $8x$

बढ़ी हुई सीटों की संख्या $(140\%5x), (150\%7x)$ और $(175\%8x \Rightarrow \left(\frac{140}{100} \times 5x\right), \left(\frac{150}{100} \times 7x\right)$ and $\left(\frac{175}{100} \times 8x\right) \Rightarrow 7x, \frac{21x}{2}$ और $14x$

$\therefore$ आवश्यक अनुपात $= 7x : \frac{21x}{2} : 14x$

$\Rightarrow 14x : 21x : 28x$

$\Rightarrow 2 : 3 : 4$

अतः विकल्प (A) सही है।

49. हम जानते हैं कि खर्च किया गया औसत पैसा सूत्र द्वारा दिया जाता है-

औसत = धन का योग / व्यक्तियों की संख्या

अब, हम नौ व्यक्तियों द्वारा खर्च किए गए धन का औसत इस प्रकार ज्ञात करते हैं:

$$y = \frac{12+12+12+12+12+12+12+12+x}{9}$$

$$y = \frac{96+x}{9}$$

हमें दिया गया है कि नौवें व्यक्ति द्वारा खर्च किया गया धन रु. नौ व्यक्तियों के औसत से 8 अधिक।

गणितीय समीकरण में इस कथन को इस प्रकार लिखा जा सकता है:

$$x = y + 8$$

अब, $'y'$ के मान को प्रतिस्थापित करने पर हमें उपरोक्त समीकरण प्राप्त होता है-

$$x = \frac{96+x}{9} + 8$$

$$9x = 96 + x + 72$$

$$8x = 168$$

$$x = 21$$

तो, नौवें व्यक्ति द्वारा खर्च की गई राशि 21 रुपये है।

लेकिन हमें 9 व्यक्तियों द्वारा खर्च की गई कुल राशि का पता लगाने के लिए कहा जाता है।

इसलिए, प्रत्येक व्यक्ति द्वारा खर्च की गई राशि को जोड़ने पर हमें प्राप्त होता है

$$T = 12 + 12 + 12 + 12 + 12 + 12 + 12 + 12 + 21$$

$$T = 117$$

इसलिए, 9 व्यक्तियों द्वारा खर्च की गई कुल राशि 117 रुपये है।

अतः विकल्प (D) सही है।

50. माना कि राशि $P = A$ रुपये है।

माना कि ब्याज दर $R = r\%$ है।

स्थिति 1:

समय $T_1 = 5$ वर्ष

साधारण ब्याज $SI_1 = \frac{A \times r \times 5}{100}$

$\Rightarrow SI_1 = \frac{Ar}{20}$ रुपये

स्थिति 2:

समय $T_2 = 20$ वर्ष

साधारण ब्याज $SI_2 = \frac{A \times r \times 20}{100}$

$\Rightarrow SI_2 = \frac{Ar}{5}$ रुपये

आवश्यक अनुपात $= SI_1 : SI_2$

$= \frac{Ar}{20} : \frac{Ar}{5}$

$= 1 : 4$

अतः विकल्प (D) सही है।

51. दिया है:

एक निश्चित राशि 3 वर्षों में स्वयं का 27 गुना हो जाती है।

माना कि राशि = P रुपये है।

मिश्रधन A = 27P रुपये

समय T = 3 वर्ष

सूत्र के अनुसार:

$$A = P \left(1 + \frac{R}{100}\right)^T \text{ जहां R दर प्रतिशत प्रति वर्ष है}$$

$$\Rightarrow 27P = P \left(1 + \frac{R}{100}\right)^3$$

$$\Rightarrow 27 = \left(1 + \frac{R}{100}\right)^3$$

$$\Rightarrow 3^3 = \left(1 + \frac{R}{100}\right)^3$$

आधारों को बराबर करने पर,

$$\Rightarrow 3 = 1 + \frac{R}{100}$$

$$\Rightarrow \frac{R}{100} = 2$$

$$\Rightarrow R = 200\%$$

अतः विकल्प (C) सही है।

52. दिया गया है:

वर्धित मूल्य $= 220$ रुपए

छूट $= 25\%$ और लाभ $= 40$ रुपए

अंकित मूल्य = क्रय मूल्य + वर्धित मूल्य

विक्रय मूल्य = अंकित मूल्य - छूट

अंकित मूल्य $= (1 + $ वर्धित मूल्य प्रतिशत/100 $) \times$ क्रय मूल्य

विक्रय मूल्य $= [(1 - $ छूट प्रतिशत $)/100] \times$ अंकित मूल्य

वस्तु का क्रय मूल्य $= ' \ x \ '$

$\Rightarrow$ वस्तु का अंकित मूल्य $= (x + 220)$

$\Rightarrow$ वस्तु का विक्रय मूल्य $= (x + 220)$ का $75\% = y$

$$0.75x + 165 = y$$

प्रश्न के अनुसार,

$$(0.75x + 165) - x = 40$$

$$\Rightarrow 0.25x = 125$$

$$\Rightarrow x = 500$$

अतः विकल्प (D) सही है।

53. माना, साइकिल का क्रय मूल्य $= \ x \ $ रूपये

साइकिल का पुराना विक्रय मूल्य $= x \times 110\%$ ...(i)

नया क्रय मूल्य $CP = x \times 90\%$

और नया विक्रय मूल्य $SP = x \times 90\% \times 125\%$ ...(ii)

नए विक्रय मूल्य और पुराने विक्रय मूल्य के बीच अंतर $= 60$ रूपये

$$x \times 90\% \times 125\% - x \times 110\% = 60$$

$$\Rightarrow \frac{x \times 11250}{10000} - \frac{x \times 110}{100} = 60$$

$$\Rightarrow x \left[\frac{1125 - 1100}{600}\right] = 60$$

$$\Rightarrow x = \frac{6000}{25}$$

$$\Rightarrow x = 2400 \text{ रूपये}$$

अतः विकल्प (A) सही है।

54. दिया है:

छूट $= 30\%$ और 40%

विक्रय मूल्य $= 44100$ रुपए

मान लीजिये कि अंकित मूल्य x है।

$30\% = \frac{3}{10}$

$40\% = \frac{2}{5}$

$$\Rightarrow x \times \left(\frac{7}{10}\right) \times \left(\frac{3}{5}\right) = 44100$$

$$\Rightarrow x = 2100 \times 50$$

$$\Rightarrow x = 105000$$

∴ बाइक का अंकित मूल्य 105000 रुपए है।

अतः विकल्प (A) सही है।

55. दिया है,

$$\pi r^2 = 124.74 \text{ हेक्टेयर}$$

$$\pi r^2 = 1247400 \text{ मीटर}^2$$

$$r = 630 \text{ मीटर}$$

$$2\pi r = 3960$$

लागत $= 3960 \times 0.8 = 3168$

अतः विकल्प (A) सही है।

56. माना मैदान की लम्बाई और चौड़ाई क्रमशः 'l' और 'b' हैं।

प्रश्नानुसार, मैदान की लम्बाई उसकी चौड़ाई के दोगुना से 3 मीटर अधिक है।

$\Rightarrow$ l = (2b + 3) मीटर

हम जानते हैं कि,

आयताकार क्षेत्र की परिधि = 2(l + b)

$\Rightarrow$ 84 = 2(2b + 3 + b)

$$\frac{84}{2} = 3b + 3$$

$$\Rightarrow b = \frac{39}{3} = 13 \text{ मीटर}$$

∴ b = 13 मीटर

l = 2b + 3 = 2 × 13 + 3 = 29 मीटर

∴ l = 29 मीटर

अतः विकल्प (D) सही है।

57. दिया है:

संख्याएं 4, 9, 10 और 12

हम जानते हैं कि एक संख्या को वर्ग बनाने के लिए, इसमें जोड़े में गुणक हैं।

सबसे छोटी वर्ग संख्या प्राप्त करने के लिए जिसे 4, 9, 10 और 12 से विभाजित किया जा सकता है, हम इसे उनके लघुत्तम समापवर्त्य और युग्मों में गुणक बनाते हुए पाते हैं।

लघुत्तम समापवर्त्य [4, 9, 10, 12]

$\Rightarrow 2 \times 2 \times 3 \times 3 \times 5$

$\Rightarrow (2)^2 \times (3)^2 \times 5$

चूंकि उपरोक्त संख्या में जोड़े में गुणक नहीं हैं

छोटी वर्ग संख्या प्राप्त करने के लिए हम इसे 5 से गुणा करते हैं

$\Rightarrow (2)^2 \times (3)^2 \times 5 \times 5$

$\Rightarrow (2)^2 \times (3)^2 \times (5)^2$

$\Rightarrow 4 \times 9 \times 25$

$\Rightarrow 900$

$\therefore$ अंकों का योग $= 9 + 0 + 0 = 9$

अतः विकल्प (C) सही है।

58. माना, मोना का निवेश $= 100$ रु

सोनू का निवेश = 110 रुपये और

रघु का निवेश $= \dfrac{100}{90} \times 100 = \dfrac{1000}{9}$ रु

मोना का अनुपात, सोनू का और रघु का निवेश

$= 100 : 110 : \dfrac{1000}{9}$

$= 90 : 99 : 100$

अनुपातों का योग $= 90 + 99 + 100 = 289$

रघु का निवेश $= \left(\dfrac{100}{289} \times 5870\right)$ रु

$= 2000$ रु

अतः विकल्प (B) सही है।

59. दिया है:

A, B से दोगुना तेज है और B, C से तीन गुना तेज है।

C ने कुछ दूरी 54 मिनट में तय की।

उपयोग किया गया सूत्र:

गति = दूरी/समय

माना B द्वारा लिया गया समय t मिनट है।

$\Rightarrow$ A : B = 2 : 1, B : C = 3 : 1

$\Rightarrow$ A : B : C = (2 × 3) : (1 × 3) : (1 × 1)

$\Rightarrow$ A : B : C = 6 : 3 : 1

$\Rightarrow$ A, B और C के बीच गति का अनुपात = 6 : 3 : 1

$\Rightarrow$ समय का अनुपात $= \left(\dfrac{1}{6}\right) : \left(\dfrac{1}{3}\right) : 1$

$\Rightarrow$ A, B और C के बीच समय का अनुपात = 1 : 2 : 6

$\Rightarrow$ 6 इकाई = 54 मिनट

$\Rightarrow$ 1 इकाई = 9 मिनट

$\Rightarrow$ 2 इकाई = 18 मिनट

$\Rightarrow$ इसलिए, B द्वारा लिया गया समय = t = 18

अतः विकल्प (B) सही है।

60. दिया है:

A और B एक साथ किसी काम को 20 दिनों में पूरा कर सकते हैं।

1 दिन में A और B काम का भाग पूरा कर सकते हैं $= \dfrac{1}{20}$

A अकेले काम को 30 दिनों में कर सकता है।

1 दिन में A काम का भाग पूरा कर सकता है $= \dfrac{1}{30}$

$\therefore$ 1 दिन में B अकेले काम का भाग पूरा कर सकता है $= \dfrac{1}{20} - \dfrac{1}{30} = \dfrac{1}{60}$

$\therefore$ B अकेले काम को 60 दिनों में पूरा कर सकता है।

अतः विकल्प (B) सही है।

61. उपर्युक्त वाक्य के रिक्त स्थान में 'सर्जना' शब्द आएगा। अन्य विकल्प असंगत हैं। इसलिए, सही विकल्प 'सर्जना' है।

स्पष्टीकरण - सर्जना का सही अर्थ है कलात्मक रूप से किसी चीज का निर्माण करना, साहित्यकार भी कोई भी कविता या लेख, कहानी अपनी सर्जनात्मक प्रतिभा के आधार पर करता है जैसे उसकी शैली, शब्दों को अलंकारिक बनाना तथा जिस वातावरण में हम रह रहे है उससे अवगत कराना। इसलिए, अब हम यह कह सकते है की सर्जना के बिना साहित्य का सर्जन संभव नहीं है।

अन्य विकल्प:

मुमूर्षा का अर्थ है - मरने की इच्छा,

मुमुक्षा का अर्थ है - मोक्ष की कामना,

सिसृक्षा का अर्थ है - रचने या निर्माण करने की इच्छा

अतः विकल्प (A) सही है।

62. समाचार -पत्र जन -साधारण के विचारों को <u>अभिव्यक्त</u> करने का साधन है।

उपरोक्त विकल्पों में से अभिव्यक्त विकल्प सही है। क्योंकि समाचार -पत्र आधुनिक जीवन की आवश्यकता है और आज के जीवन की महान शक्ति है। समाचार -पत्र जन -साधारण के विचारों को अभिव्यक्त करने का साधन है। यह शब्द व्याकरणिक दृष्टि से सटीक है।

'अभिव्यक्त' का अर्थ 'प्रकट किया हुआ' है।

अतः विकल्प (B) सही है।

63. उपरोक्त विकल्पों के अनुसार उपरोक्त पंक्ति में उपयुक्त शब्द विख्यात है।

यथा - मंच पर अनेक विख्यात विद्वानों को देखकर दर्शकों ने प्रसन्नता प्रकट की। अन्य विकल्प असंगत हैं, अतः विख्यात विकल्प सटीक है।

अतः विकल्प (A) सही है।

64. 'यह पठित लोगों का समाज है।' अशुद्ध वाक्य है क्योंकि इसमें विशेषण संबंधी त्रुटि है।

वाक्य में 'पठित लोगों' के स्थान पर उचित विशेषण का प्रयोग नहीं है, उसके स्थान पर 'शिक्षित लोगों' विशेषण प्रयुक्त होगा।

शुद्ध वाक्य : यह शिक्षित लोगों का समाज है।

अतः विकल्प (A) सही है।

65. "बाद में जोड़ा गया अंश" - इस वाक्यांश के लिए एक शब्द है-प्रक्षिप्त।

प्रक्षिप्त -बाद में या पीछे से जोड़ा, अलग से, ऊपर से या बाहर से लाकर बढ़ाया या मिलाया हुआ।

उदाहरण : तुकाराम की गाथा में कुछ रचनाएँ प्रक्षिप्त हैं।

अतः विकल्प (A) सही है।

66. 'जो स्त्री सूर्य भी न देख सकें' के लिए एक शब्द 'असूर्यम्पश्या' है।

अतः विकल्प (D) सही है।

67. तुष्टिकरण शुद्ध वर्तनी वाला शब्द है।

अतः विकल्प (A) सही है।

68. 'अपमान' का पर्यायवाची शब्द 'अनादर' है।

'अपमान' का पर्यायवाची शब्द - अवज्ञा, अवहेलना, तिरस्कार, अवमानना, परिभव इत्यादि है।

अतः विकल्प (B) सही है।

69. 'भास्कर' का पर्यायवाची शब्द 'दिवाकर' है।

'भास्कर' का पर्यायवाची शब्द - सूरज, सूर्य, रवि, दिनकर, दिवाकर, प्रभाकर इत्यादि है।

अतः विकल्प (C) सही है।

70. मुहावरा: हाथ धोकर पीछे पड़ना

अर्थ: किसी काम में जी जान से जुट जाना

उदाहरण:

बिना किसी ठोस सबूत के इसके पीछे पागल कुत्ते की तरह हाथ धोकर पीछे पड़ना ठीक नहीं है।

अतः विकल्प (A) सही है।

71. निर्णय न होना, यहाँ सही विकल्प है। अन्य विकल्प असंगत है।

खटाई में पड़ना एक प्रचलित हिंदी मुहावरा है जिसका अर्थ किसी काम का अनिश्चित होने से है।

जैसे- इस बार की परीक्षा का परिणाम खटाई में पड़ गया है।

अतः विकल्प (D) सही है।

72. कुछ चाहे और वह मिल जाए उसको प्रतिस्थापित शब्द- अपेक्षित होगा।

अन्य विकल्प:

शब्द	वाक्यांश
आशुतोष	शीघ्र प्रसन्न होने वाला
आप्तकाम	जिसकी कामनाएं पूर्ण हो गईं हों

अपरिमेय	जो मापा न जा सके

अतः विकल्प (B) सही है।

73. किसी भी रूप में प्रेम का वर्णन नहीं किया जा सकता।- वाक्य में रेखांकित खंड को प्रतिस्थापित करने के लिए 'अवर्णनीय' शब्द उचित है। अन्य विकल्प अनुचित हैं।

- अनुपम - जिसकी कोई उपमा न हो
- अखंडनीय- जिसका खंड न हो सके
- अगाध- बहुत गहरा हो जो

अतः विकल्प (C) सही है।

74. 'उन्नति' शब्द शुद्ध वर्तनी रूप है; उन्नति का अर्थ 'प्रगति' है।

अतः विकल्प (D) सही है।

75. 'अन्यथा' शब्द शुद्ध वर्तनी रूप है; अन्यथा शब्द 'क्रिया विशेषण' है।

अतः विकल्प (C) सही है।

76. 'हवा' का समानार्थी शब्द ध्वज नहीं है।

'हवा' के समानार्थी शब्द - समीर, वात, मारुत, अनिल, पवमान, प्रभंजन, प्रवात, समीरण, मातरिश्वा, बयार, पवन, वायु इत्यादि है।

अतः विकल्प (D) सही है।

77. गद्यांश में दुनिया के कर्म प्रधान रूप का चित्रण हुआ है।

गद्यांश के अनुसार, कर्मों से बहुत कुछ बदला जा सकता है। दुनिया कर्म प्रधान है, कर्म से किस्मत को भी बदला जा सकता है। जरूरत है इसकी शक्ति को पहचानने और इसे पूर्ण निष्ठा और लगन से करने की।

अतः विकल्प (B) सही है।

78. 'कर्मठता' शब्द में भाववाचक संज्ञा है।

जिस शब्द से किसी वस्तु अथवा व्यक्ति के गुण, दशा, भाव, व्यापार, धर्म, अवस्था, स्वभाव का बोध होता हैं, उसे भाववाचक संज्ञा कहते हैं, जैसे-दया, सच्चाई, क्रोध, दरिद्रता, चढ़ाई आदि। अनेक भाववाचक संज्ञाएं व्यक्तिवाचक संज्ञा, जातिवाचक संज्ञा, सर्वनाम, क्रिया, विशेषण, क्रिया विशेषण तथा अव्ययों में प्रत्यय लगाकर बनती है:

- व्यक्तिवाचक संज्ञा से- शिव से शिवत्व, गाँधी से गाँधीवाद।
- जातिवाचक संज्ञा से- लड़का से लड़कपन, मित्र से मित्रता।
- सर्वनाम से- अपना से अपनापन, मम से ममता।
- क्रिया से- सजाना से सजावट, बहना से बहाव।
- विशेषण से- भोला से भोलापन, सरल से सरलता।
- अव्यय से-दूर से दूरी, समीप से सामीप्य।

अतः विकल्प (C) सही है।

79. उपर्युक्त प्रश्नानुसार रेखांकित शब्द 'किस्मत' के स्थान पर 'भाग्य' शब्द उपयुक्त होगा।

अतः विकल्प (B) सही है।

80. यहाँ 'जैसा बोओगे, वैसा काटोगे' से तात्पर्य जैसे कर्म होंगे, वैसा ही परिणाम मिलेगा।

गद्यांश के अनुसार, कृत्य के बारे में कहावत है कि जैसा बोओगे, वैसा काटोगे। कहते भी हैं कि बोया पेड़ बबूल का तो आम कहाँ से होए। गीता में भी कहा गया है कि इंसान को केवल कर्म का ही अधिकार है, उसके फल के बारे में चिंता करने का नहीं।

अतः विकल्प (C) सही है।

General Intelligence and Reasoning

Q.1 निर्देश: अक्षरों के उस संयोजन का चयन कीजिए, जिसे दी गई श्रृंखला के रिक्त स्थानों में क्रमबद्ध रूप से रखने पर श्रृंखला पूर्ण हो जाएगी।

D Q _ R _ D _ M R _ D _ M _ T

A. MQTTQR **B.** MTQRQT

C. MTQTRQ **D.** MTQTQR

Q.2 चार अक्षर समूह दिए गए हैं, जिनमें से तीन किसी तरह से समान हैं और एक असंगत है। उस असंगत अक्षर समूह का चयन कीजिए।

A. NRV **B.** QVB **C.** SXD **D.** YDJ

Q.3 निर्देश: उस विकल्प का चयन कीजिए, जिसका तीसरे पद से वही संबंध है, जो दूसरे पद का पहले पद से है।

BEGIN : EBGNI :: CADET : ?

A. ACTDE **B.** TEDCA **C.** ADFTE **D.** ACDTE

Q.4 एक निश्चित कूट भाषा में, PLAN को OBMQ लिखा जाता है, और NOT को UPO लिखा जाता है। उसी कूट भाषा में MOTHER को किस प्रकार लिखा जाएगा?

A. SFIUQM **B.** SFIUPN

C. SFIVQN **D.** SGIURN

Q.5 यदि ' A ' का अर्थ 'जोड़' है, ' B ' का अर्थ 'गुणा' है, ' C ' का अर्थ 'घटाना' है, और ' D ' का अर्थ 'विभाजन' है, तो निम्नलिखित व्यंजक का मान ज्ञात करें।

$$82\ A\ 126\ B\ 16\ D\ 112\ C\ 73$$

A. 52 **B.** 27 **C.** 72 **D.** 25

Q.6 ₹ 870 रुपये की धनराशि को उर्मी और कृपा के बीच क्रमशः $18:11$ के अनुपात में विभाजित किया जाता है, जबकि ₹ 960 की धनराशि को पूर्वी और मृणाल के बीच क्रमशः $5:7$ के अनुपात में विभाजित किया जाता है। चारों में से सर्वाधिक धनराशि किसे प्राप्त होती है?

A. उर्मी **B.** मृणाल **C.** कृपा **D.** पूर्वी

Q.7 निर्देश: उस विकल्प का चयन करें जिसमें दी गई आकृति सन्निहित है (आकृति को घुमाने की अनुमति नहीं है)।

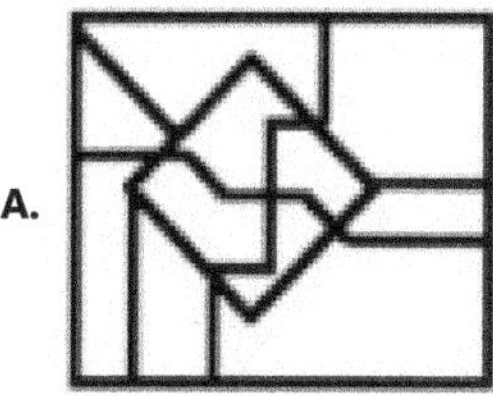
A.

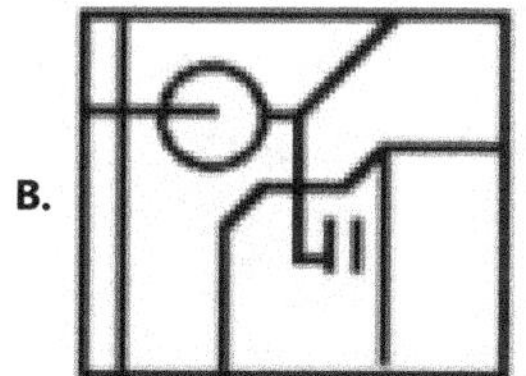
B.

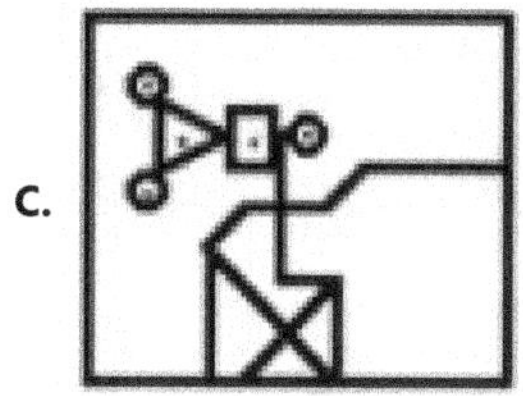
C.

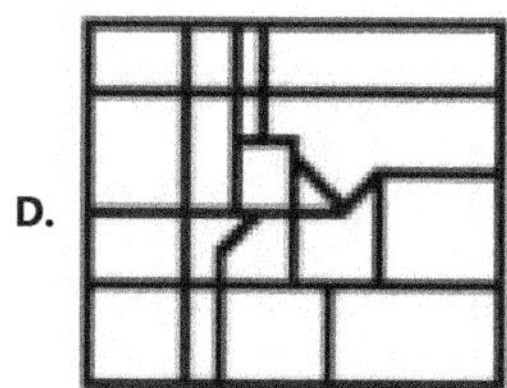
D.

Q.8 दी गई शीट को मोड़कर एक घन बनाया जाता है। इस प्रकार से बने घन में, उस अक्षर का चयन करें, जो अक्षर ' D ' दर्शाने वाले फलक के विपरीत वाले फलक पर होगा।

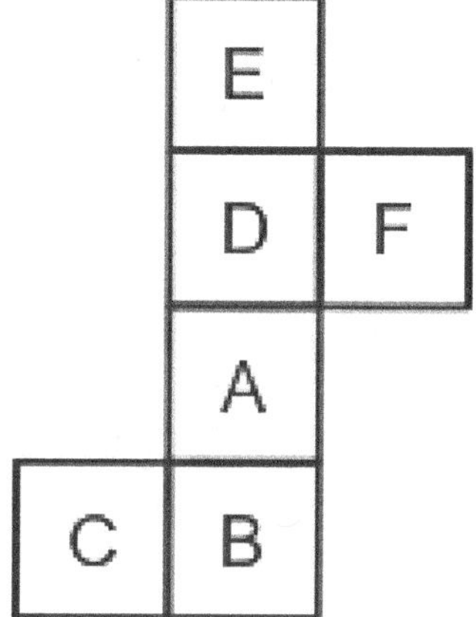

A. E **B.** B **C.** C **D.** F

Q.9 निर्देश: उस सही विकल्प का चयन कीजिए, जो दिए गए शब्दों के उस क्रम को दर्शाता है, जिस क्रम में वे अंग्रेज़ी शब्दकोश में मौजूद होते हैं।

1. Carpet, 2. Caring, 3. Carrot, 4. Creamy, 5. Creek

A. 2, 1, 3, 5, 4 **B.** 1, 2, 3, 4, 5

C. 2, 1, 3, 4, 5 **D.** 2, 3, 1, 4, 5

Q.10 एक कैफेटेरिया में, सात ग्राहक (B, G, H, K, L, M और N) तीन अलग-बलग बेंचों (X, Y और Z) पर बैठते हैं। प्रत्येक बेंच पर कम से कम दो ग्राहकों को बैठना है। ग्राहक G, ग्राहकों K, L और M के साथ नहीं बैठता है। ग्राहक B केवल ग्राहक N के साथ बैठता है। ग्राहक K अपने मित्रों के साथ बेंच X पर बैठता है। ग्राहक H बेंच Z पर बैठता है। किस बेंच पर तीन ग्राहक हैं?

A. केवल बेंच X **B.** बेंच X या बेंच Y

C. केवल बेंच Z **D.** केवल बेंच Y

Q.11 निर्देश: वर्गों के उस समुच्चय का चयन कीजिए जिनके मध्य के संबंध को दिए गए वेन आरेख द्वारा सर्वश्रेष्ठ रूप से निरूपित किया गया है।

A. दादा, माता, फार्मासिस्ट

B. कार्डियोलॉजिस्ट, वकील, प्रोफेसर

C. माताएं, महिलाएं, वकील
D. पुत्रियां, भाई, इंजीनियर

Q.12 निर्देश: दिए गए विकल्पों में से उस आकृति का चयन कीजिए, जो निम्नलिखित श्रृंखला में प्रश्नवाचक चिन्ह (?) के स्थान पर आ सकती है।

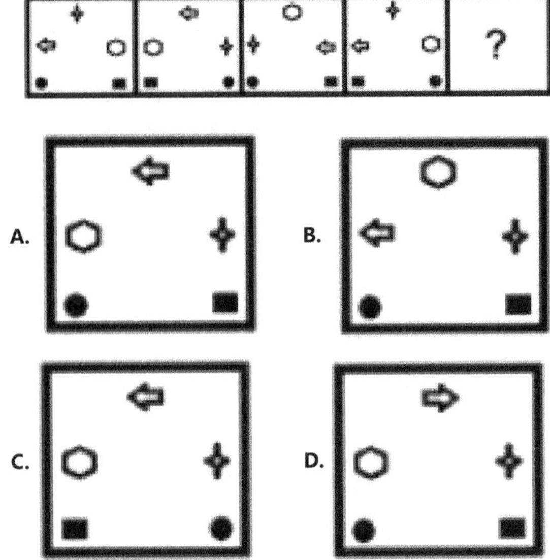

Q.13 निर्देश: दिए गए कथनों और निष्कर्षों का ध्यानपूर्वक अध्ययन कीजिए। यह मानते हुए कि कथनों में दी गई जानकारी सत्य है, भले ही वह सामान्य रूप से ज्ञात तथ्यों से भिन्न प्रतीत होती हो, तय कीजिए कि दिए गए निष्कर्षों में से कौन सा कथनों का तार्किक रूप से अनुसरण करता है।

कथन:
1. सभी बगीचे रिसॉर्ट हैं।
2. कोई रिसॉर्ट न्यायालय नहीं है।
3. सभी उद्यान न्यायालय हैं।

निष्कर्ष:
I. कोई न्यायालय बगीचा नहीं है।
II. कोई बगीचा उद्यान नहीं है।

A. कोई भी निष्कर्ष अनुसरण नहीं करता है
B. केवल निष्कर्ष I अनुसरण करता है
C. केवल निष्कर्ष II अनुसरण करता है
D. दोनों निष्कर्ष अनुसरण करते हैं

Q.14 निर्देश: निम्नलिखित आकृतियों में कागज के एक टुकड़े को मोड़ने का क्रम और उसे काटने की विधि दर्शाई गई है। इस कागज़ को खोलने पर यह कैसा दिखाई देगा?

 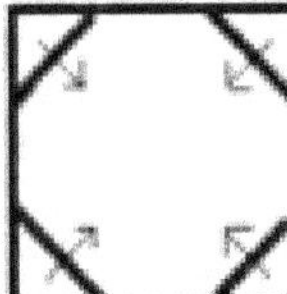 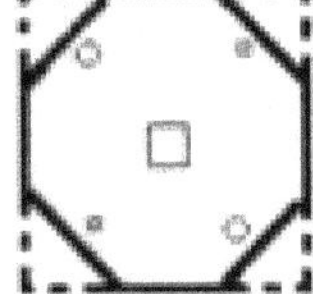

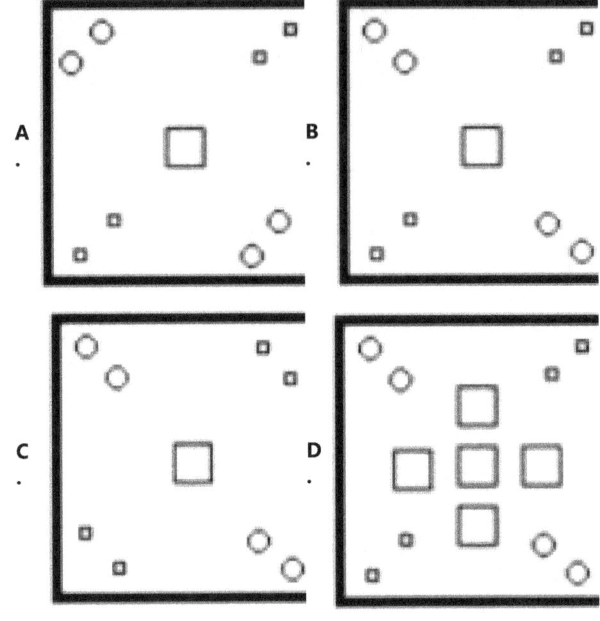

Q.15 निर्देश: दिए गए विकल्पों में से उस संख्या का चयन कीजिए जो निम्नलिखित श्रृंखला में प्रश्न चिह्न (?) को प्रतिस्थापित कर सकती है।

27, 41, 57, 76, 99, ?

A. 152   B. 114   C. 136   D. 127

Q.16 निर्देश: उस विकल्प का चयन कीजिए जिसका तीसरी संख्या से वही संबंध है, जो दूसरी संख्या का पहली संख्या से है और छठी संख्या का पाँचवीं संख्या से है।

6 : 4 : : 11 : ? : : 16 : 8

A. 6   B. 5   C. 8   D. 7

Q.17 एक निश्चित कूट भाषा में, 'NAUSEA' को '236943' और 'SYRUP' को '97165' के रूप में कूटबद्ध किया गया है। उसी भाषा में, 'SUPPRESS' को किस रूप में कूटबद्ध किया जाएगा?

A. 96552599   B. 86552489
C. 96441499   D. 96551499

Q.18 छह मित्र गोवर्धन, सरयू, रेखा, श्यामला, हेमा और गणेश एक टिकट काउंटर पर पंक्ति में खड़े हैं। सरयू और हेमा के बीच दो व्यक्ति हैं। रेखा ठीक हेमा और श्यामला के बीच में है। गोवर्धन के आगे केवल एक व्यक्ति है। गणेश जो कि पंक्ति के पिछले छोर से तीसरे स्थान पर है, ठीक गोवर्धन और हेमा के बीच में है। सरयू और हेमा के बीच में कौन-से दो व्यक्ति खड़े हैं?

A. गोवर्धन और रेखा   B. श्यामला और रेखा
C. गोवर्धन और गणेश   D. गणेश और श्यामला

Q.19 निर्देश: दिए गए विकल्पों में से उस संख्या का चयन कीजिए, जो निम्नलिखित श्रेणी में प्रश्नवाचक चिह्न (?) के स्थान पर आ सकती है।

23, 40, 74, 125, 193, ?

A. 270   B. 278   C. 290   D. 225

Q.20 एक निश्चित कूट भाषा में, 'POUR' को 'OPRU' और 'TACKLE' को 'ATKCEL' के रूप में लिखा जाता है। उसी भाषा में 'FORMATIONS' कैसे लिखा जाएगा?

A. OFNRTAONSI   B. OFMTRAOISO
C. MFPRTAOKSN   D. OFMRTAOISN

Q.21 निर्देश: उस विकल्प का चयन कीजिए जिसमें दी गई संख्याएँ आपस में उसी तरह से संबंधित हैं जिस प्रकार दिए गए समुच्चय की संख्याएँ आपस में संबंधित हैं।

(12,14,56)

A. (16,18,96)   B. (24,16,214)
C. (10,16,82)   D. (14,20,145)

Q.22 निर्देश: दिए गए विकल्पों में से उस अक्षर-समूह का चयन कीजिए जो निम्न श्रृंखला में प्रश्नवाचक चिह्न (?) के स्थान पर आ सकता है।

BEI, EHL, HKO, KNR, ?

A. NPS   B. NRU   C. NQU   D. NQT

Q.23 रोशन, कृप का भाई है, जो प्रांजल का पुत्र है। वैष्णवी, आयुष की पत्नी हैं। प्रमिला, देविका की पुत्री है। देविका, आयुष की दादी है, जो रोशन का बेटा है। रोशन का प्रमिला से क्या संबंध है?

A. ससुर   B. पिता
C. भाई   D. भतीजा/भांजा

Q.24 निर्देश: यदि दर्पण को दिए गए संयोजन के दाईं ओर रखा जाए, तो संयोजन के दर्पण में निर्मित सही प्रतिबिंब का चयन कीजिए।

detA9P

A.
B.
C.
D.

Q.25 'अमीटर', 'धारा' से उसी प्रकार संबंधित है जैसे 'एनीमोमीटर', '________' से संबंधित है।

A. तापमान   B. विभवांतर
C. जल   D. वायु की गति और दिशा

General Knowledge and General Awareness

Q.26 भारत में वन (संरक्षण) अधिनियम वर्ष ________ में पारित किया गया था।

A. 1976   B. 1988   C. 1980   D. 1974

Q.27 'प्रधान मंत्री जीवन ज्योति बीमा योजना' किस वर्ष शुरू की गई थी?

A. 2018   B. 2014   C. 2015   D. 2017

Q.28 निम्नलिखित में से किस वेब श्रृंखला ने 48वें अंतर्राष्ट्रीय ऐमी पुरस्कार 2020 में 'सर्वश्रेष्ठ ड्रामा सीरीज़' का पुरस्कार जीता?

A. आश्रम   B. मेड इन हेवन
C. दिल्ली क्राइम   D. मिर्जापुर

Q.29 निम्नलिखित में से कौन सा कार्य मेडुला ऑब्लांगेटा (medulla oblongata) द्वारा नियंत्रित नहीं होता है?

A. छींकना   B. उल्टी करना
C. ताली बजाना   D. खाँसना

Q.30 निम्नलिखित में से किस झील का निर्माण अत्यंतनूतन युग के दौरान उल्का प्रभाव द्वारा हुआ था?

A. वेम्बनाड झील, केरल   B. चिल्का झील, ओडिशा
C. लोकटक झील, मणिपुर   D. लोनार झील, महाराष्ट्र

Q.31 निम्नलिखित में से किस देश ने जून 2021 में आयोजित G7 लीडर्स समिट की अध्यक्षता की?

A. कोरिया गणराज्य   B. यूनाइटेड किंगडम
C. भारत   D. ऑस्ट्रेलिया

Q.32 सांप्रदायिक समस्याओं पर गांधी-जिन्ना वार्ता के टूटने के बाद एक न्यायिक ढांचे में सांप्रदायिक मामले की जांच करने के लिए नवंबर 1944 में गैर-दलीय सम्मेलन की स्थायी समिति द्वारा किस समिति को नियुक्त किया गया था?

A. जाकिर हुसैन समिति

B. सप्रू समिति

C. सरदार पटेल समिति

D. बलवंत राय मेहता समिति

Q.33 17 सितंबर, 2020 को, अंतर्राष्ट्रीय टेनिस महासंघ (ITF) ने यह घोषणा की, कि महासंघ या 'फेड' कप को अब महान महिला टेनिस खिलाड़ी के सम्मान में ________ के रूप में जाना जाएगा।

A. माटिना नवरातिलोवा कप

B. बिली जीन किंग कप

C. क्रिस एवर्ट कप

D. स्टेफी ग्राफ कप

Q.34 सम्राट ________ ने मुहम्मद हुसैन अल-कातिब कश्मीरी को उनकी सुंदर लिखावट के लिए ज़रीन कलम (Zarin Qalam) या स्वर्ण कलम की उपाधि से सम्मानित किया।

A. शाहजहाँ   B. जहाँगीर   C. औरंगजेब   D. अकबर

Q.35 निम्न में से कौन नवंबर 2020 तक नेपाल की क्रिकेट टीम का कप्तान था?

A. ज्ञानेंद्र मल्ला   B. रोहित पौडेल
C. संदीप लामिछाने   D. दीपेन्द्र सिंह ऐरी

Q.36 अक्टूबर 2020 में, अपनी महिला यात्रियों की सुरक्षा के लिए भारतीय रेलवे द्वारा शुरू की गई पहल का नाम क्या था?

A. नारी सेवा   B. मेरी सहेली
C. नारी सहायक   D. नारी शक्ति

Q.37 जब भारत के संविधान का मसौदा तैयार किया जा रहा था, संविधान सभा को उस अशांति को ध्यान में रखना था जिससे भारत गुजर रहा था। उस परिदृश्य में निम्नलिखित में से कौन सा मुद्दा प्रासंगिक नहीं था?

A. लोगों की सामाजिक-आर्थिक स्थिति बहुत अनुकूल थी।

B. रियासतें अपने भविष्य के बारे में अनिश्चित थीं।

C. देश कई अलग-अलग समुदायों से बना था।

D. भारत और पाकिस्तान के विभाजन की पुष्टि हुई थी।

Q.38 कदमाई ____ राजवंश के तहत भू-राजस्व का एक रूप था।

A. चोल   B. कुषाण   C. चालुक्य   D. गुप्त

Q.39 अरुणाचल के फिल्म निर्माता को 2020 में ____ पर एक वृत्तचित्र (डाक्यूमेंट्री) के लिए प्रतिष्ठित दादा साहेब फाल्के पुरस्कार प्राप्त हुआ था।

A. नाव की सवारी   **B.** शहद निकालने
C. जानवरों के शिकार   **D.** पक्षी देखना

Q.40 निम्नलिखित में से कौन सी, 'ठोस' की विशेषता नहीं है?
A. ठोस का एक निश्चित आयतन होता है।
B. ठोस को आसानी से संपीडित किया जा सकता है।
C. बल के अधीन होने पर ठोस टूट सकता है।
D. ठोस के आकार को बदलना मुश्किल है, इसलिए वे कठोर होते है।

Q.41 7 सितंबर 2021 को, नासा (NASA) ने घोषणा की कि पर्सीवरेंस रोवर ने मंगल ग्रह की _____ के पहले नमूने के संग्रह का कार्य पूर्ण कर लिया है।
A. मृदा   **B.** धूल   **C.** चट्टान   **D.** बर्फ

Q.42 हम हिंदू कैलेंडर के अनुसार 'होली' का त्योहार किस दिन मनाते हैं?
A. पूर्णिमा के एक दिन बाद   **B.** अमावस्या के दिन
C. पूर्णिमा से एक दिन पहले   **D.** पूर्णिमा के दिन

Q.43 27 नवंबर 2020 तक, भारत का विदेशी मुद्रा भंडार लगभग _____ बिलियन था।
A. $774   **B.** $574   **C.** $474   **D.** $374

Q.44 निम्नलिखित में से कौन सी घटना वर्ष 1856 में हुई थी?
A. तात्या टोपे को पकड़ लिया गया, भागने की कोशिश की और मार डाला गया।
B. अवध पर ब्रिटिश ईस्ट इंडिया कंपनी ने कब्जा कर लिया था।
C. मंगल पांडे को फांसी दी गई।
D. बहादुर शाह जफर को रंगून की जेल मेज दिया गया।

Q.45 निम्न में से कौन-सा 1865 में स्थापित भारत का सबसे पुराना संयुक्त स्टॉक बैंक है?
A. स्टेट बैंक ऑफ त्रावणकोर
B. देना बैंक
C. केनरा बैंक
D. इलाहाबाद बैंक (अब इंडियन बैंक)

Q.46 निम्नलिखित में से कौन सा एक एककोशिकीय जीव है?
A. लाल शैवाल
B. मांसपेशियों की कोशिकाएं
C. कवक
D. जीवाणु

Q.47 शास्त्रीय गायिका, गिरिजा देवी हिंदुस्तानी शास्त्रीय संगीत के किस स्वरूप में पारंगत थीं?
A. तराना   **B.** ध्रुपद   **C.** ठुमरी   **D.** खयाल

Q.48 2011 की जनगणना के अनुसार भारत के निम्नलिखित में से किस राज्य में जनसंख्या का सबसे अधिक घनत्व था?
A. सिक्किम   **B.** बिहार
C. मध्य प्रदेश   **D.** उत्तर प्रदेश

Q.49 200 एक दिवसीय अंतरराष्ट्रीय (ODI) मैच खेलने वाली पहली भारतीय महिला क्रिकेटर निम्नलिखित में से कौन है?
A. अनुजा पाटिल   **B.** मिताली राज
C. पूनम यादव   **D.** दीप्ति शर्मा

Q.50 निम्नलिखित में से कौन-सी नदी तिब्बत, भारत और बांग्लादेश से होकर बहती है?
A. ब्रह्मपुत्र   **B.** यमुना   **C.** नर्मदा   **D.** गंगा

Elementary Mathematics

Q.51 वरुण ने एक थोक व्यापारी से पर्दे का कपड़ा खरीदा, जिसके अंकित मूल्य पर 20% की छूट थी। फिर उसके उस कपड़े पर, उसके मूल अंकित मूल्य से 20% अधिक मूल्य अंकित किया और उस पर 10% की छूट दी। उसका प्रतिशत लाभ कितना है?
A. 25   **B.** 20   **C.** 30   **D.** 35

Q.52 $85 \div 17$ का $4 - [65 \div 13$ का $2 - 14 \times (19 - 25) \div 12 - 10]$ का $\frac{2}{3}$ का मान ज्ञात कीजिए।
A. $\frac{11}{12}$ **B.** $\frac{3}{2}$ **C.** $\frac{7}{6}$ **D.** $\frac{19}{12}$

Q.53 एक संख्या के दो-तिहाई के तीन-बटे आठ का एक बटे पांच, 20 है। उस संख्या का 60% कितना होगा?
A. 120   **B.** 156   **C.** 365   **D.** 240

Q.54 किसी स्कूल में लड़कियों और लड़कों की संख्या का अनुपात $2:7$ है। यदि लड़कियों और लड़कों की संख्या में क्रमशः 15% और 20% की वृद्धि हो जाती है, तो नया अनुपात कितना होगा?
A. 23:84   **B.** 19:14   **C.** 24:71   **D.** 21:22

Q.55 एक व्यापारी अंकित मूल्य पर 10% की छूट देता है और फिर भी पूरे सौदे में 8% का लाभ अर्जित करता है। वह अपनी वस्तु पर क्रय मूल्य से कितने प्रतिशत अधिक मूल्य अंकित करता है?
A. 35%   **B.** 25%   **C.** 18%   **D.** 20%

Q.56 रोहित एक कार्य को 32 दिन में पूरा कर सकता है, जबकि राज इसे स्वयं 48 दिन में पूरा कर सकता है। उन्होंने एक साथ कार्य प्रारंभ किया किन्तु कार्य समाप्त होने से 8 दिन पूर्व रोहित चला गया। उन्होंने कितने दिन एक साथ कार्य किया?
A. 18   **B.** 12   **C.** 15   **D.** 16

Q.57 A और B की औसत मासिक आय ₹ $4,500$ है। B और C की औसत मासिक आय ₹ $5,600$ है, और A और C की औसत मासिक आय ₹ $4,800$ है। B की मासिक आय ज्ञात करें।
A. ₹ 6,900   **B.** ₹ 4,750   **C.** ₹ 3,700   **D.** ₹ 5,300

Q.58 एक व्यक्ति अपनी आय का 12% बचाता है। एक वर्ष के बाद, उसकी आय में 25% की वृद्धि होती है, लेकिन वह अभी भी उतनी ही राशि बचा पाता है। उसके व्यय में हुई प्रतिशत वृद्धि कितनी है?
A. 27.4%   **B.** 28.4%   **C.** 25.4%   **D.** 33%

Q.59 दो मित्र A और B, एक व्यवसाय में $3:4$ के अनुपात में निवेश करते हैं। A ने दो महीने पहले अपना हिस्सा वापस ले लिया। एक वर्ष के अंत में, कुल लाभ ₹ $2,600$ था। A के लाभ का हिस्सा ज्ञात करें।
A. ₹ 750   **B.** ₹ 1,000   **C.** ₹ 800   **D.** ₹ 1,110

Q.60 25% और 10% की दो क्रमिक छूटों के समतुल्य एकल छूट ज्ञात करें।
A. 28%   **B.** 40.25%   **C.** 32.5%   **D.** 45.5%

Q.61 दो लंब वृत्तीय शंकुओं, C और D की त्रिज्याओं का अनुपात $2:3$ है और उनकी ऊँचाइयों का अनुपात $3:2$ है। शंकु D के आयतन का, शंकु C के आयतन से अनुपात ज्ञात करें।
A. 4:3   **B.** 2:3   **C.** 3:4   **D.** 3:2

Q.62 $\left[7\frac{1}{2}\text{का } \frac{2}{5} \div \frac{3}{4} - \frac{3}{4} \times 1\frac{1}{2} \div 2\frac{1}{4}\right] / \left[5\frac{1}{2} \div \frac{3}{8} \text{ का } 3\frac{2}{3}\right]$ मान ज्ञात कीजिए।

A. $\frac{3}{4}$ **B.** $\frac{1}{2}$ **C.** $\frac{7}{8}$ **D.** $\frac{5}{3}$

Q.63 एक परिवार में 5 व्यक्ति चीनी की खरीद पर 10% खर्च करते हैं। चीनी के मूल्य में 10% की वृद्धि हुई। व्यय में वृद्धि न होने देने के लिए चीनी की खपत में प्रतिशत कमी क्या होनी चाहिए?

A. 11% **B.** $9\frac{1}{11}\%$ **C.** 10% **D.** 9%

Q.64 एक राशि चक्रवृद्धि ब्याज पर 3 वर्षों में स्वयं का सात गुना हो जाती है। तो कितने वर्षों में यह स्वयं का 2401 गुना हो जाएगी?

A. 9 **B.** 12 **C.** 18 **D.** 15

Q.65 9 सेमी व्यास वाले किसी अर्धगोलाकार कटोरे में अधिकतम लगभग कितने L (लीटर) दूध आ सकता है?

A. 0.191 लीटर **B.** 0.90 लीटर
C. 0.0191 लीटर **D.** 1.90 लीटर

Q.66 कार्तिकेय के 2% वार्षिक ब्याज की दर से चक्रवृदि ब्याज पर 3 वर्ष के लिए सावधि जमा योजना में ₹ $9,000$ की राशि का निवेश किया। सावधि जमाराशि की परिपक्वता पर उसे कितनी राशि (दशमलव के दो स्थानों तक सही) मिलेगी?

A. ₹ 9,650 **B.** ₹ 10,255.25
C. ₹ 9,525.50 **D.** ₹ 9,550.87

Q.67 ₹ $1,575$ में 90 पेन बेचकर एक दुकानदार को 30% की हानि होती है। 18% का लाभ अर्जित करने के लिए उसे ₹ 708 में कितने पेन बेचने होंगे?

A. 30 **B.** 20 **C.** 24 **D.** 25

Q.68 वह छोटी से छोटी संख्या ज्ञात कीजिए जो एक पूर्ण वर्ग हो और निम्नलिखित प्रत्येक संख्या से विभाज्य हो।

$15,24$ और 36

A. 3600 **B.** 1600 **C.** 900 **D.** 6400

Q.69 पाइप A और B एक टैंक को क्रमशः 18 घंटे और 27 घंटे में भर सकते हैं। यदि दोनों पाइपों को प्रति घंटे एक के बाद एक क्रमिक रूप से खोला जाता है और एक समय में एक ही पाइप खोला जाता है और पहले घंटे के लिए पाइप A को खोला जाता है, तो टैंक को पूरी तरह से भरने में कितने घंटे लगेंगे?

A. 21 **B.** $20\frac{1}{2}$ **C.** 20 **D.** $21\frac{1}{2}$

Q.70 एक निश्चित धनराशि के लिए 2 वर्षों का साधारण ब्याज ₹ 80 है और उसी अवधि के लिए और उसी ब्याज दर पर चक्रवृद्धि ब्याज ₹ 85 है। वार्षिक ब्याज दर ज्ञात करें।

A. 7.5% **B.** 8.5% **C.** 12.5% **D.** 5.5%

Q.71 6 व्यक्तियों का औसत वजन 1.5 किग्रा बढ़ जाता है जब उनमें से 45 किग्रा वजन वाले व्यक्ति के स्थान पर एक नया व्यक्ति आता है। नए व्यक्ति का वजन कितना होना चाहिए?

A. 54 किग्रा **B.** 55 किग्रा **C.** 50 किग्रा **D.** 48 किग्रा

Q.72 यदि $0.35 : x :: 5 : 6$ है, तो x का मान कितना है?

A. 0.48 **B.** 0.42 **C.** 0.34 **D.** 0.44

Q.73 एक मोटरकार के 60 किमी/घंटा की चाल से चलना प्रारंभ किया, और इसकी चाल प्रत्येक 3 घंटे पर 20 किमी/घंटा बढ़ाई जाती है। 470 किमी की दूरी तय करने में इसे कितने घंटे लगेंगे?

A. $6\frac{1}{4}$ **B.** $5\frac{2}{3}$ **C.** 7 **D.** $6\frac{1}{2}$

Q.74 यदि $9987693 \times 6432 \times 7695$ को 10 से भाग दिया जाता है, तो शेषफल कितना बचेगा?

A. 6 **B.** 0 **C.** 1 **D.** 9

Q.75 एक आदमी एक निश्चित दूरी के दो-तिहाई भाग को 70 किमी/घंटा की चाल से और शेष दूरी को 50 किमी/घंटा की चाल से तय करता है। पूरी यात्रा में उसे $6\frac{4}{5}$ घंटे का समय लगता है। 56 किमी/घंटा की चाल से, वह पूरी दूरी कितने समय में तय कर पाएगा?

A. 7 घंटे **B.** $8\frac{1}{3}$ घंटे **C.** $7\frac{1}{2}$ घंटे **D.** 8 घंटे

Hindi

Q.76 निर्देश: दिए गए शब्द के समानार्थी शब्द का चयन करें।
नौका

A. तरणी **B.** कलापी **C.** चपला **D.** धरनी

Q.77 निराधार - रेखांकित शब्द का शब्द समूह बताइए।

A. जो दर्द से भरा हो
B. जिसका कोई आधार नहीं।
C. जिसका आधार हो
D. जो पढ़ा-लिखा न हो

Q.78 निर्देश: दिए गए वाक्य में रेखांकित खंड को प्रतिस्थापित करने के लिए सबसे उपयुक्त विकल्प का चयन करें। यदि इसे प्रतिस्थापित करने की आवश्यकता नहीं है, तो विकल्प 'किसी बदलाव की आवश्यकता नहीं है' का चयन करें।
मैं गाने की कसरत कर रहा हूँ।

A. गाने की रियाज़
B. किसी बदलाव की आवश्यकता नहीं है।
C. गाने कि प्रयत्न
D. गाने कि पहल

Q.79 'अतिथि की सेवा करने वाला' वाक्यांश के लिए एक शब्द होगा-

A. आतिथ्य **B.** आतिथेयी **C.** अनुचर **D.** अतिथि

Q.80 निर्देश: दिये गये वाक्य में रेखांकित अंश को प्रतिस्थापित करने के लिए सबसे उपयुक्त विकल्प का चयन करें।
तुम्हें ऐसा नहीं बोलना चाहिए।

A. भूकना **B.** कहना **C.** उगलना **D.** चिल्लाना

Q.81 'मन मैला करना' मुहावरे का सही अर्थ क्या है?

A. ईर्ष्या करना **B.** दोषारोपण करना
C. घृणा करना **D.** खिन्न होना

Q.82 निर्देश: दिये गये वाक्य के किस भाग में त्रुटि है?
अब आज से इस प्रकार की गलती मत करना।

A. की गलती **B.** मत करना।
C. इस प्रकार **D.** अब आज से

Q.83 निम्नलिखित में से शुद्ध वर्तनी वाला शब्द कौन सा है?

A. संसारिक **B.** सांसारिक **C.** सांसारिक **D.** संसारिक

Q.84 निम्नलिखित में से शुद्ध वर्तनी वाला शब्द कौन सा है?

A. नमष्कार   **B.** नमस्कार   **C.** नमश्कार   **D.** नमोष्कार

Q.85 निर्देश: रिक्त स्थान को भरने के लिए सबसे उपयुक्त शब्द का चयन करें।

बन्दूक एक बहुत ही उपयोगी ___________ है।

A. वस्त्र   **B.** शास्त्र   **C.** शस्त्र   **D.** सर्वत्र

Q.86 'किसी बड़े और महत्वपूर्ण कार्य का स्मरण चिह्न या रचना' इस वाक्यांश के लिए एक सार्थक शब्द दीजिए।

A. सम्मान   **B.** यश   **C.** कीर्ति   **D.** श्रेय

Q.87 'निर्जीव' का विलोम शब्द होगा-

A. सजीव   **B.** अजीव   **C.** सहजीव   **D.** सगुण

Q.88 'डेढ़ चावल की खिचड़ी पकाना' इस मुहावरे के उचित अर्थ का चयन कीजिए।

A. छोटी उम्र में अधिक ज्ञानी होना
B. अत्यधिक आभाव होना
C. बहुमत से अलग रहना
D. बहुमत का सम्मन करना

Q.89 निर्देश: रिक्त स्थान भरने के लिए सबसे उपयुक्त शब्द का चयन करें।

___________ खाना तैयार करती हैं।

A. भैया   **B.** लड़की   **C.** बहू   **D.** बहुएँ

Q.90 निर्देश: दिए गए वाक्य का वह भाग ज्ञात करें जिसमें कोई त्रुटि है। यदि कोई त्रुटि नहीं है, तो कोई त्रुटि नहीं हैं चुनें।

मैं (1)/ सप्रमाण सहित/ (2) बता रहा हूँ। (3)/ कोई त्रुटि नहीं है। (4)

A. 4   **B.** 2   **C.** 3   **D.** 1

Q.91 'श्रव्य' का विलोम शब्द होगा-

A. अलौकिक   **B.** दृश्य   **C.** अदृश्य   **D.** कटु

Q.92 निर्देश: दिए गए वाक्य में रेखांकित खंड को प्रतिस्थापित करने के लिए सबसे उपयुक्त विकल्प का चयन करें। यदि इसे प्रतिस्थापित करने की आवश्यकता नहीं है, तो विकल्प 'किसी बदलाव की आवश्यकता नहीं है' का चयन करें।

घनी झाड़ियों के पीछे छिपकर बैठी बिल्ली कुत्ते की जाने की प्रतीक्षा करने लगी।

A. कुत्ते के जाने की प्रतीक्षा करने लगी।
B. किसी बदलाव की आवश्यकता नहीं है।
C. कुत्ते के जाने में प्रतीक्षा करने लगे।
D. कुत्ते के जाने की प्रतीक्षा करने लगा।

Q.93 निर्देश: दिए गए शब्द के समानार्थी शब्द का चयन करें।

आनंद

A. आह्लाद   **B.** संस्कार   **C.** संवाद   **D.** पुरस्कार

Q.94 निर्देश: रिक्त स्थान को भरने के लिए सबसे उपयुक्त शब्द का चयन करें।

क्रोध और लोभ, व्यक्ति के ___________ हैं।

A. अजातशत्रु   **B.** चिर शत्रु   **C.** चिरमित्र   **D.** महान गुरु

Q.95 निर्देश: दिए गए वाक्य का वह भाग ज्ञात करें जिसमें कोई त्रुटि है। यदि कोई त्रुटि नहीं है, तो 'कोई त्रुटि नहीं है' चुनें।

किसी भी भाषा की (1)/ वर्तनी सबसे अधिक (2)/ महत्व की चीज है (3)/ कोई त्रुटि नहीं है (4)

A. 4   **B.** 3   **C.** 2   **D.** 1

Ques (96-100):निर्देश: निम्नलिखित गद्यांश को पढ़िए और दिए गए प्रश्नों के उत्तर दीजिए।

शंका नैराश्य का लक्षण नहीं, आशा का ही स्रोत है। असल में जिन चीजों के बारे में हमें (1)___________ नहीं होती, उनकी असलियत तक पहुंचना भी हमारे लिए दुश्वर होता है। शंका मनुष्य को (2)___________ रहती है, शंका कठिनाई के भीतर से चलकर (3)___________ तक पहुंचने की राह है। शंका को सही बिंदु से देखकर उसका (4)___________ खोजने की कोशिश करना विद्वता की सबसे बड़ी पहचान है। विश्वास की अंधता में सो जाने की अपेक्षा शंका के (5)___________ पर चलते रहना धर्म की कहीं बड़ी पहचान है।

Q.96 गद्यांश के रिक्त स्थान (1) के लिए सर्वाधिक उपयुक्त शब्द होगा-

A. चिंता   **B.** ईष्ष्या   **C.** शंका   **D.** लज्जा

Q.97 गद्यांश के रिक्त स्थान (2) के लिए सर्वाधिक उपयुक्त शब्द होगा-

A. जलाये   **B.** भगाये   **C.** जगाये   **D.** सुलाये

Q.98 गद्यांश के रिक्त स्थान (3) के लिए सर्वाधिक उपयुक्त शब्द होगा-

A. निर्णय   **B.** साधन   **C.** सत्य   **D.** लक्ष्य

Q.99 गद्यांश के रिक्त स्थान (4) के लिए सर्वाधिक उपयुक्त शब्द होगा-

A. अवदान   **B.** समाधान   **C.** प्रभाव   **D.** परिणाम

Q.100 गद्यांश के रिक्त स्थान (5) के लिए सर्वाधिक उपयुक्त शब्द होगा-

A. फूल   **B.** धूल   **C.** शरीर   **D.** शूल

// स्मार्ट उत्तर पुस्तिका //

सही उत्तर — उन छात्रों का प्रतिशत जिन्होंने प्रश्नों का सही उत्तर दिया था। **छोड़ दिया** — उन छात्रों का प्रतिशत जिन्होंने प्रश्नों को छोड़ दिया था।

प्रश्न संख्या	उत्तर	सही उत्तर / छोड़ दिया	प्रश्न संख्या	उत्तर	सही उत्तर / छोड़ दिया	प्रश्न संख्या	उत्तर	सही उत्तर / छोड़ दिया	प्रश्न संख्या	उत्तर	सही उत्तर / छोड़ दिया	प्रश्न संख्या	उत्तर	सही उत्तर / छोड़ दिया
1	D	54.55 % / 18.18 %	17	D	58.18 % / 25.46 %	33	B	9.09 % / 30.91 %	49	B	49.09 % / 29.09 %	65	A	9.09 % / 41.82 %
2	A	50.91 % / 20.0 %	18	C	20.0 % / 21.82 %	34	D	5.45 % / 30.91 %	50	A	36.36 % / 29.09 %	66	D	9.09 % / 43.64 %
3	D	65.45 % / 21.82 %	19	B	49.09 % / 20.0 %	35	A	9.09 % / 29.09 %	51	D	9.09 % / 40.0 %	67	C	9.09 % / 43.64 %
4	B	27.27 % / 23.64 %	20	D	69.09 % / 20.0 %	36	B	9.09 % / 29.09 %	52	D	1.82 % / 41.82 %	68	A	30.91 % / 43.64 %
5	B	32.73 % / 16.36 %	21	A	43.64 % / 23.63 %	37	A	12.73 % / 29.09 %	53	D	20.0 % / 41.82 %	69	D	9.09 % / 38.18 %
6	B	32.73 % / 21.82 %	22	C	58.18 % / 21.82 %	38	A	16.36 % / 29.09 %	54	A	20.0 % / 45.45 %	70	C	14.55 % / 38.18 %
7	D	30.91 % / 23.64 %	23	C	23.64 % / 21.81 %	39	B	5.45 % / 29.1 %	55	D	5.45 % / 40.0 %	71	A	12.73 % / 40.0 %
8	B	56.36 % / 20.0 %	24	A	61.82 % / 21.82 %	40	B	29.09 % / 29.09 %	56	D	5.45 % / 41.82 %	72	B	27.27 % / 45.46 %
9	C	41.82 % / 21.82 %	25	D	36.36 % / 21.82 %	41	C	10.91 % / 29.09 %	57	D	9.09 % / 45.46 %	73	D	14.55 % / 36.36 %
10	A	20.0 % / 20.0 %	26	C	9.09 % / 30.91 %	42	D	20.0 % / 29.09 %	58	B	10.91 % / 45.45 %	74	B	25.45 % / 43.64 %
11	C	47.27 % / 14.55 %	27	C	16.36 % / 29.09 %	43	B	18.18 % / 29.09 %	59	B	3.64 % / 45.45 %	75	C	7.27 % / 43.64 %
12	A	36.36 % / 20.0 %	28	C	5.45 % / 30.91 %	44	B	16.36 % / 30.91 %	60	C	23.64 % / 43.63 %	76	A	36.36 % / 38.19 %
13	D	40.0 % / 20.0 %	29	C	12.73 % / 29.09 %	45	D	27.27 % / 29.09 %	61	D	5.45 % / 41.82 %	77	B	47.27 % / 38.18 %
14	B	47.27 % / 21.82 %	30	D	14.55 % / 29.09 %	46	D	18.18 % / 30.91 %	62	C	12.73 % / 43.63 %	78	A	34.55 % / 40.0 %
15	D	52.73 % / 18.18 %	31	B	16.36 % / 29.09 %	47	C	9.09 % / 29.09 %	63	B	14.55 % / 38.18 %	79	B	16.36 % / 40.0 %
16	A	25.45 % / 21.82 %	32	B	12.73 % / 30.91 %	48	B	27.27 % / 29.09 %	64	B	9.09 % / 43.64 %	80	B	47.27 % / 40.0 %

प्रश्न संख्या	उत्तर	सही उत्तर / छोड़ दिया
81	D	1.82 % 40.0 %
82	D	45.45 % 40.0 %
83	C	23.64 % 40.0 %
84	B	49.09 % 40.0 %

प्रश्न संख्या	उत्तर	सही उत्तर / छोड़ दिया
85	C	50.91 % 40.0 %
86	C	14.55 % 40.0 %
87	A	50.91 % 40.0 %
88	C	20.0 % 40.0 %

प्रश्न संख्या	उत्तर	सही उत्तर / छोड़ दिया
89	D	16.36 % 40.0 %
90	B	38.18 % 40.0 %
91	B	5.45 % 40.0 %
92	A	43.64 % 40.0 %

प्रश्न संख्या	उत्तर	सही उत्तर / छोड़ दिया
93	A	30.91 % 40.0 %
94	B	29.09 % 40.0 %
95	A	12.73 % 40.0 %
96	C	30.91 % 40.0 %

प्रश्न संख्या	उत्तर	सही उत्तर / छोड़ दिया
97	C	29.09 % 40.0 %
98	C	20.0 % 43.64 %
99	B	38.18 % 43.64 %
100	D	27.27 % 41.82 %

//संकेत और समाधान//

1. दी गई श्रृंखला: D Q _ R _ D _ M R _ D _ M _ T

विकल्प (A): M Q T T Q R → D Q M R Q - D T M R T - D Q M R T

विकल्प (B): M T Q R Q T → D Q M R T - D Q M R R - D Q M T T

विकल्प (C): M T Q T R Q → D Q M R T - D Q M R T - D R M Q T

विकल्प (D): M T Q T Q R → D Q M R T - D Q M R T - D Q M R T

विकल्प (D) में, DQMRT को दोहराया जाता है।

अतः विकल्प (D) सही है।

2. यहाँ अनुसरित तर्क है:

विकल्प (A): NRV → N + 4 = R; R + 4 = V

विकल्प (B): QVB → Q + 5 = V; V + 6 = B

विकल्प (C): SXD → S + 5 = X; X + 6 = D

विकल्प (D): YDJ → Y + 5 = D; D + 6 = J

अतः विकल्प (A) सही है।

3. यहाँ अनुसरित तर्क है:

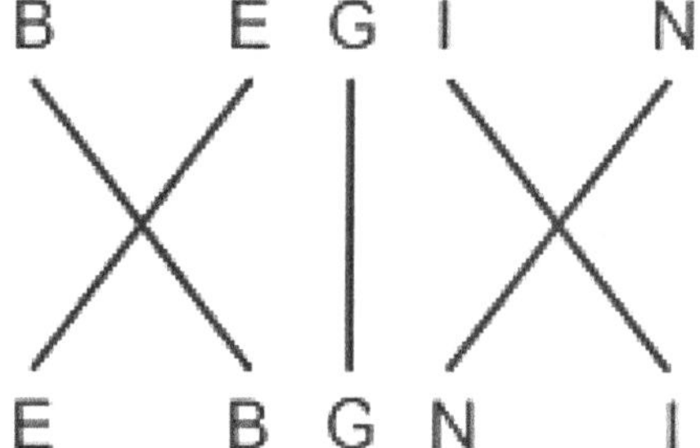

इसी प्रकार,

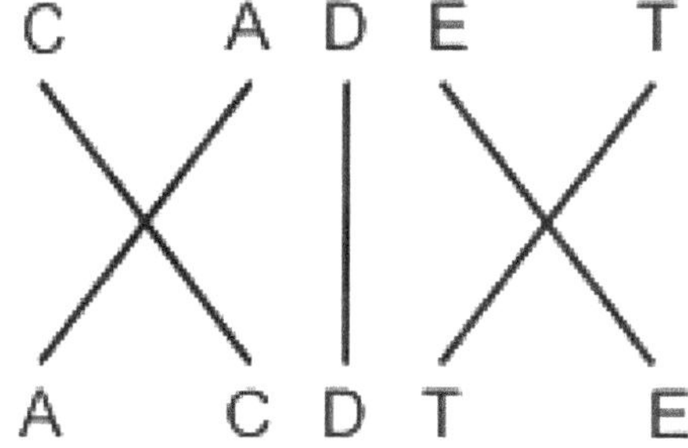

अतः विकल्प (D) सही है।

4. यहाँ अनुसरित तर्क है:

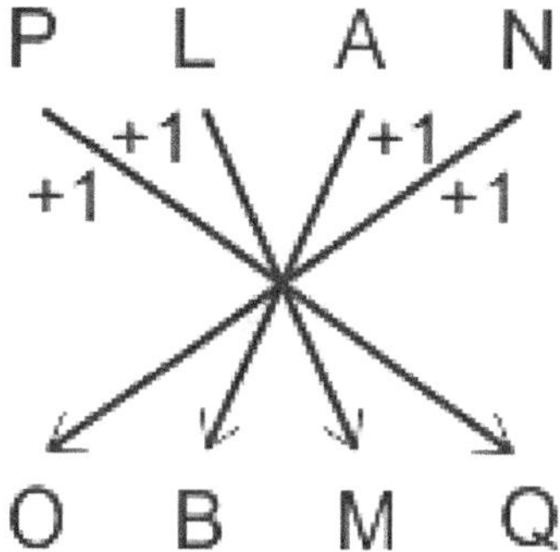

और,

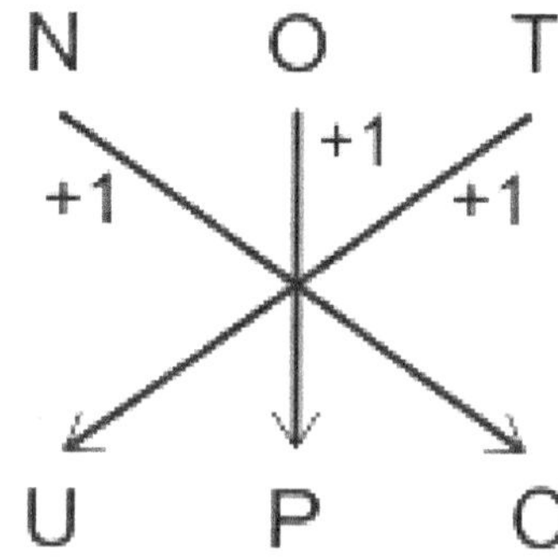

इसी प्रकार,

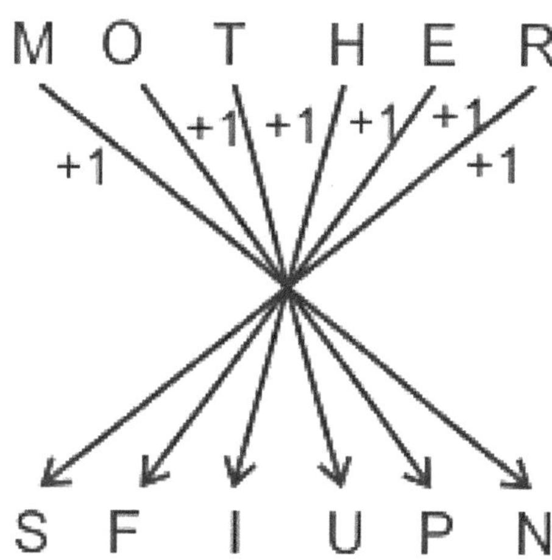

अतः विकल्प (B) सही है।

5. दिया गया है,

$A → +, B → ×, C → −, D → ÷,$

$82\ A\ 126\ B\ 16\ D\ 112\ C\ 73$

अक्षरों को उनके अर्थ से बदलने के बाद, हमें प्राप्त होता है:

$82 + (126 × 16) ÷ 112 − 73$

$82 + 2016 ÷ 112 − 73$

$= 82 + 18 − 73$

$= 100 - 73$

$= 27$

अतः विकल्प (B) सही है।

6. दिया गया है,

₹ 870 रुपये की धनराशि को उर्मी और कृपा के बीच क्रमशः $18 : 11$ के अनुपात में विभाजित किया जाता है।

उर्मी को प्राप्त धनराशि $= \dfrac{18}{(18+11)} \times 870$

$= \dfrac{18}{29} \times 870$

$= 540$

कृपा को प्राप्त धनराशि $= 870 - 540$

$= 330$

₹ 960 की धनराशि को पूर्वी और मृणाल के बीच क्रमशः $5 : 7$ के अनुपात में विभाजित किया जाता है।

पूर्वी को प्राप्त धनराशि $= \dfrac{5}{(5+7)} \times 960$

$= \dfrac{5}{12} \times 960$

$= 400$

मृणाल को प्राप्त धनराशि $= 960 - 400$

$= 560$

इस प्रकार, मृणाल को चारों में से सर्वाधिक धनराशि प्राप्त होता है।

अतः विकल्प (B) सही है।

7. दी गई आकृति में सन्निहित आकृति नीचे दर्शाई गई है:

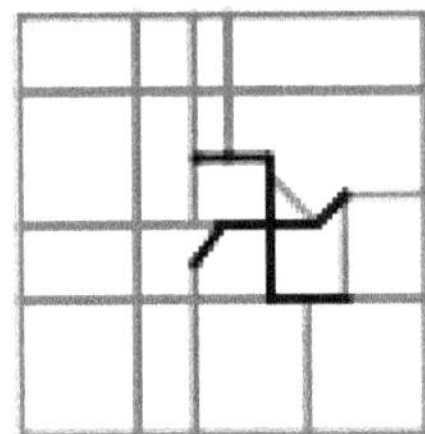

अतः विकल्प (D) सही है।

8. शीट को मोड़ने पर एक (घन) का निर्माण होता है, जो एक दूसरे के विपरीत फलक होंगे, उन्हें नीचे दर्शाया गया है:

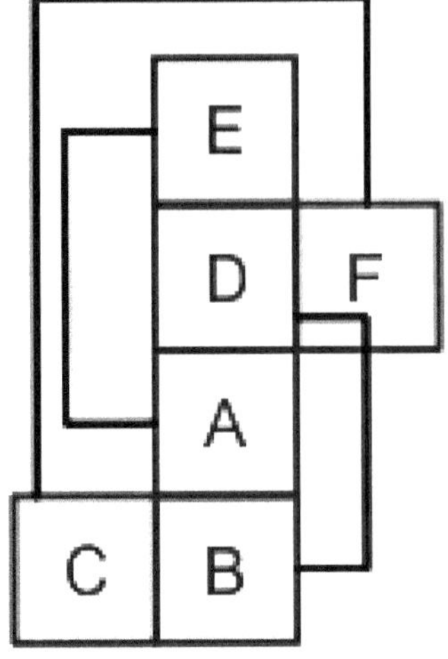

स्पष्ट रूप से, B फलक D के विपरीत होगा।

अतः विकल्प (B) सही है।

9. सही विकल्प जो दिए गए शब्दों के उस क्रम को दर्शाता है, जिस क्रम में वे अंग्रेज़ी शब्दकोश में मौजूद होते हैं:

2. Caring, 1. Carpet, 3. Carrot, 4. Creamy, 5. Creek

अतः विकल्प (C) सही है।

10. दिया गया है,

एक कैफेटेरिया में, सात ग्राहक $(B, G, H, K, L, M$ और $N)$ तीन अलग-बलग बेंचों $(X, Y$ और $Z)$ पर बैठते हैं।

प्रत्येक बेंच पर कम से कम दो ग्राहकों को बैठना है।

- ग्राहक K अपने मित्रों के साथ बेंच X पर बैठता है।
- ग्राहक H बेंच Z पर बैठता है।

बेंच	ग्राहक
X	K
Y	
Z	H

ग्राहक B केवल ग्राहक N के साथ बैठता है।

चूंकि B केवल N के साथ बैठा है, वे बेंच Y पर बैठे हैं क्योंकि बेंच Y खाली है और उस पर कोई और नहीं बैठा है।

बेंच	ग्राहक
X	K
Y	B, N
Z	H

ग्राहक G, ग्राहकों K, L और M के साथ नहीं बैठता है।

- ग्राहक G, H के साथ बेंच Z पर बैठा है क्योंकि ग्राहक G, ग्राहकों K, L और M के साथ नहीं बैठता है।
- साथ ही, L और M बेंच X पर K के साथ बैठे हैं।

बेंच	ग्राहक
X	K, L, M
Y	B, N
Z	H, G

स्पष्ट रूप से, बेंच X पर तीन ग्राहक बैठे हैं।

अतः विकल्प (A) सही है।

11. वर्गों का समुच्चय, जिनके मध्य के संबंध को दिए गए वेन आरेख द्वारा सर्वोत्तम रूप से दर्शाया गया है, नीचे दिखाया गया है:

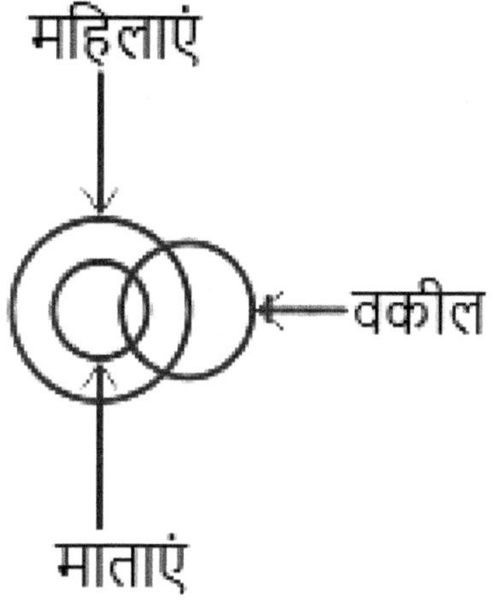

सभी माताएं महिलाएं हैं।

कुछ माताएं और महिलाएं, वकील हैं।

अतः विकल्प (C) सही है।

12. यहाँ अनुसरण किया गया पैटर्न है:

(1): दूसरी आकृति में दाईं ओर मध्य में स्थानांतरित होता है, फिर तीसरी आकृति में बाईं ओर मध्य में स्थानांतरित होता है, फिर चौथी आकृति में ऊपर की ओर मध्य में स्थानांतरित होता है, अंत में पाँचवीं आकृति में दाईं ओर मध्य में स्थानांतरित होता है।

(2) वर्ग और वृत्त प्रत्येक आकृति में अपनी स्थिति परस्पर बदलते हैं।

(3) तीर, दूसरी आकृति में ऊपर की ओर मध्य में स्थानांतरित होता है, फिर तीसरी आकृति में दाईं ओर मध्य में स्थानांतरित होता है, फिर चौथी आकृति में बाईं ओर मध्य में स्थानांतरित होता है, अंतिम आकृति में ऊपर की ओर मध्य में स्थानांतरित होता है।

(4) दूसरी आकृति में आकृति के बाईं ओर मध्य में स्थानांतरित होता है, फिर तीसरी आकृति में आकृति के ऊपर की ओर मध्य में स्थानांतरित होता है, फिर चौथी आकृति में आकृति के दाईं ओर मध्य में स्थानांतरित होता है, अंत में आकृति के बाईं ओर मध्य में स्थानांतरित होता है।

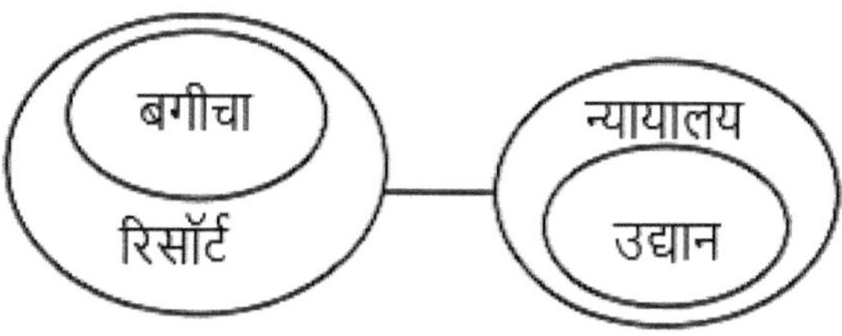

अतः विकल्प (A) सही है।

13. न्यूनतम संभव वेन आरेख है:

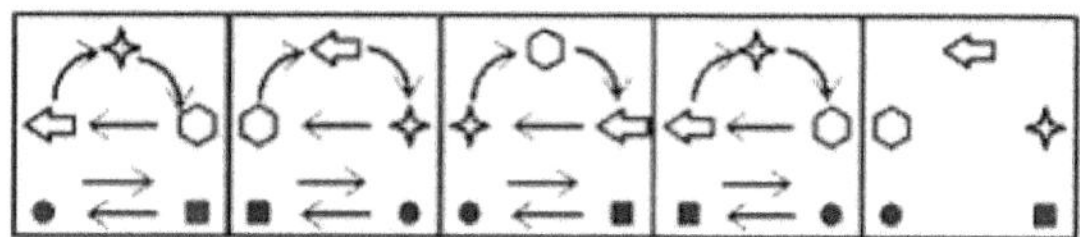

निष्कर्ष:

I. कोई न्यायालय बगीचा नहीं है। → अनुसरण करता है (जैसा कि, सभी बगीचे रिसॉर्ट हैं और कोई रिसॉर्ट न्यायालय नहीं है)

II. कोई बगीचा न्यायालय नहीं है। → अनुसरण करता है (जैसा कि, सभी बगीचे रिसॉर्ट हैं, कोई रिसॉर्ट न्यायालय नहीं है और सभी उद्यान न्यायालय हैं)

इसलिए, दोनों निष्कर्ष अनुसरण करते हैं।

अतः विकल्प (D) सही है।

14. खोले जाने होने पर कागज़ निम्न अनुसार दिखाई देगा:

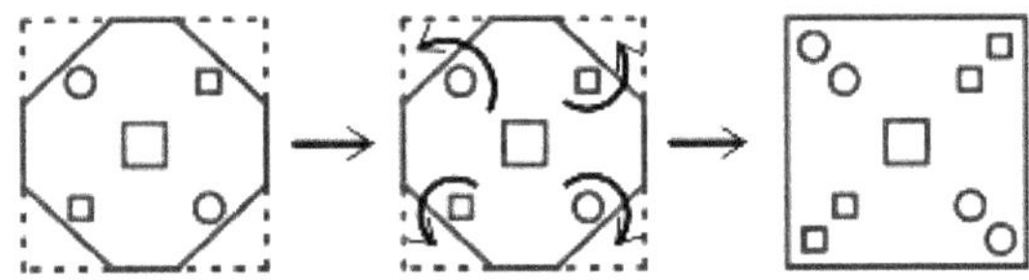

अतः विकल्प (B) सही है।

15. यहाँ अनुसरित तर्क है:

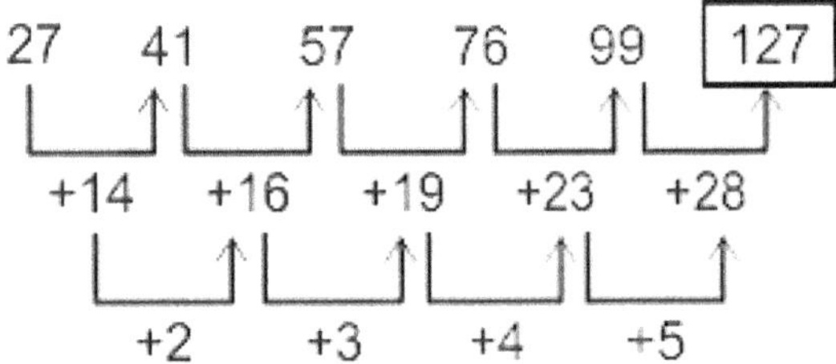

अतः विकल्प (D) सही है।

16. दिया गया है,

$$6:4::11:?::16:8$$

यहाँ अनुसरण किया गया तर्क है:

$$(\text{पहली संख्या } +4) \times \left(\frac{2}{5}\right) = \text{दूसरी संख्या}$$

$$6:4 \Rightarrow (6+4) \times \left(\frac{2}{5}\right) = 10 \times \left(\frac{2}{5}\right)$$

$$= 2 \times 2$$

$$= 4$$

और,

$$16:8 \Rightarrow (16+4) \times \left(\frac{2}{5}\right) \left(= 20 \times \left(\frac{2}{5}\right)\right)$$

$$= 4 \times 2$$

$$= 8$$

इसी तरह,

$$11:? \Rightarrow (11+4) \times \left(\frac{2}{5}\right) = 15 \times \left(\frac{2}{5}\right)$$

$$= 3 \times 2$$

$$= 6$$

अतः विकल्प (A) सही है।

17. यहाँ अनुसरित तर्क है:

$$N \to 2, A \to 3, U \to 6, S \to 9, E \to 4, A \to 3$$

और,

$$S \to 9, Y \to 7, R \to 1, U \to 6, P \to 5$$

इसी प्रकार,

$$S \to 9, U \to 6, P \to 5, P \to 5, R \to 1, E \to 4, S \to 9, S \to 9$$

$SUPPRESS$ को 96551499 के रूप में कूटबद्ध किया जाएगा।

अतः विकल्प (D) सही है।

18. दिया गया है,

छह मित्र गोवर्धन, सरयू, रेखा, श्यामला, हेमा और गणेश एक टिकट काउंटर पर पंक्ति में खड़े हैं।

1. गोवर्धन के आगे केवल एक व्यक्ति खड़ा है।

___ > गोवर्धन > ___ > ___ > ___ > ___

2. गणेश, जो पंक्ति के पिछले सिरे से चौथे स्थान पर हैं, गोवर्धन और हेमा के बीच में हैं।

___ > गोवर्धन > गणेश > हेमा > ___ > ___

3. सरयू और हेमा के बीच दो व्यक्ति हैं।

सरयू > गोवर्धन > गणेश > हेमा > ___ > ___

4. रेखा, हेमा और श्यामला के बीच में है।

सरयू > गोवर्धन > गणेश > हेमा > रेखा > श्यामला

स्पष्ट रूप से, सरयू और हेमा के बीच खड़े दो व्यक्ति गोवर्धन और गणेश हैं।

अतः विकल्प (C) सही है।

19. यहाँ अनुसरित तर्क है:

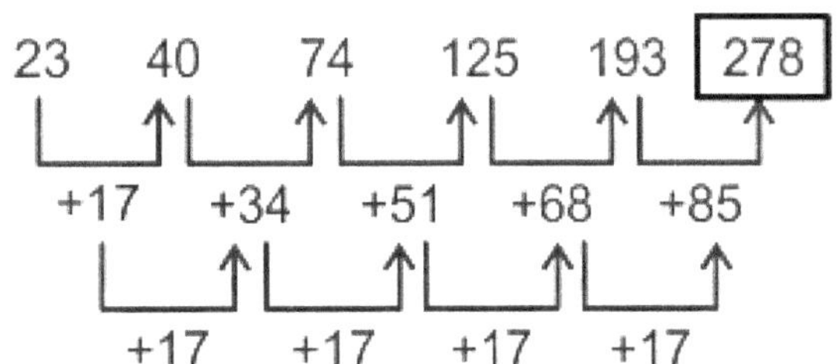

अतः विकल्प (B) सही है।

20. यहाँ अनुसरित तर्क है:

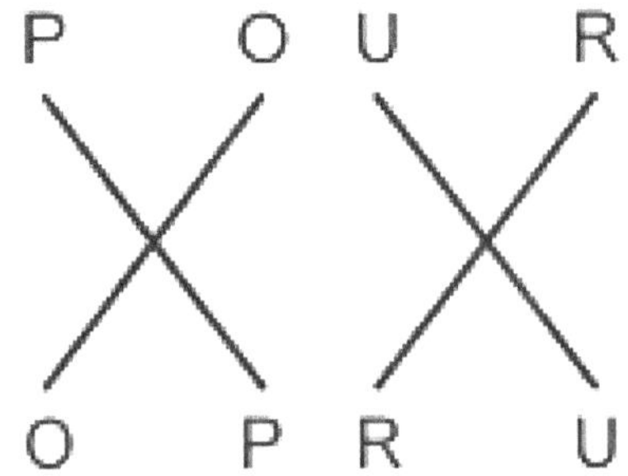

और,

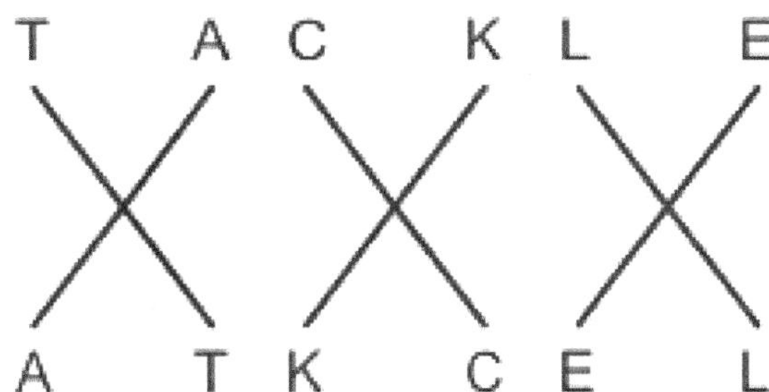

इसी प्रकार,

अतः विकल्प (D) सही है।

21. दिया गया है,

$(12, 14, 56)$

तर्कः (पहली संख्या $\times$ दूसरी संख्या)/3 = तीसरी संख्या

$(12, 14, 56) = \frac{(12 \times 14)}{3} = 4 \times 14 = 56$

अब, विकल्प (A) द्वारा,

$\because (16, 18, 96) = \frac{(16 \times 18)}{3}$

$= 16 \times 6$

$= 96$

अतः विकल्प (A) सही है।

22. यहाँ अनुसरित तर्क है:

$$B \xrightarrow{+3} E \xrightarrow{+3} H \xrightarrow{+3} K \xrightarrow{+3} N$$

$$E \xrightarrow{+3} H \xrightarrow{+3} K \xrightarrow{+3} N \xrightarrow{+3} Q$$

$$I \xrightarrow{+3} L \xrightarrow{+3} O \xrightarrow{+3} R \xrightarrow{+3} U$$

अतः विकल्प (C) सही है।

23. नीचे दी गई तालिका में प्रतीकों का उपयोग करके, हम निम्नलिखित वंश वृक्ष बना सकते हैं:

आरेख में प्रतीक	अर्थ
◯	महिला
▢	पुरुष
═	विवाहित जोड़ा
—	भाई-बहन
│	एक पीढ़ी का अंतर

दी गई जानकारी के अनुसार वंश वृक्ष का रेखांकन:

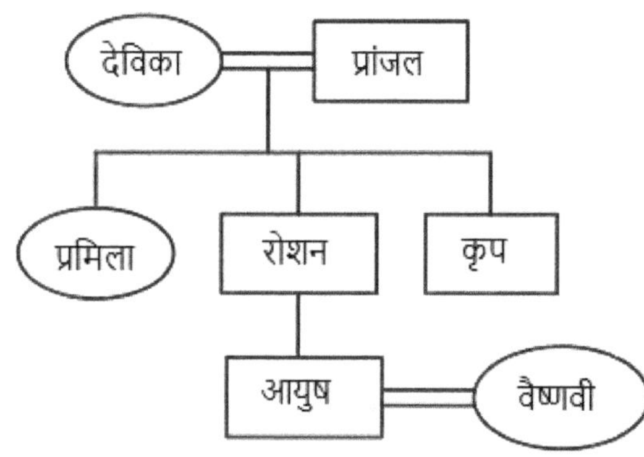

इस प्रकार रोशन, प्रमिला का भाई है।

अतः विकल्प (C) सही है।

24. जब दर्पण को निम्नानुसार दाईं ओर रखा जाता है, तो दिए गए संयोजन की दर्पण प्रतिबिंब है:

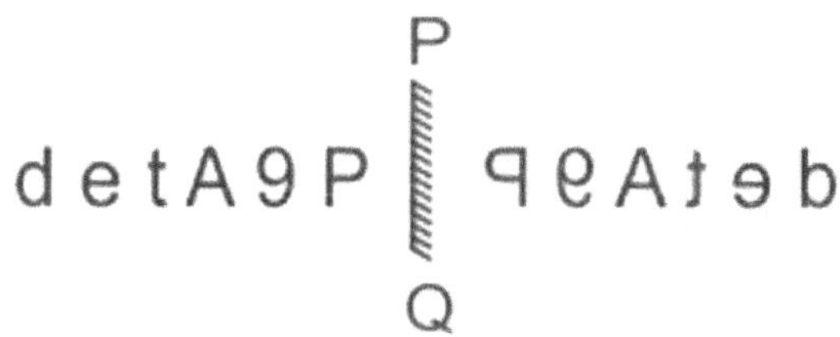

अतः विकल्प (A) सही है।

25. यहाँ अनुसरण किया गया तर्क है:

'अमीटर', 'धारा' से संबंधित है → अमीटर एक मापक उपकरण है जिसका उपयोग परिपथ में धारा को मापने के लिए किया जाता है।

इसी प्रकार,

'एनीमोमीटर', 'वायु की गति और दिशा' से संबंधित है → एनीमोमीटर एक ऐसा उपकरण है जो वायु की गति और दिशा को मापता है।

अतः विकल्प (D) सही है।

26. भारत में वन (संरक्षण) अधिनियम वर्ष 1980 में पारित किया गया था।

भारत में वन (संरक्षण) अधिनियम, वन संसाधनों के संरक्षण और सुरक्षा के लिए संसद द्वारा पारित किया गया था। यह राज्य सरकार को केंद्र सरकार की पूर्व अनुमोदन के बिना, कोई भी निर्णय लेने के अधिकारों को सीमित करता है। इन अधिनियमों का उद्देश्य इसके वनस्पतियों और जीवों की रक्षा करना और कृषि, चराई और अन्य उद्देश्यों के लिए वनोन्मूलन को रोकना है।

अतः विकल्प (C) सही है।

27. 'प्रधान मंत्री जीवन ज्योति बीमा योजना' 2015 में शुरू की गई थी।

यह एक-वर्षीय जीवन बीमा योजना है, जिसके द्वारा किसी भी कारण से मृत्यु होने पर बीमाकृत राशि प्रदान की जाती है। इस योजना के तहत 330 रुपए वार्षिक (प्रतिदिन 1 रुपए से कम) प्रीमियम देने पर 2 लाख रुपए का जीवन बीमा मिलता है। इस योजना के तहत 18-50 वर्ष के आयु वर्ग को सम्मिलित किया गया है।

अतः विकल्प (C) सही है।

28. दिल्ली क्राइम वेब श्रृंखला ने 48वें अंतर्राष्ट्रीय ऐमी पुरस्कार 2020 में 'सर्वश्रेष्ठ ड्रामा सीरीज़' का पुरस्कार जीता।

48वां अंतर्राष्ट्रीय ऐमी पुरस्कार 2020 न्यूयॉर्क शहर के हैमरस्टीन बॉलरूम में आयोजित किया गया। अंतर्राष्ट्रीय ऐमी अवार्ड्स का गठन 1946 में किया गया था और 1949 में पहली ऐमी प्रस्तुत की गई थी। यह पुरस्कार नेशनल एकेडमी ऑफ टेलीविजन आर्ट्स एंड साइंसेज द्वारा दिए गए थे। पुरस्कार निम्नलिखित श्रेणियों में दिए जाते हैं जो नाटकीय सीरीज़, कॉमेडी सीरीज़, विशेष सीरीज़, सीमित सीरीज़ और विविधता, संगीत या कॉमेडी है। दिल्ली क्राइम ड्रामा-सीरीज़ में पुरस्कार पाने वाली पहली भारतीय वेब सीरीज़ बन गई है।

अतः विकल्प (C) सही है।

29. ताली बजाना मेडुला ऑब्लांगेटा (medulla oblongata) द्वारा नियंत्रित नहीं होता है।

मेडुला ऑब्लांगेटा मस्तिष्क का निचला भाग है। यह ट्यूब या फ़नल के आकार का होता है। इसका कार्य श्वास, हृदय गति और पाचन को नियंत्रित करना है। यह हमारे मस्तिष्क को मेरुरज्जु, पोन्स और प्रमस्तिष्क-वल्कुट से जोड़ता है।

अतः विकल्प (C) सही है।

30. लोनार झील, महाराष्ट्र का निर्माण अत्यंतनूतन युग के दौरान उल्का प्रभाव द्वारा हुआ था।

लोनार झील महाराष्ट्र के बुलढाणा जिले में स्थित एक खारे पानी की झील है। यह उल्कापिंड के प्रभाव के बाद क्रेटर झील के रूप में हुआ। इसे वर्ष 2020 में वेटलैंड इंटरनेशनल द्वारा रामसर स्थल के रूप में नामित किया गया था। हेलोआर्किया सूक्ष्मजीवों की उपस्थिति के कारण झील का रंग गुलाबी हो गया। इसे पृथ्वी के विकास में सांस्कृतिक रूप से महत्वपूर्ण अंतर्दृष्टि प्रदान करने के कारण एक अधिसूचित राष्ट्रीय भू-विरासत स्मारक के रूप में शामिल किया गया है।

अतः विकल्प (D) सही है।

31. यूनाइटेड किंगडम ने जून 2021 में आयोजित G7 लीडर्स समिट की अध्यक्षता की।

भारतीय प्रधान मंत्री ने वीडियो कॉन्फ्रेंसिंग के माध्यम से 47वें G7 शिखर सम्मेलन 2021 को संबोधित किया। पिछला G7 शिखर सम्मेलन 2019 में फ्रांस में हुआ था।

G7 के बारे में: यह एक अंतर सरकारी संगठन है जिसका गठन 1975 में किया गया था। वैश्विक आर्थिक शासन, अंतर्राष्ट्रीय सुरक्षा और ऊर्जा नीति जैसे सामान्य हित के मुद्दों पर चर्चा करने के लिए देश की वार्षिक बैठक होती है। भारत G7 देश का हिस्सा नहीं है। भारत को G7 में आमंत्रित किया गया था क्योंकि इसका एजेंडा 'गहन और विविध' है।

G7 देश: यूके, कनाडा, फ्रांस, जर्मनी, इटली, जापान और अमेरिका

अतः विकल्प (B) सही है।

32. सांप्रदायिक समस्याओं पर गांधी-जिन्ना वार्ता के टूटने के बाद एक न्यायिक ढांचे में सांप्रदायिक मामले की जांच करने के लिए नवंबर 1944 में गैर-दलीय सम्मेलन की स्थायी समिति द्वारा सप्रू समिति को नियुक्त किया गया था।

सप्रू समिति की रिपोर्ट 1945 में प्रकाशित हुई थी। सप्रू समिति में तीस सदस्य थे। सप्रू समिति ने भारत के शासन और राजनीति से संबंधित संवैधानिक प्रश्नों से संबंधित 21 सिफारिशें कीं थी। सप्रू समिति की रिपोर्ट ने भारतीय उपमहाद्वीप को भारत और पाकिस्तान के दो राज्यों में विभाजित करने के प्रस्ताव को खारिज कर दिया था।

अतः विकल्प (B) सही है।

33. 17 सितंबर, 2020 को, अंतर्राष्ट्रीय टेनिस महासंघ (ITF) ने यह घोषणा की, कि महासंघ या 'फेड' कप को अब महान महिला टेनिस खिलाड़ी के सम्मान में बिली जीन किंग कप के रूप में जाना जाएगा।

यह पहला बड़ा टीम टूर्नामेंट है जिसका नाम किसी महिला के नाम पर रखा गया है। पूर्व विश्व नंबर 1 बिली जीन किंग के सम्मान में सितंबर 2020 में इसका नाम बदला गया।

अतः विकल्प (B) सही है।

34. सम्राट अकबर ने मुहम्मद हुसैन अल-कातिब कश्मीरी को उनकी सुंदर लिखावट के लिए ज़रीन कलम (Zarin Qalam) या स्वर्ण कलम की उपाधि से सम्मानित किया।

अकबर का जन्म 15 अक्टूबर, 1542 को अमरकोट (अब सिंध प्रांत, पाकिस्तान) में हुआ था। अकबर हुमायूँ का पुत्र और बाबर का पोता था। अकबर 14 वर्ष की प्रारंभिक अवस्था में ही गद्दी पर बैठ गया था। अकबर ने 1556 से 1605 तक शासन किया।

अतः विकल्प (D) सही है।

35. ज्ञानेंद्र मल्ला, नवंबर 2020 तक नेपाल की क्रिकेट टीम का कप्तान था।

ज्ञानेंद्र मल्ला का जन्म 16 सितंबर 1990 में हुआ था। ज्ञानेंद्र मल्ला नेपाली दाएं हाथ के बल्लेबाज हैं। ज्ञानेंद्र मल्ला सीनियर टीम में शामिल होने से पहले नेपाल की अंडर-15 और अंडर-19 टीम का हिस्सा थे।

अतः विकल्प (A) सही है।

36. अक्टूबर 2020 में, अपनी महिला यात्रियों की सुरक्षा के लिए भारतीय रेलवे द्वारा शुरू की गई पहल का नाम मेरी सहेली था।

मेरी सहेली पहल की शुरुआत रेलगाड़ियों से यात्रा करने वाली महिला यात्रियों को प्रारंभिक स्टेशन से अंतिम स्टेशन तक की पूरी यात्रा के लिए सुरक्षा और बचाव प्रदान करने के लिए की गई थी। रेलवे अधिनियम, 1989 की धारा 58 में रेलगाड़ियों में महिला यात्रियों के लिए आवास निर्धारित करने का प्रावधान है।

अतः विकल्प (B) सही है।

37. जब भारत के संविधान का मसौदा तैयार किया जा रहा था, संविधान सभा को उस अशांति को ध्यान में रखना था जिससे भारत गुजर रहा था। उस

परिदृश्य में लोगों की सामाजिक-आर्थिक स्थिति बहुत अनुकूल थी, मुद्रा प्रासंगिक नहीं था।

29 अगस्त 1947, को संविधान सभा ने एक प्रस्ताव के माध्यम से एक मसौदा समिति नियुक्त की गई। मसौदा समिति में सात सदस्य थे: अल्लादी कृष्णास्वामी अय्यर, एन. गोपालस्वामी, बी.आर. अंबेडकर, के.एम. मुंशी, मोहम्मद सादुल्ला, बी.एल. मित्तर और डी.पी. खेतान। 30 अगस्त 1947 को अपनी पहली बैठक में, मसौदा समिति ने बी.आर. अंबेडकर को अपना अध्यक्ष चुना।

अतः विकल्प (A) सही है।

38. कदमाई चोल राजवंश के तहत भू-राजस्व का एक रूप था।

कदमाई कर एक प्रकार का भू-राजस्व था जो किसानों को अपने जमींदारों या राजा को चुकाना पड़ता था। चोल प्रशासन के दौरान लगभग 400 विभिन्न प्रकार के कर थे। वेट्टी को बेगार भी कहा जाता है और कदमाई को भू-राजस्व भी कहा जाता है। चोल शासकों की आय का मुख्य स्रोत भू-राजस्व और व्यापार कर थे। चोल साम्राज्य एक दक्षिणी भारतीय तमिल परिवार था और दुनिया के इतिहास में सबसे लंबे समय तक शासन करने वाले राजवंशों में से एक है।

अतः विकल्प (A) सही है।

39. अरुणाचल के फिल्म निर्माता को 2020 में "शहद निकालने" पर एक वृत्तचित्र (डाक्यूमेंट्री) के लिए प्रतिष्ठित दादा साहेब फाल्के पुरस्कार प्राप्त हुआ था।

शहद निकालना अरुणाचल प्रदेश, के शेरडुकपेन समुदाय का एक अभिन्न अंग है। वृत्तचित्र स्वतंत्र फिल्म निर्माता केजंग डी थोंगडोक द्वारा बनाया गया है।

दादा साहब फाल्के पुरस्कार सिनेमा के क्षेत्र में भारत का सर्वोच्च पुरस्कार है। यह फिल्म समारोह निदेशालय द्वारा राष्ट्रीय फिल्म पुरस्कार समारोह में प्रतिवर्ष प्रस्तुत किया जाता है। 1969 में पहली बार प्रस्तुत किया गया, इस पुरस्कार की शुरुआत भारत सरकार द्वारा की गई थी। इस पुरस्कार में एक स्वर्ण कमल (गोल्डन लोटस) पदक, एक शॉल और ₹10 लाख का नकद पुरस्कार शामिल है।

अतः विकल्प (B) सही है।

40. ठोस को आसानी से संपीडित किया जा सकता है, 'ठोस' की विशेषता नहीं है।

ठोस पदार्थ का एक रूप है जिसमें संरचनात्मक कठोरता होती है और एक दृढ़ आकार होता है जिसे आसानी से नहीं बदला जा सकता है। इसका एक निश्चित आकार और आयतन होता है। ठोस के अणु निकट से जुड़े होने के कारण अन्तराणिक आकर्षण बल प्रबल होता है। कणों के बीच अंतराआण्विक स्थान कम होता है। ये आसानी से संपीडित नहीं होते हैं। ठोसों का आकार बदलना कठिन होता है, इसलिए वे कठोर होते हैं।

अतः विकल्प (B) सही है।

41. 7 सितंबर 2021 को, नासा (NASA) ने घोषणा की कि पर्सिवरेंस रोवर ने मंगल ग्रह की चट्टान के पहले नमूने के संग्रह का कार्य पूर्ण कर लिया है।

पर्सिवरेंस रोवर ने 11 वैज्ञानिक रूप से आकर्षक चट्टान कोर नमूने और एक वायुमंडलीय नमूना एकत्र किया है। नासा, या नेशनल एरोनॉटिक्स एंड स्पेस एडमिनिस्ट्रेशन (राष्ट्रीय वैमानिकी एवं अंतरिक्ष प्रशासन), 1958 में राष्ट्रपति ड्वाइट आइजनहावर द्वारा बनाया गया था।

अतः विकल्प (C) सही है।

42. हम हिंदू कैलेंडर के अनुसार 'होली' का त्योहार पूर्णिमा के दिन मनाते हैं।

होली एक लम्बे शीत ऋतु के बाद वसंत ऋतु के आगमन से बुराई पर अच्छाई की जीत का प्रतीक प्रतीक माना जाता है। यह रंगों का त्योहार है, जिसे लोग पानी और रंगों के बुकनी (पाउडर) से खेलते हैं। यह हिंदू पंचांग के फाल्गुन महीने में पूर्णिमा के दिन मनाया जाता है, जो ग्रैगेरियन

कैलेंडर के मार्च माह में आता है। यह दिवाली के बाद हिन्दुओं का दूसरा सबसे बड़ा त्योहार है।

अतः विकल्प (D) सही है।

43. 27 नवंबर 2020 तक, भारत का विदेशी मुद्रा भंडार लगभग $574 बिलियन था।

भारत के विदेशी भंडार में विदेशी संपत्ति, स्वर्ण भंडार, विशेष आहरण अधिकार और IMF के पास आरक्षित निधि शामिल हैं। यह संकटकाल के प्रबंधन में मदद करता है, और रुपये का अभिमूल्यन करता है तथा निवेशकों के विश्वास को बढ़ाता है। अक्टूबर 2022 तक, भारत का विदेशी भंडार 532.838 अरब डॉलर है।

अतः विकल्प (B) सही है।

44. वर्ष 1856 में अवध पर ब्रिटिश ईस्ट इंडिया कंपनी ने कब्जा कर लिया था।

कंपनी ने अवध के नवाब द्वारा कुशासन के आरोप में 1856 में अवध राज्य पर कब्जा कर लिया। इसे लार्ड डलहौजी के आदेश पर व्यपगत का सिद्धान्त या हड़प नीति के तहत कब्जा कर लिया गया था। वाजिद अली शाह विलय के दौरान अवध के शासक थे और बाद में उन्हें कोलकाता के मेटियाब्रुज में गार्डन रीच में भेज दिया गया था।

अतः विकल्प (B) सही है।

45. इलाहाबाद बैंक (अब इंडियन बैंक) 1865 में स्थापित भारत का सबसे पुराना संयुक्त स्टॉक बैंक है।

संयुक्त स्टॉक बैंक एक ऐसा बैंक है जिसके एक से अधिक शेयरधारक होते हैं। इलाहाबाद, वर्ष 1865 में स्थापित सबसे पुराना संयुक्त स्टॉक बैंक है। संयुक्त स्टॉक बैंकों का पहला प्रकार बैंक ऑफ बॉम्बे था, जिसे 1720 में बॉम्बे में स्थापित किया गया था।

अतः विकल्प (D) सही है।

46. जीवाणु एक एककोशिकीय जीव है।

एककोशिकीय जीव एकल कोशिकाओं से बने होते हैं। ये यूकेरियोटिक या प्रोकैरियोटिक हो सकते हैं। ये किसी भी वातावरण में जीवित रह सकते हैं। ये इतने छोटे हैं कि उन्हें नग्न आंखों से नहीं देखा जा सकता है। ये अलैंगिक रूप से प्रजनन करते हैं। कुछ एककोशिकीय जीव जीवाणु, प्रोटिस्ट और यीस्ट हैं।

अतः विकल्प (D) सही है।

47. शास्त्रीय गायिका, गिरिजा देवी हिंदुस्तानी शास्त्रीय संगीत के ठुमरी स्वरूप में पारंगत थीं।

गिरिजा देवी एक शास्त्रीय गायिका हैं और बनारस घराने का प्रतिनिधित्व करती हैं। उनका जन्म 8 मई 1929 को वाराणसी, उत्तर प्रदेश में हुआ था। उन्हें ठुमरी की रानी भी कहा जाता है। उन्होंने शास्त्रीय संगीत में अपने योगदान के लिए पद्म श्री (1972), पद्म भूषण (1989) और पद्म विभूषण (2016) जीता है।

अतः विकल्प (C) सही है।

48. 2011 की जनगणना के अनुसार भारत के बिहार राज्य में जनसंख्या का सबसे अधिक घनत्व था।

जनसंख्या घनत्व एक भौगोलिक क्षेत्र में प्रति वर्ग किमी लोगों की संख्या है। 2011 की जनगणना के अनुसार बिहार का जनसंख्या घनत्व 1,106 व्यक्ति प्रति वर्ग किलोमीटर है।

अतः विकल्प (B) सही है।

49. 200 एक दिवसीय अंतरराष्ट्रीय (ODI) मैच खेलने वाली पहली भारतीय महिला क्रिकेटर मिताली राज हैं।

मिताली राज का जन्म 3 दिसंबर 1982 को राजस्थान के जोधपुर जिले में हुआ था। वह 6 विश्व कप में भाग लेने वाली पहली और एकमात्र महिला क्रिकेटर भी हैं। अगस्त 2022 तक, वह टेस्ट, एक दिवसीय और T20 में भारत के लिए सबसे ज्यादा रन बनाने वाली खिलाड़ी हैं। उन्हें क्रिकेट में उनके योगदान और प्रदर्शन के लिए कई पुरस्कार मिले हैं। 2017 में विजडन लीडिंग वुमन क्रिकेटर इन द वर्ल्ड, 2003 में अर्जुन अवार्ड, 2015 में पद्म श्री और 2021 में मेजर ध्यानचंद खेल रत्न प्राप्त किया। उन्होंने जून 2022 में क्रिकेट के सभी प्रारूपों से संन्यास ले लिया है।

अतः विकल्प (B) सही है।

50. ब्रह्मपुत्र नदी तिब्बत, भारत और बांग्लादेश से होकर बहती है।

ब्रह्मपुत्र नदी मानसरोवर झील के पास कैलाश श्रेणी के चेमायुंगदुंग हिमनद से निकलती है। तिब्बत में इसे त्सांगपो के नाम से जाना जाता है, अरुणाचल प्रदेश में भारत में प्रवेश करते समय इसे दिहांग नदी कहा जाता है, इसे असम में ब्रह्मपुत्र के रूप में जाना जाता है और बांग्लादेश में इसका नाम जमुना है। यह बाढ़, मार्ग परिवर्तन और तटीय अपरदन के लिए प्रसिद्ध है। अरुणाचल प्रदेश में नामचा बरवा पहाड़ों की ढलान से प्रवाह के दौरान इसकी जलविद्युत क्षमता सबसे अधिक होती है। माजुली दुनिया का सबसे बड़ा नदी द्वीप है जो इसके द्वारा बनाया गया है। इसकी प्रमुख सहायक नदियाँ दिबांग, लोहित, सुबनसिरी, कामेंग, मानस और संकोश हैं।

अतः विकल्प (A) सही है।

51. जैसा कि हम जानते हैं,

$$\text{लाभ } \% = \left(\frac{P}{CP}\right) \times 100$$

जहाँ,

$$CP = \text{क्रय मूल्य}$$

$$P = \text{लाभ}$$

माना कि थोक व्यापारी द्वारा निर्धारित अंकित मूल्य 100 है।

वरुण के लिए क्रय मूल्य $(CP) = \frac{100-20}{100} \times 100$ ($\because 20\%$ छूट)

$$= 80$$

वरुण द्वारा निर्धारित अंकित मूल्य $(MP) = \frac{100+20}{100} \times 100$ (अंकित मूल्य से 20% अधिक)

$$= 120$$

वरुण के लिए विक्रय मूल्य $(SP) = \frac{100-10}{100} \times 120$ ($\because 10\%$ छूट)

$$= 108$$

वरुण का लाभ $\% = \frac{(108-80)}{80} \times 100$

$$= 35\%$$

अतः विकल्प (D) सही है।

52. दिया गया है:

$$85 \div 17 \text{ का } 4 - [65 \div 13 \text{ का } 2 - 14 \times (19 - 25) \div 12 - 10] \text{ का } \frac{2}{3}$$

$$= 85 \div 68 - [65 \div 26 - 14 \times (-6) \div 12 - 10]$$
$$\text{का } \frac{2}{3}$$

$$= \frac{85}{68} - \left[\frac{65}{26} - 14 \times \frac{(-6)}{12} - 10\right] \text{ का } \frac{2}{3}$$

$$= \frac{5}{4} - \left[\frac{5}{2} + 7 - 10\right] \text{ का } \frac{2}{3}$$

$$= \frac{5}{4} - \left[\frac{5}{2} - 3\right] \text{ का } \frac{2}{3}$$

$$= \frac{5}{4} + \frac{1}{2} \text{ का } \frac{2}{3}$$

$$= \frac{5}{4} + \frac{1}{3}$$

$$= \frac{19}{12}$$

अतः विकल्प (D) सही है।

53. दिया गया है,

एक संख्या के दो-तिहाई के तीन-बटे आठ का एक बटे पांच $= 20$

माना अभीष्ट संख्या X है।

फिर प्रश्नानुसार,

$$\frac{1}{5} \times \frac{3}{8} \times \frac{2}{3} \times X = 20$$

$$\Rightarrow \frac{X}{20} = 20$$

$$\Rightarrow X = 400$$

अब,

$$X \text{ का } 60\% = \frac{60}{100} \times 400$$

$$= 240$$

अतः विकल्प (D) सही है।

54. दिया गया है,

लड़कियों और लड़कों की संख्या का अनुपात $= 2:7$

माना लड़कियों की संख्या $2X$ है।

और लड़कों की संख्या $7X$ है।

लड़कियों की वर्धित संख्या $= 2X \times \frac{115}{100}$ (15% वृद्धि)

$$= 2X \times \frac{23}{20}$$

$$= \frac{23X}{10}$$

लड़कों की वर्धित संख्या $= 7X \times \frac{120}{100}$ (20% वृद्धि)

$$= 7X \times \frac{6}{5}$$

$$= \frac{42X}{5}$$

नया अनुपात होगा,

लड़कियां : लड़के $= \frac{23X}{10} : \frac{42X}{5}$

$= 23 : 84$

अतः विकल्प (A) सही है।

55. दिया गया है:

छूट $= 10\%$

लाभ $= 8\%$

जैसा कि हम जानते हैं,

मूल्य वृद्धि $\%$ = (अंकित मूल्य $-$ क्रय मूल्य)/क्रय मूल्य) $\times 100$

माना कि अंकित मूल्य (MP) 100 है।

प्रश्नानुसार

विक्रय मूल्य $(SP) = \frac{90}{100} \times 100$

$= 0.9 \times 100$

$= 90$

क्रय मूल्य $\times \frac{108}{100} = 90$

क्रय मूल्य $= \frac{90 \times 100}{108}$

$\Rightarrow$ क्रय मूल्य $(CP) = \frac{250}{3}$

मूल्य वृद्धि $\% = \frac{100 - \frac{250}{3}}{\frac{250}{3}} \times 100$

मूल्य वृद्धि $\% = 20\%$

अतः विकल्प (D) सही है।

56. दिया गया है,

रोहित द्वारा अकेले कार्य को पूरा करने में लिया गया समय $= 32$ दिन

राज द्वारा अकेले कार्य को पूरा करने में लिया गया समय $= 48$ दिन

जैसा कि हम जानते हैं,

क्षमता $=$ किया गया कुल कार्य /लिया गया कुल समय

माना कि कुल कार्य 32 और 48 का ल.स.प. $= 96$

अब, रोहित की क्षमता $= \frac{96}{32}$

$= 3$

राज की क्षमता $= \frac{96}{48}$

$= 2$

रोहित कार्य समाप्त होने से 8 दिन पहले कार्य छोड़ देता है, जिसका अर्थ है कि राज कार्य पूरा होने से 8 दिन पहले तक अकेले कार्य करता है।

राज द्वारा अंतिम 8 दिनों में किया गया कार्य $= 8 \times 2$

$= 16$

शेष कार्य $= 96 - 16$

$= 80$

यह शेष कार्य राज और रोहित द्वारा मिलकर किया जाता है,

रोहित और राज द्वारा इस कार्य को एक साथ पूरा करने में लिया गया समय $= \frac{80}{(3+2)}$

$= 16$

अतः विकल्प (D) सही है।

57. दिया गया है:

A और B की औसत मासिक आय $= ₹\ 4500$

B और C की औसत मासिक आय $= ₹\ 5600$

A और C की औसत मासिक आय $= ₹\ 4800$

जैसा कि हम जानते हैं,

N पदों का औसत $= N$ पदों का योग $/N$ पदों की संख्या

A और B की कुल मासिक आय $= 2 \times 4500$

$= 9000$

B और C की कुल मासिक आय $= 2 \times 5600$

$= 11200$

C और A की कुल मासिक आय $= 2 \times 4800$

$= 9600 \quad \dots (1)$

A, B और C की कुल मासिक आय

$= (A + B) + (B + C) + (C + A) = 9000 + 11200 + 9600$

$A + B + C = \frac{29800}{2}$

$A + B + C = 14900 \quad \dots (2)$

$\Rightarrow$ समीकरण से (2) से (1) को घटाने पर

$\Rightarrow B = 14900 - 9600$

$= 5300$

अतः विकल्प (D) सही है।

58. दिया गया है,

बचत $= 12\%$

जैसा कि हम जानते हैं,

आय $=$ बचत $+$ बचत

माना कि आय 100 है।

बचत $= \frac{112}{100} \times 100 - 100$ आय का $\quad (\because 12\%)$

$= 112 - 100$

$= 12$

व्यय $= 100 - 12$

$= 88$

आय में वृद्धि $= \frac{125}{100} \times 100 \quad (\because 25\%$ वृद्धि $)$

$= 125$

फिर भी वह उतनी ही राशि अर्थात् 12 की बचत करता है

नया व्यय $= 125 - 12$

$= 113$

व्यय में प्रतिशत वृद्धि $=$ (नया व्यय $-$ प्रारंभिक व्यय $)/$प्रारंभिक व्यय

$\Rightarrow$ व्यय में प्रतिशत वृद्धि $= \frac{(113-88)}{88} \times 100$

$\Rightarrow \frac{25}{88} \times 100$

$= 28.4\%$

अतः विकल्प (B) सही है।

59. दिया गया है:

कुल लाभ $=$ ₹ 2600

A और B के निवेश का अनुपात $= 3:4$

A, 10 महीनों के लिए निवेश करता है

B, 12 महीनों के लिए निवेश करता है

जैसा कि हम जानते हैं,

निवेश का लाभ $=$ निवेश राशि $\times$ निवेश का समय

माना A का निवेश $3X$ है

और B का निवेश $4X$ है

A का लाभ $= 10 \times 3X$

B का लाभ $= 12 \times 4X$

कुल लाभ $= 30X + 48X$

$= 78X$

अब, प्रश्नानुसार,

$78X = 2600$

$\Rightarrow X = \frac{2600}{78}$

A का लाभ $= 10 \times 3 \times \frac{2600}{78}$

$= 1000$

अतः विकल्प (B) सही है।

60. दिया गया है:

दो क्रमागत छूट 25% और 10% हैं।

माना कि अंकित मूल्य 100 है।

दो छूट के बाद विक्रय मूल्य $= 100 \times \frac{100-25}{100} \times \frac{100-10}{100}$

$= 100 \times \frac{75}{100} \times \frac{90}{100}$

$= \frac{9 \times 75}{10}$

$= 67.5$

समतुल्य एकल छूट $= 100 - 67.5$

$= 32.5$

अतः विकल्प (C) सही है।

61. दिया गया है:

शंकु C और D की त्रिज्याओं का अनुपात $2:3$ है।

शंकु C और D की ऊँचाई का अनुपात $3:2$ है।

जैसा कि हम जानते हैं,

शंकु का आयतन $= \frac{1}{3} \times \pi \times r^2 \times h$

$\Rightarrow$ आयतन $\propto r^2 \times h$

जहाँ, $r =$ शंकु की त्रिज्या

$h =$ शंकु की ऊँचाई

माना शंकु C की त्रिज्या $= 2x$, शंकु C की ऊँचाई $= 3y$

$\Rightarrow$ शंकु C का आयतन $\propto (2x)^2 \times (3x)$

शंकु D की त्रिज्या $= 3x$, शंकु D की ऊँचाई $= 2y$

$\Rightarrow$ शंकु D का आयतन $\propto (3x)^2 \times (2x)$

$\Rightarrow$ शंकु D का आयतन : शंकु C का आयतन $= 18x^2y : 12x^2y$

$= 3:2$

अतः विकल्प (D) सही है।

62. दिया गया है,

$[7\frac{1}{2}$ का $\frac{2}{5} \div \frac{3}{4} - \frac{3}{4} \times 1\frac{1}{2} \div 2\frac{1}{4}]/[5\frac{1}{2} \div \frac{3}{8}$ का $3\frac{2}{3}]$

$= [\frac{15}{2}$ का $\frac{2}{5} \div \frac{3}{4} - \frac{3}{4} \times 1\frac{1}{2} \div 2\frac{1}{4}]/[5\frac{1}{2} \div \frac{3}{8}$ का $\frac{11}{3}]$

$= [\frac{15}{2} \times \frac{2}{5} \div \frac{3}{4} - \frac{3}{4} \times 1\frac{1}{2} \div 2\frac{1}{4}]/[5\frac{1}{2} \div \frac{3}{8} \times \frac{11}{3}]$

$= [3 \div \frac{3}{4} - \frac{3}{4} \times 1\frac{1}{2} \div 2\frac{1}{4}]/[5\frac{1}{2} \div \frac{11}{8}]$

$= [3 \times \frac{4}{3} - \frac{3}{4} \times \frac{3}{2} \div \frac{9}{4}]/[\frac{11}{2} \div \frac{11}{8}]$

$= [4 - \frac{3}{4} \times \frac{3}{2} \times \frac{4}{9}]/[\frac{11}{2} \times \frac{8}{11}]$

$= [4 - \frac{1}{2}]/[4]$

$= [\frac{7}{2}]/[4]$

$= [\frac{7}{2} \times \frac{1}{4}]$

$= \frac{7}{8}$

अतः विकल्प (C) सही है।

63. दिया गया है:

चीनी की मूल्य में 10% की वृद्धि होती है।

जैसा कि हम जानते हैं,

व्यय $=$ मूल्य $\times$ मात्रा

मात्रा में कमी का प्रतिशत $=$ (पुरानी मात्रा $-$ नई मात्रा)/पुरानी मात्रा $\times 100$

यदि मूल्य में $a:b$ के अनुपात में वृद्धि होती है।

फिर, व्यय को समान रखने के लिए

मात्रा को $b:a$ के अनुपात में कम किया जाना चाहिए,

यहाँ, मूल्य में 10% की वृद्धि होती है

मूल्य परिवर्तन का अनुपात $= 10:11$

$\Rightarrow$ मात्रा का अनुपात $= 11:10$

मात्रा में कमी $= \frac{(11-10)}{11}$

$= \frac{1}{11}$

खपत में प्रतिशत कमी $= \frac{1}{11} \times 100$

$= 9\frac{1}{11}\%$

अतः विकल्प (B) सही है।

64. दिया गया है,

एक राशि 3 वर्षों में स्वयं का 7 गुना हो जाती है

जैसा कि हम जानते है,

मिश्रधन $=$ मूलधन $\times (1 + $ दर $/100)^t$

जहाँ $t = $ वर्षों की संख्या

माना कि P मूलधन है और $R = $ दर $\%$

3 वर्षों बाद राशि,

$7P = P \left(1 + \frac{R}{100}\right)^3$

$\Rightarrow 7 = \left(1 + \frac{R}{100}\right)^3 \quad \cdots (1)$

माना ' t ' वर्षों के बाद राशि, मूलधन का 2401 गुना हो जाती है,

$2401 \times P = P \left(1 + \frac{R}{100}\right)^t$

$\Rightarrow 2401 = \left(1 + \frac{R}{100}\right)^t$

$\Rightarrow 7^4 = \left(1 + \frac{R}{100}\right)^t \quad \cdots (2)$

(1) और (2) की तुलना करने पर हम प्राप्त करते हैं,

$\left(1 + \frac{R}{100}\right)^{12} = \left(1 + \frac{R}{100}\right)^t$

$\Rightarrow t = 12$

$\therefore$ 12 वर्षों बाद मूलधन स्वयं का 2401 गुना हो जाएगा।

अतः विकल्प (B) सही है।

65. दिया गया है:

अर्धगोले का व्यास $= 9$ सेमी

त्रिज्या $= \frac{9}{2}$ सेमी

जैसा कि हम जानते हैं,

अर्धगोले का आयतन $= \frac{2}{3} \times \pi \times r^3$

जहाँ $r = $ अर्धगोले की त्रिज्या

आयतन $(V) = \frac{2}{3} \times \pi \times \left(\frac{9}{2}\right)^3$

$= \frac{2}{3} \times \frac{22}{7} \times \left(\frac{9}{2}\right)^3$

$= 190.92$ सेमी ^{3}

$= 0.191$ लीटर $(\because 1$ लीटर $= 1000$ सेमी $^3)$

अतः विकल्प (A) सही है।

66. दिया गया है:

निवेश राशि $= ₹ 9000$

समय $= 3$ वर्ष

चक्रवृद्धि ब्याज की दर $= 2\%$

जैसा कि हम जानते हैं,

यदि दर $\%$ प्रत्येक वर्ष के लिए समान है तो 3 वर्षों के लिए चक्रवृद्धि ब्याज

दर $= 3R + \frac{3R^2}{100} + \frac{R^3}{10000}$

जहाँ $R = $ प्रत्येक वर्ष के लिए दर $\%$

मिश्रधन $=$ मूलधन $\left(1 + \frac{\text{Rate}}{100}\right)^n$

जहाँ n = समय अवधि

3 वर्षों के लिए चक्रवृद्धि ब्याज दर $= (3 \times 2) + \frac{(3 \times 2^2)}{100} + \frac{2^3}{10000}$

$\Rightarrow 6 + 0.12 + 0.0008$

$\Rightarrow 6.1208$

$\therefore$ 3 वर्षों के लिए चक्रवृद्धि ब्याज दर $= 6.1208$

मिश्रधन $= 9000 \times \left(1 + \frac{6.1208}{100}\right)$

$= 9000 \times \frac{106.1208}{100}$

$= 9550.87$

अतः विकल्प (D) सही है।

67. दिया गया है:

90 पेनों का विक्रय मूल्य $=$ ₹ 1557

हानि % $= 30\%$

90 पेनों का विक्रय मूल्य $(SP) = 1557$

हानि % $= 30\%$

$\therefore$ 90 पेनों का क्रय मूल्य $(CP) = \frac{(1557 \times 100)}{(100 - 30)}$

$\Rightarrow$ 90 पेनों का क्रय मूल्य $= \frac{15570}{7}$

$\Rightarrow$ 1 पेन का क्रय मूल्य $= \frac{15570}{(7 \times 90)}$

$\Rightarrow$ 1 पेन का क्रय मूल्य $=$ ₹ $\frac{173}{7}$

माना कि P पेनों को 18% का लाभ अर्जित करने के लिए बेचा जाता है

P पेनों का क्रय मूल्य $= \frac{173P}{7}$

P पेनों का विक्रय मूल्य $=$ ₹ 708

$\Rightarrow P$ पेनों का लाभ % $= (P$ पेनों का विक्रय मूल्य $- P$ पेनों का क्रय मूल्य $)/(P$ पेनों का क्रय मूल्य $) \times 100$

$\Rightarrow 18 = \frac{\left(708 - \frac{173P}{7}\right)}{\left(\frac{173P}{7}\right)} \times 100$

$\Rightarrow 18 = \left(\frac{708 \times 7}{173P - 1}\right) \times 100$

$\Rightarrow 118 = \frac{708 \times 7 \times 100}{173P}$

$\Rightarrow P = \frac{(708 \times 7 \times 100)}{(173 \times 118)}$

$\Rightarrow P = 24.27$

$\because$ पेनों की संख्या दशमलव में नहीं हो सकती है, हम P के मान को निकटतम पूर्णांक मान लेते हैं अर्थात् $P = 24$

अतः विकल्प (C) सही है।

68. दी गई संख्याएँ $15, 24$ और 36 हैं।

जैसा कि हम जानते है,

दो या दो से अधिक संख्याओं का लघुत्तम समापवर्त्य वह सबसे छोटी संख्या है जो उन संख्याओं में से प्रत्येक से पूर्णतः विभाज्य होती है।

वह सबसे छोटी संख्या जो $15, 24$ और 36 में से प्रत्येक से विभाज्य हो, वह $15, 24$ और 36 का लघुत्तम समापवर्त्य होगी

$15, 24,$ और 36 का लघुत्तम समापवर्त्य

$15 = 3 \times 5$

$24 = 3 \times 2 \times 2 \times 2$

$36 = 2 \times 2 \times 3 \times 3$

$15, 24$ और 36 का लघुत्तम समापवर्त्य $= 2 \times 2 \times 2 \times 3 \times 3 \times 5$

$= 360$

स्पष्ट रूप से, हम देख सकते हैं कि 360 को एक पूर्ण वर्ग संख्या बनाने के लिए हमें इसे 2 और 5 से गुणा करना होगा, तब हमें प्राप्त होता है

$\Rightarrow 360 \times 2 \times 5 = 3600$

$\therefore$ वह सबसे छोटी संख्या 3600 है जो एक पूर्ण वर्ग है और $15, 24$ और 36 में से प्रत्येक से विभाज्य है।

अतः विकल्प (A) सही है।

69. दिया गया है,

पाइप A द्वारा लिया गया समय $= 18$ घंटे

पाइप B द्वारा लिया गया समय $= 27$ घंटे

जैसा कि हम जानते है:,

दक्षता = किया गया कुल कार्य /लिया गया कुल समय

माना कि टैंक का कुल आयतन 18 और 27 का लघुत्तम समापवर्त्य अर्थात् 54 इकाई है

A की दक्षता $= \frac{54}{18} = 3$

B की दक्षता $= \frac{54}{27} = 2$

दोनों पाइपों द्वारा एक साथ 2 दिनों में भरा गया टैंक (A कार्य प्रारंभ करता है) $= 3 + 2 = 5$ इकाई

दोनों पाइपों द्वारा एकसाथ 20 दिनों में भरा गया टैंक $= 50$ इकाई

अब, 21 वें दिन, A टैंक को 3 इकाई भरेगा

अब तक भरा गया कुल टैंक $= 53$ इकाई

22वें दिन B कार्य करेगा और टैंक की 2 इकाइयों को भरेगा, लेकिन हमें केवल 1 इकाई अधिक कार्य की आवश्यकता है।

इसलिए, B केवल आधा दिन कार्य करेगा

दिनों की कुल संख्या $= 21\frac{1}{2}$ दिन

∴ टैंक को पूरी तरह से भरने के लिए A और B द्वारा एकसाथ लिए गए दिनों की कुल संख्या $21\frac{1}{2}$ दिन है।

अतः विकल्प (D) सही है।

70. दिया गया है,

दो वर्षों के लिए चक्रवृद्धि ब्याज $= ₹ 85$

दो वर्षों का साधारण ब्याज $= ₹ 80$

जैसा कि हम जानते हैं,

साधारण ब्याज $(SI) = \frac{(P \times R \times T)}{100}$

जहाँ $P =$ मूलधन राशि, $R =$ दर, $T =$ समय

साधारण ब्याज (SI) मूलधन की दर प्रतिशत है।

चक्रवृद्धि ब्याज में, मूलधन प्रत्येक वर्ष संशोधित होता है। पिछले वर्ष का ब्याज अगले वर्ष के लिए मूलधन बन जाता है।

उदाहरण के लिए,

माना कि साधारण ब्याज (SI) (1 वर्ष के लिए) $= ₹ X,$ दर $\% = R$

फिर, चक्रवृद्धि ब्याज CI (2 वर्षों के लिए) $= X + X + X$ का $R\%$

या, चक्रवृद्धि ब्याज, CI (2 वर्षों के लिए) $= 2$ वर्षों के लिए साधारण ब्याज $+R\% \times 1$ वर्ष के लिए साधारण ब्याज

1 वर्ष के लिए साधारण ब्याज $(SI) = \frac{80}{2}$

$= ₹ 40$

चक्रवृद्धि ब्याज, CI (2 वर्षों के लिए) $= 2$ वर्षों के लिए साधारण ब्याज $+R\% \times 1$ वर्ष के लिए साधारण ब्याज

$85 = 80 + R\% \times 40$

$\Rightarrow R\% \times 40 = 5$

$\Rightarrow R \times \frac{40}{100} = 5$

$\Rightarrow R = \frac{25}{2}$

$\Rightarrow R = 12.5\%$

अतः विकल्प (C) सही है।

71. दिया गया है,

6 व्यक्तियों का औसत वजन 1.5 किग्रा बढ़ जाता है।

45 किलो वजन वाले व्यक्ति के स्थान पर एक नया व्यक्ति आता है

जैसा कि हम जानते हैं,

N पदों का औसत $= N$ पदों का योग /पदों की कुल संख्या

माना 6 व्यक्तियों का औसत 'A' है

और नए व्यक्ति का वजन 'x किग्रा' है

अब, व्यक्ति को हटाने से पहले और बाद में वजन के योग की बराबरी करने पर,

$\Rightarrow 6 \times A - 45 + x = 6 \times (A + 1.5)$

$\Rightarrow x = 45 + 9$

$\Rightarrow x = 54$ किग्रा

अतः विकल्प (A) सही है।

72. दिया गया है,

$0.35 : x :: 5 : 6$

दिए गए अनुपात को इस प्रकार भी लिखा जा सकता है,

$\frac{0.35}{x} : \frac{5}{6}$

तिर्यक गुणा करने पर, हमें प्राप्त होता है

$\Rightarrow x = \frac{(6 \times 0.35)}{5}$

$\Rightarrow x = 0.42$

अतः विकल्प (B) सही है।

73. जैसा कि हम जानते हैं,

दूरी $=$ चाल $\times$ समय

प्रश्न के अनुसार,

3 घंटे के लिए, चाल $= 60$ किमी/घंटा

दो घंटे में तय की गई दूरी $= 60 \times 3$

$= 180$ किमी

अगले 3 घंटों के लिए, चाल $= 60$ किमी/घंटा $+20$ किमी/घंटा

$= 80$ किमी/घंटा

अगले 3 घंटे में तय की गई दूरी $= 80 \times 3$

$= 240$ किमी

6 घंटे में तय की गई दूरी $= 180$ किमी $+240$ किमी

$= 240$ किमी

शेष दूरी $= 470 - 420$

$= 50$ किमी

अब, चाल $= 80 + 20$

$= 100$ किमी/घंटा

अब, समय $= \frac{50}{100}$

$= \frac{1}{2}$ घंटा

कुल समय $= 3$ घंटा $+3$ घंटा $+\frac{1}{2}$ घंटा

$= 6\frac{1}{2}$ घंटा

अतः विकल्प (D) सही है।

74. दिया गया है,

$$\frac{(9987693 \times 6432 \times 7695)}{10}$$

जैसा कि हम जानते हैं,

यदि किसी गुणनफल को ' 10' से विभाजित किया जाता है, तो गुणनफल का इकाई का अंक शेषफल होगा इसी प्रकार, यदि इसे ' 100' से विभाजित किया जाता है, तो अंतिम दो अंक शेषफल होंगे।

दिए गए गुणनफल का इकाई का अंक होगा,

इकाई का अंक $= 3 \times 2 \times 5 = 0$

अतः विकल्प (B) सही है।

75. दिया गया है,

कुल समय $= 6\frac{4}{5} = \frac{34}{5}$ घंटे

जैसा कि हम जानते हैं,

समय $=$ दूरी /चाल

माना दो बिंदुओं के बीच की दूरी ' $3X$' है।

व्यक्ति 70 किमी/घंटा की गति से $2X$ दूरी तय करता है

वह शेष X दूरी 50 किमी/घंटा की गति से तय करता है

पूरी यात्रा के लिए सूत्र का उपयोग करने पर,

$$\frac{34}{5} = \frac{2X}{70} + \frac{X}{50}$$

$$\Rightarrow \frac{34}{5} = \frac{17X}{350}$$

$$\Rightarrow X = 2 \times 70$$

$$= 140 \text{ किमी}$$

$$\therefore \text{दूरी } (3X) = 140 \times 3$$

$$= 420 \text{ किमी}$$

इस दूरी को 56 किमी/घंटा की गति से तय करने में लगा समय,

समय $= \frac{420}{56} = \frac{15}{2}$

या समय $= 7\frac{1}{2}$ घंटे

अतः विकल्प (C) सही है।

76. नौका शब्द का समानार्थी शब्द का तरणी है।

नौका: जल में चलने वाली, लकड़ी, लोहे, आदि की बनी सवारी

वाक्य में प्रयोग: हमने नाव से नदी पार की।

समानार्थी शब्द: नाव, नैया, तरणी।

लिंग: स्त्रीलिंग

अतः विकल्प (A) सही है।

77. निराधार के लिए शब्द समूह है -''जिसका कोई आधार नहीं''।

निराधार के लिए अनेक शब्द इस्तेमाल किए जाते हैं, जैसे- निराश्रय, बेबुनियाद, निर्मूल।

अतः विकल्प (B) सही है।

78. वाक्य में रेखांकित खंड को प्रतिस्थापित करने के लिए सबसे उपयुक्त विकल्प गाने की रियाज़ सही है।

प्रयत्न, पहल, कसरत ये सभी शब्द उक्त वाक्य में सही नहीं बैठते, क्योंकि इनके अर्थ बिलकुल अलग हैं।

संपूर्ण वाक्य: मैं गाने की रियाज़ कर रहा हूँ।

गाने का रियाज़ किया जाता है, न की कसरत।

रियाज़ का मतलब: अभ्यास।

वाक्य प्रयोग: हमारे गुरुजी की सुबह रियाज़ से शुरू होती है।

अतः विकल्प (A) सही है।

79. 'अतिथि की सेवा करने वाला' वाक्यांश के लिए एक शब्द "आतिथेयी" होगा।

अन्य विकल्प:

अनुचर - पीछे चलने वाला

अतिथि - जिसके आने की तिथि निश्चित न हो

आतिथ्य - अतिथि का सेवा-सत्कार

अतः विकल्प (B) सही है।

80. बोलना शब्द के लिए कहना उचित विकल्प है।

संपूर्ण वाक्य: तुम्हें ऐसा नहीं कहना चाहिए था।

कहना शब्द से बना अन्य वाक्य - राम से कहना, कि मैंने उसे याद किया है।

- भूकना का कोई अर्थ नहीं है।
- उगलना का अर्थ है: रहस्य प्रकट करना।
- चिल्लाना का अर्थ है: शोर करना, जोर से बोलना।

अतः विकल्प (B) सही है।

81. 'मन मैला करना' मुहावरे का सही अर्थ: खिन्न होना' है।

'मन मैला करना' मुहावरे का वाक्य में प्रयोग: हमें छोटी मोटी लड़ाई की वजह से अपने मित्रों के प्रति मन मैला नहीं करना चाहिए।

- दोषारोपण करने के लिए सही मुहावरा है: उंगली उठाना।
- घृणा करना के लिए सही मुहावरा है: छी-छी करना।
- ईर्ष्या करना के लिए सही मुहावरा है: सीने पर सांप लोटना।

अतः विकल्प (D) सही है।

82. वाक्य के ''अब आज से'' भाग में त्रुटि है।

अब और आज से दोनों का एक साथ एक वाक्य में प्रयोग गलत है, क्योंकि यह दोनों एक ही बात को दर्शाति हैं। आज से या अब से ही दोनों एक ही समय से कुछ शुरू होने की बात करता है।

सही वाक्य:

- अब से इस प्रकार की गलती मत करना।

- आज से इस प्रकार की गलती मत करना।

मत करना, इस प्रकार, की गलती तीनों भागों में त्रुटि नहीं है।

अतः विकल्प (D) सही है।

83. शुद्ध वर्तनी वाला शब्द 'सांसारिक' है।

सांसारिक का अर्थ है: संसार संबंधी, लौकिक।

शुद्ध वर्तनी का अर्थ है: शब्दों में मात्राओं का सही प्रयोग करके सही शब्द लिखना। जैसे अकाश – आकाश, इद – ईद, उष्मा- ऊष्मा आदि।

अतः विकल्प (C) सही है।

84. नमस्कार शुद्ध वर्तनी वाला शब्द हैं।

'नमस्कार' का अर्थ है: "अभिवादन करना या प्रणाम करना"।

शुद्ध वर्तनी का अर्थ है: शब्दों में मात्राओं का सही प्रयोग करके सही शब्द लिखना। जैसे अकाश – आकाश, इद – ईद, उष्मा- ऊष्मा आदि।

अतः विकल्प (B) सही है।

85. रिक्त स्थान को भरने के लिए सबसे उपयुक्त शब्द 'शस्त्र' है

संपूर्ण वाक्य: बन्दुक एक बहुत ही उपयोगी 'शस्त्र' हैं।

शस्त्र मतलब हथियार, कोई ऐसा यंत्र और औजार, जिससे युद्ध के समय शत्रु पर प्रहार किया जाता है।

- शास्त्र का अर्थ है: ज्ञान की कोई शाखा या हिंदू धर्म के पवित्र ग्रंथ।
- वस्त्र का अर्थ है: मतलब कपड़ा, पहनावा, परिधान और पोशाक।
- सर्वत्र का अर्थ है: हर स्थान पर और पूर्ण रूप से

अतः विकल्प (C) सही है।

86. 'किसी बड़े और महत्वपूर्ण कार्य का स्मरण चिह्न या रचना' इस वाक्यांश के लिए एक सार्थक शब्द 'कीर्ति' है।

कीर्ति का अर्थ: शोहरत, प्रतिष्ठा, खुशी होता है।

वाक्यांश के लिए एक शब्द: जब किसी वाक्य में प्रयुक्त या स्वतन्त्र किसी वाक्यांश के लिए किसी एक शब्द का प्रयोग किया जाता है, जो उस वाक्यांश के अर्थ को पूरी तरह सिद्ध करता हो, अर्थात अनेक शब्दों के लिए एक शब्द को प्रयुक्त करना ही वाक्यांश के लिए एक शब्द कहलाता है।

वाक्यांश और उनके लिए एक शब्द:

- जो बाद में जन्मा हो: अनुज
- जो पृथ्वी से संबंधित हो: पार्थिव

अतः विकल्प (C) सही है।

87. 'निर्जीव' का विलोम शब्द सजीव है।

निर्जीव का अर्थ है: वह जिसमें जीवन न हो।

सजीव का अर्थ है: वह जिसमें जीवन हो।

अतः विकल्प (A) सही है।

88. 'डेढ़ चावल की खिचड़ी पकाना' इस मुहावरे उचित का अर्थ: "बहुमत से अलग रहना'"।

वाक्य प्रयोग: समीर का तो दीन-दुनिया से कोई मतलब नहीं है,वह तो अपनी डेढ़ चावल की खिचड़ी पकता है।

- छोटी उम्र में अधिक ज्ञानी होना के लिए मुहावरा है: पेट में दाढ़ी होना।
- अत्यधिक अभाव होना के लिए सही मुहावरा है: लाले पड़ना।

- बहुमत का सम्मान करना के लिए मुहावरा है: जनता जगन्नाथ।

अतः विकल्प (C) सही है।

89. रिक्त स्थान भरने के लिए सबसे उपयुक्त शब्द बहुएँ है।

दिया गया वाक्य बहुवचन में है इसलिए रिक्त स्थान में बहुवचन शब्द का प्रयोग किया जाएगा।

संपूर्ण वाक्य: बहुएँ खाना तैयार करती हैं।

'करती हैं' के साथ बहू और लड़की नहीं आ सकता, क्योंकि यह दोनों एक वचन शब्द हैं।

भैया गलत उत्तर है क्योंकि 'करती' शब्द के साथ स्त्रीलिंग शब्द आएगा, और भैया पुल्लिंग शब्द है।

अतः विकल्प (D) सही है।

90. दिए गए वाक्य के भाग (2) में त्रुटि है।

सप्रमाण सहित इसलिए गलत है, क्योंकि इन दोनों शब्दों का एक ही अर्थ है।

जब किसी शब्द के साथ 'स' उपसर्ग लग जाता है, तब उस शब्द का मतलब सहित ही हो जाता है।

सही वाक्य होगा:

- मैं सप्रमाण बता रहा हूं।
- मैं प्रमाण सहित बता रहा हूं।

अतः विकल्प (B) सही है।

91. 'श्रव्य' का विलोम शब्द "दृश्य" होगा।

श्रव्य का अर्थ: सुनने योग्य।

दृश्य का मतलब: देखने योग्य।

अन्य विकल्प:

- अदृश्य का विलोम - दृश्य।
- कटु का विलोम - मधुर।
- अलौकिक का विलोम शब्द - लौकिक।

अतः विकल्प (B) सही है।

92. दिए गए वाक्य में रेखांकित खंड - 'कुत्ते की जाने की प्रतीक्षा करने लगी' को प्रतिस्थापित करने के लिए - 'कुत्ते के जाने की प्रतीक्षा करने लगी।' वाक्य उपयुक्त विकल्प होगा।

इसलिए, प्रतिस्थापित वाक्य होगा - घनी झाड़ियों के पीछे छिपकर बैठी बिल्ली कुत्ते की जाने की प्रतीक्षा करने लगी।

अतः विकल्प (A) सही है।

93. आनंद का समानार्थी शब्द 'आह्लाद' है।

आनंद समानार्थी शब्द: उल्लास, हर्ष, मोद, प्रमोद, लुफ्त, मजा, सुख।**समानार्थी शब्द:** समानार्थी का अर्थ होता हैं (समान+अर्थ) अर्थात किसी शब्द का समान अर्थ वाले दूसरे शब्द या उसी के सामान कोई दूसरा नाम (वस्तु)। सामान्यत: हिन्दी में एक ही वस्तु के अनेक समान अर्थ वाले शब्द है।

- संस्कार शब्द के समानार्थी शब्द: सफाई , स्वच्छता, संस्कार परिष्कार, शुद्धि।
- संवाद के समानार्थी शब्द: बातचीत, वार्तालाप, कथोपकथन।
- पुरस्कार के समानार्थी शब्द: सौगात , नजराना, उपहार, भेंट, तोहफा।

अतः विकल्प (A) सही है।

94. रिक्त स्थान को भरने के लिए सबसे उपयुक्त शब्द 'चिर शत्रु' होगा।

संपूर्ण वाक्य: क्रोध और लोभ, व्यक्ति के चिर शत्रु हैं।

चिर शत्रु का अर्थ है: पुराना दुश्मन।

- अजातशत्रु उसे कहते हैं जिसका कोई शत्रु ना हो।
- चिरमित्र का अर्थ है: पक्का मित्र।
- महान गुरु, चिर मित्र से सदा संपर्क में रहना चाहिए, जबकि क्रोध और लोभ से सदा दूर।

अतः विकल्प (B) सही है।

95. दिए गए वाक्य में त्रुटि नहीं है।

संपूर्ण वाक्य: किसी भी भाषा की वर्तनी सबसे अधिक महत्व की चीज है।

यहां ना ही वर्तनी संबंधी त्रुटि है और ना ही लिंग संबंधी।

अतः विकल्प (A) सही है।

96. गद्यांश के रिक्त स्थान (1) के लिए सर्वाधिक उपयुक्त शब्द "शंका" है।

गद्यांश के अनुसार पूरा वाक्य है: असल में जिन चीजों के बारे में हमे शंका नहीं होती, उनकी असलियत तक पहुंचना भी हमारे लिए दुश्वार होता हैं।

- शंका का अर्थ: आशंका, भय, संशय।
- ईर्ष्या का अर्थ: जलन, डाह।
- चिंता का अर्थ: चिंतन करने का कार्य, ध्यान, स्मरण।
- लज्जा का अर्थ: शर्म, हया, मर्यादा, मान।

अतः विकल्प (C) सही है।

97. गद्यांश के रिक्त स्थान (2) के लिए सर्वाधिक उपयुक्त शब्द "जगाये" होगा।

शंका का अर्थ: आशंका, भय, संशय।

गद्यांश के अनुसार पूरा वाक्य है: शंका मनुष्य को जगाये रहती हैं, शंका कठिनाई ------।

जलाये, भगाये, सुलाये ये तीनो रिक्त स्थान 2 के लिए सही शब्द नहीं हैं।

अतः विकल्प (C) सही है।

98. गद्यांश के रिक्त स्थान (3) के लिए सर्वाधिक उपयुक्त शब्द "सत्य" होगा।

गद्यांश के अनुसार पूरा वाक्य है: शंका कठिनाई के भीतर से चलकर सत्य तक पहुंचने की राह हैं।

- सत्य का शाब्दिक अर्थ होता है: सभी का कल्याण।
- सत्य का पर्यायवाची शब्द - सच, यथार्थ, शुद्धता।
- साधन के पर्यायवाची शब्द - यत्न, तदबीर, उपाय, युक्ति
- निर्णय के पर्यायवाची शब्द - परिणाम, फैसला, निश्चय
- लक्ष्य के पर्यायवाची शब्द - निशान, उद्देश्य, निर्दिष्ट स्थान, ठिकाना

अतः विकल्प (C) सही है।

99. गद्यांश के रिक्त स्थान (4) के लिए सर्वाधिक उपयुक्त शब्द "समाधान" होगा।

गद्यांश केअनुसार पूरा वाक्य है: शंका को सही बिंदु से देखकर उसका समाधान खोजना की कोशिश करना विद्वता की सबसे बड़ी पहचान हैं।

- समाधान के पर्यायवाची शब्द: फैसला, हल, सुलझाव।
- प्रभाव के पर्यायवाची: असर, साया।
- परिणाम के पर्यायवाची: निश्चित, निर्णय, नतीजा।
- अवदान के पर्यायवाची: पराक्रम, सहयोग, योगदान।

अतः विकल्प (B) सही है।

100. गद्यांश के रिक्त स्थान (5) के लिए सर्वाधिक उपयुक्त शब्द "शूल" होगा।

शूल का अर्थ: विकट पीड़ा।

शूल का पर्यायवाची शब्द: पीड़ा, दर्द, चुभन।

- फूल का पर्यायवाची शब्द: सुमन, कुसुम, मंजरी, प्रसून।
- धूल का पर्यायवाची शब्द: गर्द, धूलि, रेणु।
- शरीर का पर्यायवाची शब्द: देह, काया, गात्र, अंग, गात, तनु, कलेवर।

अतः विकल्प (D) सही है।

General Intelligence and Reasoning

Q.1 चार अक्षर-समूह दिए गए हैं, जिनमें से तीन किसी प्रकार से समान हैं और एक उनसे असंगत है। उस असंगत अक्षर-समूह का चयन कीजिए।

A. NPLR **B.** YAWD **C.** SUQW **D.** PRNT

Q.2 वर्तमान में, सुमन की आयु उसकी बेटे की आयु की चार गुनी है। पाँच वर्ष पूर्व, उसकी आयु उसके बेटे की आयु की सात गुनी थी। उसके बेटे की आयु क्या है?

A. 11 वर्ष **B.** 10 वर्ष **C.** 16 वर्ष **D.** 12 वर्ष

Q.3 निर्देश: वर्गों के उस समूह का चयन करें जिनके बीच के संबंध को निम्नांकित वेन आरेख द्वारा सबसे अधिक उचित तरीके से दर्शाया गया है।

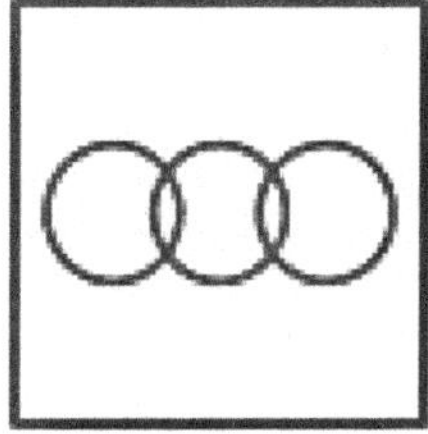

A. बुध, ग्रह, शुक्र
B. व्यवसायी, वैज्ञानिक, गायक
C. पालक, सब्जियाँ, आड़ू
D. महिला, तैराक, पुरुष

Q.4 दी गई शीट को मोड़कर एक घन बनाया जाता है। इस प्रकार बने घन में उस संख्या का चयन कीजिये जो संख्या '4' दर्शाने वाले फलक के विपरीत फलक पर होगी।

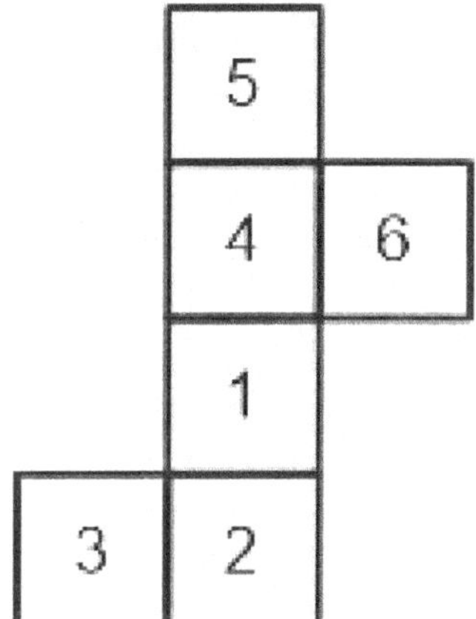

A. 2 **B.** 3 **C.** 6 **D.** 5

Q.5 निर्देश: निम्नलिखित आकृति श्रृंखला में उस आकृति को चुनिए जो प्रश्न चिह्न (?) को प्रतिस्थापित करेगी।

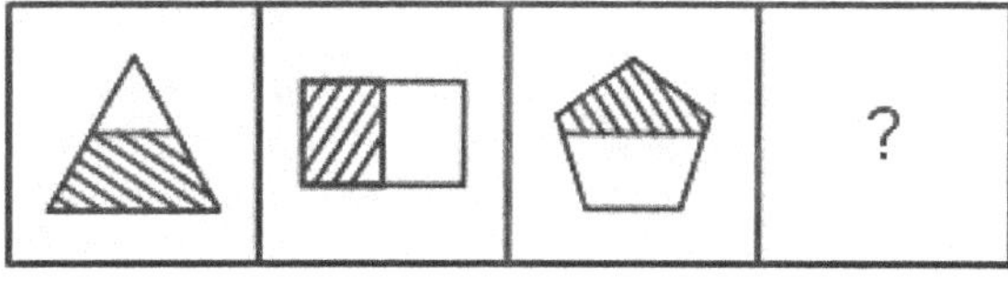

Q.6 निर्देश: उस सही विकल्प का चयन कीजिए जो दिए गए शब्दों के उस क्रम को दर्शाता है जिस क्रम में वे अंग्रेजी शब्दकोश में आते हैं।

1. Nervous, 2. Nobility, 3. Nebulizer, 4. Nominate, 5. Nitrogen

A. 3, 4, 2, 5, 1 **B.** 3, 1, 5, 2, 4
C. 3, 5, 1, 2, 4 **D.** 3, 1, 2, 5, 4

Q.7 कागज के एक टुकड़े को मोड़ने का क्रम और जिस तरह से मुड़ा हुआ कागज काटा गया है, उसे निम्नलिखित आकृतियों में दिखाया गया है। सामने आने पर यह कागज कैसा दिखेगा?

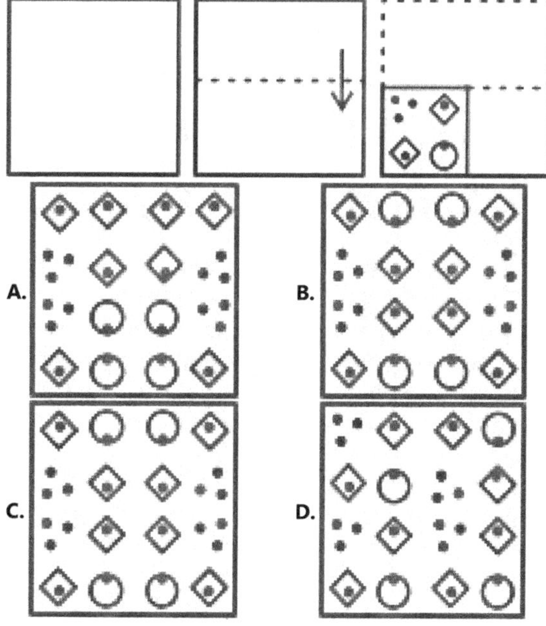

Q.8 किसी विशिष्ट कूट भाषा में, 'FALSE' को ' 2141588 ' के रूप में कूटबद्ध किया जाता है। उसी कूट भाषा में 'CHOICE' को किस रूप में कूटबद्ध किया जाएगा?

A. 24191812248 **B.** 6181921288
C. 24181924128 **D.** 6191812822

Q.9 निर्देश: दिए गए विकल्पों में से उस संख्या का चयन करें जो निम्नलिखित श्रृंखला में प्रश्न चिह्न (?) के स्थान पर आ सकती है।

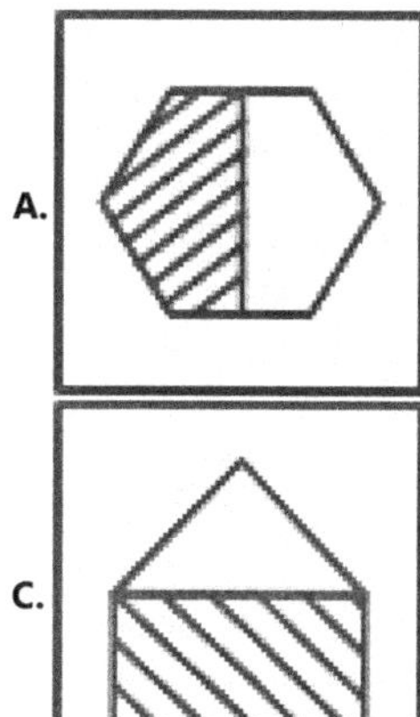
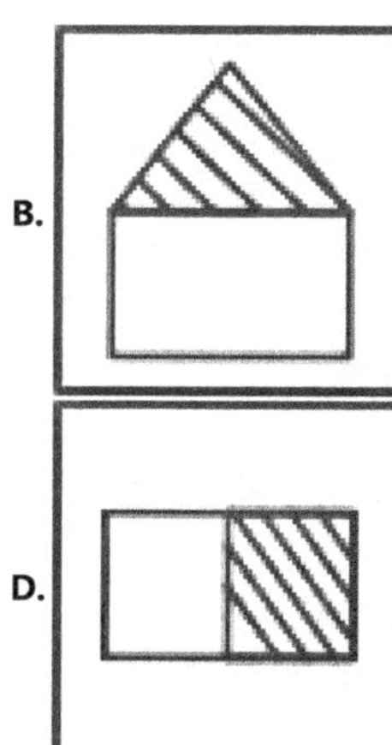

1, 8, 81, ?, 15625

A. 1015　　　**B.** 1225　　　**C.** 1227　　　**D.** 1024

Q.10 निर्देश: उस विकल्प का चयन करें जो तीसरे अक्षर-समूह से ठीक उसी प्रकार संबंधित है जैसे दूसरा अक्षर-समूह पहले अक्षर-समूह से संबंधित है।

CNK : JUR :: FJL : ?

A. NPR　　　**B.** MQS　　　**C.** OSU　　　**D.** KOQ

Q.11 निर्देश: दिए गए विकल्पों में से उस संख्या का चयन करें जो निम्नलिखित श्रृंखला में प्रश्न चिन्ह (?) के स्थान पर आ सकती है।

2, 10, 30, ?, 130

A. 68　　　**B.** 65　　　**C.** 70　　　**D.** 75

Q.12 यदि ' A' 'जोड़' को निरूपित करता है, ' B' 'गुणा' को निरूपित करता है, ' C', 'घटाना' को निरूपित करता है और ' D', 'विभाजन' को निरूपित करता है, तो निम्नलिखित व्यंजक का मान ज्ञात कीजिए।

$$483D23A93C16B4C(15B2)$$

A. 30　　　**B.** 78　　　**C.** 20　　　**D.** 55

Q.13 निर्देश: दिए गए संयोजन की सही दर्पण छवि का चयन कीजिये जब दर्पण को PQ पर रखा गया है जैसा कि दिखाया गया है।

Q.14 निर्देश: दिए गए कथनों और निष्कर्षों को ध्यानपूर्वक पढ़ें। कथनों में दी गई जानकारी सही मानते हुए, भले ही वह सामान्य रूप से ज्ञात तथ्यों से भिन्न प्रतीत हो, निर्णय करें कि दिए गए निष्कर्षों में से कौन से निष्कर्ष कथनों का तार्किक रूप से अनुसरण करते हैं।

कथन:

सभी पेन, पेंसिल हैं।

कुछ मार्कर, पेंसिल हैं।

निष्कर्ष:

I. सभी पेन, मार्कर हैं।

II. कुछ पेन, मार्कर हैं।

A. केवल निष्कर्ष II अनुसरण करता है।

B. कोई भी निष्कर्ष अनुसरण नहीं करता है।

C. केवल निष्कर्ष I अनुसरण करता है।

D. दोनों निष्कर्ष अनुसरण करते हैं।

Q.15 निर्देश: उस विकल्प का चयन कीजिये जिसमें दी गई आकृति अंतर्निहित है (घूर्णन की अनुमति नहीं है)।

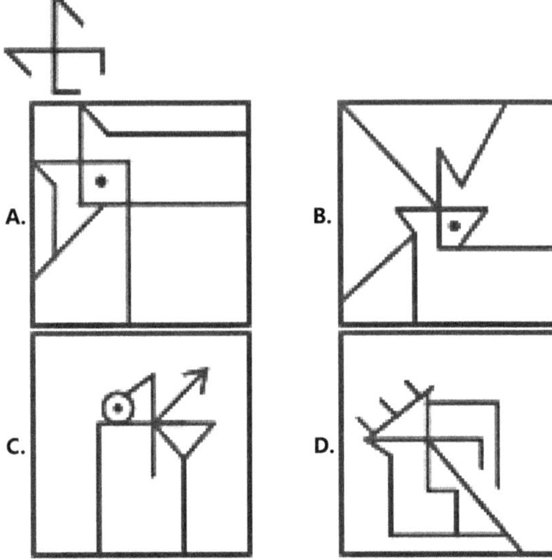

Q.16 किसी निश्चित कूट भाषा में, 'LUCKNOW' को 'CULKWON' और 'UDAIPUR' को 'ADUIRUP' के रूप में लिखा जाता है। उसी कूट भाषा में 'GWALIOR' को किस रूप में लिखा जाएगा?

A. WGLAROI　　　　**B.** AGWLRIO

C. AWGROIL　　　　**D.** AWGLROI

Q.17 निर्देश: दिए गए विकल्पों में से उस अक्षर-समूह का चयन करें, जो निम्नलिखित श्रृंखला में प्रश्नवाचक चिह्न (?) के स्थान पर आ सकता है।

EIM, QUY, CGK, ?

A. DHL　　　**B.** LPT　　　**C.** SWA　　　**D.** OSW

Q.18 निर्देश: दिए गए पैटर्न का ध्यानपूर्वक अध्ययन करें, और उस संख्या का चयन करें जो इसमें प्रश्नवाचक चिह्न (?) के स्थान पर आ सकती है।

34	18	43
47	?	28
71	33	61

A. 42　　　**B.** 25　　　**C.** 35　　　**D.** 19

Q.19 निर्देश: उस विकल्प का चयन कीजिए जिसका तीसरी संख्या से वही संबंध है, जो दूसरी संख्या का पहली संख्या से है और छठी संख्या का पाँचवीं संख्या से है।

$$11:77::12:?::14:119$$

A. 90　　　**B.** 97　　　**C.** 83　　　**D.** 79

Q.20 निशा, जो दिलीप की पुत्री है, वह देवेशी से कहती है, "तुम्हारी मां ऋतु मेरे पिताजी की छोटी बहन है, जो कृष्ण की दूसरी संतान है"। कृष्ण का देवेशी से क्या संबंध है?

A. दादा　　　**B.** ससुर　　　**C.** पिता　　　**D.** नाना

Q.21 सात डॉक्टर S, T, U, V, X, Y और Z, केस स्टडी के लिए एक गोल मेज के परितः केंद्र की ओर मुंह करके बैठे हुए हैं। Y, Z के दाएं तीसरे स्थान पर और S तथा X के बीच में बैठा है। Z, U के दाएं दूसरे स्थान पर बैठा है। V, X के बाएं तीसरे स्थान पर बैठा है। Y और V के बीच दो डॉक्टर बैठे हैं। दी गई जानकारी के आधार पर, निम्नलिखित कथनों में से कौन-सा कथन सही है?

A. Z ठीक T और X के बीच में बैठा है।

B. S,T के बाएं चौथे स्थान पर बैठा है।

C. U,V के दाएं बगल में बैठा है।

D. Y और Z के बीच में चार डॉक्टर बैठे हैं।

Q.22 निर्देश: दिए गए स्वरुप का ध्यानपूर्वक अध्ययन कीजिये और उस अक्षर का चयन कीजिये जो उसमें प्रश्नवाचक चिह्न (?) को प्रतिस्थापित कर सके।

B	J	H
M	R	E
I	?	K

A. T   **B.** V   **C.** U   **D.** S

Q.23 M, N, L, O, Q और H एक पंक्ति में बैठे हुए हैं। Q और H बीच में हैं। M और N पंक्ति के छोरों पर बैठे हैं। L, N के बाएं बैठा है। M के दाएं कौन बैठा है?

A. N   **B.** O   **C.** L   **D.** Q

Q.24 किसी विशिष्ट भाषा में, 'nuk me xil' का अर्थ 'lit this light', 'ki me to' का अर्थ 'the bright light' और 'nuk ki yun' का अर्थ 'this is bright' है। इस कूट भाषा में 'lit' का अर्थ क्या होगा?

A. nuk   **B.** yun   **C.** xil   **D.** me

Q.25 जिस प्रकार मोतियाबिंद, 'नेत्र' से संबंधित है, उसी प्रकार मेनियर रोग,'________ ' से संबंधित है।

A. नाक   **B.** मुंह   **C.** दांत   **D.** कान

General Knowledge and General Awareness

Q.26 सरकार के कुल राजस्व और कुल व्यय के बीच के अंतर को ______ कहा जाता है।

A. राजकोषीय घाटा   **B.** बजट घाटा

C. अपस्फीति   **D.** प्राथमिक घाटा

Q.27 निम्नलिखित में से कौन एक हॉकी खिलाड़ी नहीं है?

A. अजीत सिंह   **B.** मनु भाकर

C. दीपिका ठाकुर   **D.** आकाशदीप सिंह

Q.28 चौदहवीं शताब्दी का ग्रंथ लीला तिलकम किस शैली में लिखा गया है?

A. रेख्ता   **B.** ब्राह्मी

C. मणिप्रवालम   **D.** मोजाखराफ

Q.29 सार्वजनिक मामलों के सूचकांक 2020 के अनुसार, बड़े राज्यों की श्रेणी में निम्नलिखित में से किसे, देश में सबसे अच्छा शासित राज्य घोषित किया गया है?

A. केरल   **B.** उत्तर प्रदेश

C. ओडिशा   **D.** राजस्थान

Q.30 निम्नलिखित में से किस पुस्तक के लेखक शशि थरूर नहीं हैं?

A. द हिंदू वे: एन इंट्रोडक्शन टू हिंदूइज़्म (2019)

B. एन एरा ऑफ़ डार्कनेस: द ब्रिटिश एम्पायर इन इंडिया (2016)

C. मेकिंग इंडिया ऑसम (2015)

D. द पैराडॉक्सियल प्राइम मिनिस्टर (2018)

Q.31 इंसान की आंख कैमरे की तरह होती है। इसकी लेंस प्रणाली, जिसे ______ कहा जाता है। प्रकाश संवेदी स्क्रीन पर प्रतिबिंब बनाती है।

A. कॉर्निया   **B.** आइरिस

C. रेटिना   **D.** प्युपिल (पुतली)

Q.32 निम्नलिखित में से कौन सा भारत के आर्थिक क्षेत्र के प्राथमिक सेक्टर का एक उदाहरण है?

A. वानिकी   **B.** परिवहन

C. संचार   **D.** कपड़ा बुनना

Q.33 संघवाद, भारत के संविधान की प्रमुख विशेषताओं में से एक है, जिसके तहत:

A. सरकार का प्रमुख ही राज्य का प्रमुख होता है

B. राज्य अपना अधिकार संसद से प्राप्त करते हैं

C. भारत में सभी व्यक्ति केवल न्यायपालिका द्वारा बनाए गए कानूनों और नीतियों द्वारा शासित होते हैं

D. राज्य, संघीय सरकार के एजेंट हैं

Q.34 भारत में, 2020 में राष्ट्रीय मिर्गी दिवस कब मनाया गया?

A. 17 नवंबर   **B.** 28 नवंबर   **C.** 25 नवंबर   **D.** 1 नवंबर

Q.35 ______, एक विज्ञान है। जिसमें शरीर की संरचना का अध्ययन किया जाता है।

A. एनाटॉमी   **B.** साइटोलॉजी

C. पेलिनोलॉजी   **D.** पेलियोबॉटनी

Q.36 वर्ष 2019 के लिए पेटा (PETA) इंडिया का/की 'पर्सन ऑफ़ द ईयर' निम्नलिखित में से कौन था/थी?

A. विराट कोहली   **B.** सोनम कपूर

C. अनुष्का शर्मा   **D.** पीवी सिंधु

Q.37 2022 के एशियाई खेलों की मेजबानी निम्नलिखित में से कौन सा देश करेगा?

A. इंडोनेशिया   **B.** चीन

C. जापान   **D.** दक्षिण कोरिया

Q.38 एनोफिलीज़ एक ______ है। जो मलेरिया के परजीवी के वाहक के रूप में कार्य करता है।

A. मादा मच्छर   **B.** घरेलू मक्खी

C. नर मच्छर   **D.** मकड़ी

Q.39 2021 में निम्नलिखित में से कौन से देश ने 13 वें ब्रिक्स शिखर सम्मेलन की मेजबानी की?

A. भारत   **B.** चीन   **C.** रूस   **D.** ब्राजील

Q.40 किसी भी लोकतांत्रिक देश में कानून बनाने का अंतिम अधिकार ______ के पास होता है।

A. प्रधानमंत्री   **B.** संसद   **C.** विधि मंत्री   **D.** राष्ट्रपति

Q.41 कुलिक पक्षी अभयारण्य निम्नलिखित में से किस राज्य में स्थित है?

A. आंध्र प्रदेश   **B.** महाराष्ट्र

C. मध्य प्रदेश   **D.** पश्चिम बंगाल

Q.42 निम्न में से किसकी शुरुआत हॉल्ट मैकेंज़ी और रॉबर्ट मेर्टिंस बर्ड द्वारा की गई थी?

A. महलवाड़ी व्यवस्था   **B.** रैयतवाड़ी व्यवस्था

C. व्यपगत का सिद्धांत   **D.** स्थाई बंदोबस्त

Q.43 निम्नलिखित में से बंगाल के किस राष्ट्रीय आंदोलन में तिरंगे झंडे को अभिकल्पित किया गया था?

A. खिलाफत आंदोलन

B. सविनय अवज्ञा आंदोलन
C. स्वदेशी आंदोलन
D. भारत छोड़ो आंदोलन

Q.44 जुलाई 2021 तक प्राप्त जानकारी के अनुसार, आयुष्मान भारत प्रधानमंत्री जन आरोग्य योजना (AB-PM-JAY) को _________ राज्य में लागू नहीं किया गया था।

A. पश्चिम बंगाल
B. कर्नाटक
C. पंजाब
D. गुजरात

Q.45 निम्नलिखित में से कौन सा पर्व कार्तिक माह की अमावस्या को मनाया जाता है?

A. गोवर्धन पूजा
B. धनतेरस
C. रक्षाबंधन
D. दीवाली

Q.46 जब प्राकृतिक संसाधनों का दोहन करके किसी माल का उत्पादन किया जाता है, तो इसे निम्नलिखित में से किस श्रेणी के अंतर्गत रखा जाता है?

A. खनन उद्योग
B. सेवा क्षेत्र
C. कृषि क्षेत्र
D. औद्योगिक क्षेत्र

Q.47 निम्नलिखित में से कौन सी निर्वाह खेती के सापेक्ष वाणिज्यिक खेती की एक विशिष्ट विशेषता नहीं है?

A. यह मुख्य रूप से अल्पविकसित देशों में प्रचलित है
B. ज्यादातर काम मशीनों से होता है
C. बड़ी मात्रा में पूंजी उपयोग की जाती है
D. बाजार मे बेचने के लिए फसलें उगाई जाती हैं

Q.48 आईपीएल के 2020 के संस्करण तक मुंबई इंडियंस ने आईपीएल का खिताब कितनी बार जीता है?

A. 4
B. 2
C. 3
D. 5

Q.49 बंगाल टाइगर को वर्ष ______ में 'भारत का राष्ट्रीय पशु' स्वीकार किया गया था।

A. 1978
B. 1974
C. 1976
D. 1972

Q.50 निम्नलिखित में से अंतिम मुगल सम्राट कौन था?

A. शाहजहाँ
B. औरंगजेब
C. अकबर
D. बहादुर शाह द्वितीय

Elementary Mathematics

Q.51 P और Q एक कार्य को मिलकर 21 दिनों में पूरा कर सकते हैं। वे साथ मिलकर कार्य करना शुरू करते हैं परंतु 12 दिनों के बाद Q कार्य छोड़कर चला जाता है। उसके बाद, P शेष कार्य को 15 दिनों में पूरा करता है। P अकेला उस कार्य को कितने दिनों में पूरा कर सकता है?

A. 28 दिन
B. 35 दिन
C. 19 दिन
D. 24 दिन

Q.52 23 लड़कों की औसत लंबाई 1.2 मीटर है। जब 3 लड़के समूह छोड़ देते हैं, तो समूह के लड़कों की औसत लंबाई 0.15 मीटर बढ़ जाती है। छोड़ने वाले 3 लड़कों की औसत लंबाई क्या है?

A. 0.5 मीटर
B. 0.2 मीटर
C. 0.45 मीटर
D. 0.6 मीटर

Q.53 एक दुकानदार चावल के मूल्य पर 10% की छूट देता है। एक खरीददार ₹ 720 में 5 किलो अधिक चावल खरीद सकता है। चावल का प्रति किलो विक्रय मूल्य ज्ञात कीजिए।

A. ₹ 19
B. ₹ 12
C. ₹ 16
D. ₹ 18

Q.54 एक एक्सप्रेस ट्रेन 120 किमी/घंटा की औसत गति से यात्रा करती है और यह प्रत्येक 80 किमी के बाद 4 मिनट के लिए रुकती है। ट्रेन को अपने आरंभिक बिंदु से 720 किमी की दूरी पर गंतव्य स्थान तक पहुँचने में कितना समय लगेगा?

A. 5 घंटे 45 मिनट
B. 7 घंटे 15 मिनट
C. 6 घंटे 32 मिनट
D. 5 घंटे 24 मिनट

Q.55 ₹ 6.50 प्रति वर्ग मीटर की दर से एक वृत्ताकार पार्क को समतल करने की लागत ₹ 36,036 है। इसके चारों ओर ₹ 18 प्रति मीटर की दर से बाड़ लगाने की लागत (₹ में) क्या होगी? ($\pi = \frac{22}{7}$ लीजिए)

A. 3960
B. 4752
C. 4644
D. 7416

Q.56 $20 - [7 - \{4 - (8 - \overline{6 + 3})\}]$ का मान क्या है?

A. 20
B. 2
C. 16
D. 18

Q.57 एक वस्तु को उसके क्रय मूल्य के $\frac{5}{8}$ पर बेचा जाता है। हानि प्रतिशत क्या है?

A. 35
B. 27.5
C. 37.5
D. 32

Q.58 90 का एक-तिहाई, 160 के तीन-आठवें भाग से कितने प्रतिशत कम है?

A. 45%
B. 50%
C. 60%
D. 25%

Q.59 तीन संख्याओं का योग 172 है। यदि पहली संख्या का दूसरी संख्या से अनुपात 3 : 5 है और दूसरी संख्या का तीसरी संख्या से अनुपात 7 : 6 है, तो पहली संख्या ज्ञात कीजिए।

A. 42
B. 30
C. 40
D. 58

Q.60 पाँच अंकों की सबसे छोटी संख्या कौन-सी है, जो 21, 35 और 56 से पूरी तरह विभाज्य है?

A. 10000
B. 10040
C. 10920
D. 10080

Q.61 A, B और C एक कार्य को क्रमशः $7\frac{1}{2}$ दिन, 15 दिन और 30 दिनों में पूरा कर सकते हैं। A और B एक साथ कार्य करना प्रारम्भ करते हैं लेकिन 3 दिन बाद A कार्य को छोड़कर चला जाता है। उसके बाद C, B के साथ कार्य करने लगता है और दोनों कार्य पूरा होने तक कार्य करते हैं। सम्पूर्ण कार्य कितने दिनों में पूरा होगा?

A. 12 दिन
B. 7 दिन
C. 8 दिन
D. 6 दिन

Q.62 दो संख्याएँ 8 : 5 के अनुपात में हैं। यदि पहली संख्या में से 17 घटाया जाए और दूसरी संख्या में 25 जोड़ा जाए, तो अनुपात 1 : 3 हो जाता है। दोनों संख्याओं का योग क्या है?

A. 13
B. 39
C. 52
D. 65

Q.63 यदि दो संख्याएँ तीसरी संख्या से क्रमशः 20% और 30% कम हैं, तो पहली संख्या, दूसरी संख्या का कितना प्रतिशत है?

A. 87.5%
B. 90.5%
C. 85.5%
D. 101.5%

Q.64 एक निश्चित मूलधन को $4\frac{3}{4}$ वर्षों में 12% प्रति वर्ष की दर से साधारण ब्याज पर निवेश करने पर प्राप्त मिश्रधन, समान मूलधन पर 11 वर्षों में समान दर पर प्राप्त साधारण ब्याज से ₹ 2,175 अधिक है। मूलधन (₹ में) ज्ञात कीजिए।

A. 8,400
B. 8,700
C. 8,000
D. 8,500

Q.65 $\frac{5}{14} \div \frac{7}{19}$ का $5\frac{3}{7} - \left(\frac{3}{4} - \frac{4}{7}\right)$ का मान ज्ञात कीजिए।

A. 0　　　B. 5　　　C. 10　　　D. 1

Q.66 23 संतरों को ₹ 193.20 में खरीदा गया है और ₹ 108 प्रति दर्जन की दर से बेचा गया है। एक दशमलव स्थान तक सही लाभ प्रतिशत ज्ञात कीजिए।

A. 5.9%　　　B. 8.4%　　　C. 7.1%　　　D. 4.5%

Q.67 एक साइकिल चालक 2 घंटे में 17 किमी की दूरी तय करता है। उसकी गति (किमी/घंटा में) है:

A. 8　　　B. 8.5　　　C. 7.5　　　D. 6.5

Q.68 ₹ 1,800 के मूलधन पर 3 वर्ष 4 महीने में ₹ 360 का साधारण ब्याज प्राप्त होता है। प्रति वर्ष ब्याज दर ज्ञात कीजिये।

A. 8%　　　B. 10%　　　C. 6%　　　D. 12%

Q.69 एक दीवार घड़ी का अंकित मूल्य ₹ 1,200 है और इस दीवार घड़ी पर 10% छूट दी जाती है। कुल विक्रय मूल्य को ₹ 945 पर लाने के लिए कितनी अतिरिक्त छूट दी जानी चाहिए?

A. 10%　　　B. 12.5%　　　C. 9.25%　　　D. 15%

Q.70 एक संस्था में सभी कर्मचारियों का औसत वेतन ₹ 9,000 है। 8 कर्मचारियों का औसत वेतन ₹ 14,000 और शेष कर्मचारियों का औसत वेतन ₹ 5,000 है। संस्था में कर्मचारियों की कुल संख्या ज्ञात कीजिए।

A. 18　　　B. 15　　　C. 20　　　D. 23

Q.71 एक व्यक्ति ₹ 2,200 में एक मेज और एक कुर्सी खरीदता है। वह मेज को 15% के लाभ पर और कुर्सी को 5% की हानि पर बेचता है, जिससे उसे कुल मिलाकर 4% का लाभ होता है। मेज का मूल्य ज्ञात कीजिए।

A. ₹ 1,125　　　B. ₹ 1,050　　　C. ₹ 1,200　　　D. ₹ 990

Q.72 साधारण ब्याज की समान दर पर एक निश्चित राशि 4 वर्षों में ₹ 9,900 और 7 वर्षों में ₹ 11,700 हो जाती है। समान राशि पर $9\frac{2}{3}$ % की साधारण ब्याज की दर से $2\frac{1}{4}$ वर्ष बाद प्राप्त मिश्रधन की राशि (₹ में) क्या होगी?

A. 9541.50　　　B. 9165.75
C. 10000.00　　　D. 9131.25

Q.73 दो संख्याओं a और b का अनुपात 5 : 8 है। यदि a में से 5 घटाया जाता है और b में 3 जोड़ा जाता है, तो अनुपात 8 : 15 हो जाता है। दोनों मूल संख्याओं का अंतर क्या होगा?

A. 24　　　B. 36　　　C. 30　　　D. 27

Q.74 दो संख्याओं का योग 35 है। इन संख्याओं का महत्तम समापवर्तक और लघुत्तम समापवर्त्य क्रमशः 5 और 60 है। संख्याओं के व्युत्क्रमों का योग ज्ञात कीजिए।

A. $\frac{3}{25}$　　　B. $\frac{4}{15}$　　　C. $\frac{7}{60}$　　　D. $\frac{5}{60}$

Q.75 एक बेलनाकार टैंक का व्यास 80 सेमी और ऊँचाई 5.6 मीटर है। ₹ 20 प्रति वर्ग मीटर की दर से टैंक की वक्राकार सतह को पेंट करने की लागत (₹ में) क्या होगी?
($\pi = \frac{22}{7}$ लीजिए)

A. 281.60　　　B. 301.80　　　C. 321.20　　　D. 261.40

Hindi

Q.76 निर्देश: रिक्त स्थान की पूर्ति के लिए सबसे उपयुक्त विकल्प का चयन करें।

मलेरिया एक _____ है।

A. दुख　　　B. क्लेश　　　C. आधि　　　D. व्याधि

Q.77 निर्देश: दिये गये वाक्य में रेखांकित अंश को प्रतिस्थापित करने के लिए सबसे उपयुक्त विकल्प का चयन करें।

सरकार ने कलाकार को पुरस्कार अर्पित किया।

A. दान　　　B. सम्मानित　　　C. निर्गत　　　D. प्रदान

Q.78 प्रत्येक कार्य को फूंक फूंक कर करना चाहिए।

रेखांकित मुहावरे का अर्थ स्पष्ट कीजिए।

A. जल्दी से कार्य करना
B. किसी को कार्य करने को देना
C. अच्छी तरह से सोचकर कार्य करना
D. कार्य करने में आलस करना

Q.79 निर्देश: दिए गए वाक्य का वह भाग ज्ञात करें जिसमें कोई त्रुटि है। यदि कोई त्रुटि नहीं है, तो 'कोई त्रुटि नहीं है' चुनें।

सूखा पड़ने (1)\ का कारण इस बार (2)\ फसल कम है (3)\ कोई त्रुटि नहीं है (4)

A. 1　　　B. 4　　　C. 2　　　D. 3

Q.80 अशुद्ध वर्तनी को पहचानिए।

A. पड़ोसिन　　　B. चरमोत्कर्ष　　　C. झंडा　　　D. आजीविका

Q.81 निर्देश: दिए गए शब्द के विलोम शब्द का चयन करें।

करूण

A. मधुर　　　B. नम्र　　　C. निष्ठुर　　　D. दयालु

Q.82 शुद्ध शब्द को पहचानिए।

A. प्रोढ़　　　　　　　B. त्रतीय
C. कुमुदिनी　　　　　D. कार्यवकरम

Q.83 निर्देश: दिए गए शब्द का विलोम चुनें।

गमन

A. प्रस्थान　　　B. आगमन　　　C. आना　　　D. जाना

Q.84 निर्देश: दिए गए शब्द का समानार्थी शब्द बताइए।

वानर

A. मधुकर　　　B. कपि　　　C. गज　　　D. मनुज

Q.85 निर्देश: दिए गए वाक्य में रेखांकित खंड को प्रतिस्थापित करने के लिए सबसे उपयुक्त विकल्प का चयन करें। यदि इसे प्रतिस्थापित करने की आवश्यकता नहीं है, तो विकल्प 'किसी बदलाव की आवश्यकता नहीं है' का चयन करें।

यह कहानी महादेवी वर्मा द्वारा लिखी है।

A. द्वारा लिखी गयी है।
B. से लिखी है।
C. किसी बदलाव की आवश्यकता नहीं है।
D. द्वारा लिखा गया है।

Q.86 निर्देश: रिक्त स्थान की पूर्ति के लिए सबसे उपयुक्त शब्द का चयन करें।

पुस्तकें, _____ का सशक्त माध्यम हैं।

A. जानने　　　B. ज्ञानप्राप्ति　　　C. सुज्ञानप्राप्त　　　D. समझ

Q.87 आँख में कौन गिर गया - त्रुटि का परिचय दीजिए।

A. क्रिया की   B. विशेषण की
C. सर्वनाम की   D. संज्ञा की

Q.88 निर्देश: उस विकल्प का चयन करें जो निम्न मुहावरे का सही अर्थ व्यक्त करता है।

ढाक के तीन पात

A. अव्यवस्थित होना
B. निस्सार बातें करना
C. व्यर्थ प्रशंसा करना
D. सदा एक ही दशा में रहना

Q.89 निर्देश: दिए गए वाक्य का वह भाग ज्ञात करें जिसमें कोई त्रुटि है। यदि कोई त्रुटि नहीं है, तो 'कोई त्रुटि नहीं है' चुनें।

स्त्री जाति के (1)\ कल्याण के लिए (2)\ एक योजना बना था। (3)\ कोई त्रुटि नहीं है (4)

A. 4   B. 2   C. 1   D. 3

Q.90 'गोद लिया हुआ पुत्र' वाक्यांश के लिए एक शब्द होगा।

A. पाल्य   B. तनय   C. दत्तक   D. अनुज

Q.91 निर्देश: दिए गये वाक्यांश के लिए एक शब्द है।

जिसका कोई अंग बेकार हो गया हो

A. वंध्य   B. कुपोषित   C. विकलांग   D. अनाथ

Q.92 निर्देश: दिए गए वाक्य में रेखांकित खंड को प्रतिस्थापित करने के लिए सबसे उपयुक्त विकल्प का चयन करें। यदि इसे प्रतिस्थापित करने की आवश्यकता नहीं है, तो विकल्प 'किसी बदलाव की आवश्यकता नहीं है' का चयन करें।

आज से उसका लक्ष्य केवल विद्या प्राप्ति होगी।

A. शेष विद्या प्राप्ति होगी।
B. मात्र विद्या प्राप्ति होगी।
C. किसी बदलाव की आवश्यकता नहीं है।
D. केवल विद्या प्राप्ति होगा।

Q.93 निर्देश: रिक्त स्थान की पूर्ति के लिए सबसे उपयुक्त शब्द का चयन करें।

यह _____ का विषय है कि हमारे देश में अनेक महापुरुष हुए।

A. दुर्भाग्य   B. उपेक्षित   C. गर्व   D. सामान्य

Q.94 विहग - रेखांकित शब्द का पर्यायवाची कौन-सा शब्द नहीं है।

A. पंछी   B. पक्षी   C. केहरी   D. खग

Q.95 निर्देश: दिए गये वाक्यांश के लिए एक शब्द है।

जो एक ही माता के उदर से उत्पन्न हुए हों

A. लम्बोदर   B. समआयु   C. समवयस्क   D. सहोदर

Ques (96-100): निर्देश: दिए गए गद्यांश में से कुछ शब्द हटा दिए गए हैं। संबंधित प्रश्नों में प्रत्येक संख्या के लिए सबसे उपयुक्त विकल्प का चयन करें।

नारियल खाना जितना अच्छा लगता है, उतना ही _____(1)_____ होता है इसे पेड़ से तोड़ना। नारियल के ऊँचे सीधे खड़े पेड़ तक पहुँचना _____(2)_____ खीर है। जान जोखिम में डालकर नारियल तोड़ने का काम करने वालों को बदले में _____(3)_____ भी बहुत कम मिलती है। इतनी _____(4)_____ से गिरकर कई लोग जान भी गँवा चुके हैं। केरल में अब लोग बंदर पाल रहे हैं। उन्हें नारियल तोड़ने के लिए _____(5)_____ दिया जा रहा है। हमारे देश में बंदरों की कमी नहीं है। इन्हें नारियल तोड़कर लाने की ट्रेनिंग देने के लिए स्कूल भी खोले गए है।

Q.96 गद्यांश के रिक्त स्थान (1) के लिए सर्वाधिक उपयुक्त शब्द होगा।

A. कठिन   B. सरल   C. सहज   D. आवश्यक

Q.97 गद्यांश के रिक्त स्थान (2) के लिए सर्वाधिक उपयुक्त शब्द होगा।

A. सीधी   B. टेढ़ी   C. उल्टी   D. लम्बी

Q.98 गद्यांश के रिक्त स्थान (3) के लिए सर्वाधिक उपयुक्त शब्द होगा।

A. नारियल   B. मज़दूरी   C. उन्नति   D. प्रशंसा

Q.99 गद्यांश के रिक्त स्थान (4) के लिए सर्वाधिक उपयुक्त शब्द होगा।

A. लम्बाई   B. ऊँचाई   C. नीचे   D. गहराई

Q.100 गद्यांश के रिक्त स्थान (5) के लिए सर्वाधिक उपयुक्त शब्द होगा।

A. विकास   B. प्रशिक्षण   C. कौशल   D. अनुरक्षण

// स्मार्ट उत्तर पुस्तिका //

सही उत्तर	उन छात्रों का प्रतिशत जिन्होंने प्रश्नों का सही उत्तर दिया था।	छोड़ दिया	उन छात्रों का प्रतिशत जिन्होंने प्रश्नों को छोड़ दिया था।

प्रश्न संख्या	उत्तर	सही उत्तर / छोड़ दिया	प्रश्न संख्या	उत्तर	सही उत्तर / छोड़ दिया	प्रश्न संख्या	उत्तर	सही उत्तर / छोड़ दिया	प्रश्न संख्या	उत्तर	सही उत्तर / छोड़ दिया	प्रश्न संख्या	उत्तर	सही उत्तर / छोड़ दिया
1	B	78.62 % / 10.33 %	17	D	57.02 % / 31.63 %	33	D	47.42 % / 36.64 %	49	D	47.75 % / 46.1 %	65	A	79.22 % / 11.06 %
2	B	58.24 % / 36.83 %	18	B	50.02 % / 31.91 %	34	A	46.39 % / 32.5 %	50	D	44.75 % / 34.98 %	66	C	59.81 % / 38.49 %
3	D	68.61 % / 30.3 %	19	A	43.69 % / 38.73 %	35	A	78.54 % / 13.22 %	51	B	47.47 % / 38.07 %	67	B	85.18 % / 12.39 %
4	A	60.88 % / 38.15 %	20	D	21.97 % / 71.13 %	36	A	43.31 % / 38.08 %	52	B	16.36 % / 75.28 %	68	C	40.67 % / 38.13 %
5	A	85.25 % / 12.09 %	21	B	55.0 % / 37.0 %	37	B	54.16 % / 32.53 %	53	C	69.33 % / 30.22 %	69	B	48.05 % / 31.92 %
6	B	88.21 % / 11.26 %	22	A	78.43 % / 18.23 %	38	A	79.7 % / 19.93 %	54	C	51.59 % / 33.67 %	70	A	51.96 % / 39.38 %
7	C	13.42 % / 84.75 %	23	B	66.72 % / 32.4 %	39	A	62.29 % / 31.28 %	55	B	86.95 % / 12.84 %	71	D	47.43 % / 42.1 %
8	A	43.61 % / 43.19 %	24	C	47.03 % / 36.48 %	40	B	49.55 % / 32.36 %	56	D	89.74 % / 10.18 %	72	D	44.11 % / 35.97 %
9	D	83.23 % / 10.8 %	25	D	66.88 % / 32.2 %	41	D	44.89 % / 43.12 %	57	C	81.32 % / 14.12 %	73	D	65.04 % / 31.03 %
10	B	52.49 % / 35.62 %	26	A	57.85 % / 38.07 %	42	A	42.56 % / 56.6 %	58	D	83.77 % / 13.21 %	74	C	78.8 % / 10.45 %
11	A	59.63 % / 35.97 %	27	B	16.04 % / 71.37 %	43	C	26.77 % / 67.47 %	59	A	79.06 % / 11.47 %	75	A	46.76 % / 39.7 %
12	C	77.0 % / 22.42 %	28	C	56.99 % / 30.87 %	44	A	56.81 % / 30.44 %	60	D	88.05 % / 10.47 %	76	D	78.21 % / 19.93 %
13	B	82.95 % / 13.54 %	29	A	14.82 % / 73.06 %	45	D	78.29 % / 10.13 %	61	B	46.24 % / 40.56 %	77	D	10.14 % / 81.59 %
14	B	51.05 % / 45.16 %	30	C	52.26 % / 32.41 %	46	C	53.03 % / 32.41 %	62	C	69.87 % / 30.04 %	78	C	79.8 % / 11.83 %
15	A	66.25 % / 32.09 %	31	C	88.12 % / 11.6 %	47	A	44.71 % / 51.52 %	63	A	89.14 % / 10.36 %	79	C	76.8 % / 14.31 %
16	D	77.5 % / 11.69 %	32	A	27.06 % / 71.9 %	48	D	84.12 % / 14.29 %	64	B	55.73 % / 40.81 %	80	B	85.74 % / 11.7 %

प्रश्न संख्या	उत्तर	सही उत्तर / छोड़ दिया		प्रश्न संख्या	उत्तर	सही उत्तर / छोड़ दिया		प्रश्न संख्या	उत्तर	सही उत्तर / छोड़ दिया		प्रश्न संख्या	उत्तर	सही उत्तर / छोड़ दिया		प्रश्न संख्या	उत्तर	सही उत्तर / छोड़ दिया
81	C	45.48 %	36.7 %	85	A	89.44 %	10.17 %	89	D	85.08 %	10.04 %	93	C	46.5 %	31.35 %	97	B	83.9 %	13.76 %
82	C	89.11 %	10.24 %	86	B	79.55 %	19.79 %	90	C	87.52 %	10.87 %	94	C	62.77 %	30.51 %	98	B	82.24 %	15.7 %
83	B	76.73 %	16.37 %	87	C	83.99 %	12.55 %	91	C	79.06 %	12.52 %	95	D	83.67 %	12.86 %	99	B	82.2 %	13.46 %
84	B	65.85 %	30.06 %	88	D	76.71 %	22.15 %	92	D	76.21 %	21.33 %	96	A	56.06 %	33.2 %	100	B	51.12 %	35.8 %

//संकेत और समाधान//

1. यहाँ अनुसरित प्रतिरूप निम्न है:

$$N \xrightarrow{+2} P \xrightarrow{-4} L \xrightarrow{+6} R$$

$$Y \xrightarrow{+2} A \xrightarrow{-4} W \xrightarrow{+7} D$$

$$S \xrightarrow{+2} U \xrightarrow{-4} Q \xrightarrow{+6} W$$

$$P \xrightarrow{+2} R \xrightarrow{-4} N \xrightarrow{+6} T$$

इसलिए YAWD असंगत अक्षर-समूह है।

अत: विकल्प (B) सही है।

2. दिया है: सुमन की आयु उसकी बेटे की आयु की चार गुनी है। पाँच वर्ष पूर्व, उसकी आयु उसके बेटे की आयु की सात गुनी थी।

माना सुमन की वर्तमान आयु $'S'$ और उसके बेटे की $'p'$ है।

प्रश्नानुसार,

$$S = 4 \times p \text{...(i)}$$

$$S - 5 = 7 \times (p - 5)$$

S का मान समीकरण (i) से रखने पर;

$$4p - 5 = 7p - 35$$

$$\Rightarrow 7p - 4p = 35 - 5$$

$$\Rightarrow 3p = 30$$

$$\Rightarrow p = 10$$

इसलिए, सुमन के बेटे की आयु 10 वर्ष है।

अत: विकल्प (B) सही है।

3. कुछ महिलाएँ तैराक हैं, और कुछ पुरुष तैराक हैं, जैसा कि नीचे दर्शाया गया है;

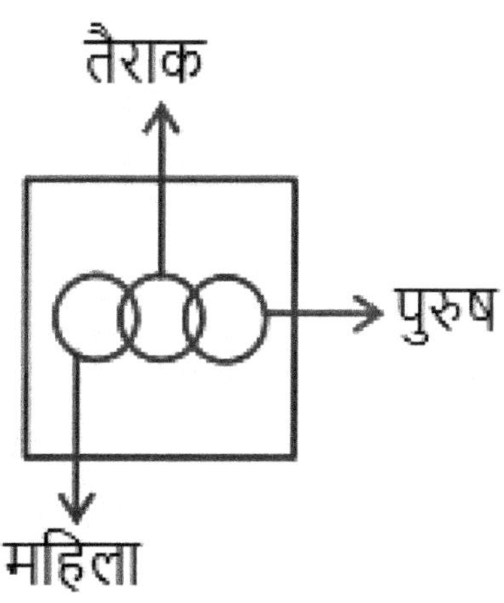

इसलिए, "महिला, तैराक, पुरुष" सही उत्तर है।

अत: विकल्प (D) सही है।

4. इस प्रश्न में, हम घन के विपरीत फलक संबंध का उपयोग करेंगे जो नीचे दर्शाया गया है:

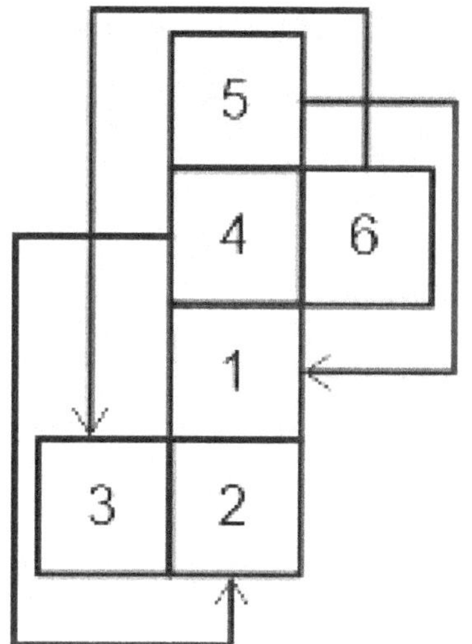

विपरीत फलक हैं:

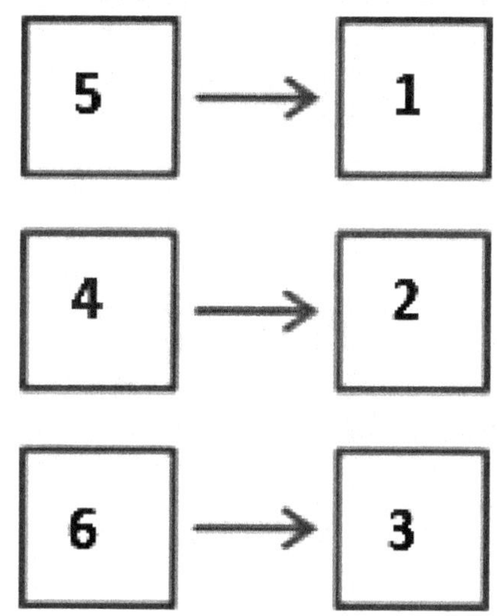

इसलिए, वह संख्या 2 है जो संख्या '4' दर्शाने वाले फलक के विपरीत फलक पर होगी।

अत: विकल्प (A) सही है।

5. यहाँ अनुसरण किया गया तर्क है:

बहुभुज की रेखाओं की संख्या प्रत्येक चरण में 1 बढ़ जाती है और बहुभुज का आधा भाग छायांकित हो जाता है, इस प्रकार अंतिम श्रृंखला इस प्रकार है;

- आकृति (1) → त्रिभुज (3 भुजाएँ)
- आकृति (2) → आयत (4 भुजाएँ)
- आकृति (3) → पंचभुज (5 भुजाएँ)
- आकृति (4) → षट्भुज (6 भुजाएँ)

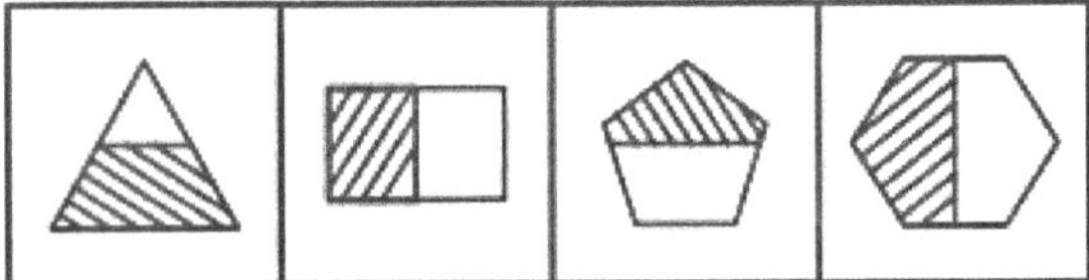

अत: विकल्प (A) सही है।

6. दिए गए शब्दों को शब्दकोश के क्रम में व्यवस्थित करने पर;

3. Nebulizer

1. Nervous

5. Nitrogen

2. Nobility

4. Nominate

इसलिए, 3, 1, 5, 2, 4 सही उत्तर है।

अत: विकल्प (B) सही है।

7. यहाँ अनुसरण किया गया तर्क है:

खुला हुआ कागज इस प्रकार दिखाई देगा:

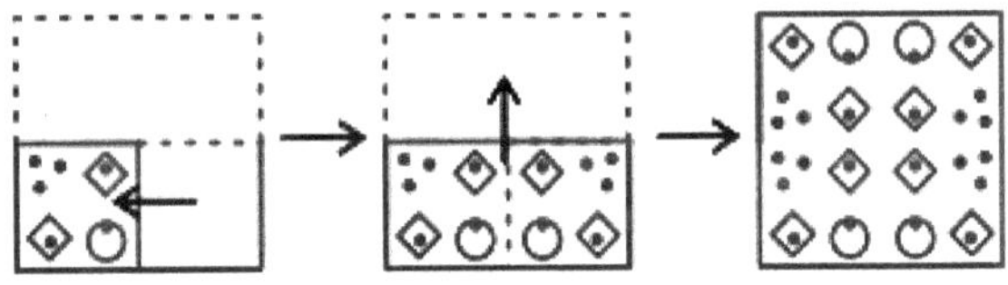

अत: विकल्प (C) सही है।

8. दिया है: 'FALSE' को '2141588' के रूप में कूटित किया गया है।

यहाँ अनुसरण किया गया तर्क है:

व्यंजन के विपरीत स्थितीय मान और स्वरों के स्थितीय मानों में 3 जोड़िए, जैसा कि नीचे दर्शाया गया है,

- व्यंजन ⇔ विपरीत अक्षर स्थितीय मान
- स्वर+ 3

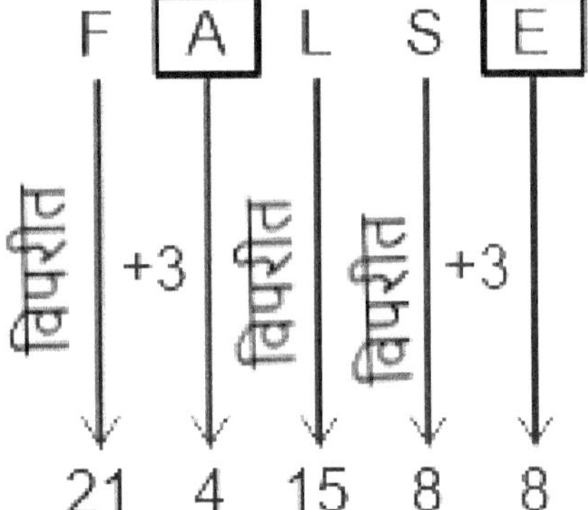

इसी प्रकार,

- व्यंजन⇔ विपरीत अक्षर स्थितीय मान
- स्वर + 3

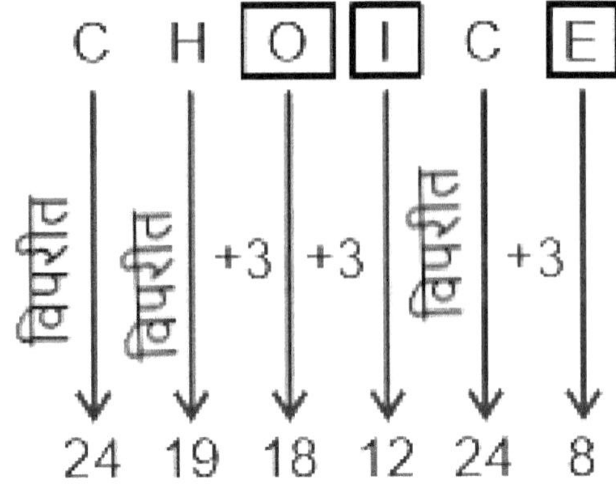

इसलिए, 24191812248 सही उत्तर है।

अत: विकल्प (A) सही है।

9. यहाँ अनुसरण किया गया तर्क है:

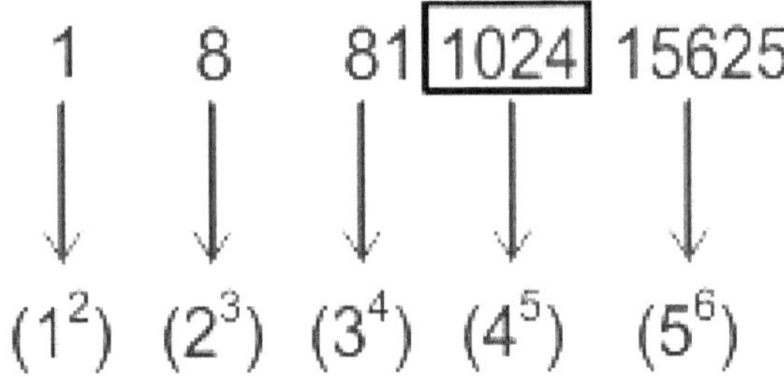

इसलिए, 1024 सही उत्तर है।

अत: विकल्प (D) सही है।

10. यहाँ अनुसरण किया गया तर्क है:

$$C \xrightarrow{+7} J$$
$$N \xrightarrow{+7} U$$
$$K \xrightarrow{+7} R$$

इसी प्रकार,

$$F \xrightarrow{+7} M$$
$$J \xrightarrow{+7} Q$$
$$L \xrightarrow{+7} S$$

इसलिए, MQS सही उत्तर है।

अत: विकल्प (B) सही है।

11. यहाँ अनुसरण किया गया तर्क है:

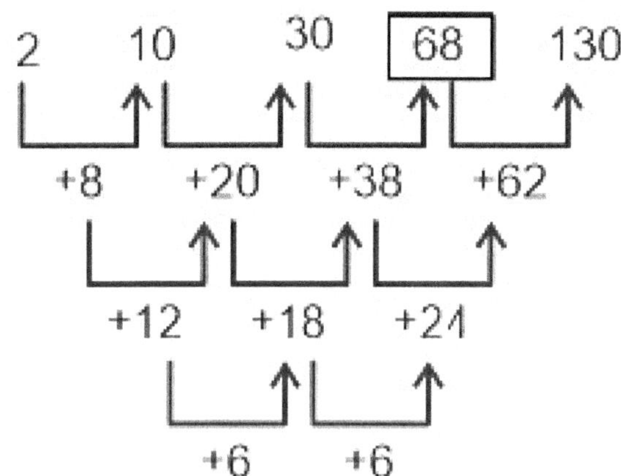

इसलिए, लुप्त संख्या 68 है।

अत: विकल्प (A) सही है।

12. दिया है:

$$483D23A93C16B4C(15B2)$$

प्रतीकों को प्रश्न के अनुसार प्रतिस्थापित करने पर,

$$483 \div 23 + 93 - 16 \times 4 - (15 \times 2)$$

$$= 483 \div 23 + 93 - 16 \times 4 - 30$$

$$= 21 + 93 - 16 \times 4 - 30$$

$$= 21 + 93 - 64 - 30$$

$$= 114 - 6 - 30$$

$$= 50 - 30$$

$$= 20$$

अत: विकल्प (C) सही है।

13. दिया गया शब्द "CONTINUITY" Y से समाप्त होता है। इसलिए दर्पण छवि 'Y' से शुरू होगी।

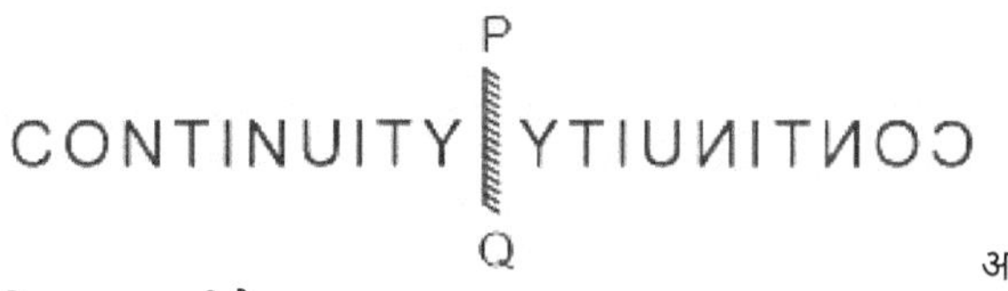

अत: विकल्प (B) सही है।

14. न्यूनतम संभव आरेख इस प्रकार है:

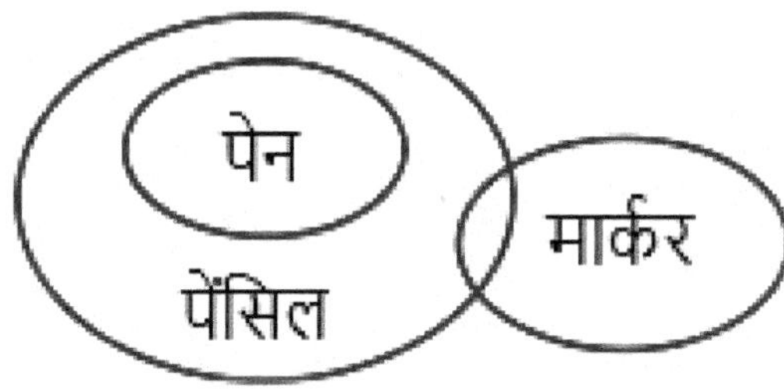

निष्कर्ष:

I. सभी पेन, मार्कर हैं।→ असत्य (यह संभव है लेकिन निश्चित नहीं है जैसा कि ऊपर आकृति में दर्शाया गया है)

II. कुछ पेन, मार्कर हैं।→ असत्य (यह संभव है लेकिन निश्चित है जैसा कि ऊपर चित्र में दर्शाया गया है)

इसलिए, कोई भी निष्कर्ष अनुसरण नहीं करता है।

अत: विकल्प (B) सही है।

15. यहाँ अनुसरण किया गया तर्क है:

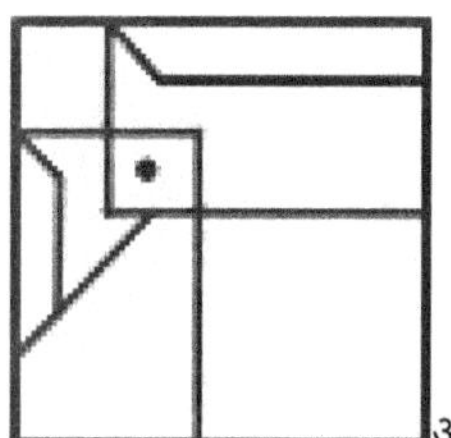

अत: विकल्प (A) सही है।

16. यहाँ अनुसरण किया गया तर्क है:

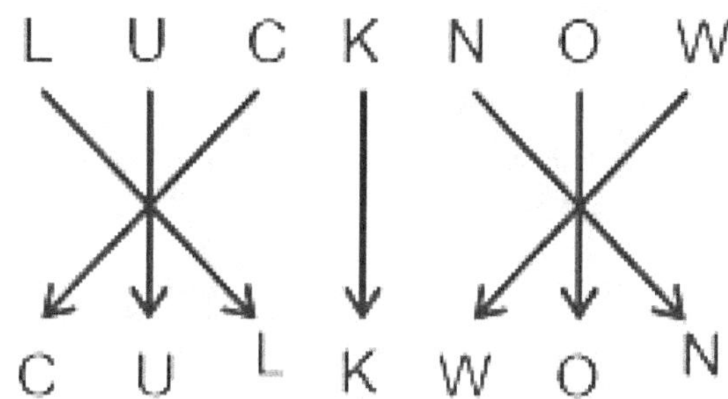

और,

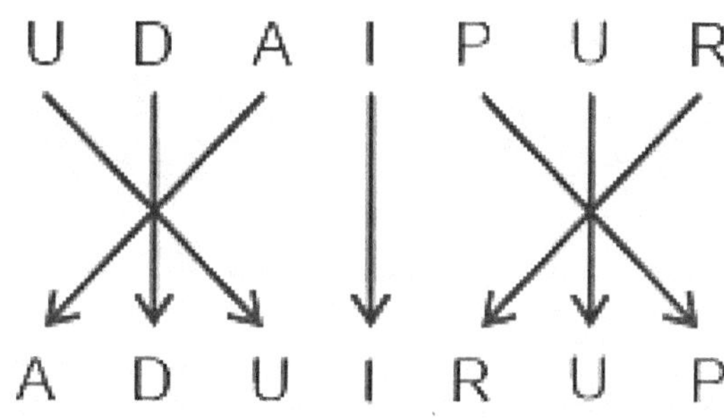

इसी प्रकार,

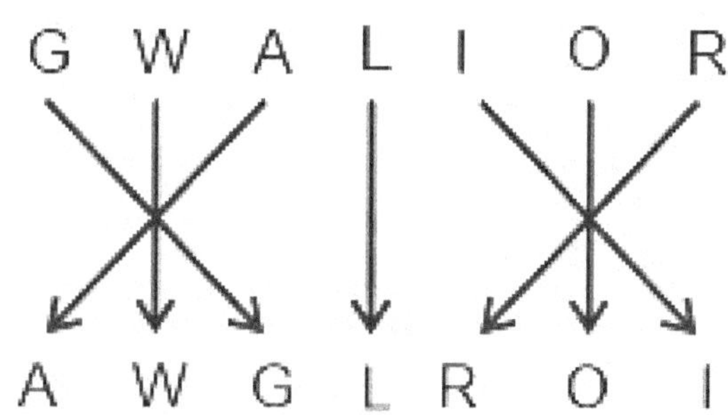

इसलिए, AWGLROI सही उत्तर है।

अत: विकल्प (D) सही है।

17. यहाँ अनुसरण किया गया तर्क है:

$$E \xrightarrow{+12} Q \xrightarrow{+12} C \xrightarrow{+12} O$$
$$I \xrightarrow{+12} U \xrightarrow{+12} G \xrightarrow{+12} S$$
$$M \xrightarrow{+12} Y \xrightarrow{+12} K \xrightarrow{+12} W$$

इसलिए, OSW सही उत्तर है।

अतः विकल्प (D) सही है।

18. यहाँ अनुसरण किया गया तर्क है:

स्तंभानुसार,

(तीसरी संख्या − पहली संख्या) + 10 = दूसरी संख्या

स्तंभ (1): $71 - 34 + 10 = 47$

स्तंभ (3): $61 - 43 + 10 = 28$

इसी प्रकार,

स्तंभ (2): $33 - 18 + 10 = 25$

इसलिए, 25 सही उत्तर है।

अतः विकल्प (B) सही है।

19. यहाँ अनुसरण किया गया तर्क निम्नलिखित है:

(पहली संख्या +3) × (पहली संख्या ÷ 2) = दूसरी संख्या

$11 : 77 \Rightarrow$

$(11 + 3) \times (11 \div 2)$

$= 14 \times (11 \div 2)$

$= 7 \times 11 = 77$

इसी प्रकार,

$12 : ?$

$(12 + 3) \times (12 \div 2)$

$= 15 \times 6$

$= 90$

और

$14 : 119 \Rightarrow$

$(14 + 3) \times (14 \div 2)$

$= 17 \times 7$

$= 119$

इसलिए, सही उत्तर 90 है।

अतः विकल्प (A) सही है।

20. संभावित वृक्ष आरेख होगा:

चित्र में प्रतीक	अर्थ
◯	महिला
▢	पुरुष
=	शादीशुदा जोड़ा
—	भाई-बहन
|	एक पीढ़ी का प्रसार

आपकी (देवशी) मां ऋतु मेरे (निशा) पिता (दिलीप) की छोटी बहन हैं, जो कृष्णा की दूसरी संतान हैं। इस प्रकार, अंतिम वंश वृक्ष इस प्रकार है:

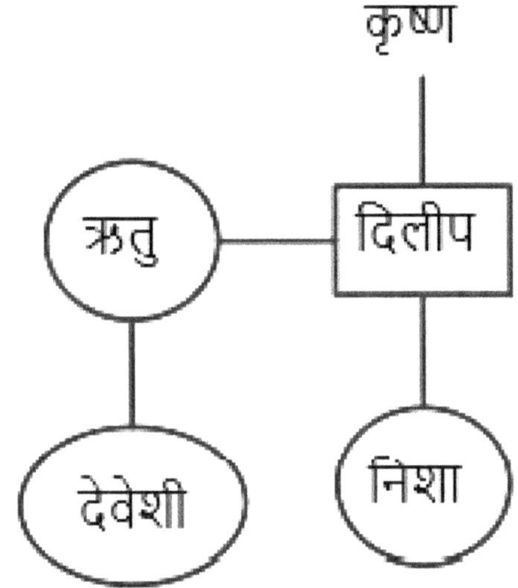

चूंकि, कृष्णा का लिंग यहां निर्दिष्ट नहीं है, इस प्रकार, कृष्णा नाना या देवाशी के नाना हो सकते हैं।

इसलिए, दिए गए विकल्पों में से हम कह सकते हैं कि कृष्णा देवेशी के नाना हैं।

इसलिए, कृष्णा देवेशी के नाना हैं।

अतः विकल्प (D) सही है।

21. सात डॉक्टर: S, T, U, V, X, Y और Z एक गोल मेज के चारों ओर केंद्र की ओर मुंह करके बैठे हैं।

(1) Y, Z के दाएं से तीसरे स्थान पर और S और X के बीच में बैठा है।

(2) Z, U के दाएं से दूसरे स्थान पर बैठा है।

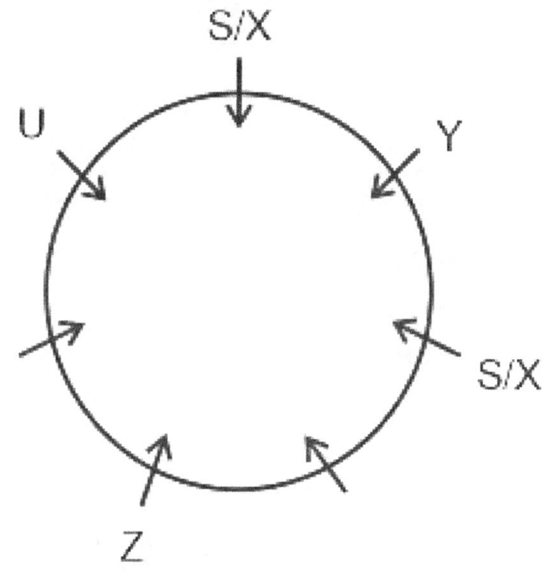

(3) V, X के बाएं से तीसरे स्थान पर बैठा है।

(4) Y और V के बीच दो डॉक्टर बैठे हैं। इसलिए, अंतिम बैठने की व्यवस्था इस प्रकार है:

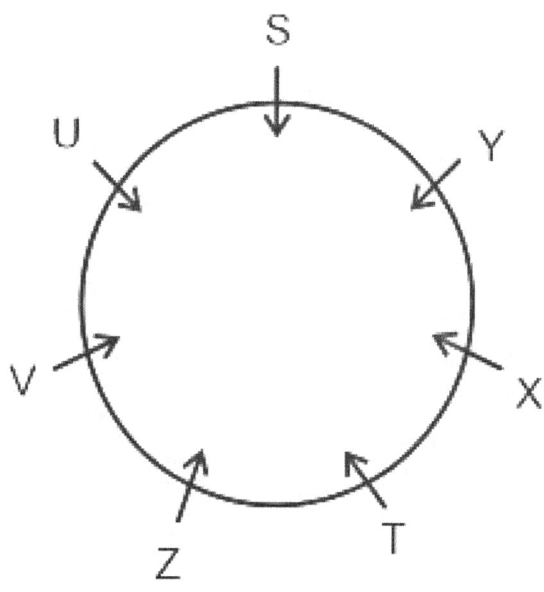

अब, हम विकल्पों की जाँच कर सकते हैं:

(1) Z, T और X के बीच बैठा है → असत्य (T, Z और X के बीच बैठा है)

(2) S, T के बाएं से चौथे स्थान पर बैठा है → सत्य

(3) U, V के ठीक दाएं बैठा है → असत्य (U, V के ठीक बायें बैठा है)

(4) Y और Z के बीच चार डॉक्टर बैठे हैं → असत्य (Y और Z के बीच या तो दो या तीन डॉक्टर बैठे हैं)

इसलिए, S, T के बायें से चौथे स्थान पर बैठा है, सही है।

अत: विकल्प (B) सही है।

22. यहाँ अनुसरण किया गया तर्क है:

J (10) - B (2) = H (8)

R (18) - M (13) = E (5)

इसी प्रकार,

? - I (9) = K (11)

? = I (11) + K (9)

? = T (20)

इसलिए, T सही उत्तर है।

अत: विकल्प (A) सही है।

23. व्यक्ति: M, N, L, O, Q और H एक पंक्ति में बैठे हैं।

(1) M और N सिरों पर बैठे हैं।

(2) L, N के बायें बैठा है।

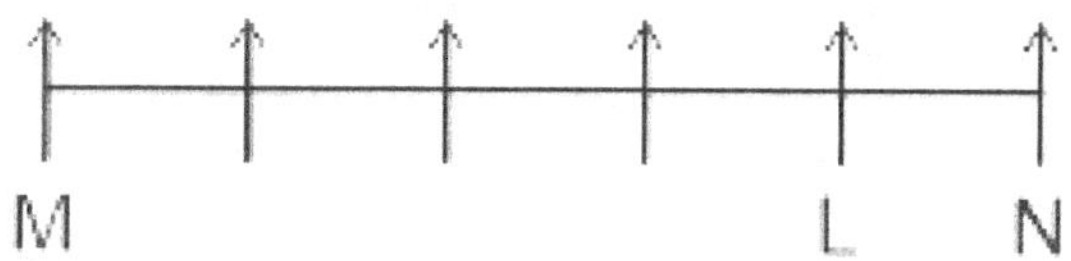

(3) Q और H केंद्र में हैं। इसलिए, अंतिम बैठने की व्यवस्था इस प्रकार है:

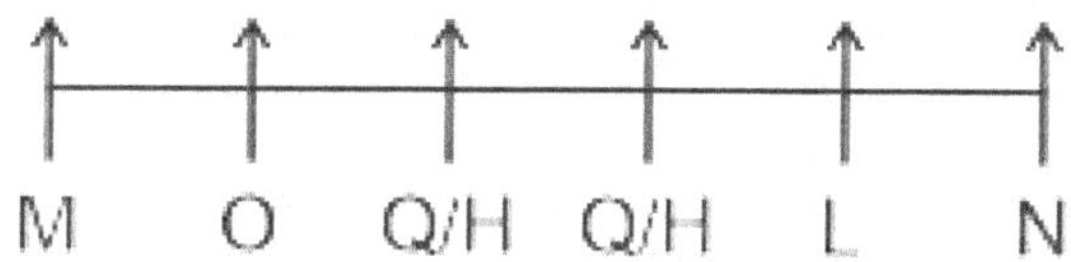

इस प्रकार O, M के दायें बैठा है।

इसलिए, सही उत्तर O है।

अत: विकल्प (B) सही है।

24. यहाँ अनुसरण किया गया तर्क है:

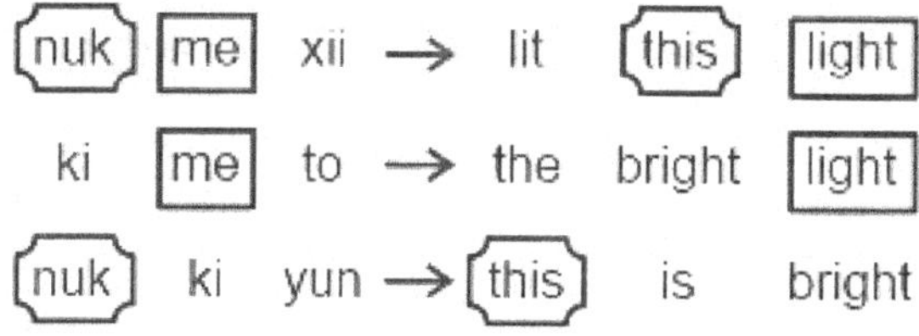

अत: विकल्प (C) सही है।

25. यहाँ अनुसरण किया गया तर्क है:

मोतियाबिंद 'नेत्र' से संबंधित रोग है।

इसी प्रकार,

मेनियर रोग का संबंध 'कान' से है।

इसलिए, "कान" सही उत्तर है।

अत: विकल्प (D) सही है।

26. सरकार के कुल राजस्व और कुल व्यय के बीच के अंतर को राजकोषीय घाटा कहा जाता है।

राजकोषीय घाटा सरकार की कुल आय (कुल करों और गैर-ऋण पूंजीगत प्राप्तियों) और उसके कुल व्यय के बीच का अंतर है। एक आवर्ती उच्च राजकोषीय घाटे का अर्थ है कि सरकार अपने साधनों से अधिक खर्च कर रही है। सरकार पैसे उधार लेकर राजकोषीय घाटे की पूर्ति करती है। एक प्रकार से

एक वित्तीय वर्ष में सरकार की कुल उधार आवश्यकताएँ उस वर्ष के राजकोषीय घाटे के बराबर होती हैं। राजकोषीय घाटे की स्थिति तब उत्पन्न होती है जब सरकार का व्यय उसकी आय से अधिक हो जाता है। इस अंतर की गणना निरपेक्ष रूप से और देश के सकल घरेलू उत्पाद (GDP) के प्रतिशत के रूप में भी की जाती है।

राजकोषीय घाटा सूत्र:

राजकोषीय घाटा = सरकार का कुल व्यय (पूंजीगत और राजस्व व्यय) - सरकार की कुल आय (राजस्व प्राप्तियां + ऋण की वसूली + अन्य प्राप्तियां)।

अतः विकल्प (A) सही है।

27. मनु भाकर एक हॉकी खिलाड़ी नहीं है।

मनु भाकर भारत की एक ओलंपियन हैं जो एयरगन शूटिंग में भाग लेती हैं। उन्होंने 2018 ISSF विश्व कप में भारत के लिए दो स्वर्ण पदक अर्जित किए थे। वह ISSF विश्व कप स्वर्ण पदक अर्जित करने वाली सबसे कम उम्र की भारतीय हैं। अपने पहले राष्ट्रमंडल खेलों की शुरुआत में, उन्होंने 16 वर्ष की आयु में महिलाओं की 10 मीटर एयर पिस्टल स्पर्धा में स्वर्ण पदक जीता था। उन्होंने 2018 राष्ट्रमंडल खेलों में महिलाओं की 10 मीटर एयर पिस्टल कालिफिकेशन राउंड में 388/400 अंक प्राप्त करके फाइनल के लिए क्वालीफाई किया था।

अतः विकल्प (B) सही है।

28. चौदहवीं शताब्दी का ग्रंथ लीला तिलकम मणिप्रवालम शैली में लिखा गया है।

मणिप्रवलमी कुछ ग्रंथों में प्रलेखित एक दक्षिण भारतीय मैक्रोनिक भाषा है। यह एक मिलाजुला रूप है जो संस्कृत शब्दावली को तमिल मॉर्फो-सिंटैक्स के साथ मिश्रित करती है और आमतौर पर ग्रंथ लिपि में लिखी जाती है। हालाँकि, 14वीं शताब्दी में लिखे गए संस्कृत ग्रंथ लीला तिलकम का दावा है कि मणिप्रवलम तमिल और संस्कृत का मिलाजुला रूप है।

अतः विकल्प (C) सही है।

29. सार्वजनिक मामलों के सूचकांक 2020 के अनुसार, बड़े राज्यों की श्रेणी में केरल देश में सबसे अच्छा शासित राज्य घोषित किया गया है।

पब्लिक अफेयर्स इंडेक्स -2020 इसरो के पूर्व अध्यक्ष के कस्तूरीरंगन की अध्यक्षता में एक गैर-लाभकारी संगठन पब्लिक अफेयर्स सेंटर (PAC) द्वारा जारी किया गया था। राज्यों को सतत विकास के संदर्भ में एक समग्र सूचकांक के आधार पर शासन के प्रदर्शन के आधार पर स्थान दिया गया था। PAC रैंकिंग के अनुसार, केरल (1.388 PAI इंडेक्स पॉइंट), तमिलनाडु (0.912), आंध्र प्रदेश (0.531) और कर्नाटक (0.468) ने शासन के मामले में बड़े राज्य श्रेणी में शीर्ष चार स्थानों पर कब्जा कर लिया।

अतः विकल्प (A) सही है।

30. मेकिंग इंडिया ऑसम (2015) पुस्तक के लेखक शशि थरूर नहीं हैं।

प्रसिद्ध भारतीय लेखक चेतन भगत की 'मेकिंग इंडिया ऑसम: नए निबंध और कॉलम' एक ऐसी किताब है जो भारत के सबसे जिद्दी झगड़ों पर प्रकाश डालती है- बेरोजगारी, हिंसा, गरीबी, महिलाओं के खिलाफ भेदभाव, धार्मिक कट्टरवाद, निरक्षरता और सांप्रदायिक हिंसा।

शशि थरूर एक भारतीय पूर्व अंतरराष्ट्रीय सिविल सेवक, राजनयिक, नौकरशाह और राजनेता, लेखक और सार्वजनिक बुद्धिजीवी हैं, जो 2009 से तिरुवनंतपुरम, केरल के लिए संसद सदस्य के रूप में सेवा कर रहे हैं। वह रसायन और उर्वरक पर स्थायी समिति के अध्यक्ष हैं। शशि थरूर की कुछ पुस्तकें: रीजन्स ऑफ स्टेट (1985), इंडिया: फ्रॉम मिडनाइट टू द मिलेनियम (1997), नेहरू: द इंवेंशन ऑफ इंडिया, बुकलेस इन बगदाद (2005) आदि।

अतः विकल्प (C) सही है।

31. इंसान की आंख कैमरे की तरह होती है। इसकी लेंस प्रणाली, जिसे रेटिना कहा जाता है। प्रकाश संवेदी स्क्रीन पर प्रतिबिंब बनाती है।

रेटिना नेत्र की प्रकाश-संवेदनशील सतह है, जिस पर चित्र बनती है। यह सिग्नल उत्पन्न करता है जो प्रकाशिक तंत्रिकाओं के माध्यम से मस्तिष्क को प्रेषित होता है।

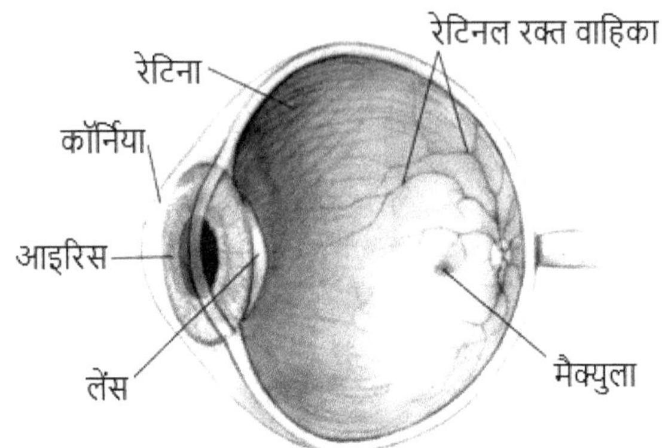

अतः विकल्प (C) सही है।

32. भारत के आर्थिक क्षेत्र के प्राथमिक सेक्टर का एक उदाहरण वानिकी है।

प्राथमिक सेक्टर- कच्चे माल के स्रोत (कृषि और संबद्ध क्षेत्र की सेवाएं)। वे द्वितीयक और तृतीयक क्षेत्रों के लिए कच्चे माल के उत्पादन के स्रोत हैं, इसमें शामिल हैं: कृषि और वानिकी, मत्स्य पालन और मुर्गी पालन, पशुपालन

अतः विकल्प (A) सही है।

33. संघवाद, भारत के संविधान की प्रमुख विशेषताओं में से एक है, जिसके तहत राज्य, संघीय सरकार के एजेंट हैं।

संघवाद भारतीय संविधान की मूल संरचना का हिस्सा है जिसे सर्वोच्च न्यायालय द्वारा न्यायिक समीक्षा के बिना संसद की घटक शक्तियों के तहत संवैधानिक संशोधनों के माध्यम से बदला या नष्ट नहीं किया जा सकता है।

भारतीय संविधान की संघीय विशेषताएं: लिखित संविधान, संविधान की सर्वोच्चता, शक्तियों का विभाजन, स्वतंत्र न्यायपालिका, द्विसदनीयवाद, संविधान की कठोरता, दो सरकारें

अतः विकल्प (D) सही है।

34. भारत में, 2020 में राष्ट्रीय मिर्गी दिवस 17 नवंबर को मनाया गया।

मिर्गी मस्तिष्क का एक पुराना विकार है, जो आवर्तक 'दौरे' या 'फिट' द्वारा लक्षण बतलाता है। दौरे न्यूरॉन्स (मस्तिष्क कोशिकाओं) में अचानक, अत्यधिक विद्युत निर्वहन के परिणामस्वरूप होते हैं। यह स्थिति किसी भी उम्र के लोगों को प्रभावित कर सकती है और प्रत्येक आयु वर्ग की अपनी अनूठी चिंताएं और समस्याएं होती हैं।

अतः विकल्प (A) सही है।

35. एनाटॉमी, एक विज्ञान है। जिसमें शरीर की संरचना का अध्ययन किया जाता है। ग्रॉस एनाटॉमी, माइक्रोस्कोपिक एनाटॉमी, ह्यूमन एनाटॉमी, फाइटोटॉमी, जूटॉमी, एम्ब्रियोलॉजी और तुलनात्मक एनाटॉमी सहित कई शाखाएं या प्रकार की एनाटॉमी हैं। प्रत्येक शाखा शरीर रचना विज्ञान के अध्ययन के एक विशिष्ट भाग पर केंद्रित है।

अतः विकल्प (A) सही है।

36. भारत के कप्तान विराट कोहली को जंतुओं के पक्षसमर्थन के प्रयासों के लिए पीपल फॉर द एथिकल ट्रीटमेंट ऑफ एनिमल्स (PETA) इंडिया का 'पर्सन ऑफ द ईयर फॉर 2019' नामित किया गया। PETA पुरस्कार उन लोगों या संगठनों को दिया जाता है, जो जंतुओं के कल्याण और जंतुओं के खिलाफ हिंसा में पहल करते हैं। पुरस्कार के पिछले प्राप्तकर्ताओं में शशि थरूर, अनुष्का शर्मा, आर. माधवन और जैकलीन फर्नांडीज शामिल हैं।

अतः विकल्प (A) सही है।

37. एशियाई खेल, 2022 चीन के हांग्जो, झेजियांग में मनाया जाने वाला एक बहु-खेल आयोजन होगा।

1990 में बीजिंग और 2010 में ग्वांगझू के बाद हांग्जो एशियाई खेलों की मेजबानी करने वाला तीसरा चीनी शहर होगा। 8 अप्रैल 2019 को, एशिया की ओलंपिक परिषद ने शुरू में घोषणा की कि खेलों में 37 खेल शामिल होंगे, जिसमें पेरिस में 2024 के ग्रीष्मकालीन ओलंपिक में 28 अनिवार्य ओलंपिक खेल शामिल होंगे।

अतः विकल्प (B) सही है।

38. एनोफिलीज़ एक मादा मच्छर है। जो मलेरिया के परजीवी के वाहक के रूप में कार्य करता है।

मलेरिया एक तीव्र ज्वर रोग है, जो प्लास्मोडियम परजीवी के कारण होता है जो मादा एनोफिलीज़ मच्छर के काटने से लोगों में फैलता है। प्लास्मोडियम समूह एकल-कोशिकीय सूक्ष्मजीव हैं। यह रोग भूमध्य रेखा के आसपास के उष्णकटिबंधीय और उपोष्णकटिबंधीय क्षेत्रों में व्यापक है।

अतः विकल्प (A) सही है।

39. भारत ने 13 वें ब्रिक्स शिखर सम्मेलन की मेजबानी की।

प्रधान मंत्री नरेंद्र मोदी ने 9 सितंबर 2021 को वर्चुअल प्रारूप में 13वें ब्रिक्स शिखर सम्मेलन की अध्यक्षता की। बैठक में ब्राजील के राष्ट्रपति जायर बोल्सनारो, रूस के राष्ट्रपति व्लादिमीर पुतिन, चीन के राष्ट्रपति शी जिनपिंग और दक्षिण अफ्रीका के राष्ट्रपति सिरिल रामफोसा ने भाग लिया। शिखर सम्मेलन का विषय BRICS@15: निरंतरता, समेकन और आम सहमति के लिए अंतर-ब्रिक्स सहयोग है।

अतः विकल्प (A) सही है।

40. किसी भी लोकतांत्रिक देश में कानून बनाने का अंतिम अधिकार संसद के पास होता है।

संसद द्वारा पारित कानून प्रस्तावों को राष्ट्रपति द्वारा अनुमोदित किया जाना चाहिए और इसी प्रकार, राज्य विधानसभाओं द्वारा पारित कानून प्रस्तावों को राज्यपाल द्वारा अनुमोदित किया जाना चाहिए। संसद के पास भारत में कानूनों में संशोधन करने की शक्ति भी है। प्रधानमंत्री मंत्रिपरिषद का प्रमुख होता है और मंत्रिमंडल का भी प्रमुख होता है और राष्ट्रपति के मुख्य सलाहकार के रूप में कार्य करता है। संसद भारत में सर्वोच्च कानून बनाने वाली संस्था है। इसके दो सदन लोकसभा और राज्यसभा हैं।

अतः विकल्प (B) सही है।

41. रायगंज वन्यजीव अभयारण्य को कुलिक पक्षी अभयारण्य के नाम से भी जाना जाता है। यह पश्चिम बंगाल राज्य में उत्तर दिनाजपुर जिले के रायगंज के पास स्थित है। पक्षी अभयारण्य पक्षियों की 164 प्रजातियों का घर है और लगभग 90,000 से 1,00,000 प्रवासी पक्षी प्रत्येक वर्ष अभयारण्य में आते हैं।

अतः विकल्प (D) सही है।

42. महालवाड़ी व्यवस्था की शुरुआत हॉल्ट मैकेंज़ी और रॉबर्ट मर्टिंस बर्ड द्वारा की गई थी।

1822 में, अंग्रेज हॉल्ट मैकेंज़ी और रॉबर्ट मर्टिंस बर्ड ने इस व्यवस्था को तैयार किया। किसानों से भू-राजस्व की वसूली (ज़मींदार की नहीं) ग्राम प्रधानों द्वारा पूरे गाँव की ओर से की जाती थी। पूरे गाँव को 'महाल' नामक एक बड़ी इकाई में परिवर्तित कर दिया गया और भू-राजस्व के भुगतान के लिए एक इकाई के रूप में माना गया। यह सबसे पहले ग्रामीण समुदाय के साथ संपन्न हुआ था।

अतः विकल्प (A) सही है।

43. बंगाल के स्वदेशी आंदोलन में तिरंगे झंडे को अभिकल्पित किया गया था।

पिंगली वेंकय्या स्वतंत्रता सेनानी हैं जिन्होंने मोहनदास करमचंद गांधी को तिरंगा (जो बाद में राष्ट्रीय ध्वज बन गया) को डिजाइन और सौंप दिया। वेंकय्या की

शिक्षा कैम्ब्रिज में हुई और वे बड़े होकर भूविज्ञान, कृषि, शिक्षा और भाषाओं में रुचि रखने वाले एक बहुश्रुत बन गए।

अतः विकल्प (C) सही है।

44. जुलाई 2021 तक प्राप्त जानकारी के अनुसार, आयुष्मान भारत प्रधानमंत्री जन आरोग्य योजना (AB-PM-JAY) को पश्चिम बंगाल राज्य में लागू नहीं किया गया था।

AB-PMJAY दुनिया की सबसे बड़ी सरकार द्वारा वित्त पोषित स्वास्थ्य आश्वासन योजना है। AB-PMJAY माध्यमिक और तृतीयक स्वास्थ्य अस्पताल में भर्ती के लिए प्रति परिवार प्रति वर्ष 5 लाख रुपये तक का स्वास्थ्य आश्वासन प्रदान करता है। AB-PMJAY पूरी तरह से कैशलेस और पेपरलेस योजना है। AB-PMJAY के तहत लाभ पूरे देश में पोर्टेबल हैं। परिवार के आकार, या उम्र या लिंग पर कोई सीमा नहीं है।

अतः विकल्प (A) सही है।

45. दीवाली पर्व कार्तिक माह की अमावस्या को मनाया जाता है। दिवाली अंधकार पर प्रकाश की, बुराई पर अच्छाई की और अज्ञान पर ज्ञान की आध्यात्मिक विजय का प्रतीक है। यह त्योहार आमतौर पर पांच दिनों तक चलता है और हिंदू चंद्र महीने कार्तिक (मध्य अक्टूबर और मध्य नवंबर के बीच) के दौरान मनाया जाता है।

अतः विकल्प (D) सही है।

46. जब प्राकृतिक संसाधनों का दोहन करके किसी माल का उत्पादन किया जाता है, तो इसे कृषि क्षेत्र, श्रेणी के अंतर्गत रखा जाता है।

जब हम प्राकृतिक संसाधनों का दोहन करके माल का उत्पादन करते हैं तो यह प्राथमिक क्षेत्र के अंतर्गत आता है क्योंकि ये आर्थिक गतिविधियाँ सीधे तौर पर पृथ्वी से संसाधनों के निष्कर्षण से जुड़ी होती हैं।

अतः विकल्प (C) सही है।

47. "यह मुख्य रूप से अल्पविकसित देशों में प्रचलित है" निर्वाह खेती के सापेक्ष वाणिज्यिक खेती की एक विशिष्ट विशेषता नहीं है।

निर्वाह खेती छोटी और बिखरी हुई भूमि जोत और आदिम उपकरणों के उपयोग की विशेषता है। चूंकि किसान गरीब हैं, इसलिए वे अपने खेतों में उर्वरकों और उच्च उपज देने वाले बीजों का उस हद तक उपयोग नहीं करते हैं, जितना उन्हें करना चाहिए। स्थानांतरित खेती निर्वाह खेती का एक प्रकार / उदाहरण है जिसमें किसान पेड़ों को काटकर और जलाकर वन भूमि के एक हिस्से को साफ करते हैं और फिर फसलें उगाई जाती हैं। इस प्रकार की खेती किसान के परिवार की जरूरतों को पूरा करने के लिए की जाती है। परंपरागत रूप से, निम्न स्तर की प्रौद्योगिकी और घरेलू श्रम का उपयोग छोटे उत्पादन के लिए किया जाता है। बिजली और सिंचाई जैसी सुविधाएं आमतौर पर उन्हें उपलब्ध नहीं होती हैं। इसलिए, यह मुख्य रूप से कम विकसित देशों में प्रचलित है।

अतः विकल्प (A) सही है।

48. आईपीएल के 2020 के संस्करण तक मुंबई इंडियंस ने आईपीएल का खिताब 5 बार जीता है।

इंडियन प्रीमियर लीग (आईपीएल) एक ट्वेंटी-20 क्रिकेट लीग है जिसमें भारत के 10 शहरों/राज्यों में से 10 टीमें भाग लेती हैं। टूर्नामेंट डबल राउंड-रॉबिन और प्लेऑफ प्रारूप का अनुसरण करता है। इसकी स्थापना 2007 में भारतीय क्रिकेट कंट्रोल बोर्ड (BCCI) द्वारा की गई थी।

अतः विकल्प (D) सही है।

49. बंगाल टाइगर को वर्ष 1972 में 'भारत का राष्ट्रीय पशु' स्वीकार किया गया था। प्रोजेक्ट टाइगर की शुरुआत के साथ अप्रैल 1973 में बंगाली बाघ को भारत का राष्ट्रीय पशु घोषित किया गया था। यह भारत में बाघों की रक्षा के लिए एक कदम था।

अतः विकल्प (D) सही है।

50. बहादुर शाह द्वितीय अंतिम मुगल सम्राट था।

बहादुर शाह जफर का जन्म 24 अक्टूबर 1775 को हुआ था और वह भारत का बीसवां और अंतिम मुगल सम्राट तथा उर्दू कवि था। वह अपने पिता अकबर II का दूसरा पुत्र और उत्तराधिकारी था, जिसकी मृत्यु 28 सितंबर 1837 को हुई थी। वह एक नाममात्र का सम्राट था क्योंकि मुगल साम्राज्य केवल नाम में ही अस्तित्व में था और उसका अधिकार केवल पुरानी दिल्ली (शाहजहानाबाद) की दीवारों वाले शहर तक ही सीमित था। 1857 के भारतीय विद्रोह के बाद, अंग्रेजों ने उन्हें दिल्ली से निर्वासित कर दिया। जफर का शुक्रवार, 7 नवंबर 1862 को रंगून, बर्मा में निर्वासन के दौरान निधन हो गया।

अतः विकल्प (D) सही है।

51. दिया गया है:

P और Q मिलकर एक कार्य को 21 दिनों में पूरा कर सकते हैं।

जैसा कि हम जानते है,

कुल कार्य $=$ श्रमिकों की दक्षता $\times$ उनके द्वारा लिया गया समय

माना P और Q की दक्षता p और q है।

प्रश्न के अनुसार,

$$21(p + q) = 12(p + q) + 15p$$
$$\Rightarrow 21p + 21q = 12p + 12q + 15p$$
$$\Rightarrow 21q - 12q = 27p - 21p$$
$$\Rightarrow 9q = 6p$$
$$\Rightarrow 3q = 2p$$
$$\Rightarrow \frac{q}{p} = \frac{2}{3}$$

इसलिए, P और Q की दक्षता का अनुपात $3 : 2$ है।

माना P और Q की दक्षता $3x$ और $2x$ है।

अब,

कुल कार्य $= 21 \times 5x$

$= 105x$

P द्वारा लिया गया अभीष्ट समय $= \frac{105x}{3x}$

$= 35$ दिन

∴ P अकेला शेष कार्य को 35 दिनों में पूरा कर सकता है।

अतः विकल्प (B) सही है।

52. दिया गया है:

23 लड़कों की औसत लंबाई 1.2 मीटर है।

जब 3 लड़के समूह छोड़ देते हैं, तो समूह के लड़कों की औसत लंबाई 0.15 मीटर बढ़ जाती है।

जैसा कि हम जानते है,

औसत $=$ पदों का योग/पदों की संख्या

23 लड़कों की कुल लंबाई $= 23 \times 1.2$ मीटर

$= 27.6$ मीटर

20 लड़कों की कुल लंबाई $= 20(1.2 + 0.15)$

$= 20 \times 1.35$

$= 27$ मीटर

इसलिए, 3 लड़कों की लंबाई $= 27.6 - 27$

$= 0.6$

3 लड़कों की औसत लंबाई $= \frac{0.6}{3}$

0.2 मीटर

∴ छोड़ने वाले 3 लड़कों की औसत लंबाई 0.2 मीटर थी।

अत: विकल्प (B) सही है।

53. दिया गया है:

एक दुकानदार चावल के मूल्य पर 10% की छूट देता है। एक खरीददार ₹ 720 में 5 किलो अधिक चावल खरीद सकता है।

माना चावल का प्रति किलो का मूल्य $10x$ है।

इसलिए, मूल्य में कमी $= 10x \times 90\%$

$= 9x$

प्रश्न के अनुसार,

$$\frac{720}{9x} - \frac{720}{10x} = 5$$
$$\Rightarrow \frac{80}{x} - \frac{72}{x} = 5$$
$$\Rightarrow \frac{80-72}{x} = 5$$
$$\Rightarrow \frac{8}{x} = 5$$
$$\Rightarrow 5x = 8$$
$$\Rightarrow x = \frac{8}{5}$$

$= 1.6$

इसलिए, विक्रय मूल्य $= 10 \times 1.6$

$= 16$

∴ चावल का प्रति किलो विक्रय मूल्य ₹ 16 है।

अत: विकल्प (C) सही है।

54. दिया गया है:

ट्रेन की औसत गति $= 120$ किमी/घंटा

दूरी $= 720$ किमी

ट्रेन प्रत्येक 80 किमी के बाद 4 मिनट के लिए रुकती है।

जैसा कि हम जानते है,

दूरी $=$ गति $\times$ समय

जहाँ, d दूरी, s गति और t समय है।

प्रश्न के अनुसार, हमें प्राप्त होता है,

ट्रेन द्वारा लिया गया समय $t = \frac{720}{120}$

$\Rightarrow t = 6$ घंटे

720 किमी में ट्रेन के रुकने की संख्या $= \left(\frac{720}{80}\right) - 1$

$\Rightarrow$ रुकने की संख्या $= 9 - 1$

$\Rightarrow$ रुकने की संख्या $= 8$

रुकने का कुल समय $= 8 \times 4$

$\Rightarrow$ रुकने का कुल समय $= 32$ मिनट

$\therefore$ 720 किमी की दूरी तय करने में ट्रेन द्वारा लिया गया कुल समय 6 घंटे 32 मिनट है।

अत: विकल्प (C) सही है।

55. दिया गया है:

₹ 6.50 प्रति वर्ग मीटर की दर से एक वृत्ताकार पार्क को समतल करने की लागत ₹ $36,036$ है।

जैसा कि हम जानते है,

वृत्त का क्षेत्रफल $= \pi r^2$

वृत्त का परिमाप $= 2\pi r$

माना वृत्ताकार पार्क की त्रिज्या r है।

प्रश्न के अनुसार,

$\frac{22}{7} \times r^2 \times 6.5 = 36036$

$\Rightarrow r^2 = 5544 \times \frac{7}{22}$

$\Rightarrow r^2 = 1764$

$\Rightarrow r = 42$

अब,

अभीष्ट लागत $= 2 \times \frac{22}{7} \times 42 \times 18$

$= 2 \times 22 \times 6 \times 18$

$= 4752$

$\therefore$ इसके चारों ओर ₹ 18 प्रति मीटर की दर से बाड़ लगाने की लागत (₹ में) 4752 होगी।

अत: विकल्प (B) सही है।

56. दिया गया है:

$20 - [7 - \{4 - \left(8 - 6 \stackrel{-}{+} 3\right)\}]$

BODMAS नियम का प्रयोग करने पर, हम प्राप्त करते हैं

$20 - [7 - \{4 - \left(8 - 6 \stackrel{-}{+} 3\right)\}]$

$= 20 - [7 - \{4 - (8 - 9)\}]$

$= 20 - [7 - \{4 - (-1)\}]$

$= 20 - [7 - \{4 + 1\}]$

$= 20 - [7 - 5]$

$= 20 - 2$

$= 18$

$\therefore$ अभीष्ट उत्तर 18 है।

अत: विकल्प (D) सही है।

57. दिया गया है:

एक वस्तु को उसके क्रय मूल्य के $\frac{5}{8}$ पर बेचा जाता है।

जैसा कि हम जानते है,

हानि $\% = ($हानि $/$क्रय मूल्य$) \times 100$

माना वस्तु का क्रय मूल्य $8x$ है।

इसलिए, विक्रय मूल्य $= 8x \times \frac{5}{8}$

$= 5x$

हानि $= 8x - 5x$

$= 3x$

हानि $\% = \left(\frac{3x}{8x}\right) \times 100$

$= 37.5$

$\therefore$ हानि प्रतिशत 37.5 है।

अत: विकल्प (C) सही है।

58. दिया गया है:

दो संख्याएँ 90 और 160 हैं।

90 का $\frac{1}{3} = 90 \times \frac{1}{3}$

$= 30$

160 का $\frac{3}{8} = 160 \times \frac{3}{8}$

$= 60$

अंतर $= 60 - 30$

$= 30$

अभीष्ट $\% = \left(\frac{30}{60}\right) \times 100$

$= 50\%$

∴ अभीष्ट उत्तर 50% है।

अत: विकल्प (B) सही है।

59. दिया गया है:

तीन संख्याओं का योग 172 है।

पहली संख्या का दूसरी संख्या से अनुपात $3:5$ है और दूसरी संख्या का तीसरी संख्या से अनुपात $7:6$ है।

माना तीन संख्याएँ a, b और c हैं।

$\Rightarrow a:b = 3:5 = 21:35$

$\Rightarrow b:c = 7:6 = 35:30$

$\Rightarrow a:b:c = 21:35:30$

अब,

$a + b + c = 172$

$\Rightarrow 21k + 35k + 30k = 172$

$\Rightarrow 86k = 172$

$\Rightarrow k = 2$

इसलिए, $a = 21 \times 2 = 42$

∴ पहली संख्या 42 है।

अत: विकल्प (A) सही है।

60. दिया गया है:

तीन संख्याएँ $21, 35, 56$ हैं।

$21, 35$ और 56 का लघुत्तम समापवर्त्य 840 है।

इसलिए, 5 अंकों की संख्या $840x$ होनी चाहिए, जहाँ x एक वास्तविक संख्या है।

अब,

$x = 10$ के लिए

संख्या 8400 है।

$x = 11$ के लिए

संख्या 9240 है।

$x = 12$ के लिए

संख्या 10080 है, जो 5 अंकों की संख्या है।

∴ अभीष्ट संख्या 10080 है।

अत: विकल्प (D) सही है।

61. दिया गया है:

A, B और C एक कार्य को क्रमशः $7\frac{1}{2}$ दिन, 15 दिन और 30 दिनों में पूरा कर सकते हैं।

जैसा कि हम जानते है,

कुल कार्य = श्रमिकों की दक्षता $\times$ उनके द्वारा लिया गया समय

$7\frac{1}{2}, 15, 30$ का लघुत्तम समापवर्त्य 30 इकाई अर्थात् कुल कार्य है।

A की दक्षता $= 30 \div 7\frac{1}{2}$

$= 4$ इकाई/दिन

B की दक्षता $= 30 \div 15$

$= 2$ इकाई/दिन

C की दक्षता $= 30 \div 30$

$= 1$ इकाई/दिन

माना C और B मिलकर x दिनों तक कार्य करते हैं।

प्रश्न के अनुसार,

$3 \times 6 + 3x = 30$

$\Rightarrow 18 + 3x = 30$

$\Rightarrow 3x = 30 - 18$

$\Rightarrow 3x = 12$

$\Rightarrow x = 4$

इसलिए, C और B मिलकर 4 दिन कार्य करते हैं।

कुल समय $= 3 + 4$

$= 7$ दिन

∴ सम्पूर्ण कार्य 7 दिनों में पूरा हो जाएगा।

अत: विकल्प (B) सही है।

62. दिया गया है:

दो संख्याओं a और b का अनुपात $8:5$ है।

माना दो संख्याएँ $8x$ और $5x$ हैं।

प्रश्न के अनुसार,

$\frac{(8x - 17)}{(5x + 25)} = \frac{1}{3}$

$\Rightarrow 24x - 51 = 5x + 25$

$\Rightarrow 19x = 25 + 51$

$\Rightarrow 19x = 76$

$\Rightarrow x = 4$

इसलिए, संख्याएँ:

$8 \times 4 = 32$

$5 \times 4 = 20$

योग $= 32 + 20$

$= 52$

∴ दोनों संख्याओं का योग 52 है।

अत: विकल्प (C) सही है।

63. दिया गया है:

दो संख्याएँ तीसरी संख्या से क्रमशः 20% और 30% कम हैं।

माना तीसरी संख्या $100x$ है।

इसलिए, पहली संख्या $= 100x - 100x \times 20\%$

$= 80x$

और दूसरी संख्या $= 100x - 100x \times 30\%$

$= 70x$

अभीष्ट $\% = \left(\frac{70x}{80x}\right) \times 100$

$= 87.5\%$

∴ अभीष्ट उत्तर 87.5% है।

अत: विकल्प (A) सही है।

64. दिया गया है:

एक निश्चित मूलधन को $4\frac{3}{4}$ वर्षों में 12% प्रति वर्ष की दर से साधारण ब्याज पर निवेश करने पर प्राप्त मिश्रधन, समान मूलधन पर 11 वर्षों में समान दर पर प्राप्त साधारण ब्याज से ₹ $2{,}175$ अधिक है।

जैसा कि हम जानते है,

$$S.I. = \frac{(P \times T \times R)}{100}$$

मिश्रधन $= P + S.I.$

यहाँ,

$P =$ मूलधन

$T =$ समय

$R =$ दर

माना, मूलधन ₹ P है।

प्रश्न के अनुसार,

$$P + P \times \left(\frac{19}{4}\right) \times \left(\frac{12}{100}\right) - P \times 11 \times \left(\frac{12}{100}\right) = 2175$$

$$\Rightarrow P + \frac{57P}{100} - \frac{132P}{100} = 2175$$

$$\Rightarrow \frac{(100P + 57P - 132P)}{100} = 2175$$

$$\Rightarrow \frac{25P}{100} = 2175$$

$$\Rightarrow \frac{P}{4} = 2175$$

$$P = 8700$$

∴ मूलधन (₹ में) 8700 है।

अत: विकल्प (B) सही है।

65. दिया गया है:

$$\frac{5}{14} \div 5\frac{3}{7} \text{ of } \frac{7}{19} - \left(\frac{3}{4} - \frac{4}{7}\right)$$

BODMAS नियम का प्रयोग करने पर, हम प्राप्त करते हैं

$$\frac{5}{14} \div 5\frac{3}{7} \text{ of } \frac{7}{19} - \left(\frac{21-16}{28}\right)$$

$$= \frac{5}{14} \div 5\frac{3}{7} \text{ of } \frac{7}{19} - \frac{5}{28}$$

$$= \frac{5}{14} \div \frac{38}{7} \text{ of } \frac{7}{19} - \frac{5}{28}$$

$$= \frac{5}{14} \div 2 - \frac{5}{28}$$

$$= \frac{5}{14} \times \frac{1}{2} - \frac{5}{28}$$

$$= \frac{5}{28} - \frac{5}{28}$$

$$= 0$$

∴ अभीष्ट उत्तर 0 है।

अत: विकल्प (A) सही है।

66. दिया गया है:

23 संतरों को ₹ 193.20 में खरीदा गया है और ₹ 108 प्रति दर्जन की दर से बेचा गया है।

23 संतरों का मूल्य $= 193.20$

1 संतरे का मूल्य $= \frac{193.20}{23}$

$= 8.4$

12 संतरों या 1 दर्जन संतरों का मूल्य $= 8.4 \times 12$

$= 100.8$

लाभ $= 108 - 100.8$

$= 7.2$

लाभ $\% = \left(\frac{7.2}{100.8}\right) \times 100$

$= 7.14\% \approx 7.1\%$

∴ एक दशमलव स्थान तक सही लाभ प्रतिशत 7.1% है।

अत: विकल्प (C) सही है।

67. दिया गया है:

एक साइकिल चालक 2 घंटे में 17 किमी की दूरी तय करता है।

जैसा कि हम जानते है,

गति $=$ दूरी/समय

साइकिल सवार की गति $= \dfrac{17}{2}$

$= 8.5$ किमी/घंटा

$\therefore$ उसकी गति (किमी/घंटा में) 8.5 है।

अत: विकल्प (B) सही है।

68. दिया गया है:

₹ $1,800$ के मूलधन पर 3 वर्ष 4 महीने में ₹ 360 का साधारण ब्याज प्राप्त होता है।

जैसा कि हम जानते है,

$$S.I = \dfrac{(P \times T \times R)}{100}$$

यहाँ,

$P = $ मूलधन

$T = $ समय

$R = $ दर

3 वर्ष और 4 महीने $= \left(3 + \dfrac{4}{12}\right)$ वर्ष या $3\dfrac{1}{3}$ वर्ष

अब,

माना ब्याज की दर R है।

इसलिए,

$$360 = \dfrac{\left(1800 \times \frac{10}{3} \times R\right)}{100}$$

$$\Rightarrow 360 = \dfrac{6000R}{100}$$

$$\Rightarrow 360 = 60R$$

$$\Rightarrow R = \dfrac{360}{60}$$

$$= 6$$

$\therefore$ प्रति वर्ष ब्याज दर 6% है।

अत: विकल्प (C) सही है।

69. दिया गया है:

अंकित मूल्य $=$ ₹ 1200

दी जाने वाली छूट $= 10\%$

कुल विक्रय मूल्य $=$ ₹ 945

जैसा कि हम जानते है,

अतिरिक्त छूट $\% = [($पहली छूट के बाद का मूल्य $-$ कुल विक्रय मूल्य $)/($पहली छूट के बाद का मूल्य $)] \times 100$

पहली छूट के बाद मूल्य $= 1200 \times 90\%$

$= 1080$

अतिरिक्त छूट $\% = \left[\dfrac{(1080 - 945)}{1080}\right] \times 100$

$= \left(\dfrac{135}{1080}\right) \times 100$

$= 12.5\%$

$\therefore$ अभीष्ट उत्तर 12.5% है।

अत: विकल्प (B) सही है।

70. दिया गया है:

एक संस्था में सभी कर्मचारियों का औसत वेतन ₹ $9,000$ है।

8 कर्मचारियों का औसत वेतन ₹ $14,000$ है और शेष कर्मचारियों का औसत वेतन ₹ $5,000$ है।

जैसा कि हम जानते है,

अवलोकन का योग $=$ औसत $\times$ अवलोकन की संख्या

माना कर्मचारियों की संख्या x है।

प्रश्न के अनुसार,

$$9000 \times x = 14000 \times 8 + 5000(x - 8)$$

$$\Rightarrow 9000x = 112000 + 5000x - 40000$$

$$\Rightarrow 9000x - 5000x = 112000 - 40000$$

$$\Rightarrow 4000x = 72000$$

$$\Rightarrow x = \dfrac{72000}{4000}$$

$$\Rightarrow x = 18$$

$\therefore$ कर्मचारियों की कुल संख्या 18 है।

अत: विकल्प (A) सही है।

71. दिया गया है:

मेज और कुर्सी का क्रय मूल्य 2200 है।

माना कुर्सी का क्रय मूल्य x है और मेज का क्रय मूल्य y है।

$$\Rightarrow x + y = 2200 \quad \text{...(i)}$$

अब,

$$0.95x + 1.15y = 1.04 \times 2200$$

$$\Rightarrow 95x + 115y = 228800$$

$$\Rightarrow 19x + 23y = 45760 \quad \text{...(ii)}$$

दोनों समीकरणों को हल करने पर, हमें प्राप्त होता है

$$x = 1210, y = 990$$

$\therefore$ मेज का मूल्य ₹ 990 है।

अत: विकल्प (D) सही है।

72. दिया गया है:

साधारण ब्याज की समान दर पर एक निश्चित राशि 4 वर्षों में राशि ₹ 9900 और 7 वर्षों में राशि ₹ 11700 हो जाती है। $2\frac{1}{4}$ वर्ष के लिए दर $9\frac{2}{3}\%$ है।

जैसा कि हम जानते है,

साधारण ब्याज $= \frac{P \times R \times T}{100}$

4 वर्ष बाद प्राप्त मिश्रधन $= P\left(1 + \frac{4R}{100}\right)$

7 वर्ष बाद प्राप्त मिश्रधन $= P\left(1 + \frac{7R}{100}\right)$

$P\left(1 + \frac{4R}{100}\right) = 9900$ ...(i)

$P\left(1 + \frac{7R}{100}\right) = 11700$ ...(ii)

समीकरण (i) को (ii) से घटाने पर,

हमें प्राप्त होता है,

$\Rightarrow \frac{3PR}{100} = 1800$

$\Rightarrow \frac{PR}{100} = 600$

हम $\frac{PR}{100}$ का मान समीकरण (i) में रखते हैं,

$\Rightarrow P + 4 \times 600 = 9900$

$\Rightarrow P = 9900 - 2400$

$= 7500$

इसलिए, हमें मूलधन 7500 प्राप्त होता है।

मिश्रधन $= 7500 + 7500 \times \frac{9}{4} \times \frac{29}{300}$

$= 7500 + 1631.25$

$= 9131.25$

∴ मिश्रधन ₹ 9131.25 है।

अत: विकल्प (D) सही है।

73. दिया गया है:

दो संख्याओं a और b का अनुपात $5 : 8$ है।

माना संख्या $5x$ और $8x$ हैं।

प्रश्न के अनुसार,

$\frac{(5x-5)}{(8x+3)} = \frac{8}{15}$

$\Rightarrow 75x - 75 = 64x + 24$

$\Rightarrow 75x - 64x = 24 + 75$

$\Rightarrow 11x = 99$

$\Rightarrow x = 9$

इसलिए, संख्याएँ

$5 \times 9 = 45$

$8 \times 9 = 72$

अंतर $= 72 - 45$

$= 27$

∴ दोनों मूल संख्याओं का अंतर 27 है।

अत: विकल्प (D) सही है।

74. दिया गया है:

दो संख्याओं का योग $= 35$

दी गई संख्याओं का महत्तम समापवर्तक $= 5$

दी गई संख्याओं का लघुत्तम समापवर्त्य $= 60$

माना दो संख्याएँ $5x$ और $5y$ हैं।

प्रश्नों के अनुसार,

$5x + 5y = 35$

$\Rightarrow x + y = 7$ ....(i)

लघुत्तम समापवर्त्य $= 5xy = 60$

$\Rightarrow xy = \frac{60}{5}$

$\Rightarrow xy = 12$ ....(ii)

समीकरण (1) और समीकरण (2) से,

$x = 3, y = 4$

इसलिए, संख्याएँ 15 और 20 हैं।

अब,

व्युत्क्रम $= \frac{1}{15}, \frac{1}{20}$

अब,

$\left(\frac{1}{15}\right) + \left(\frac{1}{20}\right)$

$= \frac{7}{60}$

∴ दी गई संख्याओं के व्युत्क्रम का योग $\frac{7}{60}$ है।

अत: विकल्प (C) सही है।

75. दिया गया है:

एक बेलनाकार टैंक का व्यास 80 सेमी और ऊँचाई 5.6 मीटर है।

जैसा कि हम जानते है,

वक्र पृष्ठीय क्षेत्रफल $= 2\pi rh$

यहाँ,

$r = $ त्रिज्या

$h = $ ऊँचाई

80 सेमी $= 0.8$ सेमी [चूँकि 1 मीटर $= 100$ सेमी]

वक्र पृष्ठीय क्षेत्रफल $= 2 \times \dfrac{22}{7} \times 0.4 \times 5.6$

$= 14.08$ मीटर^2

अभीष्ट लागत $= 14.08 \times 20$

$= 281.60$

$\therefore$ 20 रुपये प्रति वर्ग मीटर की दर से टैंक की वक्राकर सतह को पेंट करने की लागत (₹ में) 281.60 है।

अतः विकल्प (A) सही है।

76. मलेरिया एक व्याधि है।

व्याधि का अर्थ: रोग, बीमारी, अस्वस्थता, पीड़ा, आफ़त, विपत्ति।

आधि और व्याधि दोनों अलग है जहाँ आधि का तात्पर्य मानसिक पीड़ा से होता है वहीं व्याधि का संबंध किसी रोग या बीमारी से होता है।

दुख का अर्थ: क्लेश, पीड़ा, कष्ट, व्यथा, वेदना, संताप, संकट, यातना।

अतः विकल्प (D) सही है।

77. दिये गये वाक्य में रेखांकित अंश 'अर्पित' को प्रतिस्थापित करने पर "सरकार ने कलाकार को पुरस्कार 'प्रदान' किया।" वाक्य सही होगा।

अर्पित - दान करना, कुछ देना या देना, दिया हुआ

प्रदान - देने की क्रिया या भाव

अतः विकल्प (D) सही है।

78. रेखांकित मुहावरे का अर्थ - 'अच्छी तरह से सोचकर कार्य करना' है।

वाक्य प्रयोग - नया व्यापार शुरू किया है, "फूंक-फूंक कर कदम रखना" ताकि व्यापार में सफलता प्राप्त कर सको।

अतः विकल्प (C) सही है।

79. सही वाक्य - सूखा पड़ने के कारण इस बार फसल कम है।

दिए गये वाक्य में 'कारक प्रयोग' की त्रुटि है। यहाँ 'का' सार्थक शब्द का प्रयोग नही होने पर सही अर्थ प्रकट नही हो रहा। अतः वाक्य में सार्थक शब्द 'के' होना चाहिए।

वाक्यों में कारक संबंधी गलत प्रयोग भी किए जाते हैं, जिस कारण वाक्य अशुद्ध हो जाता है, इन अशुद्धियों को कारक संबंधी अशुद्धियाँ कहा जाता है।

अतः विकल्प (C) सही है।

80. अशुद्ध वर्तनी 'चरमोत्षर्क' है। शुद्ध वर्तनी 'चर्मोत्कर्ष' है।

चर्मोत्कर्ष: विकास या उन्नति की उच्चतम अवस्था, पराकाष्ठा, पारमिता।

किसी शब्द में आये हुए अक्षरों को मात्राओं सहित कहने या लिखने की रीति को वर्तनी कहते हैं। वर्तनी का सम्बन्ध का सीधा सम्बन्ध उच्चारण से होता है। यदि उच्चारण शुद्ध होगा तो वर्तनी शुद्ध होगी और यदि उच्चारण अशुद्ध होगा तो वर्तनी भी अशुद्ध होगी।

अतः विकल्प (B) सही है।

81. 'करूण' शब्द का विलोम शब्द 'निष्ठुर' है।

'करूण' शब्द का अर्थ - दया, दयालु, अनुग्रह, कृपा, प्रसाद, अनुकंपा, तरस, रहम, आत्मीयभाव।

'निष्ठुर' शब्द का अर्थ - निर्दयी, निर्मम, संगदिल, बेदर्दी, क्रूर, कठोर, बेरहम।

अतः विकल्प (C) सही है।

82. 'कुमुदिनी' व्याकरण की दृष्टि से शुद्ध है।

कुमुदिनी का अर्थ - कमल की तरह का एक जलीय पौधा जिसमें सफ़ेद रंग के फूल लगते हैं जो रात के समय खिलते हैं।

अतः विकल्प (C) सही है।

83. 'गमन' शब्द का विलोम 'आगमन' है।

'गमन' का अर्थ - प्रस्थान, जाना।

'आगमन' का अर्थ - आना, उत्पत्ति, पहुँचना।

अतः विकल्प (B) सही है।

84. 'वानर' शब्द का समानार्थी शब्द 'कपि' है।

'वानर' शब्द का अन्य समानार्थी शब्द बन्दर, कपीश, मर्कट, कीश, शाखामृग, हरि है।

जो शब्द समान अर्थ के कारण किसी दूसरे शब्द की जगह ले लेते हैं उन्हें समानार्थी शब्द या पर्यायवाची शब्द कहते हैं।

अतः विकल्प (B) सही है।

85. दिये गये वाक्य में रेखांकित खंड को प्रतिस्थापित करने पर वाक्य "यह कहानी महादेवी वर्मा द्वारा लिखी गयी है।" सही वाक्य होगा। यहाँ पर 'आवश्यक क्रिया पद का प्रयोग नही हुआ' है। इसलिए, यह क्रिया सम्बन्धित त्रुटि है।

अतः विकल्प (A) सही है।

86. पुस्तकें, ज्ञानप्राप्ति का सशक्त माध्यम हैं।

ज्ञानप्राप्ति का अर्थ: बोध या विद्या प्राप्त होने की क्रिया या भाव।

अतः विकल्प (B) सही है।

87. आँख में कौन गिर गया - त्रुटि का परिचय 'सर्वनाम की' है। यहाँ 'कोई' सार्थक शब्द नही है और इससे सही अर्थ प्रकट नही हो रहा। अतः सार्थक शब्द 'कुछ' होना चाहिए।

सही वाक्य - आँख में कुछ गिर गया।

अतः विकल्प (C) सही है।

88. 'ढाक के तीन पात' मुहावरे का सही अर्थ 'सदा एक ही दशा में रहना' है।

वाक्य प्रयोग - राम रात दिन एक कर के भी इतना नहीं कमा पाता कि घर चला सके परिणाम वही "ढाक के तीन पात ही रहते हैं"।

अतः विकल्प (D) सही है।

89. सही वाक्य - स्त्री जाति के कल्याण के लिए एक योजना बनी थी।

दिए गये वाक्य में 'लिंग प्रयोग' की त्रुटि है। यहाँ 'बना था' सार्थक शब्द नही है और इससे सही अर्थ प्रकट नही हो रहा। अतः वाक्य में सार्थक शब्द 'बनी थी' होना चाहिए। क्योंकि 'योजना' शब्द स्त्रीलिंग।

अतः विकल्प (D) सही है।

90. 'गोद लिया हुआ पुत्र' वाक्यांश के लिए एक शब्द 'दत्तक' होगा।

अनेक शब्दों के लिए एक शब्द को प्रयुक्त करना ही वाक्यांश के लिए एक शब्द कहलाता है।

अतः विकल्प (C) सही है।

91. 'जिसका कोई अंग बेकार हो गया हो' वाक्यांश के लिए एक शब्द 'विकलांग' है।

अनेक शब्दों के लिए एक शब्द को प्रयुक्त करना ही वाक्यांश के लिए एक शब्द कहलाता है।

अतः विकल्प (C) सही है।

92. दिए गए वाक्य में रेखांकित खंड को प्रतिस्थापित करने पर "आज से उसका लक्ष्य केवल विद्या प्राप्ति होगा।" सही वाक्य होगा। यहाँ पर क्रिया सम्बन्धित त्रुटि है।

वाक्य में क्रिया का प्रयोग कर्ता के लिंग एवं वचन के अनुसार किया जाता है अन्यथा वह वाक्य अशुद्ध समझा जाता है। इस अशुद्धि को वाक्य की क्रिया संबंधी अशुद्धि कहा जाता है।

अतः विकल्प (D) सही है।

93. यह गर्व का विषय है कि हमारे देश में अनेक महापुरुष हुए।

गर्व - अभिमान, दर्प, मद, घमंड, दंभ।

अतः विकल्प (C) सही है।

94. रेखांकित शब्द विहग का पर्यायवाची शब्द केहरी नहीं है।

'विहग' शब्द का पर्यायवाची शब्द है- पंछी, खग, पक्षी, परिन्दा, चिडिया, पतंग, गगनचर, पखेरू, अण्डज, खेचर आदि।

'सिंह' शब्द का पर्यायवाची शब्द है- केहरी, शेर, वनराज, शार्दूल, मृगराज, व्याघ्र, पंचमुख, मृगेंद्र, केशरी, महावीर।

अतः विकल्प (C) सही है।

95. 'जो एक ही माता के उदर से उत्पन्न हुए हों' वाक्यांश के लिए एक शब्द 'सहोदर' है।

अनेक शब्दों के लिए एक शब्द को प्रयुक्त करना ही वाक्यांश के लिए एक शब्द कहलाता है।

अतः विकल्प (D) सही है।

96. गद्यांश के अनुसार, नारियल खाना जितना अच्छा लगता है, उतना ही कठिन होता है इसे पेड़ से तोड़ना।

कठिन - मुश्किल, जटिल

अतः विकल्प (A) सही है।

97. गद्यांश के अनुसार, नारियल के ऊँचें सीधे खड़े पेड़ तक पहुँचना टेढ़ी खीर है।

'टेढ़ी खीर' का सम्यक अर्थ- कठिन कार्य है।

अतः विकल्प (B) सही है।

98. गद्यांश के रिक्त स्थान (3) के लिए सर्वाधिक उपयुक्त शब्द "मज़दूरी" होगा।

गद्यांश के अनुसार पूरा वाक्य है: जान जोखिम में डालकर नारियल तोड़ने का काम करने वालों को बदले में मज़दूरी भी बहुत कम मिलती है।

मज़दूरी - परिश्रम के बदले मज़दूर को दिया गया धन।

अतः विकल्प (B) सही है।

99. गद्यांश के अनुसार, इतनी ऊँचाई से गिरकर कई लोग जान भी गँवा चुके हैं।

ऊँचाई - ऊँचे या उच्च होने की एक अवस्था या भाव।

अतः विकल्प (B) सही है।

100. गद्यांश के अनुसार, केरल में अब लोग बंदर पाल रहे हैं। उन्हें नारियल तोड़ने के लिए प्रशिक्षण दिया जा रहा है।

प्रशिक्षण - नियमित रूप से दी जानेवाली व्यावहारिक शिक्षा, ट्रेनिंग।

अतः विकल्प (B) सही है।

General Intelligence and Reasoning

Q.1 पांच मित्र, P, Q, R, S और T, दक्षिण दिशा की ओर मुख करके एक पंक्ति में बैठे हैं। Q, मध्य स्थान पर बैठा है। P पश्चिमी सिरे पर बैठा है। T और R, Q के एक ही ओर बैठे हैं। P और R के बीच दो व्यक्ति बैठे हैं। Q और P के बीच में कौन बैठा है?

A. Q　　　**B.** T　　　**C.** S　　　**D.** R

Q.2 निर्देश: उस विकल्प का चयन करें, जिसका तीसरे शब्द से वही संबंध है, जो दूसरे शब्द का पहले शब्द से है।

भुवनेश्वर : ओडिशा :: आइज़ोल : ?

A. मिज़ोरम　　　**B.** मेघालय　　　**C.** मणिपुर　　　**D.** त्रिपुरा

Q.3 निर्देश: दिए गए विकल्पों में से उस संख्या का चयन कीजिए, जो निम्नलिखित श्रेणी में प्रश्नवाचक चिह्न (?) के स्थान पर आएगी।

19, 23, 32, 48, 73, ?

A. 109　　　**B.** 108　　　**C.** 111　　　**D.** 103

Q.4 निर्देश: दिए गए पैटर्न का ध्यानपूर्वक अध्ययन करें और उस संख्या का चयन करें, जो इसमें प्रश्नवाचक चिह्न (?) के स्थान पर आ सकती है।

13	26	39
30	42	?
17	16	15

A. 40　　　**B.** 45　　　**C.** 54　　　**D.** 60

Q.5 किसी निश्चित कूट भाषा में, 'ARROW' को 'FOOSE' लिखा जाता है और 'GERM' को 'THOR' लिखा जाता है। उसी भाषा में 'MOWER' को किस प्रकार लिखा जाएगा?

A. SHORE　　　**B.** ROSHE　　　**C.** RSEHO　　　**D.** HORSE

Q.6 निर्देश: अक्षरों के उस संयोजन का चयन करें, जिसे दी गई श्रेणी के रिक्त स्थानों पर क्रमिक रूप से रखने पर श्रेणी पूर्ण हो जाएगी।

C 2 _ X 2 C C _ X X 2 _ C 2 _ X _ C

A. C2X2X　　　**B.** X2CX2　　　**C.** AXX2C　　　**D.** XCX2C

Q.7 दिए गए चित्र में कागज के एक टुकड़े को मोड़ने का क्रम और मुड़े हुए टुकड़े को काटने की विधि दर्शाई गई है। यह कागज खोलने पर कैसा दिखेगा?

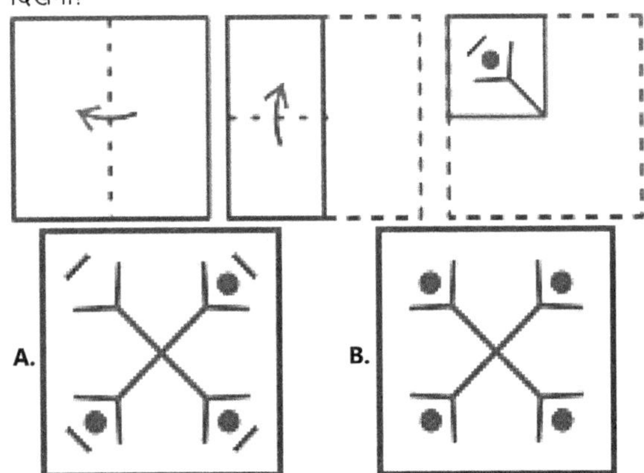

Q.8 निर्देश: दिए गए विकल्पों में से उस अक्षर-समूह का चयन कीजिए, जो दी गई श्रृंखला में प्रश्नवाचक चिह्न (?) के स्थान पर आ सकता है।

SKH, PMG, MOF, JQE, ?

A. GSD　　　**B.** SDF　　　**C.** GTD　　　**D.** HSD

Q.9 निम्नलिखित चार अक्षर-समूहों में से तीन किसी तरह से संगत हैं और एक असंगत है। उस अक्षर-समूह का चयन करें, जो असंगत है।

A. HIJ　　　**B.** QRS　　　**C.** DEF　　　**D.** NMP

Q.10 आठ मित्र, A, B, C, D, E, F, G और H, सभी एक सीधी रेखा में उत्तर की ओर मुख करके बेठे हैं। F, D और G के बीच बैठा है। B, H और A के बीच बैठा है। E, G के बाईं ओर तीसरे स्थान पर है। G एक सिरे पर बैठा है। H, C के बाईं ओर तीसरे स्थान पर है। A और E के बीच कौन बैठा है?

A. B　　　**B.** H　　　**C.** D　　　**D.** C

Q.11 X, $, Y, &, Z और @ अक्षरो//प्रतीकों द्वारा चिहिनत एक ही पासे की दो विभिन्न स्थितियाँ दर्शाई गई हैं।

उस अक्षर/प्रतीक का चयन करें जो $ प्रतीक दर्शाने वाले फलक के विपरीत फलक पर होगा।

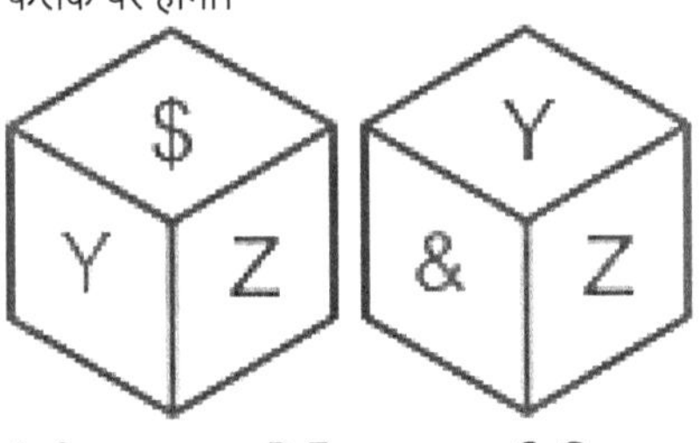

A. &　　　**B.** Z　　　**C.** @　　　**D.** X

Q.12 एक विशिष्ट कूट भाषा में, 'India is my country' का अर्थ '8573' है, 'Sam is my friend' का अर्थ '8634' है, 'My country' का अर्थ '73' और 'Team India' का अर्थ '59' है। उस कूट भाषा में 'Country' के लिए प्रयुक्त कूट क्या है?

A. 5　　　**B.** 7　　　**C.** 8　　　**D.** 3

Q.13 'R+S' का अर्थ है - 'R, S की पुत्री है'। 'R−S' का अर्थ है- 'R, S का पति है'। 'R R' का अर्थ है - 'R, S का भाई है'। यदि 'T × V + Z' है, तो निम्नलिखित में से कौन-सा विकल्प सत्य है?

A. T, Z का चाचा है।　　　**B.** T, Z का पिता है।
C. T, Z का पुत्र है।　　　**D.** T, Z का भाई है।

Q.14 निर्देश: उस सही विकल्प का चयन करें, जो दिए गए शब्दों के उस क्रम को दर्शाता है, जिस क्रम में वे अंग्रेजी शब्दकोश में मौजूद होते हैं।

1. Prestige, 2. Pristine, 3. Prescribe, 4. Prepaid, 5. Premium

A. 4, 5, 3, 2, 1　　　**B.** 5, 3, 4, 1, 2
C. 5, 4, 3, 1, 2　　　**D.** 4, 5, 3, 1, 2

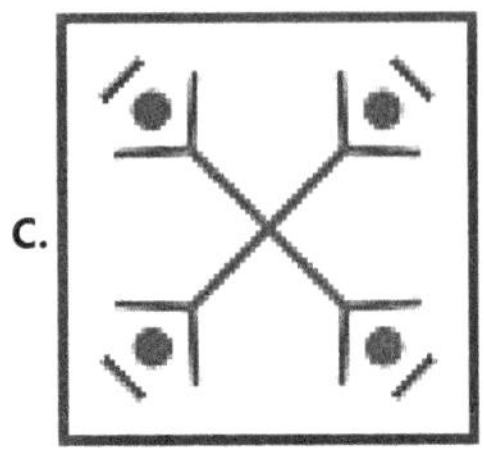

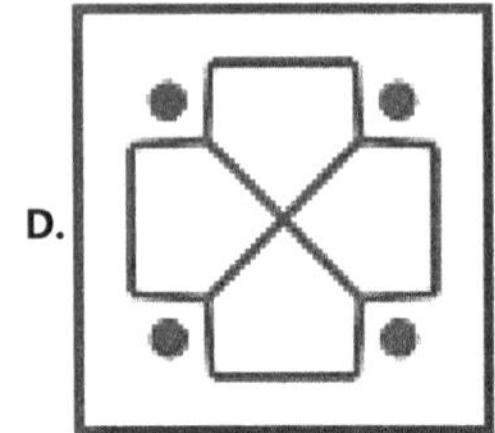

Q.15 निर्देश: उस विकल्प का चयन करें, जो तीसरे पद से वही संबंध है, जो दूसरे पद का पहले पद से है।

BLOCK : LBPKC :: MARGIN : ?

A. OHQHBL

B. OHBHQL

C. OBHQHL

D. OHHQBL

Q.16 निर्देश: उस विकल्प का चयन करें जिसमें दी गई आकृति अंतर्निहित है (घुमाने की अनुमति नहीं है)।

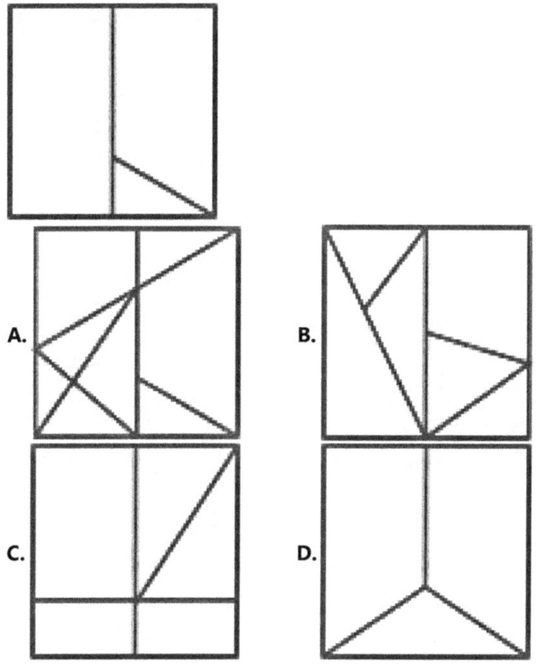

Q.17 निर्देश: दिए गए विकल्पों में से उस संख्या का चयन करें, जो निम्नलिखित श्रृंखला में प्रश्नवाचक चिह्न (?) के स्थान पर आ सकती है।

24, 40, 64, 104, ?, 312

A. 228

B. 176

C. 154

D. 168

Q.18 निम्नलिखित वेन आरेख में, वृत्त, 'सब्जियों' को निरुपित करता है, त्रिभुज, 'जड़ों' को निरुपित करता है, वर्ग 'कठोर मृदा' को निरुपित करता है, और आयत 'गर्मियों' को निरुपित करता है। निम्नलिखित में से कौन-सा अक्षर उन जड़ वाली सब्जियों को निरुपित करता है जो गर्मी में उगती हैं, लेकिल कठोर मृदा में नहीं उगती हैं?

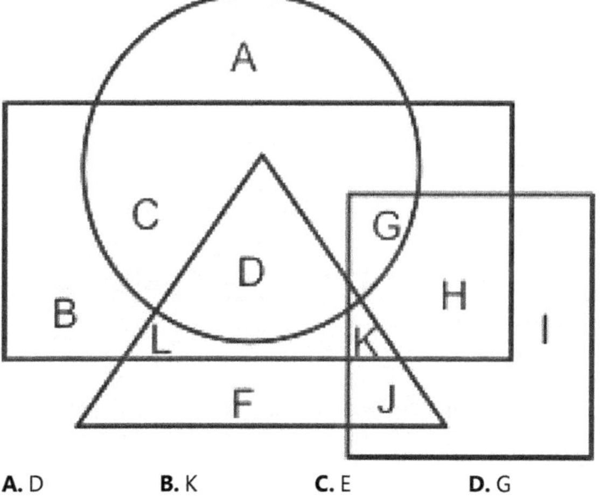

A. D

B. K

C. E

D. G

Q.19 निर्देश: उस विकल्प का चयन करें जिसका तीसरी संख्या से वही संबंध है, जो दूसरी संख्या का पहली संख्या से है।

31 : 90 : : 43 : ?

A. 130

B. 125

C. 102

D. 75

Q.20 निर्देश: दिए गए कथनों और निष्कर्षों को ध्यानपूर्वक पढ़ें। कथनों में दी गई जानकारी को सत्य मानते हुए विचार करें, भले ही वह सामान्य रूप से ज्ञात तथ्यों से भिन्न प्रतीत होती हो, और बताएं कि दिए गए निष्कर्षों में से कौन से, तार्किक रूप से कथनों का पालन करते हैं?

कथन:

सभी नीले सफेद हैं।

कुछ सफेद स्लेटी हैं।

निष्कर्ष:

I. सभी स्लेटी सफेद हैं।

II. सभी स्लेटी नीले हैं।

A. न तो निष्कर्ष I और न ही निष्कर्ष II अनुसरण करता है

B. केवल निष्कर्ष I अनुसरण करता है

C. केवल निष्कर्ष II अनुसरण करता है

D. दोनों निष्कर्ष अनुसरण करते हैं

Q.21 जब किसी संख्या को उसके 5 के गुणज और उसके वर्ग में जोड़ा जाता है, तो इन तीनों संख्याओं का योग 91 प्राप्त होता है। संख्या ज्ञात कीजिए।

A. 9

B. 11

C. 7

D. 6

Q.22 किसी कूट भाषा में, 'CIRCLE' को 'DLWAHY' लिखा जाता है। उसी कूट भाषा में 'SQUARE' को किस प्रकार लिखा जाएगा?

A. TTPNKY

B. TNZYVV

C. TTZYNY

D. TNPYVV

Q.23 एक काल्पनिक गणितीय प्रणाली में, चिह्न ' — ' का अर्थ जोड़ है, चिह्न ' + ' का अर्थ भाग है, चिह्न ' × ' का अर्थ घटाना है, और चिह्न ' ÷ ' का अर्थ गुणा है। गणित के अन्य सभी नियम मौजूदा प्रणाली के समान हैं। निम्नलिखित व्यंजक का मान ज्ञात कीजिए।

$$240 \times 72 + 8 \div 24 - 6$$

A. 30

B. 36

C. 26

D. 19

Q.24 निर्देश: दिए गए संयोजन के सही दर्पण प्रतिबिंब का चयन करें जब दर्पण को निम्नांकित चित्रानुसार 'PQ' पर रखा गया है।

D. M8AGI2CAL

Q.25 निर्देश: दिए गए विकल्पों में से उस आकृति का चयन कीजिए जो निम्नांकित आकृति श्रृंखला में प्रश्नवाचक चिह्न (?) के स्थान पर आ सकती है।

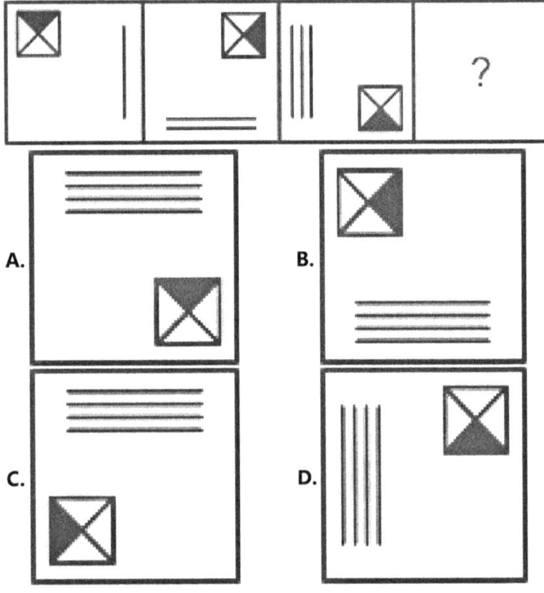

General Knowledge and General Awareness

Q.26 भारतीय संविधान का कौन सा अनुच्छेद सहकारी समितियों के संवर्धन से संबंधित है?

A. 43A   **B.** 43B   C. 31A   D. 31B

Q.27 वित्तीय वर्ष 2019-20 में निम्नलिखित में से कौन सा राष्ट्र भारत का शीर्ष व्यापारिक भागीदार था?

A. चीन   **B.** अमेरिका   **C.** मॉरिशस   D. जापान

Q.28 1708 में गुरु गोविंद सिंह जी की मृत्यु के बाद, खालसा ने __________ के नेतृत्व में मुगल साम्राज्य के खिलाफ विद्रोह किया।

A. गुरु अंगद   **B.** गुरु अमर दास
C. बंदा बहादुर   **D.** गुरु नानक देव

Q.29 'संवाद कौमुदी' नामक अखबार की स्थापना निम्नलिखित में से किसने की?

A. रास बिहारी बोस   **B.** राजा राम मोहन राय
C. शिशिर कुमार घोष   **D.** ईश्वर चंद्र विद्यासागर

Q.30 निम्नलिखित में से किन देशों ने मालाबार नौसेना अभ्यास 2020 में भाग लिया?

A. भारत, जापान और अमेरिका
B. भारत, इजराइल और अमेरिका
C. भारत, ऑस्ट्रेलिया, इजराइल और अमेरिका
D. भारत, ऑस्ट्रेलिया, जापान और अमेरिका

Q.31 सरयू नदी किस नदी की सहायक नदी है?

A. पिंडर   **B.** भागीरथी   **C.** टोंस   **D.** शारदा

Q.32 26 जनवरी 2019 को, भारतीय संविधान ने अपने अस्तित्व के 69 वर्ष पूर्ण किए। इन वर्षों में, इसमें (12 जनवरी 2019 तक प्राप्त जानकारी के अनुसार) __________ बार संशोधन किए गए हैं।

A. 100   **B.** 103   C. 109   D. 106

Q.33 स्वच्छ भारत मिशन (ग्रामीण) के चरण 2 की शुरुआत किस वर्ष से हुई?

A. 2020-21   **B.** 2019-20   C. 2018-19   D. 2021-22

Q.34 निम्नलिखित में से कौन तीरंदाजी में भारत का प्रतिनिधित्व करता है?

A. दीपिका कुमारी   **B.** सौम्यजीत घोष
C. नीरज चोपड़ा   **D.** मनिका बत्रा

Q.35 __________ सारग्राही कला के उच्च स्तर को दर्शाता है, जिसमें 7वीं और 8वीं शताब्दी में चालुक्य वंश के अधीन उत्तरी और दक्षिणी भारत की वास्तुकलाओं का सुमेलित मिश्रण हुआ है।

A. कोच्चि   **B.** पट्टदकल   **C.** कोणार्क   **D.** भीमबेटका

Q.36 __________ को विटीकल्चर के रूप में जाना जाता है।

A. सब्जियां, फूल और फल उगाने
B. अंगूर की खेती
C. मछली प्रजनन
D. रेशमकीट का पालन करने

Q.37 निम्नलिखित में से कौन अपने 'ययाति' और 'तुगलक' नामक नाटकों के लिए प्रसिद्ध है?

A. विजू खोटे   **B.** श्रीराम लागू
C. गिरीश कर्नाड   **D.** मोहम्मद जहूर खय्याम

Q.38 नवंबर 2020 में दिवंगत, फकीर चंद कोहली को '__________' के रूप में जाना जाता था।

A. भारतीय सिविल सेवा के जनक
B. भारतीय अंतरिक्ष कार्यक्रम के जनक
C. भारतीय प्रागितिहास के जनक
D. भारतीय सॉफ्टवेयर उद्योग (IT) के जनक

Q.39 पानी के एक अणु में, हाइड्रोजन और ऑक्सीजन के द्रव्यमानों का अनुपात कितना होता है?

A. 1:8   **B.** 1:4   C. 1:2   D. 1:16

Q.40 केंद्रीय शिक्षा मंत्री ने 5 सितंबर 2020 को __________ नामक एक नि:शुल्क मोबाइल ऐप लॉन्च किया।

A. इंग्लिशप्रो   **B.** बिलिंगुऐप   **C.** डुओलिंगो   D. हैलोटॉक

Q.41 α कण __________ के द्विआवेशित आयन होते हैं।

A. लीथियम   **B.** बेरीलियम   **C.** हीलियम   D. हाइड्रोजन

Q.42 निम्नलिखित में से किस संस्थान ने नवंबर 2020 में 'टीम हेलो' नामक पहल की शुरुआत की थी?

A. विश्व बैंक   **B.** संयुक्त राष्ट्र
C. विश्व स्वास्थ्य संगठन   **D.** विश्व व्यापार संगठन

Q.43 टीम 'केरल ब्लास्टर्स' निम्नलिखित में से किस खेल से संबंधित है?

A. फुटबॉल   **B.** बैडमिंटन   **C.** कबड्डी   **D.** क्रिकेट

Q.44 निम्न में से कौन सा मिज़ो लोगों का परंपरागत बांस नृत्य है?

A. मोयाशाई   **B.** उडोहो   **C.** चेराव   **D.** अलुयट्टु

Q.45 मराठों, और अफगानिस्तान के शासक अहमद शाह दुर्रानी के बीच पानीपत की तीसरी लड़ाई किस वर्ष हुई थी?

A. 1781   **B.** 1851   **C.** 1761   **D.** 1831

Q.46 नवंबर 2020 में, भारतीय क्रिकेट कंट्रोल बोर्ड (BCCI) ने_________ को 2023 तक के लिए भारतीय टीम का किट प्रायोजक घोषित किया है।

A. बाईजूस   **B.** नाइकी
C. एम.पी.एल. स्पोर्ट्स   **D.** ओप्पो

Q.47 राजा टोडर मल, निम्नलिखित में से किस मुगल सम्राट के शासनकाल के दौरान राजस्व मंत्री थे?

A. हुमायूं   **B.** शाहजहाँ   **C.** जहांगीर   **D.** अकबर

Q.48 2011-2012 में की गई गणनाओं के अनुसार, ग्रामीण भारत के व्यक्तियों के लिए गरीबी रेखा _________प्रति माह तय की गई थी।

A. ₹816   **B.** ₹752   **C.** ₹1,000   **D.** ₹687

Q.49 भारत के पंजाब से निकलने वाली पांच नदियां पाकिस्तान में मिथनकोट में ______ नदी में मिल जातीहैं।

A. सिंधु   **B.** यमुना   **C.** गंगा   **D.** ब्रह्मपुत्र

Q.50 निम्नलिखित में से कौन सा वह साधारण उपकरण है जिसका उपयोग विद्युय परिपथ को वियोजित करने, या इसे पूर्ण करने के लिए किया जाता है?

A. ट्रांजिस्टर   **B.** स्विच
C. संधारित्र   **D.** प्रतिरोधक

Elementary Mathematics

Q.51 एक समबाहु त्रिभुज का परिमाप $36\sqrt{3}$ सेमी है। तो उसकी ऊंचाई ज्ञात कीजिए।

A. 18 सेमी   **B.** 9 सेमी   **C.** 10 सेमी   **D.** 6 सेमी

Q.52 एक व्यक्ति 1600 मीटर लंबे मार्ग को 4 मिनट में पार करता है। उसकी चाल (किमी/घंटा में) कितनी है?

A. 22   **B.** 14   **C.** 20   **D.** 24

Q.53 एक कुर्सी अंकित मूल्य पर 10% की छूट के बाद ₹ 720 में बेची जाती है। कुर्सी का क्रय मूल्य ₹ 640 है। यदि इसे अंकित मूल्य पर बेचा जाए, तो लाभ प्रतिशत क्या होगा?

A. 30%   **B.** 20%   **C.** 18%   **D.** 25%

Q.54 2×10^6 के 7% के 4% का 12% का मान कितना होगा?

A. 386   **B.** 583   **C.** 672   **D.** 121

Q.55 112 सेमी × 44 सेमी × 25 सेमी विमाओं वाले एक ठोस धातु के बने आयताकार ब्लॉक को पिघलाया जाता है और 35सेमी त्रिज्या वाले एक बेलन के रूप में ढाला जाता है। बेलन के वक्र पृष्ठ का क्षेत्रफल (सेमी ^{2} में) ज्ञात कीजिए। $\left(\pi = \frac{22}{7} \text{ लीजिए}\right)$

A. 7260   **B.** 6600   **C.** 7040   **D.** 6160

Q.56 $45 - 3 \times (6$ का $4 + 12 \div 3 \times 6 - 4 \times 5) + 6$ का मान ज्ञात कीजिए।

A. −45   **B.** −135   **C.** −33   **D.** −30

Q.57 36 मीटर पटुआ (जूट) बेचने पर, एक दुकानदार 12 मीटर पटुआ (जूट) के विक्रय मूल्य के बराबर राशि का लाभ अर्जित करता है। उसके लाभ का प्रतिशत ज्ञात कीजिए।

A. 50%   **B.** 40%   **C.** 45%   **D.** 55%

Q.58 ₹ 2760 की धनराशि को इस प्रकार दो भागों में विभाजित कीजिए, कि जब उन्हें 5% वार्षिक साधारण ब्याज की दर पर क्रमशः 2 और 4 वर्षों के लिए निवेशित किया जाता है, तो उन पर प्राप्त होने वाले मिश्रधन बराबर होते हैं। निवेश किए गए दूसरे भाग की राशि ज्ञात कीजिए।

A. 1100   **B.** 1500   **C.** 1320   **D.** 1440

Q.59 725 मीटर लंबी एक ट्रेन 235 मीटर लंबी सुरंग को 48 सेकंड में पार करती है। ट्रेन की चाल ज्ञात करें।

A. 42 किमी/घंटा   **B.** 72 किमी/घंटा
C. 36 किमी/घंटा   **D.** 100 किमी/घंटा

Q.60 एक बल्लेबाज के 124 रन बनाए, जिसमें 6 चौके और 10 छक्के शामिल थे। उसके कुल स्कोर में से कितने प्रतिशत रन विकेटों के बीच दौड़कर बनाए गए?

A. $28\frac{19}{31}$%   **B.** $24\frac{1}{31}$%   **C.** $32\frac{8}{31}$%   **D.** $35\frac{3}{31}$%

Q.61 रवि और सुमित के वेतनों का अनुपात 4:5 है। यदि उनमें से प्रत्येक के वेतन में ₹ 6000 की वृद्धि होती है, तो उनके वेतनों का नया अनुपात 35:40 हो जाता है। सुमित का बढ़ा हुआ वेतन ज्ञात कीजिए।

A. ₹ 26000   **B.** ₹ 36000
C. ₹ 16000   **D.** ₹ 160000

Q.62 अनु किसी कार्य को करने में बिन्त्री से चार गुना कार्यकुशल है। वे एक साथ मिलकर किसी कार्य को 7 घंटे में पूरा करती हैं। अनु अकेले उसी कार्य को कितने घंटों में पूरा करेगी?

A. 22   **B.** $\frac{35}{4}$ **C.** $\frac{31}{4}$ **D.** 24

Q.63 कक्षा IX और कक्षा X में छात्रों की संख्या क्रमशः 42 और 45 है। कक्षा IX और X में लड़कों और लड़कियों की संख्याओं का अनुपात क्रमशः 9:5 और 8:7 है। दोनों कक्षाओं में मिलाकर लड़कों की कुल संख्या और लड़कियों की कुल संख्या का अंतर ज्ञात कीजिए।

A. 11   **B.** 12   **C.** 17   **D.** 15

Q.64 P, Q और R किसी कार्य को अकेले करते हुए क्रमशः 10 दिन, 20 दिन और 30 दिन में पूरा कर सकते हैं। यदि Q और R, एक-एक दिन छोड़कर P की सहायता करते हैं, तो उस कार्य को कितनी जल्दी पूरा किया जा सकता है?

A. 7 दिन   **B.** 9 दिन   **C.** 5 दिन   **D.** $6\frac{1}{2}$ दिन

Q.65 जब विक्रय मूल्य में ₹ 132.60 की वृद्धि होती है, तो $10\frac{1}{2}$% की हानि $11\frac{3}{5}$% के लाभ में परिवर्तित हो जाती है। वस्तु का क्रय मूल्य (₹ में) ज्ञात करें।

A. 750   **B.** 800   **C.** 600   **D.** 500

Q.66 वह बड़ी से बड़ी संख्या ज्ञात कीजिए, जिससे 398,437 और 5425 को विभाजित करने पर क्रमशः 7,12 और 2 शेष बचता है।

A. 11   **B.** 15   **C.** 17   **D.** 19

Q.67 यदि दो संख्याओं का औसत 13 है और उनके गुणनफल का वर्गमूल 12 है, तो संख्याओं के बीच का अंतर ज्ञात कीजिए।

A. 10   **B.** 18   **C.** 8   **D.** 12

Q.68 10 प्रेक्षणों का औसत 46 है। बाद में यह ज्ञात हुआ कि एक प्रेक्षण को 142 के स्थान पर गलती से 42 पढ़ा गया था। सही औसत ज्ञात करें।

A. 52   **B.** 46   **C.** 58   **D.** 56

Q.69 A और B के वेतन का अनुपात $6:7$ है। यदि B के वेतन में $5\frac{1}{2}\%$ की वृद्धि होती है, तो उसका कुल वेतन ₹ $1,47,700$ हो जाता है। A का वेतन (₹ में) ज्ञात कीजिए।

A. 1,10,000
B. 1,20,000
C. 1,40,000
D. 1,35,000

Q.70 एक निश्चित धनराशि 12% वार्षिक ब्याज की दर से $2\frac{1}{2}$ वर्षों में ₹ $9,982.50$ हो जाती है, जबकि ब्याज की गणना 10-मासिक चक्रवृद्धि आधार पर की जाती है। धनराशि (₹ में) ज्ञात कीजिए।

A. 8500
B. 7800
C. 8000
D. 7500

Q.71 $89563x87y$ एक नौ अंकीय संख्या है जो 72 से विभाज्य है। $\sqrt{7x - 3y}$ का मान कितना होगा?

A. 8
B. 5
C. 6
D. 4

Q.72 $3 \times 7 + 5 - 6 \div 3 - 9 + 45 \div 5 \times 4 - 45$ का मान ज्ञात कीजिए।

A. 9
B. 6
C. 7
D. 36

Q.73 एक टेलीविज़न ₹ $14,500$ में उपलब्ध था। दिवाली की सेल के दौरान उसकी कीमत घटकर ₹ $11,890$ हो गई। छूट प्रतिशत ज्ञात करें।

A. 19.56%
B. 19%
C. 18%
D. 17.6%

Q.74 एक दुकानदार एक वस्तु को 20% लाभ पर बेचता है। यदि उसने इसे इसके मूल क्रय मूल्य से 20% कम मूल्य पर खरीदा होता और इसे ₹ 10 कम मूल्य पर बेचता, तो उसे 25% का लाभ होता। वस्तु का क्रय मूल्य ज्ञात कीजिए।

A. ₹ 50
B. ₹ 40
C. ₹ 60
D. ₹ 45

Q.75 साधारण ब्याज की एक निश्चित वार्षिक दर पर एक धनराशि पर प्राप्त मिश्रधन 4 वर्ष बाद ₹ 13200 और 8 वर्ष बाद ₹ 16400 होता है। उसी धनराशि पर 10% वार्षिक ब्याज की दर से $3\frac{1}{5}$ वर्ष में प्राप्त साधारण ब्याज (₹ में) ज्ञात कीजिए।

A. 4000
B. 3200
C. 2500
D. 3500

Hindi

Q.76 निर्देशः रिक्त स्थान भरने के लिए सबसे उपयुक्त शब्द का चयन करें।
तीनों __________ के स्वामी हैं इसलिए त्रिलोकीनाथ कहलाते हैं।

A. धरती
B. भवनों
C. भुवनों
D. आकाशों

Q.77 इस प्रश्न में, एक शब्द चार अलग-अलग प्रकार से लिखा गया है, जिसमें से केवल एक को सही ढंग से लिखा गया है। सही वर्तनी वाले शब्द का चयन करें।

A. अनाधिकार
B. अनाधीकार
C. अनधिकार
D. अनधीकार

Q.78 निर्देशः दिए गए वाक्य में रेखांकित खंड को प्रतिस्थापित करने के लिए सबसे उपयुक्त विकल्प का चयन करें। यदि इसे प्रतिस्थापित करने की आवश्यकता नहीं है, तो विकल्प "किसी बदलाव की आवश्यकता नहीं है' का चयन करें।
मेरी गाय को छूने का उत्साह कभी कोई नहीं कर सकता क्योंकि वह मारती है।

A. मेरी गाय को छूने की मेहनत
B. मेरी गाय को छूने का हिम्मत
C. किसी बदलाव की आवश्यकता नहीं है।
D. मेरी गाय को छूने का साहस

Q.79 निर्देशः दिए गए शब्द का विलोम चुनें।
द्रुत

A. मंथर
B. अद्वैत
C. जड़
D. वेग

Q.80 निर्देशः दिए गए वाक्य में रेखांकित खंड को प्रतिस्थापित करने के लिए सबसे उपयुक्त विकल्प का चयन करें। यदि इसे प्रतिस्थापित करने की आवश्यकता नहीं है, तो विकल्प "किसी बदलाव की आवश्यकता नहीं है? पिताजी मेरे लिए कुछ कपड़े ले आये।

A. मेरे को
B. मुझे
C. किसी बदलाव की आवश्यकता नहीं है।
D. मेरे के लिए

Q.81 निर्देशः दिए गए शब्द के समानार्थी शब्द का चयन करें।
कमल

A. अमिय
B. अमृत
C. अरविन्द
D. आयतन

Q.82 मुझे मज़ा आती है। - रेखांकित शब्द की त्रुटि बताइए।

A. लिंग के कारण
B. वचन के कारण
C. विशेषण के कारण
D. कारक के कारण

Q.83 इस प्रश्न में, एक शब्द चार अलग-अलग प्रकार से लिखा गया है, जिसमें से केवल एक को सही ढंग से लिखा गया है। सही वर्तनी वाले शब्द का चयन करें।

A. मातर्हीन
B. मातृहीन
C. मार्तहीन
D. मातृहिन

Q.84 निर्देशः रिक्त स्थान को भरने के लिए सबसे उपयुक्त विकल्प का चयन करें।
मेरी ______ है कि मुझे चार दिन की छुट्टी दी जाए।

A. प्रार्थना
B. याचना
C. पूजा
D. आराधना

Q.85 'वह बात जो जन साधारण में चलती आ रही है' इस वाक्यांश के लिए एक सार्थक शब्द दीजिए।

A. कूपमंडूक
B. किवदंती
C. किंकर्तव्य
D. कपोल-कल्पित

Q.86 निर्देशः दिए गए शब्द के समानार्थी शब्द का चयन करें।
यमुना

A. अर्कजा
B. तड़ाग
C. आपगा
D. निम्रगा

Q.87 "सामान्य नियम के विरुद्ध बात": वाक्यांश के लिए एक शब्द होगा।

A. विवाद
B. संवाद
C. वाद
D. अपवाद

Q.88 'आँख लगना' मुहावरे का सही अर्थ है।

A. गहरी नींद आना
B. आँख में दर्द होना
C. गले पड़ना
D. झपकी आना

Q.89 निर्देशः निम्नलिखित प्रश्न में, दिए गए चार विकल्पो में से, उस विकल्प का चयन करें, जो मुहावरे का अर्थ व्यक्त करता है।
कथा के बैंगन

A. मन गढ़ंत बातें
B. कृपण व्यक्ति
C. असंभव वस्तु
D. केवल दूसरों के लिए उपदेश

Q.90 'गुणदोष का समरूप मूल्यांकन करने वाले' के लिए एक शब्द लिखिए।

A. शास्त्रज्ञ   B. ज्योतिषी   C. जिज्ञासु   D. समीक्षक

Q.91 निर्देश: दिए गए वाक्य में रेखांकित खंड को प्रतिस्थापित करने के लिए सबसे उपयुक्त विकल्प का चयन करें। यदि इसे प्रतिस्थापित करने की आवश्यकता नहीं है, तो विकल्प 'किसी बदलाव की आवश्यकता नहीं है' का चयन करें।

मैं <u>आपका</u> दर्शन करने आया हूँ।

A. किसी बदलाव की आवश्यकता नहीं है।

B. मैं आपकी

C. मैं आपके

D. मैं आपसे

Q.92 निर्देश: दिए गए वाक्य का वह भाग ज्ञात करें जिसमें कोई त्रुटि है। यदि कोई त्रुटि नही है, तो 'कोई त्रुटि नही है' विकल्प को चुनें।

स्टेशन पहुँचते ही वह फोन कर दिया।

A. फोन कर दिया   B. कोई त्रुटि नही है

C. स्टेशन पहुँचते ही   D. वह

Q.93 निर्देश: दिए गए वाक्य का वह भाग ज्ञात करें जिसमें कोई त्रुटि है। यदि कोई त्रुटि नही है, तो 'कोई त्रुटि नही है' चुनें।

प्रधानाचार्य ने (1) / हिन्दी अध्यापक (2) / को बुलाये। (3) / कोई त्रुटि नही है (4)

A. 3   B. 4   C. 2   D. 1

Q.94 निर्देश: रिक्त स्थान भरने के लिए सबसे उपयुक्त शब्द का चयन करें।
_____ से गहने बनते हैं।

A. टीन   B. सोने   C. लोहे   D. सोना

Q.95 <u>सद्भाव</u> - रेखांकित शब्द का सही विलोम बताइए।

A. दुर्भाव   B. गुस्सा   C. स्वभाव   D. क्षम्य

Ques (96-100):निर्देश: गद्यांश को पढ़कर पूछे गये प्रश्नो के उत्तर लिखिए।

एक साधु थे। भिक्षाटन से मजे से दिन गुजारते और आनंदपूर्वक भजन करते थे। एक दिन महत्वाकांक्षा सिर पर चढ़ी, झोपड़ी के चूहो से निपटने के लिए एक बिल्ली पाली। बिल्ली के लिए दूध की जरूरत पड़ी - तो गाय खरीद कर लाए। गाय को साज-सभाल के लिए महिला की आवश्यकता पड़ी। महिला से शादी कर ली। परिवार बना। संत बनकर लोक कल्याण करने का लक्ष्य कही से कही चला गया। भौतिक आकांक्षाओं का जाल-जंजाल इतना बढ़ गया कि परमार्थ का लक्ष्य पूरा करने के लिए कुछ भी नही बचता था। सारी क्षमता उसी में खत्म जाती थी। सपनो का जमघट ही शेष रह जाता है। कहने का तात्पर्य यह है कि हमें हमारे लक्ष्य की ओर ध्यान देना चाहिए।

Q.96 साधु अपना निर्वाह __________ करके करता था। रिक्त स्थान की पूर्ति कीजिए।

A. भिक्षाटन करके   B. बच्चों को पढ़ाकर

C. नौकरी करके   D. खेती करके

Q.97 '<u>आवश्यकता</u>' के स्थान पर उचित शब्द लिखिए।

A. अक़्लमंद   B. जरुरत   C. परिश्रम   D. अवश्य

Q.98 <u>महत्वकांक्षा</u> रेखांकित शब्द का उचित अर्थ लिखिए।

A. दयालु

B. लायक न होना

C. उन्नति को प्राप्त करने की इच्छा

D. बलवान होना

Q.99 <u>परमार्थ</u>- रेखांकित शब्द का विलोम बताइए।

A. दुष्ट   B. स्वार्थ   C. क्रोधी   D. लालची

Q.100 झोपड़ी के चूहो से निपटने लिए साधु ने क्या किया?

A. बिल्ली पाली

B. दवा डालकर चूहो को मार दिया।

C. कुत्ते को पाला

D. कुछ भी नही किया

// स्मार्ट उत्तर पुस्तिका //

सही उत्तर — उन छात्रों का प्रतिशत जिन्होंने प्रश्नों का सही उत्तर दिया था।

छोड़ दिया — उन छात्रों का प्रतिशत जिन्होंने प्रश्नों को छोड़ दिया था।

प्रश्न संख्या	उत्तर	सही उत्तर / छोड़ दिया
1	C	64.06 % / 34.53 %
2	A	86.99 % / 12.23 %
3	A	77.47 % / 20.54 %
4	C	45.71 % / 52.31 %
5	C	42.81 % / 36.03 %
6	B	23.14 % / 73.27 %
7	C	44.71 % / 50.11 %
8	A	79.72 % / 15.51 %
9	D	53.04 % / 35.95 %
10	D	25.3 % / 67.48 %
11	A	41.11 % / 55.13 %
12	B	13.3 % / 84.19 %
13	C	22.95 % / 76.43 %
14	C	66.56 % / 33.28 %
15	D	32.74 % / 67.11 %
16	A	12.68 % / 76.75 %

प्रश्न संख्या	उत्तर	सही उत्तर / छोड़ दिया
17	B	31.04 % / 67.21 %
18	A	44.75 % / 38.8 %
19	C	41.87 % / 37.35 %
20	A	84.52 % / 10.17 %
21	C	10.5 % / 72.58 %
22	C	53.33 % / 44.45 %
23	A	41.25 % / 39.21 %
24	D	53.09 % / 32.17 %
25	C	67.1 % / 32.86 %
26	B	77.15 % / 11.23 %
27	B	80.22 % / 14.01 %
28	C	48.16 % / 31.23 %
29	B	66.72 % / 32.44 %
30	D	77.11 % / 19.23 %
31	D	84.53 % / 11.23 %
32	B	87.62 % / 10.4 %

प्रश्न संख्या	उत्तर	सही उत्तर / छोड़ दिया
33	A	58.71 % / 33.5 %
34	A	46.06 % / 46.14 %
35	B	51.23 % / 43.07 %
36	B	69.95 % / 30.05 %
37	C	52.27 % / 35.7 %
38	D	53.58 % / 33.87 %
39	A	64.46 % / 35.05 %
40	A	57.65 % / 37.85 %
41	C	85.4 % / 12.92 %
42	B	59.33 % / 35.71 %
43	A	55.8 % / 40.97 %
44	C	55.37 % / 41.75 %
45	C	58.96 % / 38.34 %
46	C	51.91 % / 35.57 %
47	D	59.25 % / 35.22 %
48	A	76.18 % / 23.65 %

प्रश्न संख्या	उत्तर	सही उत्तर / छोड़ दिया
49	A	85.97 % / 12.61 %
50	B	85.13 % / 13.9 %
51	A	40.66 % / 39.16 %
52	D	57.47 % / 33.83 %
53	D	12.28 % / 84.46 %
54	C	80.31 % / 15.63 %
55	C	41.36 % / 34.82 %
56	C	86.73 % / 13.0 %
57	A	64.36 % / 30.68 %
58	C	17.39 % / 79.54 %
59	B	53.0 % / 44.95 %
60	C	57.06 % / 36.88 %
61	C	59.87 % / 38.26 %
62	B	66.92 % / 32.04 %
63	D	55.36 % / 34.27 %
64	A	24.67 % / 73.7 %

प्रश्न संख्या	उत्तर	सही उत्तर / छोड़ दिया
65	C	48.64 % / 44.54 %
66	C	65.47 % / 33.05 %
67	A	54.84 % / 44.36 %
68	D	77.36 % / 16.66 %
69	B	42.59 % / 41.5 %
70	D	30.41 % / 69.05 %
71	C	66.99 % / 32.34 %
72	B	84.79 % / 11.1 %
73	C	85.03 % / 11.97 %
74	A	57.42 % / 30.9 %
75	B	48.0 % / 34.61 %
76	C	76.14 % / 10.97 %
77	C	56.96 % / 40.66 %
78	D	68.31 % / 30.14 %
79	A	63.63 % / 33.63 %
80	C	44.47 % / 51.01 %

प्रश्न संख्या	उत्तर	सही उत्तर / छोड़ दिया
81	C	89.96 %
		10.01 %
82	A	78.29 %
		14.95 %
83	B	78.86 %
		11.85 %
84	A	86.45 %
		11.67 %

प्रश्न संख्या	उत्तर	सही उत्तर / छोड़ दिया
85	B	42.22 %
		50.83 %
86	A	56.51 %
		40.56 %
87	D	67.13 %
		32.22 %
88	D	79.28 %
		17.4 %

प्रश्न संख्या	उत्तर	सही उत्तर / छोड़ दिया
89	D	56.93 %
		34.19 %
90	D	76.2 %
		16.46 %
91	C	21.87 %
		68.06 %
92	D	47.58 %
		39.07 %

प्रश्न संख्या	उत्तर	सही उत्तर / छोड़ दिया
93	A	59.99 %
		30.56 %
94	B	65.34 %
		33.11 %
95	A	46.39 %
		37.02 %
96	A	63.4 %
		35.98 %

प्रश्न संख्या	उत्तर	सही उत्तर / छोड़ दिया
97	B	51.95 %
		33.36 %
98	C	16.5 %
		70.25 %
99	B	61.11 %
		38.55 %
100	A	46.93 %
		51.78 %

//संकेत और समाधान//

1. कुल पांच मित्र दक्षिण की ओर सम्मुख हैं:- P, Q, R, S और T

1. Q केंद्रीय स्थान पर बैठा है।

2. P पश्चिम छोर पर बैठा है।

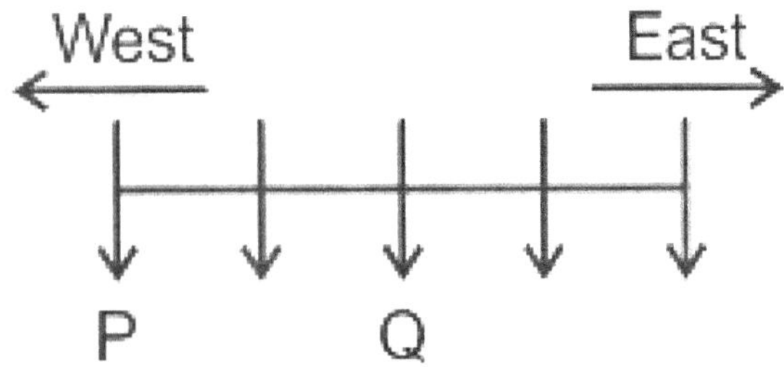

3. P और R के मध्य दो व्यक्ति बैठे हैं।

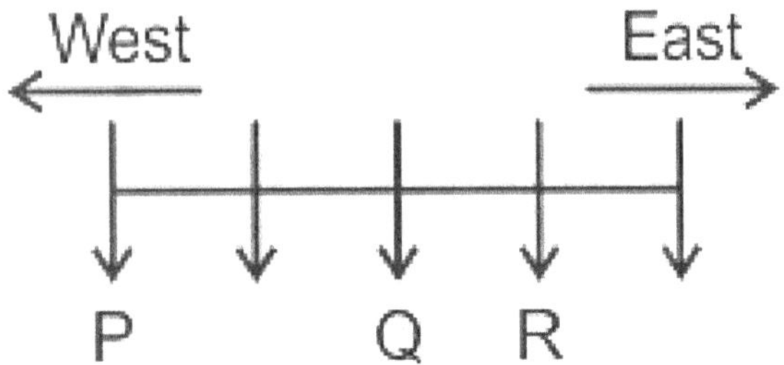

4. T और R, Q के एक ओर बैठे हैं।

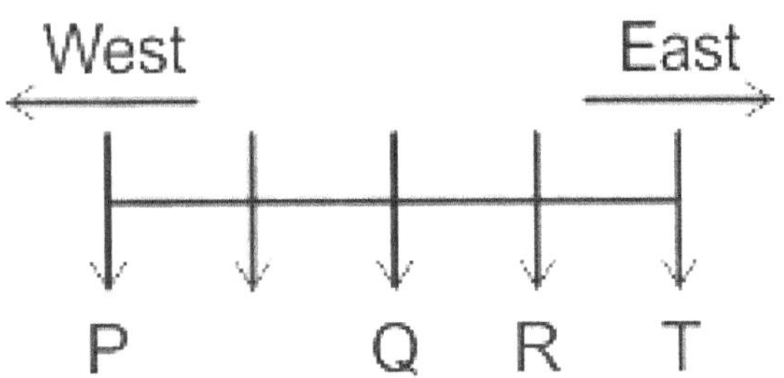

बैठने का अंतिम क्रम है.

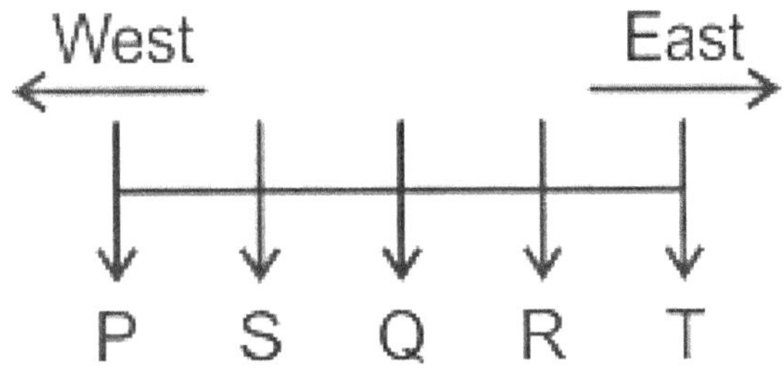

इसलिए, 'S', Q और P के मध्य बैठा है।

अत: विकल्प (C) सही है।

2. यहाँ अनुसरण किया गया तर्क है:

भुवनेश्वर : ओडिशा → भुवनेश्वर शहर भारत के ओडिशा राज्य की राजधानी है।

उसी प्रकार,

आइज़ोल : मिज़ोरम→ आइज़ोल शहर भारत के मिज़ोरम राज्य की राजधानी है।

इसलिए, सही उत्तर 'मिज़ोरम' है।

अत: विकल्प (A) सही है।

3. यहाँ अनुसरण किया गया स्वरूप है:

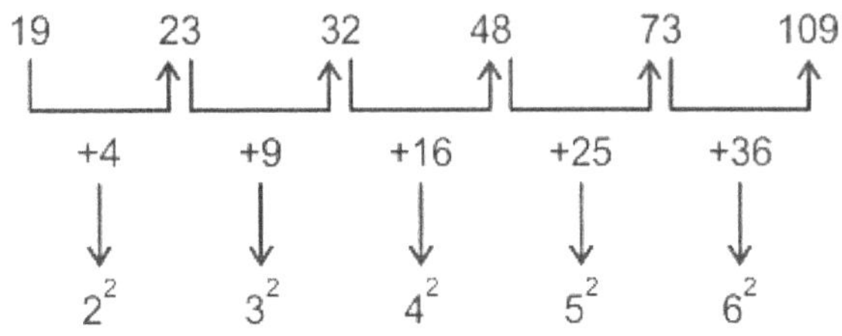

इसलिए, सही उत्तर 109 है।

अत: विकल्प (A) सही है।

4. दिया गया है:

13	26	39
30	42	?
17	16	15

यहाँ प्रत्येक स्तम्भ में अनुसरण किया गया स्वरूप है:

पहली संख्या + तीसरी संख्या = दूसरी संख्या

स्तम्भ 1: 13,30,17

पहली संख्या + तीसरी संख्या

$= 13 + 17$

$= 30 →$ दूसरी संख्या

स्तम्भ 2: 26,42,16

पहली संख्या + तीसरी संख्या

$= 26 + 16$

$= 42 →$ दूसरी संख्या

इसी प्रकार,

स्तम्भ 3: 39, ?, 15

पहली संख्या + तीसरी संख्या

$= 39 + 15$

$= 54 →$ दूसरी संख्या

इसलिए, सही उत्तर 54 है।

अत: विकल्प (C) सही है।

5. यहाँ अनुसरण किया गया तर्क है:

'ARROW' को 'FOOSE' लिखा जाता है

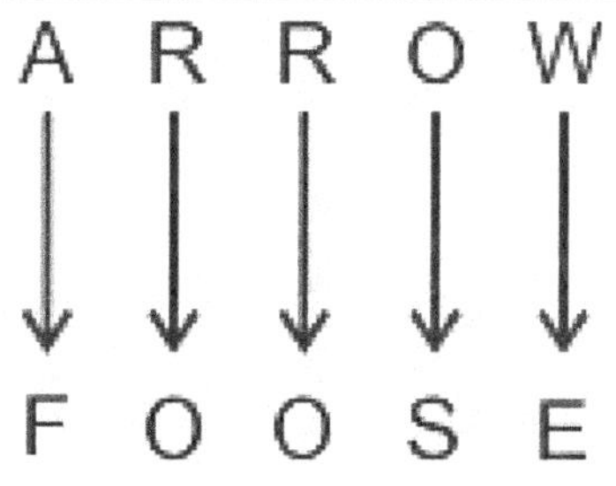

'GERM' को 'THOR' लिखा जाता है

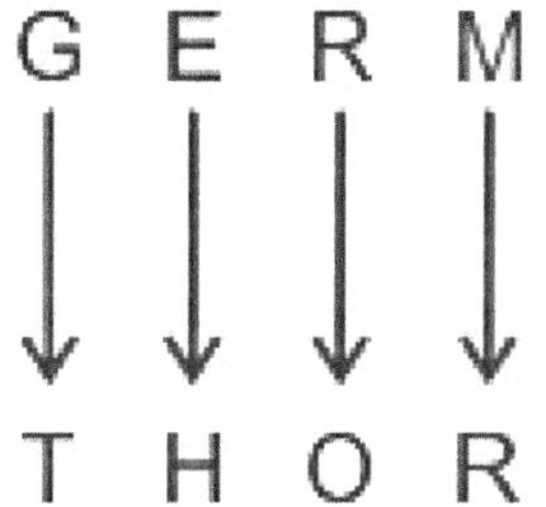

इसी प्रकार,

'MOWER' = ?

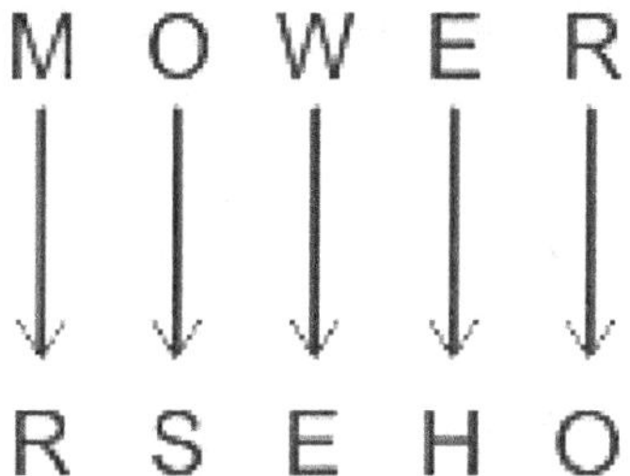

इसलिए, MOWER को 'RSEHO' के रूप में कूटित किया गया है।

अत: विकल्प (C) सही है।

6. दिया गया है:

C 2 _ X 2 C C _ X X 2 _ C 2 _ X _ C

विकल्पों की जाँच करके और तदनुसार प्रतिस्थापित करने पर,

विकल्प (A) C2X2X → C 2 C̲ X 2 C / C 2̲ X X 2 X̲ / C 2 2 X X̲ C

विकल्प (B) X2CX2 → C 2 X̲ X 2 C / C 2̲ X X 2 C̲ / C 2 X X 2̲ C

विकल्प (C) AXX2C → C 2 A̲ X 2 C / C X X X 2 X̲ / C 2 2̲ X C̲ C

विकल्प (D) XCX2C → C 2 X̲ X 2 C / C C̲ X X 2 X̲ / C 2 2 X C̲ C

विकल्प (B) C 2 X̲ X 2 C / C 2̲ X X 2 C̲ / C 2 X X 2̲ C का चक्रीय स्वरूप देता है

इसलिए, सही उत्तर 'X2CX2' है।

अत: विकल्प (B) सही है।

7. कागज को खोलने पर प्राप्त प्रतिबिम्ब है,

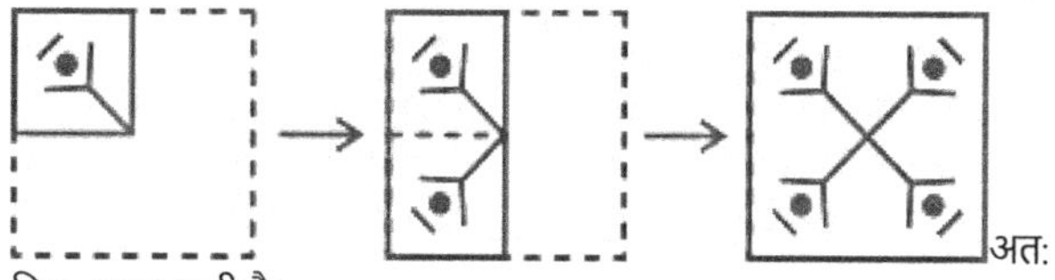

अत:

विकल्प (C) सही है।

8. अनुसरण किया गया पैटर्न है,

इसलिए, पूर्ण शृंखला "GSD" है।

अत: विकल्प (A) सही है।

9. अनुसरण किया गया स्वरूप है,

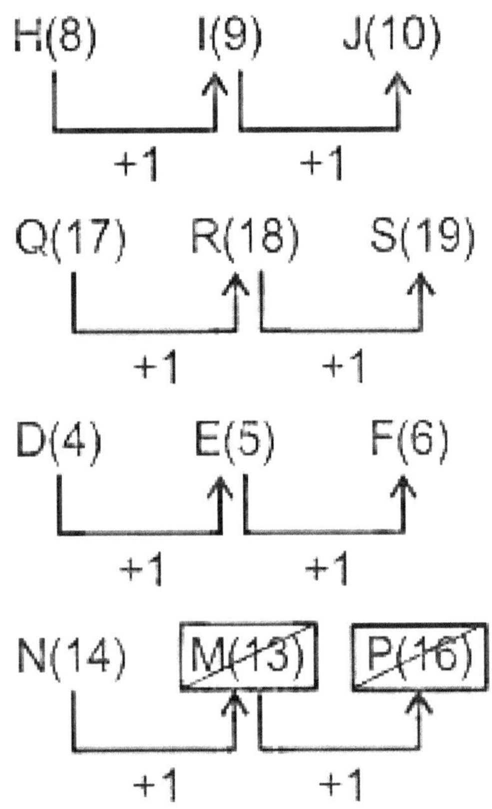

'NMP' को छोड़कर सभी एक ही स्वरूप का अनुसरण करते हैं।

इसलिए, "NMP" भिन्न है।

अत: विकल्प (D) सही है।

10. उत्तर की ओर सम्मुख कुल आठ मित्र:- A, B, C, D, E, F, G और H

1. E, G के बाईं से तीसरे स्थान पर है। G किसी एक कोने पर बैठा है।

2. F, D और G के बीच बैठा है।

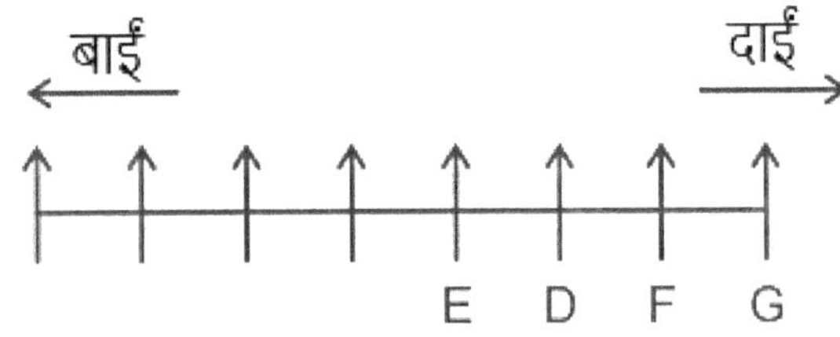

3. H, C के बाईं से तीसरे स्थान पर है।

4. B, H और A के बीच बैठा है।

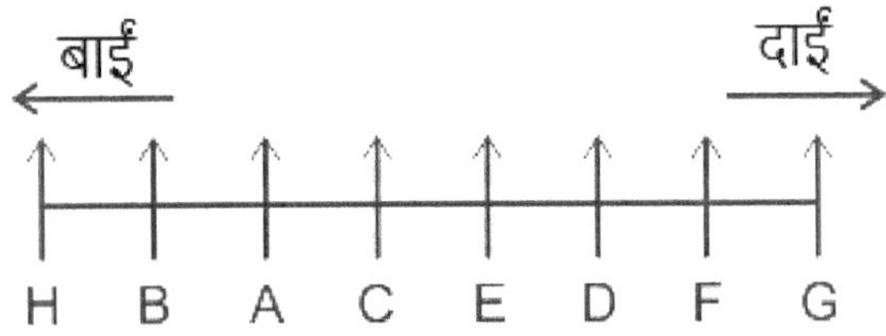

इसलिए, A और E के बीच 'C' बैठा है।

अत: विकल्प (D) सही है।

11. दिया गया है:

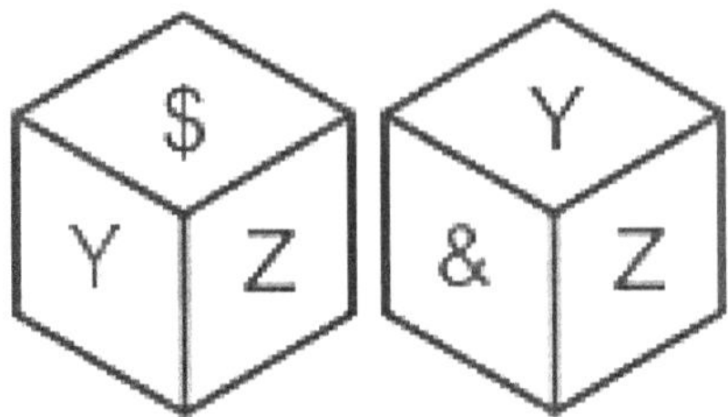

तर्क: यदि दी गई छवि में दो पासों के समान दो अंकित मान हैं तो तीसरी संख्या एक दूसरे के विपरीत है।

पहले पासे और दूसरे पासे में,

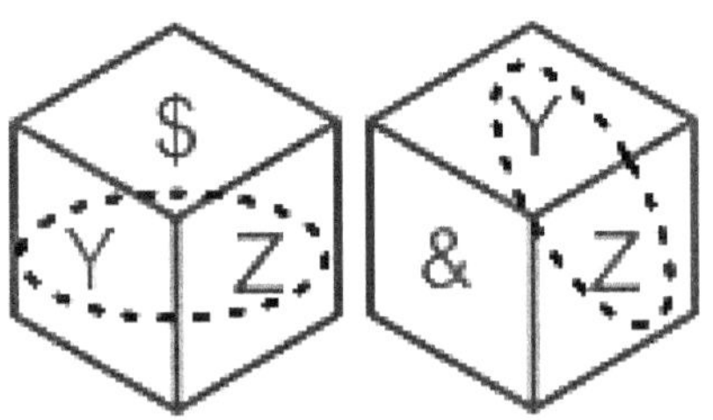

प्रतीक 'Y' और 'Z' उभयनिष्ठ हैं।

इसलिए, प्रतीक '&' $ के विपरीत है।

इसलिए, सही उत्तर "&" है

अत: विकल्प (A) सही है।

12. दी गई जानकारी के अनुसार,

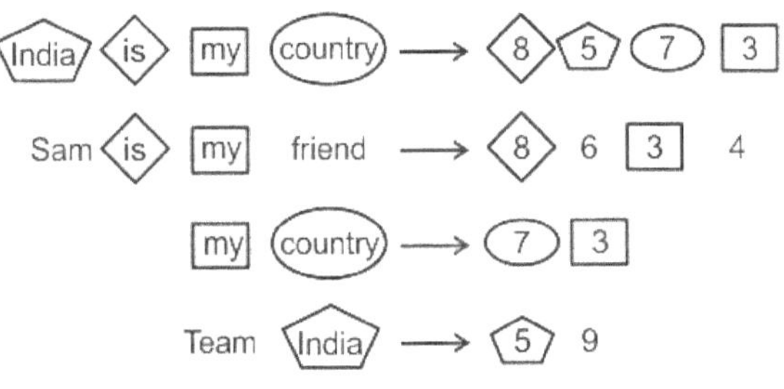

'Country' को 7 के रूप में कूटित किया गया है।

अत: विकल्प (B) सही है।

13. दिया गया है:

'R + S' का अर्थ है 'R, S की पुत्री है'।

'R − S' का अर्थ है 'R, S का पति है'।

'R × S' का अर्थ है 'R, S का भाई है'।

आइए पहले दिए गए प्रतीकों को विकूटित कीजिये और फिर एक वंश वृक्ष बनाइये।

R है			
Symbol	+	-	×
अर्थ	पुत्री	पति	भाई
S का			

अब 'T × V + Z' के कूट को तोड़ने पर

1. T × V'T × V' का अर्थ है 'T, V का भाई है'।

2. V + Z

'V + Z' का अर्थ है 'V, Z की पुत्री है'।

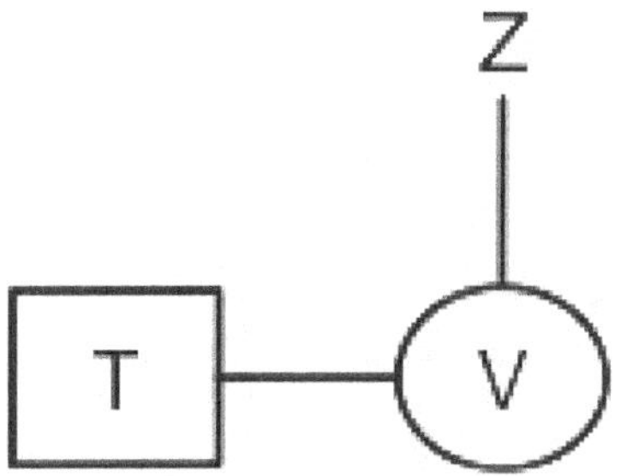

अब, सभी विकल्पों की जाँच कीजिये

विकल्प (A) T, Z का चाचा है → असत्य (T, Z का पुत्र है)

विकल्प (B) T, Z का पिता है → असत्य (T, Z का पुत्र है)

विकल्प (C) T, Z का पुत्र है → सत्य

विकल्प (D) T, Z का भाई है → असत्य (T, Z का पुत्र है और V का भाई है)

अत: विकल्प (C) सही है।

14. शब्दकोश में अनुक्रम के अनुसार:

दिए गए शब्दों का सही क्रम है:

Pr सभी शब्दों में उभयनिष्ठ है;

5. Pre**mium**

4. Pre**paid**

3. Pre**scribe**

1. Pre**stige**

2. Pri**stine**

इसलिए, सही उत्तर "5, 4, 3, 1, 2" है।

अत: विकल्प (C) सही है।

15. यहाँ अनुसरण किया गया पैटर्न निम्न है:

पहले अक्षरों को उल्टे क्रम में व्यवस्थित किया गया है।

और फिर अक्षरों को एकांतर रूप से +1 या -1 से बढ़ाया या घटाया जाता है।

दिया गया है:

BLOCK : LBPKC

- BLOCK → विपरीत क्रम → KCOLB.
- अब अक्षरों को एकांतर रूप से +1 या -1 से बढ़ाया या घटाया जाता है।

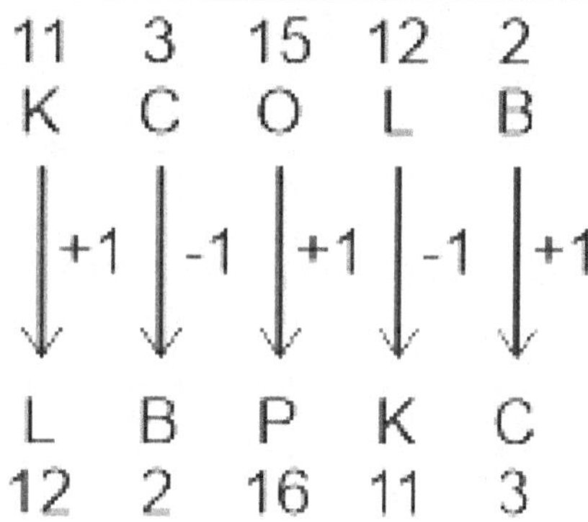

इसी तरह,

MARGIN = ?

- MARGIN → विपरीत क्रम → NIGRAM.
- अब अक्षरों को एकांतर रूप से +1 या -1 से बढ़ाया या घटाया जाता है।

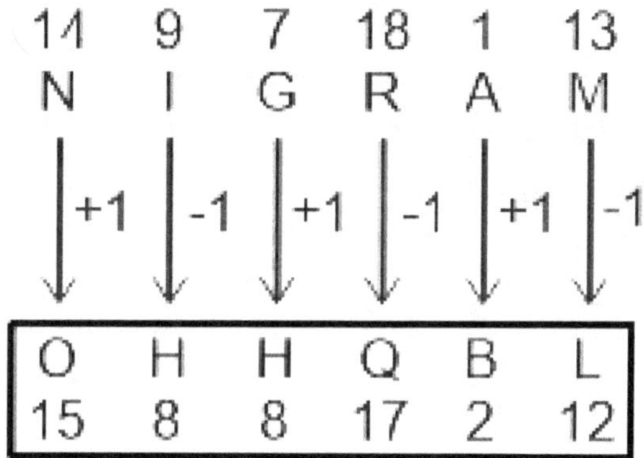

इसलिए, 'MARGIN' को "OHHQBL" के रूप में कूटित किया जाता है।

अत: विकल्प (D) सही है।

16. इस आकृति का अंतर्निहित भाग है:

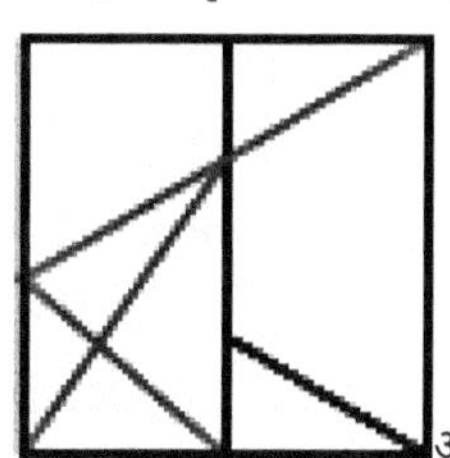

अत: विकल्प (A) सही है।

17. यहां अनुसरण किया गया स्वरूप है:

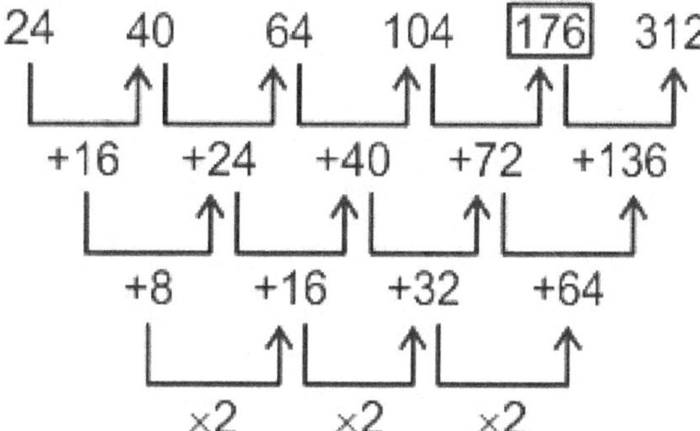

अत: विकल्प (B) सही है।

18. छायांकित भाग जड़ सब्जियों का प्रतिनिधित्व करने वाले अक्षरों के एक समूह का प्रतिनिधित्व करता है जो गर्मियों में उगते हैं लेकिन कठोर मिट्टी में नहीं

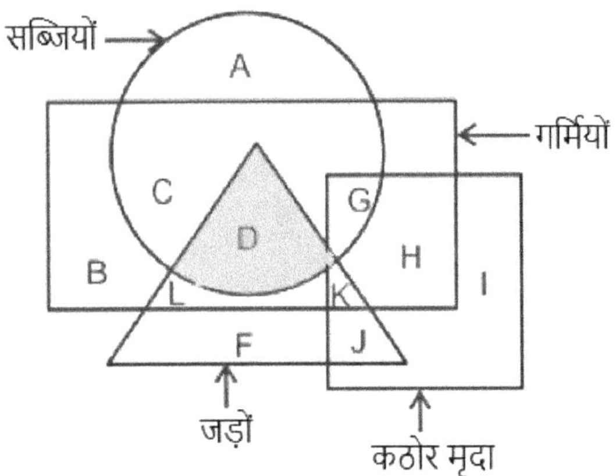

गर्मियों में उगने वाली लेकिन कठोर मिट्टी में नहीं उगने वाली जड़ वाली सब्जियों का प्रतिनिधित्व करने वाले अक्षरों का समूह = D

अत: विकल्प (A) सही है।

19. यहाँ अनुसरण किया गया स्वरूप है,

माना (पहली संख्या : दूसरी संख्या)

पहली संख्या $+59$ = दूसरी संख्या

अब चरणों का अनुसरण कीजिये:

$31 : 90$

$= 31 + 59$

$= 90 \rightarrow$ दूसरी संख्या

इसी प्रकार,

$43 : ?$

$= 43 + 59$

$= 102 \rightarrow$ दूसरी संख्या

इसलिए, सही उत्तर 102 है।

अत: विकल्प (C) सही है।

20. कथन:

सभी नीले सफेद हैं।

कुछ सफेद भूरा हैं।

दिए गए कथनों के लिए न्यूनतम संभावित आरेख इस प्रकार है

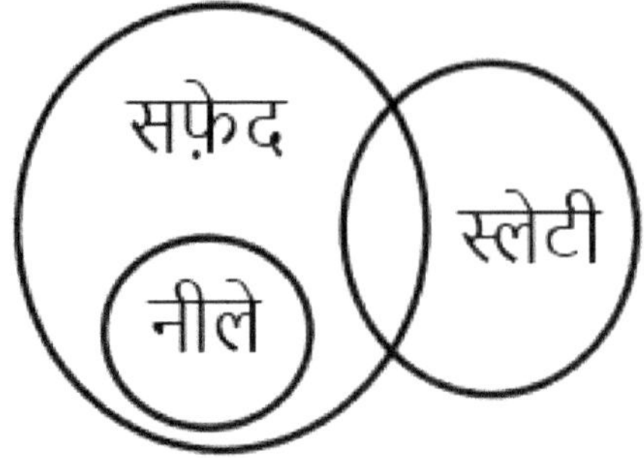

निष्कर्ष:

I. सभी भूरा सफेद हैं। → असत्य (चूंकि दिए गए कथन में कुछ सफेद भूरा हैं)

II. सभी भूरा नीले हैं। → असत्य (चूंकि भूरा और नीले के बीच कोई सीधा संबंध नहीं दिया गया है)

इसलिए, "न तो निष्कर्ष I और न ही निष्कर्ष II अनुसरण करता है"।

अत: विकल्प (A) सही है।

21. हम इस प्रश्न को विकल्प विधि द्वारा हल कर सकते हैं,

विकल्प (A):

माना संख्या 9 है,

प्रश्न के अनुसार,

$\Rightarrow 9 + 5 \times 9 + 9^2 = 91$

$\Rightarrow 9 + 45 + 81 = 91$

$\Rightarrow 135 = 91$, संतुष्ट नहीं।

विकल्प (B):

माना संख्या 11 है,

प्रश्न के अनुसार,

$\Rightarrow 11 + 5 \times 11 + 11^2 = 91$

$\Rightarrow 11 + 55 + 121 = 91$

$\Rightarrow 187 = 91$, संतुष्ट नहीं।

विकल्प (C):

माना संख्या 7 है,

प्रश्न के अनुसार,

$\Rightarrow 7 + 5 \times 7 + 7^2 = 91$

$\Rightarrow 7 + 35 + 49 = 91$

$\Rightarrow 91 = 91$, संतुष्ट।

विकल्प (D):

माना संख्या 6 है,

प्रश्न के अनुसार,

$\Rightarrow 6 + 5 \times 6 + 6^2 = 91$

$\Rightarrow 6 + 30 + 36 = 91$

$\Rightarrow 72 = 91$, संतुष्ट नहीं।

अब, हम केवल विकल्प 3 समीकरण को संतुष्ट करता हैं।

$\therefore$ संख्या 7 है।

अत: विकल्प (C) सही है।

22. यहाँ अनुसरण किया गया स्वरूप है:

'CIRCLE' को 'DLWAHY' लिखा जाता है

C(3)　I(9)　R(18)　C(3)　L(12)　E(5)

+1　+3　+5　-2　-4　-6

D(4)　L(12)　W(23)　A(1)　H(8)　Y(25)

इसी प्रकार,

SQUARE = ?

S(19)　Q(17)　U(21)　A(1)　R(18)　E(5)

+1　+3　+5　-2　-4　-6

T(20)　T(20)　Z(26)　Y(25)　N(14)　Y(25)

इसलिए, 'SQUARE' को "TTZYNY" के रूप में कूटित किया गया है।

अत: विकल्प (C) सही है।

23. जानकारी को विकृतित करने पर,

प्रतीक	अर्थ
−	जोड़ (+)
+	भाग (÷)
×	घटाव (−)
÷	गुणा (×)

दिया गया है:

$240 \times 72 + 8 \div 24 - 6$

संकेतों को बाएँ से दाएँ बदलने के बाद और BODMAS नियम का उपयोग करने के बाद,

$240 - 72 \div 8 \times 24 + 6$

$= 240 - 9 \times 24 + 6$

$= 240 - 216 + 6$

$= 246 - 216$

$= 30$

अत: विकल्प (A) सही है।

24. दी गई आकृति का सही दर्पण प्रतिबिम्ब जब दर्पण को दाईं ओर रखा जाता है:

अत:
विकल्प (D) सही है।

25. यहाँ अनुसरण किया गया तर्क है:

1. एक बॉक्स में वर्ग प्रत्येक कोने में दक्षिणावर्त घूमता है और एक-एक करके वर्गाकार भाग दक्षिणावर्त दिशा में काला हो जाता है।

2. रेखा दक्षिणावर्त दिशा में घूमती है और एक-एक करके रेखा बढ़ती है।

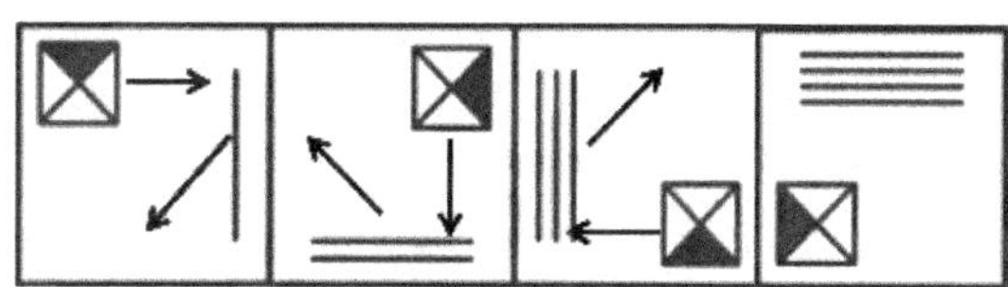

अंतिम अनुक्रम है,

अत: विकल्प (C) सही है।

26. भारतीय संविधान का अनुच्छेद 43B सहकारी समितियों के संवर्धन से संबंधित है।

- भारतीय संविधान के अनुच्छेद 43B के अनुसार, राज्य सहकारी समितियों के स्वैच्छिक गठन, स्वायत्त कामकाज, लोकतांत्रिक नियंत्रण और पेशेवर प्रबंधन को बढ़ावा देने का प्रयास करेगा।
- अनुच्छेद 43B संविधान के भाग IV में शामिल है।

अत: विकल्प (B) सही है।

27. वित्तीय वर्ष 2019-20 में निम्नलिखित में से अमेरिका राष्ट्र भारत का शीर्ष व्यापारिक भागीदार था।

- 2019-20 में, संयुक्त राज्य अमेरिका और भारत के बीच द्विपक्षीय व्यापार 88.75 बिलियन अमरीकी डालर था, जबकि 2018-19 में 87.96 बिलियन अमरीकी डालर था।
- 2018-19 में, संयुक्त राज्य अमेरिका, चीन को पीछे छोड़ते हुए भारत का शीर्ष व्यापारिक भागीदार बना।
- संयुक्त राज्य अमेरिका उन कुछ देशों में से एक है जिनके साथ भारत का व्यापार अधिशेष है।
- भारत और चीन के बीच द्विपक्षीय व्यापार 2019-20 में घटकर 81.87 अरब डॉलर हो गया, जो 2018-19 में 87.08 अरब डॉलर था।
- भारत सरकार, चीन पर आयात निर्भरता को कम करने और घरेलू विनिर्माण को बढ़ावा देने के उद्देश्य से कई वस्तुओं के लिए तकनीकी नियम और गुणवत्ता नियंत्रण आदेश तैयार करने जैसे कुछ कदमों पर भी विचार कर रही है।

अत: विकल्प (B) सही है।

28. 1708 में गुरु गोविंद सिंह जी की मृत्यु के बाद, खालसा ने बंदा बहादुर के नेतृत्व में मुगल साम्राज्य के खिलाफ विद्रोह किया।

- बंदा सिंह बहादुर एक सिख योद्धा और खालसा सेना के सेनापति थे।

- पंजाब में अपना खालसा शासन बनाने के बाद से, बंदा सिंह बहादुर ने जमींदारी शासन को समाप्त कर दिया था और भूमि जोतने वाले को "संपत्ति का अधिकार" दिया था।

- बंदा सिंह ने "दिल्ली से लाहौर" तक पंजाब की निचली जातियों और किसानों के साथ मिलकर रैली की थी और लगभग 8 वर्षों तक मुगल की सेना के खिलाफ जोरदार "असमान संघर्ष" किया था।

- हालाँकि, वर्ष 1715 में, उन्हें पकड़ लिया गया और उन्हें मौत के घाट उतार दिया गया। उसकी असफलता के कई कारण हैं। एक, मुगल सेना बहुत मजबूत थी और दूसरा पंजाब की ऊंची जाति और वर्ग ग्रामीण गरीबों और निचली जातियों के लिए उनके अभियान के कारण बंदा सिंह बहादुर के खिलाफ सेना में शामिल हो गए थे।

अत: विकल्प (C) सही है।

29. राजा राम मोहन राय ने 'संवाद कौमुदी' समाचार पत्र की स्थापना की।

- राजा राम मोहन राय निम्नलिखित दो स्थानीय साप्ताहिक समाचार पत्रों के संस्थापक और संपादक थे- बंगाली भाषा में संबाद कौमुदी या संवाद कौमुदी, फारसी भाषा में मिरात-उल-अखबार।

- राजा राम मोहन राय को 'भारतीय पुनर्जागरण के जनक' के रूप में जाना जाता है।

- वह 'ब्रह्म समाज' के संस्थापक और भारतीय समाज में व्याप्त सामाजिक बुराइयों के खिलाफ अथक संघर्ष करने वाले व्यक्ति थे।

अत: विकल्प (B) सही है।

30. भारत, ऑस्ट्रेलिया, जापान और अमेरिका ने मालाबार नौसेना अभ्यास 2020 में भाग लिया।

भारतीय नौसेना (IN) द्वारा दो चरणों में आयोजित मालाबार समुद्री अभ्यास का 24वां संस्करण 20 नवंबर 2020 को अरब सागर में संपन्न हुआ।

अत: विकल्प (D) सही है।

31. सरयू नदी शारदा नदी की सहायक नदी है।

सरयू, शारदा नदी की सबसे बड़ी सहायक नदी है। ये, सुरमूल से निकलती है और पंचेश्वर में महाकाली में मिल जाती है, जो नेपाल की सीमा पर है। ये उत्तराखंड राज्य के कपकोट, बागेश्वर और सेराघाट शहरों से होकर बहती है।

अत: विकल्प (D) सही है।

32. 26 जनवरी 2019 को, भारतीय संविधान ने अपने अस्तित्व के 69 वर्ष पूर्ण किए। इन वर्षों में, इसमें (12 जनवरी 2019 तक प्राप्त जानकारी के अनुसार) 103 बार संशोधन किए गए हैं।

यह सरकारी और निजी, गैर-सहायता प्राप्त शैक्षणिक संस्थानों (अल्पसंख्यक शिक्षण संस्थानों को छोड़कर) में प्रवेश के लिए आर्थिक रूप से कमजोर वर्गों (ईडब्ल्यूएस) के लिए 10% आरक्षण प्रदान करता है। यह सरकारी नौकरियों में रोजगार के लिए समान आरक्षण प्रदान करता है।

अत: विकल्प (B) सही है।

33. स्वच्छ भारत मिशन (ग्रामीण) के चरण 2 की शुरुआत 2020-21 वर्ष से हुई।

- सरकार ने प्लास्टिक अपशिष्ट प्रबंधन, जैव-निम्नीकरणीय ठोस अपशिष्ट प्रबंधन, धूसर जल प्रबंधन और मल कीचड़ प्रबंधन पर ध्यान देने के साथ स्वच्छ भारत मिशन चरण 2 शुरू किया है।

- मिशन का उद्देश्य 2015 में संयुक्त राष्ट्र द्वारा स्थापित सतत विकास लक्ष्य संख्या 6 के लक्ष्य 6.2 की ओर बढ़ना है।

अत: विकल्प (A) सही है।

34. दीपिका कुमारी तीरंदाजी में भारत का प्रतिनिधित्व करता है।

- दीपिका ने 2018 साल्ट लेक सिटी विश्व कप में और स्वर्ण पदक जीते।

- उन्होंने व्यक्तिगत स्पर्धा जीती और सैमसन में एक और कांस्य पदक जीता।

- ग्वाटेमाला सिटी विश्व कप में व्यक्तिगत और स्वर्ण टीम पदक जीतने वाली भारतीय स्टार तीरंदाज के लिए वर्ष 2021 शानदार रहा है।

- चरण ||| के सर्किट फाइनल में दीपिका कुमारी ने जर्मनी की मिशेल क्रॉपेन को 7-3 से हराया।

- दीपिका कुमारी ने (2011, 2012, 2013, 2015) विश्व कप में चार रजत पदक और 2018 में एक कांस्य पदक जीता है।

अत: विकल्प (A) सही है।

35. पट्टदकल सारग्राही के उच्च स्तर को दर्शाता है, जिसमें 7वीं और 8वीं शताब्दी में चालुक्य वंश के अधीन उत्तरी और दक्षिणी भारत की वास्तुकलाओं का सुमेलित मिश्रण हुआ है।

- पट्टाडकल या पट्टुकल यूनेस्को द्वारा निर्दिष्ट उदार कला के उच्च बिंदु को निरूपित करता है।

- चालुक्य वंश के तहत 7वीं और 8वीं शताब्दी में, उत्तरी और दक्षिणी भारत से स्थापत्य रूपों का एक सामंजस्यपूर्ण मिश्रण हासिल किया।

- नौ हिंदू मंदिरों और एक जैन अभयारण्य की एक प्रभावशाली श्रृंखला वहाँ देखी जा सकती है।

- यह कर्नाटक के बागलकोट जिले में मल्लप्रभा नदी के पश्चिमी तट पर स्थित है।

अत: विकल्प (B) सही है।

36. अंगूर की खेती को विटीकल्चर के रूप में जाना जाता है।

- अंगूरत्पादन या विटीकल्चर, अंगूर की खेती और कटाई होती है।

- जब अंगूर का उपयोग विशेष रूप से शराब उत्पादन के लिए किया जा रहा है, तो अंगूर के अध्ययन को विनिकल्चर भी कहा जा सकता है।

- विटीकल्चर और विनिकल्चर दोनों ही बागवानी के अंतर्गत आते हैं।

अत: विकल्प (B) सही है।

37. गिरीश कर्नाड अपने 'ययाति' और 'तुगलक' नामक नाटकों के लिए प्रसिद्ध है।

- गिरीश कर्नाड एक भारतीय अभिनेता, फिल्म निर्देशक, कन्नड़ लेखक, नाटककार और ज्ञानपीठ पुरस्कार विजेता थे, जिन्होंने मुख्य रूप से दक्षिण भारतीय सिनेमा और बॉलीवुड में काम किया।

- गिरीश कर्नाड ने अपना पहला नाटक 'ययाति' 1961 में 23 वर्ष की आयु में लिखा था जब वह ऑक्सफोर्ड में पढ़ रहे थे।

- महाभारत के राजा ययाति की कहानी में, ययाति को उसके यौन दुराचार के लिए बुढ़ापे का श्राप दिया गया था और वह अपने पुत्र, पुरु के यौवन को अपने श्राप के बदले में मांग कर आपदा को टालने का प्रयास करता है। जो कहानी के उनके संस्करण को इतना गुंजायमान और चौंकाने वाला और मूल बनाता है, वह यह है कि वह पुत्र के 'आत्म-बलिदान' के पारंपरिक महिमामंडन को वासना, ईर्ष्या और नस्लीय तनाव की पृष्ठभूमि के खिलाफ खारिज कर देता है।

अत: विकल्प (C) सही है।

38. नवंबर 2020 में दिवंगत, फकीर चंद कोहली को ' भारतीय सॉफ्टवेयर उद्योग (IT) के जनक' के रूप में जाना जाता था।

- भारतीय सॉफ्टवेयर उद्योग के जनक के रूप में जाने जाने वाले फकीर चंद कोहली का नवंबर 2020 में निधन हो गया।

- श्री कोहली TCS के संस्थापक-CEO थे।

- वह 1951 में टाटा इलेक्ट्रिक कंपनी में शामिल हुए, जहाँ उन्होंने सिस्टम संचालन और प्रबंधन के लिए लोड डिस्पैचिंग सिस्टम स्थापित करने में मदद की।

- वह 1970 में टाटा इलेक्ट्रिक के निदेशक बने।

- उन्होंने भारत की IT क्रांति का मार्ग प्रशस्त किया और देश को 190 बिलियन डॉलर का IT उद्योग बनाने में मदद की।

अत: विकल्प (D) सही है।

39. पानी के एक अणु में, हाइड्रोजन और ऑक्सीजन के द्रव्यमानों का अनुपात $1:8$ होता है।

यह प्रत्येक तत्व के परमाणु द्रव्यमान को उसके परमाणुओं की संख्या से गुणा करके और उन्हें एक साथ जोड़कर प्राप्त किया जाता है।

हाइड्रोजन का 1 मोल $= 1\ gm$

ऑक्सीजन का 1 मोल $= 16\ gm$

जल $(H_2O) = 2$ हाइड्रोजन परमाणु $+1$ ऑक्सीजन परमाणु

हाइड्रोजन के 2 मोल $= 2\ gm$

ऑक्सीजन का 1 मोल $= 16\ gm$

हाइड्रोजन के द्रव्यमान का अनुपात: ऑक्सीजन के द्रव्यमान का अनुपात $= \dfrac{2}{16} = \dfrac{1}{8}$

हाइड्रोजन के द्रव्यमान का ऑक्सीजन के द्रव्यमान से अनुपात हमेशा $1:8$ होता है।

अत: विकल्प (A) सही है।

40. केंद्रीय शिक्षा मंत्री ने 5 सितंबर 2020 को इंग्लिशप्रो नामक एक नि:शुल्क मोबाइल ऐप लॉन्च किया।

- केंद्रीय शिक्षा मंत्री रमेश पोखरियाल निशंक ने अंग्रेजी और विदेशी भाषा विश्वविद्यालय, हैदराबाद द्वारा विकसित एक निःशुल्क मोबाइल ऐप, इंग्लिशप्रो लांच किया।

- इस ऐप को यूनिवर्सिटी सोशल रिस्पॉन्सिबिलिटी (USR) द्वारा विकसित किया गया है, यह देश के किसी भी विश्वविद्यालय द्वारा अपनी तरह की पहली पहल है और शिक्षार्थियों को अद्वितीय "भारतीय" तरीके से भारतीय अंग्रेजी उच्चारण विकसित करने में मदद करेगा।

- यह शिक्षकों, छात्रों और विभिन्न पृष्ठभूमि के लोगों के लिए एक शैक्षिक संसाधन है।

अत: विकल्प (A) सही है।

41. α कण हीलियम के द्विआवेशित आयन होते हैं।

- α-कणों में दो प्रोटॉन और दो न्यूट्रॉन होते हैं।

- वे द्वि-आवेशित हीलियम आयन हैं। चूंकि उनका द्रव्यमान 4 u है, इसलिए तीव्र गति से चलने वाले α-कणों में काफी मात्रा में ऊर्जा होती है।

- एक हीलियम परमाणु से 2 इलेक्ट्रॉनों को हटाकर एक अल्फा कण प्राप्त किया जाता है। तो, एक अल्फा कण एक द्वि-आवेशित हीलियम आयन है।

अत: विकल्प (C) सही है।

42. संयुक्त राष्ट्र संस्थान ने नवंबर 2020 में 'टीम हेलो' नामक पहल की शुरुआत की थी।

- लंदन विश्वविद्यालय के "द वैक्सीन कॉन्फिडेंस प्रोजेक्ट" के साथ संयुक्त राष्ट्र ने कोविड -19 वैक्सीन पर गलत सूचना का मुकाबला करने के लिए 'टीम हेलो' नामक एक पहल शुरू की।

- इस पहल का उद्देश्य सोशल मीडिया के माध्यम से टीकों की सुरक्षा और प्रभावशीलता के बारे में जानकारी साझा करके गलत सूचना से निपटना है।

- कोविड-19 टीकों के बारे में गलत सूचना के मुद्दे से निपटने के लिए विभिन्न देशों के 100 से अधिक वैज्ञानिकों ने हाथ मिलाया है।

- इस पहल के तहत वैज्ञानिक अपने व्यक्तिगत अनुभवों के आधार पर कोविड-19 वैक्सीन विज्ञान पर सोशल मीडिया के अनुकूल वीडियो बनाएंगे।

अत: विकल्प (B) सही है।

43. टीम 'केरल ब्लास्टर्स' फुटबॉल से संबंधित है।

- केरल ब्लास्टर्स फुटबॉल क्लब, कोच्चि, केरल में स्थित एक भारतीय पेशेवर फुटबॉल क्लब है, जो इंडियन सुपर लीग में प्रतिस्पर्धा करता है।

- क्लब की स्थापना मई 2014 में इंडियन सुपर लीग के उद्घाटन सत्र के दौरान हुई थी।

- द ब्लास्टर्स इंडियन सुपर लीग के तीन बार उपविजेता रहे हैं।

- क्लब अपने प्रशंसक आधार के लिए भी जाना जाता है, जिसमें मंजप्पा नामक समर्थक समूह भी शामिल है, जिसने भारत में सबसे मुखर और भावुक प्रशंसक क्लबों में से एक होने के लिए प्रतिष्ठा प्राप्त की है।

अत: विकल्प (A) सही है।

44. चेराव मिज़ो लोगों का परंपरागत बांस नृत्य है।

- चेराव मिजोरम का पारंपरिक बांस नृत्य है।

- चेराव या बांस नृत्य मिजोरम का पारंपरिक नृत्य है।

- इसे मिजोरम के सबसे पुराने नृत्यों में से एक माना जाता है। इस नृत्य की उत्पत्ति एक अनुष्ठान से मानी जाती है।

- इस नृत्य रूप में बांस को जमीन पर क्षैतिज या क्रॉस फॉर्मेशन में रखा जाता है। बांस के इन लट्ठों की जोड़ी को छह से आठ लोगों द्वारा पकड़ा जाता है।

- पुरुष नर्तक इन बाँस को एक लयबद्ध ताल पर घुमाते हैं जबकि महिला नर्तकियाँ बाँस की संरचनाओं से अंदर और बाहर कदम रखते हुए सुंदरता से नृत्य करती हैं।

- पुरुष नर्तकों द्वारा बांस को एक साथ बजाकर एक विशिष्ट ताल निकाली जाती है।

अत: विकल्प (C) सही है।

45. मराठों, और अफगानिस्तान के शासक अहमद शाह दुरानी के बीच पानीपत की तीसरी लड़ाई 1761 हुई थी।

पानीपत की तीसरी लड़ाई 14 जनवरी 1761 को पानीपत में मराठा साम्राज्य और अफगानिस्तान के राजा अहमद शाह अब्दाली की हमलावर सेना के बीच हुई थी।

अत: विकल्प (C) सही है।

46. नवंबर 2020 में, भारतीय क्रिकेट कंट्रोल बोर्ड (BCCI) ने एम.पी.एल. स्पोर्ट्स को 2023 तक के लिए भारतीय टीम का किट प्रायोजक घोषित किया है।

- भारतीय क्रिकेट कंट्रोल बोर्ड (BCCI) ने भारतीय क्रिकेट टीम के लिए नए किट प्रायोजक और अधिकारिक व्यापारिक भागीदार के रूप में MPL स्पोर्ट्स के साथ अपनी साझेदारी की घोषणा की।
- नई-नई रणनीतिक साझेदारी के तहत, MPL स्पोर्ट्स ने नवंबर 2020 से दिसंबर 2023 तक तीन वर्ष का समझौता किया है।
- BCCI के साथ MPL स्पोर्ट्स एसोसिएशन की शुरुआत ऑस्ट्रेलिया के आगामी भारत दौरे, 2020-21 से होती है, जिसमें टीम इंडिया नई जर्सी पहने हुए दिखाई देगी।
- सीनियर पुरुष और महिलाएं और अंडर-19 टीम में भी नई किट की डील का हिस्सा हैं।

अत: विकल्प (C) सही है।

47. राजा टोडर मल, अकबर मुगल सम्राट के शासनकाल के दौरान राजस्व मंत्री थे।

- राजा टोडर मल अकबर के दरबार के नवरत्नों में से एक थे। राजा टोडर मल ने मानक बाट और माप, एक भूमि सर्वेक्षण और बंदोबस्त प्रणाली, राजस्व जिलों और अधिकारियों की शुरुआत की।
- उन्होंने राजस्व की एक नई प्रणाली की शुरुआत की जिसे जब्त के रूप में जाना जाता है और कराधान की एक प्रणाली जिसे दहशाला कहा जाता है।
- काशी विश्वनाथ मंदिर का पुनर्निर्माण 1585 में टोडरमल ने करवाया था।
- अकबर के नवरत्न इस प्रकार थे: राजा बीरबल, तानसेन, अबुल फजल, फैजी, राजा मान सिंह, राजा टोडर मल, मुल्ला दो पियाजा, फकीर अजियाओ-दीन, अब्दुल रहीम खान-ए-खाना।

अत: विकल्प (D) सही है।

48. 2011-2012 में की गई गणनाओं के अनुसार, ग्रामीण भारत के व्यक्तियों के लिए गरीबी रेखा ₹816 प्रति माह तय की गई थी।

- वर्ष 2011-12 में ग्रामीण क्षेत्रों के लिए एक व्यक्ति की गरीबी रेखा 816 रुपये निर्धारित की गई थी।
- शहरी क्षेत्रों के लिए यह 1000 रुपये सुरेश तेंदुलकर पद्धति के तहत।
- शहरी क्षेत्रों में वस्तुओं और सेवाओं की ऊंची कीमतों के कारण शहरी क्षेत्रों में गरीबी रेखा काफी अधिक है।
- 2011-12 में गरीबों की संख्या 26.92 करोड़ है।

अत: विकल्प (A) सही है।

49. भारत के पंजाब से निकलने वाली पांच नदियां पाकिस्तान में मिथनकोट में सिंधु नदी में मिल जाती हैं।

- सिंधु नदी तिब्बत में मानसरोवर झील के पास से निकलती है।
- पश्चिम की ओर बहती हुई यह जम्मू-कश्मीर के लद्दाख जिले में भारत में प्रवेश करती है।
- यह इस भाग में एक सुरम्य कण्ठ बनाता है।
- कई सहायक नदियाँ, जस्कर, नुब्रा, श्योक और हुंजा, कश्मीर क्षेत्र में इसमें शामिल होती हैं।
- सिंधु बाल्टिस्तान और गिलगित से होकर बहती है और अटॉक के पहाड़ों से निकलती है।

- सतलुज, ब्यास, रावी, चिनाब और झेलम एक साथ मिलकर पाकिस्तान के मिथनकोट के पास सिंधु में प्रवेश करते हैं।
- हिमालय की प्रमुख नदियाँ सिंधु, गंगा और ब्रह्मपुत्र हैं।
- ये नदियाँ लंबी हैं और कई बड़ी और महत्वपूर्ण सहायक नदियों से जुड़ती हैं। किसी नदी को उसकी सहायक नदियों के साथ नदी प्रणाली कहा जाता है।

अत: विकल्प (A) सही है।

50. स्विच साधारण उपकरण है जिसका उपयोग विद्युय परिपथ को वियोजित करने, या इसे पूर्ण करने के लिए किया जाता है।

- स्विच एक साधारण उपकरण है जिसका उपयोग या तो विद्युत परिपथ को वियोजित करने या इसे पूर्ण करने के लिए किया जाता है।
- प्रतिरोधक एक निष्क्रिय विद्युत घटक है जो विद्युत धारा के प्रवाह का प्रतिरोध करता है।
- ट्रांजिस्टर एक अर्धचालक उपकरण है जो प्रवर्धक और स्विच दोनों के रूप में कार्य करता है।
- फ्यूज एक सुरक्षा विद्युत उपकरण है जो विद्युत धारा के बहुत अधिक होने पर इसे परिपथ से हटा देता है।

अत: विकल्प (B) सही है।

51. दिया गया है:

एक समबाहु त्रिभुज का परिमाप $36\sqrt{3}$ सेमी है।

जैसा कि हम जानते है,

एक समबाहु त्रिभुज का परिमाप $= 3 \times$ भुजा

एक समबाहु त्रिभुज की ऊंचाई $= \left(\frac{\sqrt{3}}{2}\right) \times$ भुजा

प्रश्न के अनुसार,

$$3 \times \text{भुजा} = 36\sqrt{3}$$

$$\Rightarrow \text{भुजा} = \frac{36\sqrt{3}}{3}$$

$$= 12\sqrt{3}$$

इसलिए,

त्रिभुज की ऊंचाई $= \left(\frac{\sqrt{3}}{2}\right) \times 12\sqrt{3}$

$$= 6\sqrt{3} \times \sqrt{3}$$

$$= 18$$

इसलिए, त्रिभुज की ऊंचाई $= 18$ सेमी

∴ इसकी ऊंचाई 18 सेमी है।

अत: विकल्प (A) सही है।

52. दिया गया है:

एक व्यक्ति 1600 मीटर लंबे मार्ग को 4 मिनट में पार करता है।

जैसा कि हम जानते है,

गति $=$ दूरी/समय

1 घंटा $= 60$ घंटा

1 किमी $= 1000$ मीटर

1600 मीटर $= \frac{1600}{1000} = 1.6$ किमी

4 मिनट $= \frac{4}{60}$

$= \frac{1}{15}$ घंटे

गति $=$ दूरी/समय

$\Rightarrow \frac{1.6}{\left(\frac{1}{15}\right)} = 24$ किमी/घंटा

$\therefore$ उसकी चाल (किमी/घंटा में) 24 है।

अत: विकल्प (D) सही है।

53. दिया गया है:

कुर्सी का विक्रय मूल्य $=$ ₹ 720

छूट $\% = 10$

कुर्सी का क्रय मूल्य $=$ ₹ 640

जैसा कि हम जानते है,

विक्रय मूल्य $=$ अंकित मूल्य $-$ अंकित मूल्य $\times$ छूट $\%$

लाभ $=$ विक्रय मूल्य $-$ क्रय मूल्य

लाभ $\% = ($लाभ$/$क्रय मूल्य$) \times 100$

माना वस्तु का अंकित मूल्य $10a$ है।

प्रश्न के अनुसार,

$10a - 10a \times 10\% = 720$

$\Rightarrow 9a = 720$

$\Rightarrow a = \frac{720}{9}$

$= 80$

इसलिए, कुर्सी का अंकित मूल्य $= 10 \times 80$

$=$ ₹ 800

अब,

कुर्सी पर लाभ, जब इसे अंकित मूल्य पर बेचा जाता है $= 800 - 640$

$=$ ₹ 160

लाभ $\% = \left(\frac{160}{640}\right) \times 100$

$= 25$

$\therefore$ लाभ प्रतिशत 25% होगा।

अत: विकल्प (D) सही है।

54. दिया गया है:

संख्या $= 2 \times 10^6$

$10^6 = (10^2)^3$

$= 100^3$

प्रश्न के अनुसार,

अभीष्ट संख्या $= 2 \times 100^3 \times \frac{12}{100} \times \frac{4}{100} \times \frac{7}{100}$

$= 2 \times 100 \times 100 \times 100 \times \frac{12}{100} \times \frac{4}{100} \times \frac{7}{100}$

$= 2 \times 12 \times 4 \times 7$

$= 672$

$\therefore$ अभीष्ट संख्या 672 है।

अत: विकल्प (C) सही है।

55. दिया गया है:

धातु के बने आयताकार ब्लॉक का आयाम 112 सेमी $\times 44$ सेमी $\times 25$ सेमी

बेलन की त्रिज्या $= 35$ सेमी

जैसा कि हम जानते है,

घनाभ का आयतन $= l \times b \times h$

बेलन का आयतन $= \pi r^2 h$

बेलन का वक्र पृष्ठीय क्षेत्रफल $= 2\pi rh$

यहाँ,

$l =$ लंबाई

$b =$ चौड़ाई

$h =$ ऊंचाई

$r =$ त्रिज्या

माना बेलन की ऊंचाई h है।

प्रश्न के अनुसार,

$112 \times 44 \times 25 = \left(\frac{22}{7}\right) \times 35^2 \times h$

$\Rightarrow \frac{(112 \times 44 \times 25 \times 7)}{(22 \times 35 \times 35)} = h$

$\Rightarrow h = 32$

इसलिए, बेलन की ऊंचाई $= 32$ सेमी

अब,

बेलन का वक्र पृष्ठीय क्षेत्रफल $= 2 \times \left(\frac{22}{7}\right) \times 35 \times 32$

$= 44 \times 5 \times 32$

$= 7040$

$\therefore$ बेलन का वक्र पृष्ठीय क्षेत्रफल (सेमी ^{2} में) 7040 है।

अत: विकल्प (C) सही है।

56. दिया गया है:

$$45 - 3 \times (6 \text{ का } 4 + 12 \div 3 \times 6 - 4 \times 5) + 6$$

BODMAS नियम का प्रयोग करने पर, हम प्राप्त करते हैं

$$45 - 3 \times (24 + 12 \div 3 \times 6 - 4 \times 5) + 6$$

$$= 45 - 3 \times (24 + 4 \times 6 - 4 \times 5) + 6$$

$$= 45 - 3 \times (24 + 24 - 20) + 6$$

$$= 45 - 3 \times 28 + 6$$

$$= 45 - 84 + 6$$

$$= 51 - 84$$

$$= -33$$

$\therefore$ अभीष्ट उत्तर -33 है।

अत: विकल्प (C) सही है।

57. दिया गया है:

लाभ $= 12$ मीटर जूट का विक्रय मूल्य

जैसा कि हम जानते है,

लाभ $= SP - CP$

लाभ $\% = ((\text{लाभ}/ CP) \times 100$

यहाँ,

$CP = $ क्रय मूल्य

$SP = $ विक्रय मूल्य

प्रश्न के अनुसार,

36 मीटर का $SP = 36$ मीटर का $CP + 12$ मीटर का SP

$\Rightarrow 24$ मीटर का $SP = 36$ मीटर का CP

इसलिए,

$$\frac{SP}{CP} = \frac{36}{24} \text{ या } \frac{3}{2}$$

इसलिए, यदि 1 मीटर जूट का क्रय मूल्य 2 रुपये है तो इसका विक्रय मूल्य 3 रुपये है

इसलिए, लाभ $= 1$ रुपये

लाभ $\% = \left(\frac{1}{2}\right) \times 100$

$$= 50\%$$

$\therefore$ लाभ प्रतिशत 50% है।

अत: विकल्प (A) सही है।

58. दिया गया है:

कुल योग $= ₹ 2760$

ब्याज की दर $= 5\%$

जैसा कि हम जानते है,

$$SI = \frac{(P \times T \times R)}{100}$$

मिश्रधन $= P + S.I.$

यहाँ,

$P = $ मूलधन

$T = $ समय

$R = $ दर

माना पहले भाग के लिए यह ₹ x है।

इसलिए, दूसरा भाग $= ₹ (2760 - x)$

प्रश्न के अनुसार,

$$x + \left[\frac{(x \times 2 \times 5)}{100}\right] = (2760 - x) + \left[\frac{\{(2760-x) \times 4 \times 5\}}{100}\right]$$

$$\Rightarrow \frac{(100x + 10x)}{100} = \frac{(276000 - 100x + 55200 - 20x)}{100}$$

$$\Rightarrow 110x = 331200 - 120x$$

$$\Rightarrow 230x = 331200$$

$$\Rightarrow x = \frac{331200}{230}$$

$$\Rightarrow x = 1440$$

इसलिए, पहला भाग $= ₹ 1440$

इसलिए, दूसरा भाग $= 2760 - 1440$

$$= ₹ 1320$$

$\therefore$ निवेशित दूसरा भाग (₹ में) 1320 है।

अत: विकल्प (C) सही है।

59. दिया गया है:

ट्रेन की लंबाई $= 725$ मीटर

सुरंग की लंबाई $= 235$ मीटर

सुरंग को पार करने में लगा समय $= 48$ सेकंड

जैसा कि हम जानते है,

गति $= $ दूरी/समय

किमी/घंटा $\times \left(\frac{5}{18}\right) = $ मीटर/सेकंड

जब कोई ट्रेन किसी पुल/सुरंग/प्लेटफ़ॉर्म से गुजरती है, तो वह अपनी लंबाई + उस पुल/सुरंग/प्लेटफ़ॉर्म की लंबाई को तय करेगी

अवधारणा के अनुसार,

ट्रेन ने दूरी तय की $725 + 235 = 960$ मीटर

ट्रेन की गति मीटर/सेकंड में $= \dfrac{960}{48}$

$= 20$ मीटर/सेकंड

किमी/घंटा में ट्रेन की गति $= 20 \times \left(\dfrac{18}{5}\right)$

$= 72$ किमी/घंटा

$\therefore$ ट्रेन की गति 72 किमी/घंटा है।

अत: विकल्प (B) सही है।

60. दिया गया है:

बल्लेबाज के कुल रन $= 124$ रन

उसने 6 चौके और 10 छक्के लगाए हैं

बल्लेबाज ने चौके से रन बनाए $= 6 \times 4$

$= 24$ रन

बल्लेबाज ने छक्कों से रन बनाए $= 10 \times 6$

$= 60$ रन

विकेटों के बीच दौड़कर बनाए गए कुल रन $= 124 - (24 + 60)$

$= 124 - 84$

$= 40$ रन

अभीष्ट $\% = \left(\dfrac{40}{124}\right) \times 100$

$= 32\dfrac{8}{31}$

$\therefore$ उसके कुल स्कोर में से $32\dfrac{8}{31}\%$ रन विकेटों के बीच दौड़कर बनाए गए।

अत: विकल्प (C) सही है।

61. दिया गया है:

रवि और सुमित के वेतन का अनुपात $= 4:5$

वेतन में वृद्धि $= 6000$ प्रत्येक

रवि और सुमित का नया अनुपात $= 35:40$

माना रवि और सुमित का मूल वेतन क्रमश: $4x$ और $5x$ रुपये है।

प्रश्न के अनुसार,

$\dfrac{(4x + 6000)}{(5x + 6000)} = \dfrac{35}{40}$

$\Rightarrow 160x + 240000 = 175x + 210000$

$\Rightarrow 15x = 30000$

$\Rightarrow x = \dfrac{30000}{15}$

$= 2000$

रवि का वर्तमान वेतन $= 4 \times 2000 = ₹\ 8000$

सुमित का वर्तमान वेतन $= 5 \times 2000 = ₹\ 10000$

इसलिए, सुमित का बढ़ा हुआ वेतन $= 10000 + 6000$

$= ₹\ 16000$

$\therefore$ सुमित का बढ़ा हुआ वेतन ₹ 16000 है।

अत: विकल्प (C) सही है।

62. दिया गया है:

अनु एक कार्य को पूरा करने में बिन्री से चार गुना दक्ष है। वे एकसाथ समान कार्य को 7 घंटे में पूरा करते हैं।

जैसा कि हम जानते है,

कुल कार्य $=$ श्रमिकों की दक्षता $\times$ उनके द्वारा लिया गया समय

माना बिन्री की दक्षता x है।

इसलिए, अनु की दक्षता $= 4x$

उनकी प्रभावी दक्षता $= x + 4x$

$= 5x$

कुल कार्य $= 7 \times 5x$

$= 35x$ इकाई

अब,

अनु द्वारा अकेले कार्य को पूरा करने में लिया गया समय $= \dfrac{35x}{4x}$

$= \dfrac{35}{4}$ घंटे

$\therefore$ अनु अकेले कार्य को $\dfrac{35}{4}$ घंटे में पूरा करेगी।

अत: विकल्प (B) सही है।

63. दिया गया है:

कक्षा IX और कक्षा X में छात्रों की संख्या क्रमशः 42 और 45 है।

कक्षा IX और X में लड़कों और लड़कियों की संख्या का अनुपात क्रमशः $9:5$ और $8:7$ है।

कक्षा IX में लड़कों की संख्या $= 42 \times \left(\dfrac{9}{14}\right)$

$= 27$

कक्षा IX में लड़कियों की संख्या $= 42 \times \left(\dfrac{5}{14}\right)$

$= 15$

पुन:,

कक्षा X में लड़कों की संख्या $= 45 \times \left(\dfrac{8}{15}\right)$

$= 24$

कक्षा X में लड़कियों की संख्या $= 45 \times \left(\dfrac{7}{15}\right)$

$= 21$

दो कक्षाओं में लड़कों की कुल संख्या $= 27 + 24$

$= 51$

दो कक्षाओं में लड़कियों की कुल संख्या $= 15 + 21$

$= 36$

अंतर $= 51 - 36$

$= 15$

∴ दोनों कक्षाओं में मिलाकर लड़कों की कुल संख्या और लड़कियों की कुल संख्या के बीच का अंतर 15 है।

अत: विकल्प (D) सही है।

64. दिया गया है:

P, Q और R एक कार्य को 10 दिन, 20 दिन और 30 दिन में पूरा कर सकते हैं

जैसा कि हम जानते है,

कुल कार्य $=$ श्रमिकों की दक्षता $\times$ उनके द्वारा लिया गया समय

$10, 20, 30$ का लघुत्तम समापवर्त्य $= 60$, अर्थात् कुल कार्य

इसलिए,

P की दक्षता $= \dfrac{60}{10} = 6$ इकाई/दिन

Q की दक्षता $= \dfrac{60}{20} = 3$ इकाई/दिन

R की दक्षता $= \dfrac{60}{30} = 2$ इकाई/दिन

पहले दिन P और Q पूरा करेंगे $(6 + 3) = 9$ इकाइयाँ

अगले दिन P और R पूरा करेंगे $(6 + 2) = 8$ इकाइयाँ

इसलिए, दो दिनों में वे कुल कार्य पूरा करेंगे $(9 + 8) = 17$ इकाइयाँ

इसलिए, $2 \times 3 = 6$ दिनों में वे $17 \times 3 = 51$ इकाइयाँ पूरी करेंगे

अब, $(60 - 51) = 9$ इकाइयों का शेष भाग P और Q द्वारा $\dfrac{9}{9} = 1$ दिन में पूरा किया जाएगा [चूँकि छठे दिन P और R कार्य करेंगे]

कुल समय $= 6 + 1$

$= 7$ दिन

∴ अभीष्ट समय 7 दिन है।

अत: विकल्प (A) सही है।

65. दिया गया है:

$10\frac{1}{2}\%$ की हानि, $11\frac{3}{5}\%$ के लाभ में परिवर्तित हो जाती है, जब विक्रय मूल्य में 132.60 रुपये की वृद्धि होती है।

जैसा कि हम जानते है,

$SP = CP + CP \times$ लाभ $\%$

$SP = CP - CP \times$ हानि $\%$

माना वस्तु का क्रय मूल्य CP $100a$ है।

अब,

पहली स्थिति के लिए विक्रय मूल्य $SP = 100a - 100a \times 10\frac{1}{2}\%$

$= 89.5a$

दूसरी स्थिति के लिए $SP = 100a + 100a \times 11\frac{3}{5}\%$

$= 111.6a$

प्रश्न के अनुसार,

$111.6a - 89.5a = 132.6$

$\Rightarrow 22.1a = 132.6$

$\Rightarrow a = \dfrac{132.6}{22.1}$

$\Rightarrow a = 6$

इसलिए, क्रय मूल्य $= 100 \times 6$

$= ₹ 600$

∴ वस्तु का क्रय मूल्य (₹ में) 600 है।

अत: विकल्प (C) सही है।

66. दिया गया है:

संख्याएँ $398, 437, 5425$ हैं।

शेषफल $= 7, 12, 2$

जैसा कि हम जानते है,

इस प्रकार के प्रश्नों के लिए, हम संख्याओं में से शेषफल को घटाते हैं और फिर परिणामी संख्याओं के महत्तम समापवर्तक को सबसे बड़ी संख्या के रूप में लेते हैं।

प्राप्त संख्याओं में से शेषफल घटाने पर,

$398 - 7 = 391$

$437 - 12 = 425$

$5425 - 2 = 5423$

अब

$391 = 17 \times 23$

$425 = 17 \times 25$

$5425 = 17 \times 11 \times 29$

इसलिए,

इन संख्याओं का महत्तम समापवर्तक $= 17$

∴ वह सबसे बड़ी संख्या 17 है।

अत: विकल्प (C) सही है।

67. दिया गया है:

दो संख्याओं का औसत 13 है।

उनके गुणनफल का वर्गमूल 12 है।

जैसा कि हम जानते है,

$$(a + b)^2 = a^2 + b^2 + 2ab$$

$$(a - b)^2 = a^2 + b^2 - 2ab$$

संख्याओं का योग $= 13 \times 2 = 26$

माना दो संख्याएँ a और b हैं।

इसलिए, $(a + b) = 26$ ....(i)

अब,

$$\sqrt{ab} = 12$$

$$\Rightarrow \left(\sqrt{ab}\right)^2 = 12^2$$

$$\Rightarrow ab = 144$$

अब,

$$(a + b)^2 = 26^2$$

$$\Rightarrow a^2 + b^2 + 2ab = 676$$

$$\Rightarrow a^2 + b^2 + 2ab - 4ab = 676 - 4 \times ab$$

$$\Rightarrow a^2 + b^2 + 2ab - 4ab = 676 - 4 \times 144$$

$$\Rightarrow a^2 + b^2 - 2ab = 676 - 576$$

$$\Rightarrow (a - b)^2 = 100$$

$$\Rightarrow (a - b) = 10$$

समीकरण (i) और समीकरण (ii) से हम कह सकते हैं,

$a = 18$ और $b = 8$

अब,

दो संख्याओं के बीच का अंतर $= 18 - 8$

$$= 10$$

∴ संख्याओं के बीच का अंतर 10 है।

अत: विकल्प (A) सही है।

68. दिया गया है:

10 प्रेक्षणों का औसत 46 है।

जैसा कि हम जानते है,

औसत $=$ पदों का योग/पदों की संख्या

सभी संख्याओं का योग $= 46 \times 10$

$$= 460$$

सही योग $= 460 - 42 + 142$

$$= 602 - 42$$

$$= 560$$

सही औसत $= \dfrac{560}{10}$

$$= 56$$

∴ सही औसत 56 है।

अत: विकल्प (D) सही है।

69. दिया गया है:

A और B के वेतन का अनुपात $= 6 : 7$

B के वेतन में $5\frac{1}{2}\%$ की वृद्धि होती है।

B का कुल वेतन $=$ ₹ $1,47,700$

माना A और B का वेतन ₹ $60x$ और ₹ $70x$ है।

अब,

B का बढ़ा हुआ वेतन $= 70x + 70x \times 5\frac{1}{2}\%$

$$= ₹ \, 73.85x$$

प्रश्न के अनुसार,

$$73.85x = 147700$$

$$\Rightarrow x = \dfrac{147700}{73.85}$$

$$\Rightarrow x = 2000$$

इसलिए, A का वास्तविक वेतन $= 60 \times 2000$

$$= ₹ \, 120000$$

∴ A का वेतन (₹ में) 120000 है।

अत: विकल्प (B) सही है।

70. दिया गया है:

मिश्रधन $=$ ₹ 9982.5

दर $= 12\%$

समय $= 2\frac{1}{2}$ वर्ष

जैसा कि हम जानते है,

$$A = P\left(1 + \frac{r}{100}\right)^t$$

यहाँ,

$A = $ मिश्रधन

$P = $ मूलधन या राशि

$r = $ दर

$t = $ समय

जब ब्याज की गणना निश्चित मासिक पर की जाती है,

तो,

$$r = \left(\frac{r}{12}\right) \times \text{महीने}$$

$t = $ वर्ष के रूप में दिये गए कुल महीने/महीनों की संख्या

$2\frac{1}{2}$ वर्ष $= 30$ महीने $[$ चूँकि 1 वर्ष $= 12$ महीने$]$

इसलिए, $t = \dfrac{30}{10}$

$= 3$

$$r = \left(\frac{12}{12}\right) \times 10 = 10\%$$

माना राशि P है।

अब,

$$9982.5 = P\left(1 + \frac{10}{100}\right)^3$$

$$\Rightarrow 9982.5 = P\left(1 + \frac{1}{10}\right)^3$$

$$\Rightarrow 9982.5 = P\left(\frac{11}{10}\right)^3$$

$$\Rightarrow 9982.5 = \frac{1331P}{1000}$$

$$\Rightarrow P = 9982.5 \times \left(\frac{1000}{1331}\right)$$

$$\Rightarrow P = 7500$$

इसलिए, राशि $= ₹\ 7500$

$\therefore$ राशि (₹ में) ₹ 7500 है।

अत: विकल्प (D) सही है।

71. दिया गया है:

$89563x87y,\ 72$ से विभाज्य है

जैसा कि हम जानते है,

8 का विभाज्यता नियम $=$ यदि किसी संख्या के अंतिम तीन अंक 8 से विभाज्य हों, तो वह संख्या 8 से पूर्णत: विभाज्य होती है।

9 का विभाज्यता नियम $=$ यदि किसी संख्या के अंकों का योग 9 से विभाज्य हो तो वह संख्या स्वयं 9 से विभाज्य होती है।

$72 = 8 \times 9$

इसलिए, संख्या 8 और 9 दोनों से विभाज्य होनी चाहिए

अब,

$87y, 8$ से विभाज्य है

y का एकमात्र संभावित मान 2 है।

अब,

$8 + 9 + 5 + 6 + 3 + x + 8 + 7 + 2 = 48 + x\ 9$ से विभाज्य है

$(48 + x)$ का निकटतम मान, जो 9 से विभाज्य है, 54 है

इसलिए, $x = 6$

अब,

$$\sqrt{7x - 3y} = \sqrt{7 \times 6 - 3 \times 2}$$

$$= \sqrt{42 - 6}$$

$$= \sqrt{36}$$

$$= 6$$

$\therefore$ अभीष्ट उत्तर 6 है।

अत: विकल्प (C) सही है।

72. दिया गया है:

$$3 \times 7 + 5 - 6 \div 3 - 9 + 45 \div 5 \times 4 - 45$$

BODMAS नियम का प्रयोग करने पर, हम प्राप्त करते हैं

$$3 \times 7 + 5 - 6 \div 3 - 9 + 45 \div 5 \times 4 - 45$$

$$= 3 \times 7 + 5 - 2 - 9 + 9 \times 4 - 45$$

$$= 21 + 5 - 2 - 9 + 36 - 45$$

$$= 62 - 56$$

$$= 6$$

$\therefore$ अभीष्ट उत्तर 6 है।

अत: विकल्प (B) सही है।

73. दिया गया है:

टेलीविज़न का वास्तविक मूल्य $= ₹\ 14,500$

दिवाली सेल पर यह ₹ $11,890$ में उपलब्ध है

जैसा कि हम जानते है,

छूट $\% = ($ छूट/वास्तविक मूल्य $) \times 100$

छूट $= 14500 - 11890$

$= ₹\ 2610$

छूट $\% = \left(\dfrac{2610}{14500}\right) \times 100$

$= 18\%$

$\therefore$ प्रतिशत छूट 18% है।

अत: विकल्प (C) सही है।

74. दिया गया है:

एक दुकानदार ने एक वस्तु को 20% के लाभ पर बेचता है।

जैसा कि हम जानते है,

विक्रय मूल्य = क्रय मूल्य × (1 + लाभ %)

माना वास्तविक क्रय मूल्य ₹ $100x$ है।

इसलिए, वास्तविक विक्रय मूल्य = $100x$ × 120%

= ₹ $120x$

अब,

यदि उसने इसे वास्तविक से 20% कम पर खरीदा होता तो इसका क्रय मूल्य होता = $100x$ × 80%

= ₹ $80x$

अब, नया विक्रय मूल्य = $80x$ × 125%

= $100x$

प्रश्नानुसार,

$120x - 100x = 10$

$\Rightarrow 20x = 10$

$\Rightarrow x = \frac{1}{2}$

इसलिए, वास्तविक क्रय मूल्य = $100 \times \left(\frac{1}{2}\right)$

= ₹ 50

∴ वस्तु का क्रय मूल्य ₹ 50 है।

अत: विकल्प (A) सही है।

75. दिया गया है:

एक धनराशि पर प्राप्त मिश्रधन 4 वर्ष बाद ₹ 13200 और 8 वर्ष बाद ₹ 16400 होता है।

जैसा कि हम जानते है,

साधारण ब्याज $SI = (P \times T \times R)100$

P = मूलधन या राशि

T = समय

R = दर

चूँकि हम जानते हैं कि साधारण ब्याज में यदि दर और राशि समान हों तो ब्याज हमेशा नियत रहता है

इसलिए, 4 वर्षों के लिए ब्याज = 16400 − 13200

= ₹3200

इसलिए, पहले 4 वर्षों के लिए, ब्याज 3200 रुपये होगा [चूँकि पहले उल्लेख किया गया है कि ब्याज समान होगा]

इसलिए, राशि = 13200 − 3200

= ₹ 10000

अब,

$$S.I = \frac{(10000 \times 10 \times 16)}{(100 \times 5)}$$

$$= 100 \times 2 \times 16$$

$$= ₹ 3200$$

∴ समान राशि पर $3\frac{1}{5}$ वर्षों के लिए 10% प्रति वर्ष की दर से साधारण ब्याज (₹ में) 3200 होगा।

अत: विकल्प (B) सही है।

76. तीनों भुवनों के स्वामी हैं इसलिए त्रिलोकीनाथ कहलाते हैं।

- भुवनों का अर्थ ब्रम्हांड से है, जिसमे तीनों लोक आते हैं।
- त्रिलोकीनाथ नाम का अर्थ भगवान शिव होता है।
- तीन लोक- पृथ्वी, स्वर्ग और पाताल हैं। तीनों लोकों के स्वामी हैं भगवान शिव।

अत: विकल्प (C) सही है।

77. अनधिकार का अर्थ अधिकार का अभाव होता है। यह शुद्ध रूप है।

शेष तीनों विकल्पों में मात्रात्मक त्रुटि है। वे सब अशुद्ध वर्तनी के शब्द हैं। यहाँ स्वर संबंधी अशुद्धियां हैं।

अत: विकल्प (C) सही है।

78. दिए गये वाक्य में 'शब्द प्रयोग' की त्रुटि है।

दिया गया वाक्य - मेरी गाय को छूने का उत्साह कभी कोई नहीं कर सकता क्योंकि वह मारती है।

सही वाक्य - मेरी गाय को छूने का साहस कभी कोई नहीं कर सकता क्योंकि वह मारती है।

- उत्साह के सभी पर्यायवाची शब्द - उमंग, जोश, हौसला, जोश-खरोश, उबाल, उद्यम, अध्यवसाय, उछाह आदि हैं।
- साहस के सभी पर्यायवाची शब्द - हिम्मत, हौसला, जीवट, निर्भयता, बहादुरी।

अत: विकल्प (D) सही है।

79. द्रुत का विलोम शब्द मंथर है।

द्रुत का अर्थ: शीघ्रतापूर्वक से आगे बढ़ने वाला, जल्दी, शीघ्र।

मंथर का अर्थ: धीमा, मंद, सुस्त।

अत: विकल्प (A) सही है।

80. पिताजी मेरे लिए कुछ कपड़े ले आये। रेखांकित खंड को प्रतिस्थापित करने की आवश्यकता नहीं है, क्योंकि इसमें कोई त्रुटि नहीं है।

यहाँ सम्प्रदान कारक है। पिताजी मेरे लिए कुछ कपड़े ले आये। यहाँ पर मेरे लिए काम किया जा रहा है। इस वाक्य में सम्प्रदान कारक का उपयोग किया गया है। इसलिए, वाक्य सही है।

अत: विकल्प (C) सही है।

81. कमल का समानार्थी शब्द अरविन्द है।

कमल के अन्य पर्यायवाची शब्द: नलिन, उत्पल, अम्भोज, तामरस, पुष्कर, महोत्पल, वनज, कंज, सरसिज, राजीव, पद्म, पंकज, नीरज, सरोज, जलज, जलजात, शतदल, पुण्डरीक, इन्दीवर आदि हैं।

अत: विकल्प (C) सही है।

82. दिए गए वाक्य का शुद्ध रूप होगा- मुझे मजा आता है।

''लिंग के कारण'' क्योंकि दिए गए वाक्य में लिंग संबंधी त्रुटि है।

मजा एक पुल्लिंग शब्द है इसलिए मजा के साथ ''आती'' के बजाय ''आता'' का प्रयोग किया जाएगा।

वचन, विशेषण तथा कारक की दृष्टि से वाक्य में कोई त्रुटि नहीं है।

अत: विकल्प (A) सही है।

83. ''मातृहीन'' शुद्ध शब्द है तथा बाकी सारे शब्द अशुद्ध शब्द हैं।

जो शब्द हिंदी व्याकरण के नियमों को पूरा करते हुए वर्तनी की दृष्टि से सटीक हो, शुद्ध शब्द कहलाते हैं, उच्चारण से इनकी पुष्टि होती है।

- 'मातृ' का अर्थ है 'माता या जननी'।
- 'हीन' का अर्थ है 'के बिना'।

अत: विकल्प (B) सही है।

84. संपूर्ण वाक्य: मेरी प्रार्थना है कि मुझे चार दिन की छुट्टी दी जाए।

प्रार्थना शब्द का अर्थ है - ''निवेदन! खुद से विशिष्ट व्यक्ति से दीनता पूर्वक कुछ मांगने की क्रिया को 'प्रार्थना' कहते हैं''।

अत: विकल्प (A) सही है।

85. "वह बात जो जनसाधारण में चलती आ रही है" उसे 'किवदंती' कहते हैं।

- लोक जीवन में किवदंती का बहुत महत्व है।
- जो परंपराएं या कहानियां, कथाएं पीढ़ियों-दर-पीढ़ियों एक से दूसरी को सुनाई जाती रही हो, वह किवदंती कहलाती हैं।
- इसलिए यह शब्द दिए गए वाक्य में सार्थक शब्द है।

अत: विकल्प (B) सही है।

86. यमुना का समानार्थी शब्द अर्कजा है।

यमुना शब्द के अन्य समानार्थी शब्द - कालिन्दी, सूर्यसुता, रवितनया, तरणि आदि।

अत: विकल्प (A) सही है।

87. "सामान्य नियम के विरुद्ध बात": वाक्यांश के लिए एक शब्द होगा।- अपवाद

- सामान्य नियमों का उल्लंघन अपवाद कहलाता है। यह समाज में चले आ रहे हैं "सामान्य नियमों के विरुद्ध" की गई बात को दर्शाता है।
- असामान्यता या छूट इसके पर्यायवाची हो सकते हैं।
- अपवाद का विलोम- अनुसमर्थन हो सकता है।

अत: विकल्प (D) सही है।

88. "आंख लगना" मुहावरे का सही अर्थ है- "झपकी आना"।

- मुहावरे में अपने सही अर्थ का बोध ना कराकर घुमावदार भाषा का इस्तेमाल करते हैं।
- यह भाषा को 'प्रभावदार, सुंदर' बनाते हैं। मुहावरों का सामान्य, सरल भाषा में कुछ शाब्दिक अर्थ होता है जिसे रोजमर्रा की जिंदगी में प्रयोग किया जाता है।

अत: विकल्प (D) सही है।

89. कथा के बैंगन मुहावरे का सही अर्थ है - "केवल दूसरों के लिए उपदेश।"

- आजकल लोगों के पास केवल कथा के बैंगन रह गए हैं। बात तो तब है, जब जो सिखाओ, वह खुद भी अपनाओ।
- दूसरों के लिए उपदेश इस वाक्यांश को एक लोकोक्ति द्वारा भी व्यक्त किया जा सकता है- "पर उपदेश कुशल बहुतेरे"।

- इसका अर्थ है केवल दूसरों से बड़ी बड़ी बातें करना तथा उन्हें नसीहत व सीख देना और खुद उन बातों का अपने व्यक्तिगत जीवन में पालन ना करना।

अत: विकल्प (D) सही है।

90. गुण दोष का समरूप मूल्यांकन करने वाले "समीक्षक" कहलाते हैं।

समीक्षक एक संज्ञा शब्द है जो किसी विवेचनकर्ता के लिए भी उपयोग किया जाता है।

समीक्षक के पर्यायवाची शब्द है- आलोचक, समरूपक या निरूपक

वाक्यांशों के लिए एक शब्द के उदाहरण है:

- कभी ना मरने वाला- अमर
- जो चित्र बनाता हो- चित्रकार

अत: विकल्प (D) सही है।

91. दिए गए वाक्य का सही रूप होगा- ''मैं आपके दर्शन करने आया हूँ।''

कारक संबंधी तथा सर्वनाम संबंधी त्रुटि है। दर्शन शब्द के साथ आपका के बजाए आपके आएगा।

अत: विकल्प (C) सही है।

92. प्रस्तुत कथन में "वह" के स्थान पर "उसने" का उपयोग करना सही होगा क्योंकि उसने का उपयोग करने से वाक्य केअर्थ के साथ भाव भी स्पष्ट हो जाता है।

सही वाक्य: स्टेशन पहुँचते ही उसने फोन कर दिया।

अत: विकल्प (D) सही है।

93. प्रधानाचार्य एकवचन संज्ञा है इसलिए इसके साथ उपयोग की जाने वाली क्रिया भी एकवचन होनी चाहिए इसलिए "को बुलाये" की जगह 'को बुलाया' होना चाहिए अत: हम कहा सकते है की (3) में त्रुटि है।

सही वाक्य: प्रधानाचार्य ने हिन्दी अध्यापक को बुलाया।

वाक्य रचना के दौरान कर्ता के अनुसार ही क्रिया का प्रयोग होता है।

अत: विकल्प (A) सही है।

94. वाक्य पूर्ण: सोने से गहने बनते हैं।

हम जानते है कि हिन्दी व्याकरण के अनुसार बहुवचन क्रिया के साथ बहुवचन कर्ता का प्रयोग होता है इसलिए सोने सही उत्तर है।

अत: विकल्प (B) सही है।

95. सुद्भाव का विलोम शब्द दुर्भाव है।

सद्भाव का अर्थ अच्छी भावना होती है और दुर्भाव का अर्थ बुरी भावना होती है जो पूर्णतः सद्भाव का विपरीत है इसलिए, दुर्भाव ही सही उत्तर है।

अत: विकल्प (A) सही है।

96. साधु अपना निर्वाह भिक्षाटन करके करता था। भिक्षाटन शब्द रिक्त स्थान की पूर्ति करता है।

दिए गए गद्यांश को पढ़ने से य यह स्पष्ट हो जाता है कि साधु अपना जीवन दरवाजे - दरवाजे पर जाकर भीख मांगकर आनंदपूर्वक व्यतीत करते था, तो इसीलिए रिक्त स्थान के स्थान पर भिक्षाटन आएगा।

अत: विकल्प (A) सही है।

97. दिए गए गद्यांश में केवल जरूरत ही वह शब्द है जो आवश्यकता के स्थान पर आकर सही अर्थ दे रहा है इसलिए जरूरत सही उत्तर होगा।

आवश्यकता के मुख्य पर्यायवाची शब्द – गरज, अनिवार्यता, अपरिहार्यता, महत्ता, जरूरत, अपेक्षा आदि है।

अत: विकल्प (B) सही है।

98. महत्वाकांक्षा एक संज्ञा है।

- अर्थ: ऐसी आकांक्षा जिसमें ऊँचा होने का भाव हो।
- उदाहरण: वह अपनी महत्वाकांक्षा को पूरा करने के लिए जी-तोड़ मेहनत कर रहा है।
- पर्यायवाची: उच्चाकांक्षा, ख़्वाब, ख्वाब, बुलंदपरवाज़ी, बुलंदपरवाजी, सपना।

अत: विकल्प (C) सही है।

99. परमार्थ होता है निस्वार्थ भाव से किया गया काम और विलोम शब्द का अर्थ होता है विपरीत तो निस्वार्थ का विपरीत होगा स्वार्थ है।

- परमार्थ का विलोम शब्द - स्वार्थ
- परमार्थ के सभी पर्यायवाची शब्द: उपकार, भलाई, परोपकार, मोक्ष, निर्वाण।

अत: विकल्प (B) सही है।

100. झोपड़ी के चूहो से निपटने के लिए साधु ने बिल्ली पाली।

गद्यांश के अनुसार, "एक साधु थे। भिक्षाटन से मजे से दिन गुजारते और आनंदपूर्वक भजन करते थे। एक दिन महत्वाकांक्षा सिर पर चढ़ी, झोपड़ी के चूहो से निपटने के लिए एक बिल्ली पाली। बिल्ली के लिए दूध की जरूरत पड़ी - तो गाय खरीद कर लाए।"

अत: विकल्प (A) सही है।

// टिप्पणियाँ //

// टिप्पणियाँ //